法与社会

本书系国家社科基金重大项目“大数据与审判体系和审判能力现代化研究”（17ZDA130）的阶段性研究成果

议论与法社会学

通过沟通寻找最大公约数的研究

季卫东 编著

译林出版社

图书在版编目（CIP）数据

议论与法社会学：通过沟通寻找最大公约数的研究 / 季卫东编著．
—南京：译林出版社，2021.5
（法与社会）
ISBN 978-7-5447-8557-0

I.①议… II.①季… III.①法律社会学－文集
IV.①D902-53

中国版本图书馆 CIP 数据核字（2021）第 012973 号

议论与法社会学　季卫东 / 编著

责任编辑　黄文娟
特约编辑　王心悦
装帧设计　周伟伟
校　　对　王　敏
责任印制　单　莉

出版发行　译林出版社
地　　址　南京市湖南路 1 号 A 楼
邮　　箱　yilin@yilin.com
网　　址　www.yilin.com
市场热线　025-86633278
排　　版　南京展望文化发展有限公司
印　　刷　苏州市越洋印刷有限公司
开　　本　652 毫米 ×960 毫米　1/16
印　　张　27.5
插　　页　2
版　　次　2021 年 5 月第 1 版
印　　次　2021 年 5 月第 1 次印刷
书　　号　ISBN 978-7-5447-8557-0
定　　价　88.00 元

主编序

21世纪初叶的世界，正在经历数百年一次的结构巨变。法与社会的关系，从来没有像现在这么重要，也从来没有像现在这么难以捉摸。

在全球化和信息化浪潮的反复冲击下，各种既有的疆界变得模糊不清了。以民族国家为前提的现代法治秩序正在遭到来自不同方面的严峻挑战。与此同时，各种风险不断增大，迫使政府纷纷加强临机应变的治理。似乎一切都处于流动不居、复杂多端的态势中，到处出现不确定、不可测的混沌。但在另一方面，秩序构成原理依然显示出某种坚韧的连续性。无论现代范式，还是传统文化，都在致力于保持既定轨道。特别是，地方知识和情境思维仍然在很大程度上支配着人们的行动方式。

总之，法与社会的关系呈现出了一种非常复杂的事态，有待我们去解读、认识、把握。在这样的时代，法社会学以其学科交叉的特性，以其研究手段的科学性和认识框架的丰富多彩，当会有更大的用武之地。准确地描绘出目前这样复杂的、难以捉摸的关系和相互作用的实际状况，妥当地决定制度变革的方向和具体举措，这就是现阶段关于法与社会的实证研究的使命。

大家都知道，在20世纪中期的美国，伴随着“新政”之后的全面崛起，出现了一场波澜壮阔的跨学科、跨国界的知识潮流，被称为“法与社会”的研究运动。从行为科学到结构功能主义以及系统论，再到文化解释，“法与社会”的研究范式一直在变化和发展。但是，它的基本立场主要有两种：一种强调对法律现象的科学认识，另一种强调以法律为工具推动社会的变革和发展。虽然在是否保持价值中立的问题上存在着差异，但实际上发现真理、检验功能的研究活动往往构成改革的契机，并为改革提供客观的、作为前提条件的知识。反过来，改革过程中提出来的各种问题也可以刺激研究活动，推进知识的长足进步。正是这两种立场的并存、互动以及适当平衡为法社会学带来了非常充沛的活力。

实际上，在20世纪80年代中期，中国也曾经出现过一场高歌猛进的法社会学运动。1986年，法社会学被纳入“七五”计划的哲学社会科学重点项目就是肇始阶段的标志。当时主要有两个基本的研究方向：一个是法制现代化或者法律与社会发展，另一个是东西方文化比较论。从1996年起，法社会学的研究进入第二个阶段，侧重对传统和现状进行重新诠释，学术活动的对抗轴是本土化与全球化。大约从2009年开始，中国的法社会学研究进入一个新的阶段，试图把科学主义与规范主义、功能与意义统合起来，但随后又出现了法教义学与社科法学的对峙格局。最近还有倡导“议论的法社会学”、探索第三道路的尝试，其目的是为了克服多元化引起的相互不理解，从而加强沟通。

要重新认识和界定法与社会之间的关系和相互作用以及正在生成的新秩序，就应该推动关于行为、意识、规则以及结构的跨学科研究以及对现象的田野调查和实证分析，鼓励思想交锋和方法创新，包容不同的主张，允许各种制度设计方案的竞争。为此，需要搭建一个开放的知识平台，以便通过自由的、充分的构图达成社会共识。

这就是我们策划一套“法与社会”丛书的缘由，也是能够把一群新锐研究者从四面八方汇聚起来的基本宗旨。

季卫东

2017年初夏于上海

我认为法治的灵魂是公正的，包括实体和程序这两个方面。程序是否公正，应该把推理、议论的自由度和充分性作为重要标志。卫东教授在20世纪90年代初发表了程序论，现在又提倡“议论的法社会学”，研究思路是一脉相承的。他和弟子们在这本论文集中表达的观点，其实也在一定程度上体现了诉讼法学的基本宗旨，值得关注和推敲。

——陈光中（中国政法大学终身教授，中国法学会副会长）

民法典的制定与施行，其立法目的之实践体现于法院判决。判决是民法之沟通，包括对当事人、对各级法院、对法学以及对社会的沟通。本书结合议论的思想及法社会学的方法，创设了议论法社会学的崭新领域，具有重要的意义。法院判决的案例研究也是深化议论法社会学的方法，而议论法社会学在案例研究中的适用，反过来还有助于提升法律人的思维能力，强化法之适用论证的客观性以及司法的合理性，促进形成共识，维护法律安定及平等原则，并引导中国法学方法论及法释义学的开展。本书的出版将对中国法治社会的建设与繁荣做出长远重大的贡献。

——王泽鉴（台湾大学名誉教授，“司法院”大法官）

如何建立和完善法治一直是中国的社会—经济改革面对的重大挑战。法治作为制度和社会传统，不可能靠自上而下的命令建立。《议论与法社会学》一书从法社会学（法学和社会学的共同分支）的角度讨论法与社会的本质，讨论法律议论、社会议论在法治中的功能。关心中国法治建设的读者会从这本书中受益极大。

——许成钢（科斯研究所理事，伦敦经济学院客座教授）

法律条文会有漏洞，其语言会有歧义，法官并不具有超越性的权威。这些因素使得推理、解释和辩论在庭审中变得十分关键。庭审的这一话语性面向不但能增进我们对法律条文在不同具体情境中的含义的理解，在成文法中植入判例法的因素，同时也为法律赢得更大的尊重和更广义层面的正当性。这就是我所理解的季卫东先生长期提倡“议论的法社会学”的根本原因。

——赵鼎新（浙江大学人文高等研究院院长，
美国芝加哥大学社会学系终身教授）

法学研究一直存在着这样两种倾向，一种是把法律看作整个社会系统的一部分，用社会运行的法则解释法律运行的法则，如法社会学、结构功能主义法学；另一种是从法律自身理解法律，如分析法学，特别是凯尔森的规范法学。卢曼的系统论法学别具一格，他的“自创生系统”“自我指摘”颇有规范法学的味道，规范的来源只能是规范，但是他的“自我指摘”，遇到法律没有规定或“混沌”的情况时，又不得不“他者指摘”，用法律之外的东西弥补自创生系统的不足。我们处在一个多元性、复杂性的世界，无论社会还是法律都不是按照一个模式构筑的，只有通过沟通，才能达成共识。法律的任务就在于克服复杂性和混沌。这就是议论法社会学的意义。

——朱景文（中国人民大学法学院教授）

目　录 CONTENTS

II　经验与比较

序

无论从历史传统的角度，还是从当今实践的角度来考察中国的法律秩序，都会发现程序正义观念的匮乏。程序正义的具象是一种形式合理化的角色分派方式和相应的行为规则体系，还有那些符合程序要件的理由论证活动，即法律的解释、推理、商谈以及政策性或社会性的沟通过程。因此，中国法的稀缺因素其实就是程序与议论。然而，在这里，公正程序作为议论的理想条件或评判标准而设置，充分议论则具有鲜明的公正程序指向，两者是互为表里的。由此可见，我在1993年开始提倡新程序主义之后，逐步把研究的焦点转移到法律解释的真谛以及法律议论的范式是顺理成章的。何况法律体系的运作、正当化以及推陈出新只能在话语空间里进行，理应强调法律职业共同体的论证性对话，并通过当事人之间的语言博弈来形成或者重新塑造社会以及制度的结构。也就是说，法律的本质就是沟通，就是话语全覆盖，就是通过抗辩寻找正确判断的过程。总之，从法治的角度来考察和理解国家治理的现代化，以庭审为中心来推进司法系统改革，都不得不聚焦程序与议论。

当然，在以网络结构和场景思考为基本特征的中国，规范体系是多层多样的，对规范的态度是临机应变的，法律程序与法律议论（特别是严格按照法律进行的推理和论证性对话）往往被忽略，被压抑，被扭曲，很容易流于形式。在这样的语境里，民众更注重的可能是结果的好坏，是功利主义的得失权衡，是实质性的价值判断。为此，在推行法治之际，我们必须特别强调程序的公正和议论的理性，以便对社会的系统性偏误进行矫正。但与此同时，我们也需要适当拓展视野，把程序的价值元素、议论的政策选项以及法律与社会之间的互动关系也纳入理论探讨的射程，在强调法律程序的同时也强调权利的“关系束”、讨价还价的“互惠性”以及处理解决具体问题的“选择空间”，在强调法律议论的同时也强调“政策议论”“社会议论”以及围绕事实与规范的组合方式进行语言博弈所达成的“反思均衡”或者“重叠共识”。在风险沟通的场合，程序与议论的这类特征势必更加凸显。正是在上述规范与事实交错互动的背景下，“议论法社会学”才应运而生，才能在理论和实证分析等不同维度不断拓展学术的疆域。

不言而喻，“议论法社会学”可以理解为法社会学的一个专攻方向，就像我们说“立法社会学”“司法社会学”“法心理学”“法人类学”那样。但在另一方面，议论的法社会学也可以理解为从话语空间和沟通行为的角度来认识秩序原理的新型方法论，或者从叙述、价值含义及其解释性转换的层面来把握法律现象的研究范式转换，用以补充甚至替代曾经一直主导社会学理论的结构—功能主义范式。后一种理解显然是以世纪之交的人类思想潮流之趋向为依据的。在这里，我想特别提醒读者注意的是，把20世纪的哲学、法理学以及社会理论推上顶峰的路德维希·维特根斯坦、H.L.A.哈特、尼克拉斯·卢曼以及米歇尔·福柯等人，不约而同地从语言（尽管具有语言游戏、语义分析、沟通、话语等不同的表达形式）的视角来认识整个社会，特别是规范秩序的本质。这是一种非常有趣的知识构图，值得我们认真地、反复地琢磨和阐发。

例如，卢曼认为构成社会系统的基本元素并不是个人行为，而是人与人之间的沟通活动；一个沟通过程与另一个沟通过程相衔接，造成了议论不断扩大再生产的动态，进而还会形成沟通的网络，这就是社会的整体。因此，我们可以通过议论的关系来界定社会与法，探索自组织、自创生机制的奥秘。与卢曼把沟通视为社会基本元素的主张近似，福柯是把话语（discourse）视为生物性权力（bio-power）的策略和技艺，视为社会有序化的动因以及基本框架。其实维特根斯坦、哈特也站在同样的立场上。他们都强烈主张以语言为媒介的互动关系就是覆盖整个社会的最小单位，就是人类的含义之网，并对主体产生、制度安排以及整个世界的存在方式具有决定性意义。在他们看来，被视为语言活动主体的人，其实也是语言活动的产物；沟通伴随着社会的复杂性，但也以化约、缩减社会的复杂性为己任；秩序来自混沌却又与混沌并存……正是这一系列悖论，使我们对法与社会的本质产生了全新的认识。

就在这里，我们其实可以发现或者重新理解一个语言社会学派的崛起。实际上，沟通理论在当下的认同政治以及世界结构大转型中也显示出一种非常强大的穿透力。大家都知道，进入21世纪以来，文明冲突的频繁发生、身份政治的日益强化、数字化信息沟通技术（ICT）的广泛应用并导致日常生活世界的数字全覆盖，证实了文明间、种族间、阶层间、网民间的对话和相互理解确实已经成为社会结构的决定性因素，沟通已经成为这个信息时代的核心关键词。换言之，21世纪的最大关键词是沟通。所谓议论，就是沟通在规范秩序领域的表现形态。所谓程序，不外乎对议论的理想状况所做的制度化设定。从包括抖音（TikTok）在内的各种语言形态的角度来观察人们的意思、行为以及相互关系，可以意识到沟通的流动性、不确定性、复杂性非常突出，这才是社会的真实面貌，也构成权力、货币、意识形态、法律秩序对日常生活空间和叙述方式进行分解、定型以及克减其复杂性的前提条件。因此，通过语言或话语、围绕含义或价值进行的各种博弈及其有序化机制，应该并且也有可能成为21世纪社会理论的主流范式。这也是提倡“议论法社会学”的旨趣所在。

从语言社会学派的立场来看，法与社会本来就是一种基于信息反馈的自组织系统，通过自我叙述、自我指涉、自我塑造而不断进化。但是，按照热力学第二定律，自我完结的封闭性系统，其熵将不断增大并且无法逆转，最终导致混乱无序，因而需要适当的他者指涉、开放性以及内部复合化，但这又会反过来强化复杂性和不确定性。正因为存在如此尖锐的矛盾、深刻的悖论，才促使我们在秩序与混沌的边缘不断进行思考实验和意见交锋。正因为存在如此丰饶而奇妙的现象，议论才能构成社会科学研究的对象，不仅可以建立理论假说，而且还可以进行各种经验性实证分析以及心理学或者认知科学的实验。例如约翰·W. 蒂博（John W. Thibaut）、劳伦斯·沃克（Laurens Walker）以及汤姆·泰勒（Tom Tyler）等通过心理学实验以及实证研究证明了人们对司法的公正体验、满意度、对法律的服从程度与程序正义存在着密切的因果关系，程序能够独立于结果对当事人的态度产生影响。蕾拉·波罗迪特斯基（Lera Boroditsky）则通过一系列的认知实验揭示了语言与思维方式之间的关系。还有些媒体实验室正在试图通过语言和语音的分析来进行情感计算。更常见的是哈罗德·加芬克尔（Harold

Garfinkel）等民俗方法学（ethnomethodology）研究者从集体无意识的心理学和地方性知识等视角对微观的互动过程所进行的经验性描述、索引式表达的语言分析以及破坏性实验。还有通过沟通活动对权力预期、规范预期以及认知预期进行博弈理论的考察，也是关于议论的社会科学研究的一种表现形态。

上述动向表明，“议论法社会学”方兴未艾，在理论建构和实证研究等不同层面都有广阔的发展空间，甚至有可能在相当程度上引起法社会学的范式创新。本书收录了在这个方面开始进行探索的十四篇论文，如果按照严格的学术标准来评估，的确还很不充分，也不太成熟。我们只是试图借此发出一种呼声，以表达基本的问题意识，以唤起学界更广泛的关注，但愿或多或少还能起到抛砖引玉的作用。其中五篇是我自己的论述，侧重宏观问题的梳理和理论框架的搭建，还有两篇是曾经跟我进行过一段时间博士后研究的吉林大学法学院副教授杨帆的文章，展现了新颖的观察图景。其他作者除马剑银、程朝阳、梁译如三位之外，都是我指导的博士生。陈肇新把自己现阶段的研究重点已经放在“议论法社会学”上了，对一些宏观命题进行了更具体、更深入的考察和阐述，他有两篇作品收录在这本文集里。陈肇新在2020年初夏获得博士学位，立即在华东师范大学法学院获得讲师职位。姚尚贤本来也很有学术潜力，因为家庭原因一毕业就到广州政府机关就职了，他分析立法过程中围绕风险分配等问题的议论的内容饶有趣味。曹勉之正在哈贝马斯沟通行为理论的牙城——法兰克福大学留学，他的这篇论文虽然与“议论法社会学”没有直接联系，却对理解相关的学说谱系——主要指美国批判法学，特别是邓肯·肯尼迪（Duncan Kennedy）的心理学和社会学的批判性法律解释理论——对法律议论的符号学以及审判现象学的贡献大有裨益。我指导的博士、现于西南政法大学行政法学院任讲师的徐晨有篇实证分析的论文《议论的法社会学与法律的不确定性——以“于欢案”为切入点》本来也要收录在内，但因提前发表在其他论文集里了，只好割爱。马剑银是我在日本任教期间就在清华大学结识的青年才俊，他的学术视野广阔，但在哈贝马斯的沟通行为理论和商谈民主制方面用功最勤，现任北京师范大学法学院副教授。他的研究为深入考察立法议论提供了基本框架。程朝阳副教授在烟台大学法学院执教十几年，专攻法律语言和逻辑，他对法庭调解过程中的话语进行了实证分析，的确难能可贵。梁译如是清华大学法学院博士研究生，是颇有侠义之风的著名女法学家劳东燕教授的高足。他对法律议论进行了非常典型、细致的实证研究，给我留下了深刻印象。

这本论文集的具体编辑事务主要由杨帆、陈肇新以及我的在读博士生桑田三人分担。他们在既定的基本框架里收集和排列论文、整合前后论述、核对引文页码、修改和统一注释的格式、互查、统稿等，做了大量工作。特别是杨帆，他在编务中起了主导作用。借此机会向三位学界“后浪”致谢，对他们的敬业精神和非常细致的标准化作业表示欣赏之情。该书以及“法与社会丛书”都得到了译林出版社以及王笑红编辑的鼎力支持，我也一并表达由衷的敬意和谢意。如果这本论文集有助于拓展法社会学研究的领域，引起相关的批评和讨论，并能诱发更多、更好的学术成果，则幸甚！

是为序。

季卫东

2020年8月31日于沪上寓所

I 理论与方法

第一章
议论的法社会学
溯源与创新*

季卫东

一、导言：结构—功能范式衰退导致法社会学碎片化

很奇妙，大概从1980年左右开始，在各国社会学界，试图建构具有广泛影响力的一般理论体系的那种雄心勃勃的作业都戛然而止。法社会学界当然也不例外。虽则对法与社会现象的实证研究还在不断地扩大再生产，发表在各类书刊里，但由于不以某种通用的理论范式为前提，缺乏对社会的整体性把握，这些经验分析的成果大多是小颗粒的，带有明显的局部性、表面性。有时甚至只是以琐碎而花哨的数据、图表以及模型来叙述和验证极其简单的结论，很难超出常识的范畴，其中也不乏些许知识泡沫。

这种学术倾向，也有可能在某种程度上受到了罗伯特·K.默顿（Robert K. Merton）关于"中层理论"[1]的主张的影响。然而，不得不指出，他所设想的中层理论只是一般理论体系与具体的作业假说之间的中介而已，并没有取代一般理论之意。实际上，他也不反对把一般

---

* 本章原发表于《中国法律评论》2020年第4期，收入本书时略有改动。

1 参见［美］罗伯特·K.默顿：《社会理论和社会结构》，唐少杰、齐心译，译林出版社2006年版，第2章。

理论体系的建构作为社会学发展的终极性战略目标，并且对狭隘的经验主义以及实用主义持明确的批判态度。[2]更重要的是，他始终坚持结构—功能主义的理论范式，并致力于不同流派的综合和精致化加工，从而在相当程度上把既有的一般理论体系提升到更成熟的科学社会学阶段。所以，公允地来看，社会学一般理论的萎缩其实无法归咎于默顿，充其量这只是一场思想的误解。

众所周知，到20世纪70年代末为止，包括法社会学在内的社会学基本范式是结构—功能主义，关注的焦点是社会系统整体与组成部分之间的关系。其渊源可以追溯到法国的埃米尔·涂尔干（Émile Durkheim）、德国的马克斯·韦伯（Max Weber）所代表的西欧古典理论传统。在一定意义上，可以认为美国的塔尔科特·帕森斯（Talcott Parsons）就是这个基本范式的集大成者，其中系统观念来自涂尔干，行为观念来自韦伯。具体而言，特别是他受到韦伯的社会行为四类型说的影响，根据行为的规范性参照框架而明确社会的功能要件（适应、实现目标、整合以及潜在模式维系）及其相互的逻辑关系，独自提出了著名的AGIL图式并以此为核心进行社会系统的结构分析。[3]他重视行为状况、行为连动以及功能关联的立场则接续了涂尔干的思想谱系。[4]然而，帕森斯的这个理论体系太庞大，也过于精致，难免反倒显得有那么一些迂阔和脆弱，也容易被人发现瑕疵。

---

2 参见［美］罗伯特·K.默顿：《论理论社会学》，何凡兴等译，华夏出版社1990年版，第1—2章。

3 See Talcott Parsons, *The Social System*, Free Press, 1951. 参见于海：《行动论、系统论和功能论——读帕森斯〈社会系统〉》，《社会》1998年第3期，第44—45页。

4 关于帕森斯理论的来龙去脉和基本构成，参见中久郎編『機能主義の社会理論——パーソンズ理論とその展開』（世界思想社，1986年）とりわけ7—11頁、15—18頁。

这种与功能要件密切结合、通过目的以及手段的效用来理解现象和分析结构的社会系统论，之所以能风靡一时，成为法社会学乃至整个社会学界的主流，是因为该范式符合人们的日常体验和直觉，也符合社会有序化的各种实践需求。例如，今天我们说居家令和保持社交距离的举措可以减少交叉感染、建设方舱医院可以及时救助新冠肺炎患者、网络交易平台和快递系统可以统筹兼顾防疫、日常生活以及经济，其实就是很典型的功能主义解释；在这里，社会目的是明确的，实际效果也是可以识别、判断的，所以很容易为人所接受和应用。我国人类学和社会学的奠基人之一费孝通的研究成果，正是从人类学功能主义的角度来考察中国传统社会的村落秩序、生育制度、生活方式、道德话语、相互行为及其内在逻辑的成功范例，具有很强的可读性和说服力。[5]

但是，毋庸讳言，结构—功能主义也很容易给人留下这样的印象：似乎总是在通过功能要件的分析来解释和维护现有的体制，甚至有意无意之间在证明“凡是现实的就是合理的”之类意识形态色彩很浓的命题。因而这种范式很难用于说明社会变迁的动力和机制，也很难用于处理频繁发生的社会纠纷。结构—功能分析的方法以社会的共识和团结为前提，强调各种构成因素之间的相互关系和不同组合方式，并根据社会目的对社会状态进行是非得失的评价，评价往往采取复数的功能要件的得分合计的方式。但根据马奎斯·德·孔多塞（Marquis de Condorcet）的投票悖论以及肯尼斯·J.阿罗（Kenneth J. Arrow）的不可能性定理，我们其实根本就无法从个人偏好排序合理

5 例如，费孝通：《生育制度》，商务印书馆1947年版；《乡土中国》，三联书店1948年版。

地推导出群体偏好排序，因此在大多数场合，特别是随着选项和选择主体的增多，很容易导致循环投票而无从作出决定的事态。[6]在这种状态里，合理的评价要么取决于一个公共权力机关的强制或者独裁，要么取决于大家都同意放弃一个最佳选项［如阿玛蒂亚·森（Amartya Sen）建议的那样[7]］。不可能性定理揭示的这种悖论，或迟或早，难免要引起对“结构–功能”分析有效性的质疑。

即便在功能要件很少，甚至是单数的场合，基于阿罗不可能性定理的批判是难以成立的，我们也还是会发现，归根结底还是无法根据功能要件能否满足这样的标准来合理地说明社会变迁及其演进方向。换言之，社会变迁的研究必须打破“结构—功能主义”的窠臼，提出其他假说或者理论范式。在这个意义上可以说，从世界结构开始巨变的20世纪70年代末起，“结构—功能主义”理论范式迅速褪去往昔的辉煌也是不足为奇的。本来，在“结构—功能主义”相对化之后，人的主观能动性以及社会重构的自由度照理应该有所扩张。但是，结果却是社会学以及法社会学丧失了支柱和基本共识而显得有些混乱和碎片化，人们的无力感反倒有所加强。费尔迪南·德·索绪尔（Ferdinan de Saussure）的语言理论、克洛德·列维–施特劳斯（Claude Lévi-Strauss）的结构主义、皮特·米夏埃尔·布劳（Peter Michael Blau）的社会交换学说、乔治·赫伯特·米德（George Herbert Mead）

6 参见［美］肯尼斯·约瑟夫·阿罗：《社会选择与个人价值》，丁建峰译，上海人民出版社2010年版，第52页以下。政治学方面的延伸分析，参见陈志武、崔之元：《“不可能性定理”与民主——数学对传统民主理论的挑战》，《政治学研究》1985年第4期，第18—21页；法学方面的延伸分析，参见胡毓达：《多数满意规则的一般陪审团概率及其极限》，《高等数学研究》2016年第19卷第1期，第20—24页。

7 参见［印度］阿玛蒂亚·森：《集体选择与社会福利》，胡毓达译，上海科技出版社2004年版；刘欣欣：《阿玛蒂亚·森对阿罗不可能性定理的发展》，《经济研究导刊》2010年第32期，第17—19页。

的符号分析、保罗·利科（Paul Ricoeur）的现象解释学以及尤尔根·哈贝马斯（Jürgen Habermas）的批判解释学都对法社会学研究的某些方面产生了不同程度的影响，相互间也有不同程度的关联性，但一直无法从中找到一个最大公约数。这意味着21世纪的法社会学乃至社会学仍然没有确立一个主流范式。

二、从行为到沟通：社会系统理论的自创生转向

从理论范式承上启下的视角来考察，我认为德国的尼克拉斯·卢曼是一个非常关键的人物，正是他把21世纪的法社会学理论推上了顶峰，或者推进到当代知识的最前沿，也为21世纪的法与社会研究的范式转换提供了极其重要的思考线索。卢曼在20世纪60年代初到哈佛大学留学，师从塔尔科特·帕森斯，继承了社会系统论的衣钵，当然也接受了结构—功能主义范式。在与哈贝马斯进行论战的初期，人们都把他理解为轻视个人主体的技术至上论者。但是，从20世纪70年代中期开始，他提出了自我指涉的概念，后来特别强调叙述的重要性，甚至把社会学界定为“社会的自我叙述”[8]，试图由此推动宏观理论的范式创新。在社会学发展史上，通过个人意识和心理系统的过渡把“含义”这个现象学的概念编织到社会系统论是卢曼的独特贡献，具有划时代的意义。[9]过去，社会系统论与现象学各种流派之间存在势如

8 Niklas Luhmann, “The Self-Description of Society: Crisis Fashion and Sociological Theory”, *International Journal of Comparative Sociology*, Vol.25, No.1, 1984, pp.59–72. Cf. Niklas Luhmann, *Theory of Society* (*Volume 2*), Rhodes Barrett (trans.), Stanford University Press, 2013, pp.167–349.

9 参见高宣扬：《鲁曼社会系统理论与现代性》，中国人民大学出版社2005年版，第164页；泮伟江：《超越“错误法社会学”——卢曼法社会学理论的贡献与启示》，《中外法学》2019年第1期，第37—53页。（“鲁曼”为“卢曼”旧译。编者注）

水火的对立；从此以后，这种对立基本上消解了。正是通过现象学以及生命组织理论的中介，卢曼逐步把社会学主流的关注重点从结构转向沟通的过程、从功能转向含义的理解，在相当程度上推动了理论的范式转换。他把自己在1984年出版的《社会系统》一书作为基本范式革新，即所谓"自创生转向"（autopoietic turn）[10]的标志。

在卢曼风格的高度抽象化理论体系中，构成社会系统的基本元素（最小单位）并不是个人行为，而是人与人之间的沟通活动。[11]从行为到沟通，这是社会系统理论的一次质变。沟通当然是以语言为中介，但更重要的是包括信息的形成、传达以及理解等步骤，其本质是信息与传达的差异。在法律系统中，信息就是权利主张和规范。一个沟通过程又会与其他沟通过程互相衔接，于是会形成不断生成沟通的动态机制，进而形成沟通的网络。从过程到网络，这是社会系统理论的又一次质变。沟通的网络化势必导致沟通呈几何级数扩大再生产，增强帕森斯的所谓"双重不确定性"，从而导致对共同价值的需求、不确定性的自我催化以及在反复沟通的过程中产生的固定值。[12]通过是或者非、合法或者不法等一系列两项对立的二元化代码作出决定、形成价值判断，并且使模拟化（analogised）的信息转换成数字化

10　伊娃·科诺特对上述学说演变过程有具体的考察和分析。See Eva M. Knodt, "Foreword", in Niklas Luhmann, *Social Systems*, John Bednarz, Jr. & Dirk Baecker (trans.), Stanford University Press, 1995, pp.xi ff., esp. pp.xx ff.

11　Peter Gilgen, "System-Autopoiesis-Form: An Introduction to Luhmann's Introduction to Systems Theory", in Niklas Luhmann, *Introduction to Systems Theory*, Dirk Baecker (ed.), trans. Peter Gilgen, Polity Press, 2014, p.xi. Cf. Niklas Luhmann, *Social Systems*, *op.cit.*, pp.137 ff.

12　关于卢曼的沟通概念与帕森斯的双重不确定性问题之间的关系，参见Niklas Luhmann, "Generalized Media and the Problem of Contingency", in Jan J. Loubser & others (eds.), *Explanation in General Theory in Social Science: Essays in Honor of Talcott Parsons Vol.II*, New York: The Free Press, 1976, pp.507–532；馬場靖雄『ルーマンの社会理論』（勁草書房，2001年）66—83頁。

（digitalised）形态。从模拟思考到数字思考，这是社会系统理论的再一次质变。

不难想象，正是沟通才赋予社会系统以含义，通过沟通与沟通之间的关系社会系统得以界定。就法律系统而言，信息对应于规范，含义对应于价值，沟通立足于程序要件和理由论证。在卢曼看来，沟通相互间的关系本身是可以克减复杂性的。但我不得不在这里补充指出，其实沟通关系也有可能增加复杂性。当然，沟通的本质和存在理由归根结底还是偶然的去随机化。因而我们可以认为，各种各样沟通的总和构成社会系统整体。[13]

不言而喻，法律系统更是完全由各种各样的沟通过程及其相互关系构成。因此，把沟通而不是行为当作社会系统的基本元素的这种见解，导致法社会学理论实现了一次前所未有的飞跃——从主权者意志到自创生机制、从单纯系统到复杂秩序。在这个意义上，也仅仅在这个意义上，我们可以说，法与社会的本质是自我创造、自我叙述、自我组织的，而不倾向于借助外部的设计者。换言之，机械需要设计，但生命、精神、法以及社会都是自创生的，无需整体设计，也无法真正设计。从话语空间和沟通的角度来理解法律运作的机制，当然这也是一种自创生系统。[14]因此，在既成的制度框架之中不断增殖的互动关系是自组织化的，可以理解为通过沟通而不断生成的规范秩序。

---

13 Niklas Luhmann, *Social Systems*, *op.cit.*, pp.147–150, 164–171.

14 Niklas Luhmann, *Social Systems*, *op.cit.*, p.376. 参见［德］尼克拉斯·卢曼：《法社会学》，宾凯、赵春燕译，上海人民出版社2013年版；［德］贡塔·托依布纳：《法律：一个自创生系统》，张骐译，北京大学出版社2004年版；泮伟江：《作为法律系统核心的司法——卢曼的法律系统论及其启示》，《清华法治论衡》2009年第2期，第177—199页；陆宇峰：《“自创生”系统论法学——一种理解现代法律的新思路》，《政法论坛》2014年第4期，第154—171页。

需要注意的是，在卢曼的法与社会的系统理论中，沟通、含义、自创生这三个关键词具有决定性的意义。从现象学关于解释和理解的分析框架来考察，含义的本质在于区别以及否定，从而压缩认知预期和规范预期分别进行排列以及相互组合的链条，并开拓出从含义到含义的、按照规范处理问题的捷径。但日常生活中不断进行的模拟化沟通过程却使那些被否定的选项并没有被抹杀，而是在进行中立化处理之后束之高阁，备而不用，甚至将来还有可能通过解释性循环重新激活并再次列入选择的范围之内。[15]就像在法律议论的基础上作出判决，同时也记录利益衡量中的少数意见和反对意见那样。这就造成一种现在只能是这样，但将来由于情势变更或者决定优化也可能又成为那样的选择空间。需要留意的是，如果完全按照二元化代码来处理沟通，就有可能流于机械化，并存在极强的既判力效应，很难充分保留事后选择的余地。

解释性循环也意味着偶然性仍然保存着，潜伏着，并没有消亡——这种在决定论与概率论的边沿展开的差异化动态，同样是理解卢曼理论（特别是关于自我指涉与他者指涉之间关系的思想）的一个关键，尽管他更强调法律议论中按照二元化代码进行的数字式处理。由此可见，通过“现在是这样”的方式，系统是在发挥克减复杂性的作用。然而，系统也可能通过“将来是那样”的方式把潜在的构成因素变成显在的，系统可以通过结构的自我翻覆来进行更新。换言之，从内在视点来看，这样的自创生系统既没有输入，也没有输出，只进

15　参见倪梁康：《现象学及其效应——胡塞尔与当代德国哲学》，生活·读书·新知三联书店1994年版，特别是下编第2章；陈嘉映：《海德格尔哲学概论》，生活·读书·新知三联书店1995年版，第222—232页。

行类似魔方求解那样的自我结构转换。同时也表明以沟通一含义为特征的社会系统论势必把系统与环境之间的关系作为核心议题，并在操作层面使系统闭环，让系统囿于自我指涉。[16]这样做的前提条件是系统的内部结构必须能够充分反映外部环境，并相应地实现功能分化和结构复合化，渐次形成不断调整的反省机制。也可以说，自我指涉系统的各个部分是互为环境的，从而导致结构耦合。

在卢曼看来，环境是复杂多变的，充满不确定性。社会系统通过克减这种环境的复杂性而吸收偶然性、造成可预测的状态，使社会稳定化并呈现出疑似的必然性。区别系统与环境的标志就是复杂性的落差。因而复杂性的克减是系统存续的最重要条件，也是系统的根本课题。[17]但这里存在着如下悖论：复杂性的克减是通过沟通进行的，但沟通又有可能把环境的复杂性重新代入系统之中，使系统本身的结构不断功能分化，复合化，从而具有越来越强的复杂性。系统内部的复杂性增大，可以使选择余地增大、选择能力提高，这就是系统的进化过程，也是社会变迁的重要动因。这种进化可以表现为分节化、分层化以及功能分化这样三个不同的阶段。在功能分化阶段，社会系统中会产生各种各样的中介，而中介是通过或接受或拒绝这样的类型二元化代码来定义的，往往呈现出仿佛信息和规范的逐次处理二进制那样的塑形特征。显而易见，根据二元化代码进行沟通的那种话语空间，很容易与当今根据数字技术进行沟通的电脑空间相衔接。

16　Niklas Luhmann, *Theory of Society* (*Volume 1*), Rhodes Barrett (trans.), Stanford University Press, 2012, pp.49–68.Cf. Jean-Pierre Dupuy, “On the Supposed Closure of Normative Systems”, in Gunther Teubner (ed.), *Autopoietic Law: A New Approach to Law and Society*, Walter de Gruyter, 1988, pp.51–69.

17　馬場靖雄『ルーマンの社会理論』（勁草書房，2001年）14—22頁、32頁以下参照。

另外，当卢曼主张社会和法律系统的要素是沟通时，其实在不经意间把作为个体的人从社会学理论中排除或者淡化了，与此相应，突出了人与人的相互作用。[18]在沟通过程中，个人主体或多或少将溶解到互动关系及其网络之中，因而主观间性成为解决社会纠纷、决定社会变迁的重要因素。这就使得沟通的进行以及沟通与沟通之间的关系带有很大的偶然性。社会系统的这种不确定性是双重的：某个主体的选择可以是这样，也可以是那样，有赖于对他者选择的观察和判断；而他者的选择亦既可是这样又可是那样，并且同样随着对方的选择而变化。通过自我与他者的关系，选择的偶然性彰显出来，并成为定义他者的要件。由此可见，对卢曼视域里的社会系统而言，必然是表面形式，偶然是深层真相。因此，系统可以通过某种自我的反转图形，即通过对系统所包含的偶然性的否定和非随机化处理、通过对系统应有的必然性姿态的投射和反省而把系统本身从环境区别开来，并由此形成秩序。[19]

三、法律议论的中介作用与话语的反转图形

我认为，这种系统理论恰好可以构成法教义学与社科法学之间的连接点，尤其是在中国的语境里。法律系统的自我指涉其实主要体现在法律推理和法律议论等沟通过程之中。作为大前提的法律规范、作为小前提的要件事实，都是法律系统的内在因素，并非来自外部的输

18 参见杜健荣：《卢曼法社会学理论研究——以法律与社会的关系问题为中心》，法律出版社2012年版，第223—226页。

19 反转图形是我提出来的表述，用以说明社会系统演变的一种状态，构成秩序从均衡结构转向耗散结构的契机。季衛東『超近代の法—中国法秩序の深層構造』（ミネルヴァ書房，1999年）179—180頁参照。

入，充其量只是在一定程度上反映了环境向系统投射的应然镜像。作为沟通结果的判决、决定等只是法律系统的自我生成物，也并不进行输出。换言之，规范体系仅仅对理由论证等沟通活动作出反应，但对除此之外的操作都是关闭的。即便对违法行为等外在事实的认定，也是满足于通过法律系统固有的视角来观察和构成的要件事实，即通过沟通就认识形式达成的共识可以构成法律拟定的实在，而不以追究真正的实在为目标，甚至认为不应该把法律系统构成物之外的真实主义作为司法的基础。在这个意义上也可以说，真理以及正义或多或少被系统理论相对化了，基本上取决于法律沟通的形式性标准。这正是法教义学的态度。但是，法律沟通同时也是社科法学的一个核心主题，至少在语言社会学、现象学的社会学之后，特别是在卢曼与哈贝马斯之间的论争把沟通研究推到社会理论的聚光灯下之后。法律沟通作为一种互动关系和社会现象，同样可以从经验科学的角度进行实证研究。从这个观点来看，所谓“社会的法”就意味着社会本身就是从法律角度来认识和建构的一种形式，是由程序化和论证化的法律沟通编织而成的存在物。[20]因此，在自创生系统理论的基础上，有必要也有可能推动法社会学与法解释学之间的建设性对话。

虽然哈贝马斯的社会理论也以沟通来贯穿整体，但更强调的是理想的言说情景、商谈和论证的伦理以及批判精神。[21]而在社会学理论范式创新的意义上，与卢曼同样重要并且在思想上互相呼应和补充的

---

20 详见［德］尼克拉斯·卢曼：《社会中的法》，李君韬译，五南图书出版公司2009年版。

21 藤原保信ほか編『ハーバーマスと現代』（新評論株式会社，1987年）第Ⅱ部「コミュニケーションと進化」とりわけ161頁以下参照。另见［英］詹姆斯·戈登·芬利森：《哈贝马斯》，邵志军译，译林出版社2010年版。

则是法国社会理论家米歇尔·福柯。他从知识谱系、权力关系以及个人生活等不同层面进行西欧思想方式的考古和历史研究，因此他的学术生涯也可以大致分为三个阶段，却始终聚焦现代国家治理机制的剖析和重新认识。卢曼侧重结构，福柯侧重历史——他的主要著作都是描述历史，例如《疯癫与文明》《临床医学的诞生》《性史》《词与物》《规训与惩罚》《知识考古学》；卢曼把沟通视为社会系统的基本元素，福柯把话语视为生物性权力的策略和技艺，当然也是秩序形成的动因以及基本框架。两人都在话语空间中探索秩序形成的原理以及机制设计。或许在一定意义上也可以说，卢曼与福柯才是在20世纪晚期法社会学理论界高耸入云的双峰。我们探索研究范式的创新，不妨把他们的相近主张作为出发点或者前行的路标。

不言而喻，与沟通密切相关的是话语分析。福柯所说的话语，既指语言，同时也指语言存在的条件，是作为系统而存在的语言集合。福柯认为：人是话语的实际载体，同时也由话语所构成；话语的分布势必产生特定的倾向性；而对话语的出现和存续具有决定性影响的是生物性权力。这种权力不仅仅是压抑的手段，还是建构的手段，因为它可以促进话语的生产并通过话语来塑造结构。[22]这也意味着话语可以产生结构，语言博弈可以生成秩序，沟通可以实现教化。在福柯看来，生物性权力当中有一种类型就是规训的权力，不妨用英国法律改革运动的先驱杰里米·边沁（Jeremy Bentham）所设计的环形监狱及其中央的一览式瞭望塔（panopticon）作为这种权力的隐喻。在合理化的上述场域里，通过监视者的普遍性视线，迫使被监视者自律乃至

22　参见吴猛：《福柯话语理论探要》，九州出版社2010年版。

产生坦白的冲动，即进行强制性自我反省。[23]实际上，边沁所构思的那种无所不包的功利主义法典（被称为“万全法”，pannomion）也是一种环形监狱式的监控装置，是一种法律权力、一种密而不漏的法网。透过这种全景敞视主义法与社会的构图所看到的主体显然并非抵制权力的各个据点，而是权力的产物，它们以不同的方式纠缠和依附于权力。为了摆脱主体客体化的这种悖论，福柯试图在自我关照的生活技艺、在论证（正确的界说）与修辞（美好的界说）的夹缝里寻找出路，力争在微观层面建立某种可以抵抗权力支配的据点。但显而易见，这种抵抗注定是无力的、虚拟的，一不小心就会滑进反讽主义的泥潭。

卢曼与福柯，乍一看他们的立场是相反的，但其实都在按照同样的逻辑来解释社会现象及其内在机制。他们的出发点都是沟通或者话语包含过度的复杂性、偶然性，不得不由此寻找能够还原或克减复杂性、偶然性的某种超越论的契机。在这条思路的延长线上，卢曼找到的是社会系统，而福柯找到的是知识权力，他们试图以社会系统或者知识权力来弥补沟通或者话语本身无法驯服偶然性、反倒造成社会复杂性过剩之类的不足。在一定意义上，可以说，社会系统就是沟通弱点的反转图形，知识权力就是话语弱点的反转图形——通过反转的方式折射出解决方案：哪里最弱，就把哪里空前加强。通过具有一定超越性的社会系统或者知识权力的“九九归一”式还原的处理来解决沟通或者话语本来无力解决的复杂性、偶然性问题，这种思路也许体现了西欧一神教传统的影响。在让-雅克·卢梭（Jean-Jacques Rousseau）关于超越具体契约关系的“公意”概念中、在约翰·罗尔斯（John

23　参见［法］米歇尔·福柯：《规训与惩罚》，刘北成、杨远婴译，生活·读书·新知三联书店1999年版，第224—235页。

Rawls）关于超越多元化社会现实的正义论差别原则（特别是OP曲线）中，都可以发现类似的思路。

与此相映成趣的是，中国的文化传统具有鲜明的多神教色彩和道德指向，所以反转图形的结构表现出来的特征有所不同，具有独特的双重性：在理论上、结构上以大民主与强权力、超当事人主义与超职权主义的短路结合这种折中的处理来弥补沟通或者话语的弱点，而在实践中就像成语“千锤敲锣、一锤定音”所描述的那样采取两手应对方式。[24]于是我们或许可以找到中国通往现代法治秩序的一条隐约可见的“终南捷径”，至少当会发现法社会学理论今后发展的基本方向：把既有社会条件中存在的缺点或者较弱的共同本质反转过来，把其中的一个极端加以神圣化和外化，即通过反弱为强的方式形成具有决定性、超越性意义的所谓“第三方评判机制”（例如，卢曼所关注的社会系统，或者福柯所关注的知识权力），然后以适当的制度安排隐蔽或者化解其中的张力和分裂。在人际关系网络中强调法律程序、在审判监督框架中强调法律议论（议论在本质上是程序指向的），其实也是试图把强弱关系颠倒过来，在可能的范围内凸显程序和议论作为“第三方评判机制”的地位和作用，造成秩序演变的杠杆效应——这就是我提倡“新程序主义”以及“议论的法社会学”的宗旨。[25]

---

24 季衛東『超近代の法—中国法秩序の深層構造』（ミネルヴァ書房，1999年）326頁、季衛東『中国的裁判の構図—公論と履歴管理の狭間で進む司法改革』（有斐閣，2004年）iii頁、11頁、77頁以下を参照。

25 详见季卫东：《法律程序的意义——对中国法制建设的另一种思考》，《中国社会科学》1993年第1期，第84—104页；季卫东：《法律议论的社会科学新范式》，《中国法学》2015年第6期，第27—43页。参见郑春燕：《程序的价值视角——对季卫东先生〈法律程序的意义〉一文的质疑》，《法学》2002年第3期，第20—25页；杨帆：《法社会学理论范式的拓展：从“冲突/共识”模式到“议论的法社会学”》，《北大法律评论》2017年第1期，第207—223页。

四、沟通的“第三方评判机制”的建构和解构

在这种反转图形中，当然分别存在向心力作用、离心力作用及其相互间的紧张关系，为此应该加强沟通。与此同时，这种张力本身其实也构成了沟通的条件。从现象学的角度来看，以向心力与离心力的对峙为前提的沟通势必加强中介（包括抽象中介与实践中介两种不同的类型）的作用，形成一道身体与身体之间相互的主观间性的连锁，进而形成某种多元一体的格局。但换个角度来看，没有真正的对峙和张力，中介也势必流于形式，因而究竟建构一个什么样的话语空间将成为重要的问题。对于以互动关系为中心的法社会学来说，在复数性的背景下保障公正、进行协调的程序以及程序指向的议论当然是不可或缺的。由此亦可推而论之，那种超越的“第三方评判机制”最终还将诉诸身体与身体、主观与主观之间的互动关系，并在不断主观间性的连锁中嵌入合法正义的代码，从而让程序要件和理由论证成为公共选择正当化的基本根据。

但是，现代中国秩序重构的反转图形以大民主与强权力、超当事人主义与超职权主义的短路结合或者“矛盾的制度化”为特色，即便关于正确和正义的界定，也始终存在某种“三合一”结构，这样的偶然性装置也势必在客观上使得那种把程序与议论作为超越性“第三方评判机制”的努力不断遭到扭曲和挫折。[26]在中国传统的法家式制度设计中，上述那种复数化的“第三方评判机制”早先体现为司法机关内部“疑狱泛与众共之”的会审方式，后来进一步定型为等级化

26 参见季卫东：《中国式法律议论与相互承认的原理》，《法学家》2018年第6期，第1—15页。

的“必要覆审制”,[27]在另一方面又体现为自上而下层层把关的监察权。无论覆审制还是监察权，都是基于“治国作壹”(语出《商君书·赏刑》)的理念，在否定来自外部或者基层的观察、评议以及监督的同时，不断固化来自内部的复数者视线。因此，自先秦开始，政府就设置专门负责解答法律问题、宣示细则内容的官员，以确保规范适用的统一性。这种“以吏为师、以法为教”的做法及其具体内容，通过湖北云梦县1975年底出土的睡虎地秦简获得实证。在长达两千年的帝制时期，历代王朝统治者都不允许刑名学者以及民间讼师对法律进行学理上的解释和判断，斥之为“操两可之说，设无穷之辞”(语出《列子·力命》)。在这样的条件设定之下，为了落实法律，中国必须设置专门的权力机构加强对执法和司法的监视和督查，防止倦勤和舞弊。从秦代的御史大夫、汉代的十三州刺史到唐代的御史台、宋代的监司，职责都是监控百官以守法。另一方面，为了防止监督官的势力也趁机坐大，制度设置者除了使之与行政系统区隔而不授予实权之外，往往还会按照不同职责而分立岗位加以限制，造成权责交错、叠床架屋的格局。[28]可想而知，根据这样的中国特色模式，越强调法治，就会越加强监控的权力，进而不断增加国家的监督成本。在监察权不得不日益膨胀的既定条件之下，以法律制度来限制权力的理念也势必与国家机器运作的实践渐行渐远。

另一方面，在县级以下的广阔乡镇区域则采取间接管制的政策，容许村落自治，借助地方绅士的引领作用以及左邻右舍“他人之目”

27 滋賀秀三『清代中国の法と裁判』(創文社，1984年)23頁以下参照。

28 参见季卫东:《韦伯的宪法设计与国家监督体制——蒙森〈马克斯·韦伯与德国政治〉阅读笔记》,《中国法律评论》2017年第2期，第146页。

的倒摄干扰，让道德、礼仪、习惯、共识以及人际网络成为“有耻且格”意义上的秩序形成装置。地缘共同体内部复数者的交错视线、“耆老一唱众口随”的共振效应、家与国之间的同型放大结构，这些纵横交错的互动关系在产生物质现象的同时也产生价值意义。本来这样的共同体秩序是可以重新捕获那些从覆审制和监察权溢出或逃脱的行为主体，形成法律的基层托盘的，但网络中频繁的互动也会造成话语空间的分裂、包摄、侵蚀、交错甚至“不可言说”，导致前述那种复数化“第三方评判机制”被扭曲、发生裂变以及缺乏实效。最重要的是，这类有序化的社会压力伴随着过度的复杂性、偶然性，无法把“第三方评判机制”转换成安定化的形式，造成规范执行力日益减弱的问题。

从当今中国的生物政治学实践可以发现，执政党的政治决断力以及党内法规似乎正在被当作新的“第三方评判机制”及其安定化形式而得到前所未有的强调，人们试图以此给基于监察权的法律共同体以及基于关系网的礼仪共同体带来更强的确定性、必然性以及规范执行力。这一层道理，在1999年推行“执行年”运动期间，最高人民法院把旨在解决判决执行难问题的第11号中共中央文件称为“尚方宝剑”的说法中就已经一览无余。[29]但是，因为党内法规毕竟来自法律系统或者自治秩序的外部，所以很容易被或明或暗地视为一种反实证法律规范、反立法权层级秩序的另类话语空间。尽管如此，这种话语空间已经被强势地赋予了最高的效力。《求是》评论员文章“在坚持和加

29　参见中国法律年鉴编辑部：《中国法律年鉴（2000年）》，中国法律年鉴社2000年版，第132—133页。

强党的全面领导中推进全面依法治国”[30]，以“两个全面”的命题定格了这种秩序与混沌并存的局面。与此形成鲜明对照的是，在西欧式现代国家，则是通过普通公民用选票决定元首、让政府也服从司法判断等身份反转的仪式，暂时停止权威者的权威，让他们俨然成为混沌的象征，从而保证权威和秩序形成的正当性和稳定性。类似的做法在非洲原始部落的酋长任命典礼上同样依稀可见，即在这个特定的场合让酋长成为滑稽角色，可以被所有人嘲弄，似乎最高位者瞬间变成了最底层的奴隶，然后再实现“从奴隶到将军”的身份反转，获得所有的权威。还有中国农村流行在婚礼当天闹洞房，经过这个无序的手续才确立婚姻不可侵犯的合法性。虽然上述事例的表现截然相反，但都是把秩序的结构与导入混沌的中介并列在一起，法律效力的担保物同时也带有肯定非法律现象的意义，似乎形成了一种类似悖论的循环关系。无论如何，上述不同场景都有一个共同的特征，即秩序与混沌的并存。

五、法律议论的“他者指涉”以及双重处理

这类相映成趣的不同构图似乎表明：有序化机制需要以明显的无序或者混沌为参照或者前提条件，需要保持两者之间的张力和平衡。各种性质迥异的政治社会不约而同地进行如此安排的根本原因何在，还有待法社会学今后的深入探讨。一般而言，无序或者混沌可能因过度均衡或者完全均衡的陷阱效应而导致，但往往是因他者而产生。辩证地看，不存在他者的世界就不存在混沌，当然也就不存在作为其对

30　本刊评论员：《在坚持和加强党的全面领导中推进全面依法治国》，求是网2018年2月15日，http://www.qstheory.cn/dukan/qs/2018-02/15/c_1122402315.htm，2020年8月5日最后访问。

立物的秩序。简单地说，把混沌与秩序联结起来的是复杂性，把两者区别开来的则是复杂性的差异程度。在一定意义上也可以认为混沌就是过度的复杂性，而秩序就是适度的复杂性。概而论之，复杂性是由构成因素的多元性、相互关系的多样性所造成的。因此，从话语空间的角度来考虑，要克减复杂性，就要对沟通过程中的信息进行定向选择、排出某些因素而保留另一些因素。不言而喻，正是这种定向选择会产生含义，同时也可以增加人们对未来的预期。从法律系统的角度来考虑，也可以说规范表现为信息，信息就构成规范。我们正是通过信息或者规范来界定和把握法与社会的状态。另外，沟通过程当然也体现为一系列的互动关系，因此，复杂性的克减也意味着那些互动关系之间进行网络联结的可能性被压缩了，使各种社会关系得以删繁就简。由此可见，议论的法社会学要进行理论范式的创新，应该以复杂系统以及复杂性秩序为基础。

意识到秩序与混沌的并存格局，然后再观察沟通过程的问题，这或许就是卢曼在“自我指涉”之外，进一步提出“他者指涉”的问题的原因。众所周知，卢曼社会系统理论的一个核心概念是自我指涉，强调按照系统固有的代码而运行。但他在1992年出版的《现代的观察》一书中却频繁使用他者指涉的概念，指出系统也要参照环境而运行。有必要指出的是，他同时也强调了他者指涉与自我指涉的统一性，并认为系统就像钟摆那样在这两者之间来回振动，从而在隔离之处打开通道。这意味着卢曼开始面对和处理系统封闭性所带来的问题，因而上述微妙的理论修正颇引人注目。[31]在自我指涉与他者指涉

31　村上淳一『現代法の透視図』(東京大学出版会，1996年)76—77頁参照。

之间来回振动的信息反馈场域，卢曼称之为“假想空间”，使作为普遍他者的神话与理性能够兼容并蓄，并构成那种把系统和环境都纳入视野之中的“二阶观察”（各种观察的观察）的前提条件。[32]把这样的理论修正适用于法律系统，卢曼改变了过去对法律议论中的“利益衡量”所持的拒绝态度，虽然继续强调系统与环境的区别、限制环境对系统的影响，但认为在与自我指涉的法律解释相洽的前提条件下可以接受“利益衡量”。[33]在这里，卢曼反对沟通的道德化以及为沟通而设立一个综合性高阶规范体系，但承认作为意见交易所的文化的作用。由此可见，“假想空间”在某种程度上也可以理解为法律的“选择空间”或者信息市场。

与这样的理论修正相关联，卢曼虽然仍然坚持二元化代码对于法律议论和法律判断的决定性意义，因而站在司法合理性的立场坚持自创生系统理论，但是同时也承认法律系统通过立法以及合同关系对外部环境开放的可能性。在这里，卢曼是采取中心区域与边缘区域的分类来确保理论体系整合的，很像哈特关于“确定的核心”与“模糊的边缘”的著名分类法。卢曼把审判理解为法律系统的中心，应该严格遵循自我指涉的制度安排；把立法以及合同理解为法律系统的边缘，允许较多的利益衡量。[34]不言而喻，按照二元化代码进行的沟通是一种通过符号和技术操作规格进行的语言沟通，强调逻辑论证，与电子计算机依次进行数字化处理的原理有明显的相似之处。在这个过程

32　村上淳一『現代法の透視図』（東京大学出版会，1996年）78—79頁参照。

33　村上淳一『現代法の透視図』（東京大学出版会，1996年）80頁参照。

34　村上淳一『現代法の透視図』（東京大学出版会，1996年）114頁参照。另见罗文波：《卢曼法律论证理论探析——系统论视角的法律论证》，《法律方法》2008年第7期，第201—210页；宾凯：《社会系统论对法律论证的二阶观察》，《华东政法大学学报》2011年第6期，第3—12页。

中，不需要的信息被不断抛弃，因而议论的方向很难被逆转。与此不同，利益衡量则是非符号化的、直观的思考过程，体现了模拟化处理的特征。在这个过程中，日常生活的各种可能性都会呈现出来，需要同时加以考虑和逐项选择，往往很费斟酌。由此可见，基于二元化代码的沟通过程有利于精密传达信息和主张，提高判断和决定的效率，比较适合应用人工智能系统。[35]而基于模拟化思考的沟通过程更强调日常生活的直观以及各种关系的统筹兼顾，富于灵活性、包容性、创新性。在这里，法律议论势必呈现出某种双重结构，作为推理的话语与作为故事的话语会互相交错，在不同的语境里形成不同的组合方式，很难用按照二元化代码进行的沟通来一以贯之。

六、结语：在法律议论中化混沌为秩序

既然法律议论不可能完全按照二元化代码记性，不得不对日常生活的各种可能性进行模拟化处理，那么法律系统就应该容许在自我指涉与他者指涉之间进行反复的语言博弈。最早讨论语言博弈问题的是20世纪的哲学天才路德维希·维特根斯坦（Ludwig Wittgenstein），语言在产出主体以及世界方面所发挥的作用在他的理论体系中占据最重要的位置。也许我们可以说，在维特根斯坦的眼里，语言博弈就是社会秩序的反转图形；而日常生活中的话语空间充满了任意性、复杂性，只有通过语言博弈才能从混沌中实现有序化。在这个意义上，维特根斯坦的目标就是探索服从规则的本质何在。就个人而言，自认为

35　参见季卫东：《人工智能时代的法律议论》，《法学研究》2019年第6期，第32—49页。其中还探讨了对本来属于模拟化思考领域的元规则和价值排序进行数字化信号处理的可能性。

遵循规则与实际是否遵循规则其实必须加以区别，但仅有个人自己却又是无法加以区别的，也会缺乏行为的连贯性。[36]为此，需要建立某种超越的第三方评判机制，在维特根斯坦看来，这就是“语言博弈的秩序”，即日常生活的习惯和礼仪。在这里，并不是主体控制语言，相反，倒是语言产生主体。

站在维特根斯坦的立场上看卢曼和福柯，蓦然间，我们可以发现一个语言社会学派的崛起。显然，语言博弈与沟通、话语都是息息相通的，都被用来覆盖人类的全部活动领域，都构成社会秩序的存在方式。进入21世纪以来，文明冲突的频繁发生、身份政治的日益强化、数字化信息沟通技术（ICT）的广泛应用并导致日常生活世界的数字全覆盖，证明文明间、种族间、阶层间、网民间的对话和相互理解确实已经成为社会结构的决定性因素，沟通正是这个信息（数据）驱动时代的最大关键词。从语言的角度来观察人们的意思、行为以及相互关系，就可以看到流动性、不确定性、复杂性非常突出，这才是社会的真实面貌，也是需要通过权力、货币、意识形态以及法律制度来对日常生活空间以及叙述方式进行分解和定型的前提条件。因此，通过语言或话语、围绕含义或价值进行的各种博弈应该也有可能成为社会学理论的主流范式，也是“议论的法社会学”所研究的基本对象。

无论维特根斯坦，还是卢曼或者福柯，其实都具有某种激进的建构主义特征。在他们看来，被视为语言活动主体的人，其实也是语言活动的产物；沟通伴随着社会的复杂性，但也以克减社会复杂性为己

---

36 John McDowell, “Wittgenstein on Following a Rule”, *Synthese*, No.58, 1984, pp.325–364；橋爪大三郎『言語ゲームと社会理論—ヴィトゲンシュタイン・ハート・ルーマン』（勁草書房，1985年）51—59頁参照；[英]A. C.格雷林：《维特根斯坦与哲学》，张金言译，译林出版社2008年版。

任；秩序来自混沌却又与混沌并存……正是这一系列悖论，使我们对法与社会的本质产生了全新的认识。如果说社会的日常生活存在过度的复杂性乃至混沌，那么法律系统的主要功能是克减复杂性，在混沌与秩序的边缘寻找不同因素之间关系的最小多样度；然而，沟通的网络又使得法律系统本身会出现涨落，通过沟通而达成的高度的、甚至完全的均衡也可能在一瞬间转化为混沌。为此，我们需要在不断生成的社会系统、不断建构的法律秩序的视野里重新探索法社会学的研究范式。在我看来，这种范式的切入点和基础就是作为法律现象的议论。法律议论本身是程序指向的，并通过公正的程序达成真正的相互理解和共识，所以也不妨把新程序主义作为“议论的法社会学”的一个响亮标语。

总之，从语言社会学派的立场来看，法与社会是一种基于信息反馈的自组织系统，通过自我叙述、自我指涉、自我塑造而不断进化。但是，按照热力学第二定律，自我完结的封闭性系统，其熵将不断增大并且无法逆转，最终导致混乱无序。在这个意义上可以说，自组织系统在物理意义上其实是不可能的现象。这也表明一个闭环系统存在着平衡陷阱，而达到完全平衡就将引起最无序的状态。另外，在逻辑学上完全自我指涉的系统势必引起图灵停机问题，导致不可解。换言之，通过沟通进行选择的决定链完全依据固有的代码时，迟早将出现无法做出决定的事态。正是在这样的背景下，我们可以理解卢曼在1992年进行的理论修正，提出他者指涉的概念，并使之与自我指涉之间形成某种相反相成的关系。这意味着把话语空间进行有条件的开放，我认为其结果将呈现出伊利亚・普里高津（Ilya Prigogine）所揭示的那种耗散结构特征，通过非二元代码的、非线性的沟通引发突变的方式形成新的社会秩序。[37]这也许算得上对卢曼自创生系统理论的又一次合乎逻辑的修正吧。

从“议论的法社会学”的立场来看，通过他者指涉可以使系统远离平衡态，导致制度创新。为此，需要把社会议论嵌入法律议论——使话语空间在局部进行分形化自我复制，在整体容许大开大阖；或者在微观层面促进创造性破坏，在宏观层面保持结构稳定性；通过沟通的自我催化式反应导致法律秩序的转型。由此可以推而论之，“议论的法社会学”一方面要通过严格的法律解释和推理来形成一个自我指涉的系统，确保对沟通网络进行逐次处理的精确度和效率；另一方面还要以探究复杂性秩序的原理为基本目标，在混沌与秩序的交界处发现沟通网络的最小多样度、沟通过程的机制设计以及沟通活动的临界点。从法律系统的内部视角来看，重点是微观现象的实证研究，测量语言博弈各种要素变化的幅度之和；从外部视角来看，主要是概览整体，测量话语集合变化的幅度。在这里，我们也许可以为中国传统秩序的解释性转换这道法律几何学难题的解答画出一条关键性辅助线。这也正是“议论的法社会学”的知识价值和实践意义之所在。

---

37 I. プリゴジン、I. スタンジュール『混沌からの秩序』伏見康治ほか訳（みすず書房，1987年）；大澤真幸「混沌と秩序—その相互累進」山之内靖ほか編『社会システムと自己組織性』（岩波書店，1994年）289—346頁参照。

附　录
案例与法典之间的睿智
以《法学的知识谱系》为线索的议论*

季卫东

一、引言：学说继受的集大成之作

《法学的知识谱系》卷轶浩繁，仅通过视觉便能产生一股颇强的冲击力。在浮躁的当下世风里，舒国滢教授萤窗雪案、钩沉稽玄近十年成此大作，实属凤毛麟角，亦为中国法学界可喜可贺的一桩盛事。

相比现代政法研究方面司空见惯的僵硬和枯燥，或者本土秩序诠释方面不一而足的矫揉和煽情，这部书籍以理性分析见长，叙述犹如行云流水、舒展自如，原料剪裁之际的分寸也把握得恰到好处。虽然作者纵览自古希腊罗马以来两千五百年的学说谱系，考察和比较的射程包括各家主张，但始终聚焦于法律思维方式和推理的技术，在修辞学、决疑术以及教义学、涵摄术的关系之间抽丝剥茧、勾连交错，终于编织出一条经纬分明的纹理，以展示欧陆法律思想和制度演变的来龙去脉。在问题设定的范围内，作者不辞繁琐之讥，非常细致地梳理各个代表人物的生平事迹和理论主张，连姓名的不同译法、用语的分歧含义都逐一交代清楚，充分体现了国滢教授严谨治学的精神以及包罗万象的志趣。

---

* 本文原发表于《中国法律评论》2021年第2期。

二、凝视由法学理论主导的制度设计以及论证技术

与通常所见的西方法律思想史、法学史的体例和结构迥异，《法学的知识谱系》的研究对象仅限于古希腊的哲学思辨方法与古罗马的国家治理技艺相结合的样式及其在欧洲大陆、特别是德国的流变和重组，英美的判例文化传统基本上未被考量。

根据我的理解，其原因在于大陆法系的特征是以法学理论（在狭义上特指19世纪德国弘扬的潘德克吞或学说汇纂式法学体系）指导司法实务，先后以古罗马法家（Legist）、博士们的共同见解（communis opinio doctorum）、意大利、法国、西班牙乃至德国大学的教授法（Professorenrecht）或学识法（die gelehrten Rechte）等不同形态构成并壮大了一种法律的“成文理性”（ratio scripta）、“有说服力的权威”（Persuasive authorities）以及辐射欧洲大陆中西部整体的普通法（Ius Commune）传统。这种法学主导的制度演进历程，始终以罗马法的综合继受（Rezeption in complexu）为驱动装置[1]——至于西欧主要国家，特别是德意志诸邦为什么在文艺复兴之际骤然积极推进罗马法继受，这种法律复兴究竟如何肇始、怎样成功，至今大都仍属历史之谜。事后来看，比较清楚的是，这种法学知识的体系以推理技术为本位，容易在民族国家内部形成共识，也有利于大陆法系在世界其他区域的再继受。因此，我以为国滢教授特别关注欧陆的法学范式是有充分理由的，甚至可谓独具慧眼。

1 Peter G. Stein, Römisches Recht und Europa, Fischer Taschenbuch Verlag GmbH, 1996, 引自日文版：ピーター·スタイン『ローマ法とヨーロッパ』(屋敷二郎監訳、京都：ミネルヴァ書房、2003年を参照。

与此相映成趣的是英美法系。英格兰没有对罗马法进行综合继受，而是通过固有的判例积累和发展实现了法律体系的发达，并且早在12世纪就已经设置若干恒久的中央法院推动国家治理方式的现代化。判例法的属性也决定了法学教育的风格，英格兰制度知识的传递和发展不是通过大学进行，而是采取学徒制的方式，在律师的行会组织律师会馆（The Inns of Court）中进行——在这里，法学从属于实务，而不能引导实务。虽然在英格兰也形成了另一种普通法（common law），但与欧陆式普通法不同，它仅能局部地改变习惯法，并没有普遍性效力。[2]

英国真正意义上的法学理论其实起源于18世纪下叶边沁的法制改革计划，受边沁影响，约翰·奥斯丁（John Austin）在19世纪30年代确立了分析法理学的体系，亨利·S. 梅因爵士（Sir Henry S. Maine）在19世纪60年代确立了历史法理学的体系。流风所及，20世纪前期又在美国促成了社会法理学以及现实主义法学的运动。[3]此外，罗马法虽然具有学说汇纂式体系的特征，但决疑术和争点论的传统使它同时也兼有从个案、事实出发的特征——后者呈现出与英美法相似的结构，而与19世纪以来德国的法教义学有显著的不同。在我看来，国滢此书的宗旨是要揭示罗马法的决疑术、辩证术、修辞学、论题学等深层结构的形状，[4]在相当程度上其实已经把与英美法学类似的个案本位、问题取向等基本元素纳入视域，所以聚焦欧洲大陆法的知识谱系

2　田中英夫『英米法総論（上）』（東京：東京大学出版会、1980年）67—78頁、145—149頁。

3　田中英夫『英米法総論（上）』（東京：東京大学出版会、1980年），314—315頁。

4　舒国滢：《法学的知识谱系》，商务印书馆2020年版，第359页以下，特别是第367页。

似乎也并无以偏概全之弊。[5]

不言而喻，西欧法律思想的渊源在古希腊。从公元前8世纪荷马史诗以及公元前7世纪赫西俄德《神谱》所描述的古希腊神话世界观中，就可以发现法律女神忒弥斯（Themis）与正义女神狄刻（Dike）之间的不同角色定义。尽管忒弥斯与狄刻的象征意义有重叠之处，但前者把现行法律直接视为正确的，而后者负责监督、抽打以及遏制不公正的现象，其中包含对既有秩序的批判和评价标准等正义观念的萌芽。到公元前6世纪，一些自然哲学者们开始对神话世界观进行反思，使狄刻在神格化的基础上进一步升华为支配人类乃至宇宙整体的秩序原理，并奠定了社会哲学的基础。[6]

最初的智者派代表人物普罗泰戈拉（Protagras）以提出"人是衡量万物的尺度"这个命题而驰名，在价值相对主义的前提下开始探索民主政治的正当化理论。后来的智者派则进一步把习惯的法理（Nomos）与自然的物理（Physis）进行区别，加强对人为的既有秩序的批判。尽管智者派的具体主张因人而异，但大体可以分为两大群体。一个群体由雅典最早的修辞学家高尔吉亚（Gorgias）及其弟子构成，主张强者的自然权，以实力作为正义的尺度。另一个群体以安提丰（Antiphon）、阿克德姆斯（Archedemus of Tarsus）为代表，主张平等主义的自然正义，以所有人的自由作为正义的尺度。[7]显而易见，正

5　尽管作者本人认为在研究框架和素材取舍上做出限定、重点以罗马法学为基础的欧陆私法（民法）学作为样本考察法学知识与方法的谱系，把英美法系的内容排除在外"纯粹是迫不得已的选择"。见舒国滢：《法学的知识谱系》（前引），第61页。

6　Martin Ostwald, "Ancient Greek Ideas of Law", in Philip P. Wiener (Editor in Chief) *Dictionary of the History of Ideas: Studies of Selected Pivotal Ideas*, Charles Scribner's Sons, 1973；引自日文版：森村進（訳）「古代ギリシアの法観念について」『ヒストリー·オヴ·アイディア叢書2—法思想の層位学』（東京：平凡社、1986年）37頁以下。

7　田中成明ほか『法思想史』（東京：有斐閣、1988年）5—6頁。

是这种思考方式开启了后世自然法理论的先河，而自然法理论与法律实证主义的对峙构图则被公认为贯穿整个西方法学史的主轴。

虽然《法学的知识谱系》也涉及自然法理论与法律实证主义，但把两者的区别和冲突故意进行了淡化处理，使之成为话语空间边缘的一道思想背景。国滢教授在这本书中全面而深入分析的并非法律的正当性根据和价值判断，而是纯粹法律推理的方法论和各种技术，是理由论证的过程。也许作者认为古罗马法学的繁荣与19世纪德国学说汇纂法学的繁荣存在某种结构上的类似之处：在威权主义的政治体制下，社会的安全阀只能严格区别公域与私域，在私法领域尽量确保比较广泛的个人自由；为此必须把法学从政治和经济的政策性打算中解放出来，专注于推理技术的发展，不断加强法律的形式主义侧面。这也可以顺理成章地解释为什么罗马出于统治广阔领土的需要而在早期树立了强有力的管理机构以及相应的公法体系，但留给后世最重要的法律遗产并非公法，而是私法。

正是由于那种在私域充分而自由地进行法律推理的技术优势，罗马法才能超越时代，对职业法律家产生持续不断的吸引力和影响力。在这个意义上，特别是从关于程序-议论的法社会学立场来看，[8]国滢教授把西欧法律思想演变的主轴从“自然法理论对法律实证主义”转变成“论题取向的法学对公理取向的法学”，即从价值争论转向作为“商谈的手段”[9]的论证技艺竞赛，其思路是完全可以理解的。只是在强调修辞、论题以及辩证术的场合，势必在不经意间把价值之争重新推

8　参阅季卫东：《法律议论的社会科学研究新范式》，《中国法学》2015年第6期，第25—41页，《议论的法社会学：溯源与创新》，《中国法律评论》2020年第4期，第38—49页。

9　舒国滢：《法学的知识谱系》，商务印书馆2020年版，（前引）第97页。

到聚光灯下，因为辩证推理的本质属性是以普遍接受的意见为前提，解决价值判断、价值排序以及真理共识等问题。如果不忌惮吹毛求疵之讥，我以为在这里存在着复杂纠缠的逻辑链条，其中某些环节还有待国滢教授进一步厘清和阐明。

三、论题目录与公理体系的对立构图

国滢教授对法学知识谱系的分析以古希腊作为说服技艺的修辞学为起点。他详细分析了亚里士多德的修辞学以及论题学体系，把论题理解为主张以及相应的事实或资料（论据）的归类系统，[10]或许也不妨将其另行表述为一定话语空间中的不同位相以及知识网络中的各种节点。他还留意到亚里士多德的论题学逻辑可以分为辩证与修辞两类不同的论证型式，[11]除此之外，还应再加上作为形式逻辑推理的分析式论证，并认为这三类论证的共有手段是与归纳法相区别的演绎三段论。[12]古罗马的优势本来只在军事、政治、法律以及城建土木工程上，但后来却从作为被征服者的希腊人那里吸收了学问和艺术，当然也包括修辞学。也就是说，虽然古罗马法制很发达，但古罗马的法学理论却来自希腊。

特别是著名的罗马哲人政治家和法学家西塞罗（Marcus T. Cicero）关于开题、演说、论题术的著作，将把亚里士多德的修辞学推进到一个更辉煌的发展阶段，并将论题术引进法学领域。西塞罗应古罗马法律家特雷巴求斯之请撰写的《论题术》，其实就是为司法实

10 舒国滢：《法学的知识谱系》，商务印书馆2020年版，（前引）第155页。
11 舒国滢：《法学的知识谱系》，商务印书馆2020年版，（前引）第174页。
12 舒国滢：《法学的知识谱系》，商务印书馆2020年版，（前引）第183页。

务提供了一份具有可操作性的、格式化的论题目录。这份既定的论题目录的应用包括如下两个基本方面 :（1）特定主题本身及其组成部分或者直接相关部分的内部论证 ;（2）与主题相去甚远而来自权威或条件的外部论证。[13]所以，西塞罗认为论题术的本质就是一种寻找前提的程序[14]。实际上，西塞罗在《论共和国》（*De republica*, 3.22.33）以及《论开题》（*De inventione*, 2.53.161）中还对自然法给出了一个著名的斯多葛学派伦理学上的定义，即"真正的法是服从自然的正确理性"，因而法与宗教、真理一样铭刻在人们心中。[15]由此可见，在他的思想框架里，论题并非与价值无涉，推理的前提本来就具有实质性意义。

除了修辞学和论题术之外，国滢教授还重点考察了与罗马法学的论证过程具有密切关系的争点整理方法论以及问题本位的决疑术。按照联结古希腊修辞理论与古罗马修辞实践的关键人物赫玛戈拉斯（Hermagoras）的分析框架，作为争点的问题可以分为合理性问题和合法性问题这两种基本类型，并构成修辞开题的动力，引导人们寻找适当的论证策略。在这个意义上，争点论实际上代表着一种共同体取向的修辞，即一种在知识共同体内部鉴别、检验以及解决意见冲突所谓方式。[16]与此相对应的是作为案例推理方法的决疑术。决疑术应用的基本方式是通过案件分类法寻找类似的先例或范例作为判断的依

13　舒国滢 :《法学的知识谱系》，商务印书馆2020年版，（前引）第226—234页。

14　舒国滢 :《法学的知识谱系》，商务印书馆2020年版，（前引）第239页。

15　See Paul Foriers & Chaïm Perelman, "Natural Law and Natural Rights", in Philip P. Wiener (ed.) *Dictionary of the History of Ideas: Studies of Selected Pivotal Ideas*, Charles Scribner's Sons, 1973 ; 引自日文版 : 野嵩一郎（訳）「自然法と自然権」『ヒストリー·オヴ·アイディア叢書16—法・契約・権力』（平凡社、1987年）22頁。

16　舒国滢 :《法学的知识谱系》（前引），第284页。

据，在这里，先例越多则疑义越少，进而可以在“同案同判”的意义上实现正义。[17]国滢教授明确指出，决疑术是典型的实践知识，试图通过类推在理论与实践、法律与道德之间达成或维持某种平衡；它与机械的、数学的推理不同，在本质上是基于经验而解决问题的睿智。[18]因而在17世纪之后，随着自然科学的发展和笛卡尔理性主义哲学的盛行，决疑术受到指责并渐次衰落。

由此可见，古罗马的法修辞学、辩证法、争点论以及决疑术与近代的法教义学、涵摄法、逻辑论以及规范思维是截然不同的。法教义学实际上就是在近代自然科学影响下形成的追求公理体系的法学范式——在这个意义上也可以说，法教义学与科学乃至“社科法学”之间其实并不存在实质性冲突，中国研究者前些年的争论颇有些“大水冲了龙王庙”的讽刺意味。与此形成对照，法修辞学则是在实践智慧和内心确信的基础上形成的构建论题目录的法学范式，与数学、自然科学通用的公理体系和逻辑演绎迥异其趣。但是，在《法的知识谱系》中，由于叙述和印证的错综复杂，这两种范式的界定似乎变得有些模糊。[19]例如，援引舒尔茨的观点说明从古希腊引进辩证法的结果是把罗马法学转型为体系化的科学，[20]援引格罗索的观点说明罗马法学从“早期谨小慎微的法学”逐渐发展成为“科学的法学”，[21]在导论部分以及作为总结的第十七章似乎把欧陆法学知识的谱系都归结为法教义学的范畴，把从修辞学、论题术到学说汇纂学的法学演变过程也理

17 舒国滢：《法学的知识谱系》（前引），第315页。
18 舒国滢：《法学的知识谱系》（前引），第324—325页。
19 舒国滢：《法学的知识谱系》（前引），参阅第14页关于法学概念，特别是实践法学、法律科学以及法教义学之间关系的说明。
20 舒国滢：《法学的知识谱系》（前引），第383页。
21 舒国滢：《法学的知识谱系》（前引），第386页。

解一部法律科学成长史[22]，等等。

毫无疑问，国滢教授很清楚法律的公理推演体系与论题罗列目录之间的本质区别，明确指出了“论题学作为一门学问的目的就是试图寻求论题或‘论点的位子’，建立‘论题目录’”。[23]作为《论题学与法学》的译者和潜心研究者，他当然非常了解特奥多尔·菲韦格（Theodor Viehweg）对问题取向思维与体系之间交错关系的分析以及对体系的多元化趋势和“理解关联结构”的强调。[24]但是，他还是没有具体考察论题目录，没有说明论题之间的相互关系和结构。

从具有典型意义的格哈德·舒托卢克（Gerhard Struck）法律论题学的目录可以发现，这种目录其实构成了一个在论证过程中进行检索的关键性意见以及整理思路的工具性矩阵。如果允许我稍微夸张一点说，其功能与《易经》中的六十四卦图颇有迹近之处，可以作为问题清单或归档系统（filing system）用以整理和利用来自环境的各种非确定信息进行预测、决策，并为此爬梳、排列以及组合不同价值判断、理由论证以及法律格言之间的关系。[25]通过深入分析论题目录，可以发现问题取向思维具有如下功能：在法律体系发展的初级阶段论题学势必发挥决定性作用；新的法律原则在确立之际也势必呈现出论题式结构；在斟酌和援引社会理念和常识进行判断时论题术的思考方式更有利于问题的解决；在进行利益比较权衡以及法律试行的场合，论题

22　例如，舒国滢：《法学的知识谱系》（前引），第60页、1611页、1620—1626页。

23　舒国滢“法学的论题学立场（代译序）”，特奥多尔·菲韦格：《论题学与法学》，舒国滢译，法律出版社2012年版译序，第20页。

24　特奥多尔·菲韦格《论题学与法学》（前引），参阅28—30页。

25　季卫东：《人工智能时代的法律议论》，《法学研究》2019年第6期，第40—41页。Cf. Gerhard Struck, *Topische Jurisprudenz: Argument und Gemeinplatz in der juristischen Arbeit*, Athenäum-Verlag, 1971, SS.20–34.

目录是大有裨益的……诸如此类的长处不胜枚举。然而，不同论题之间也会存在矛盾，为了进行整合化处理就必须从中抽出若干元规则，并据此进行论题的评价和排序。

因此，《法的知识谱系》没有举例展示论题目录的构成方式，我以为是一种比较重要的缺憾。这就使得论题学的内涵难以充分阐明，问题取向与公理取向的思维方式之间的本质性差异也无法凸显出来，从而也就不能更清晰地论证20世纪后期论题学以及实践哲学复兴的法理意义。或许国滢教授的主旨是要把欧陆法学视为一个有机的整体和开放的体系，把不同思维方式都作为其组成部分，并置于相反相成的关系之中，来考察大陆法系的知识演进机制，因而故意不强调范式的差异和对立，而是展现一幅网罗欧陆法学各流派史料的曼陀罗图景。何况体系思考与论题思考之间也的确具有交错互补的关系，未必完全相斥。然而，不得不指出，这样统一处理的话语策略固然有其综合化、集大成的优势，其结果却很有可能在无意间消解那种能促使法学不断发展的内在张力、拆散一个颇有利于说明路径相关、预测变化趋势的工具性分析框架。

四、新修辞学与论题术在西方复兴的法理意义

从20世纪50年代开始，西方法学的大潮流开始发生被称为“实践理性复兴”的变化。英国的斯蒂芬·图尔敏（Stephen Toulmin）批判逻辑实证主义的分析方法，把伦理判断的理由作为研究的核心题目，提出了实践推理的论证模型（图尔敏模型）。[26]比利时的费拉·佩

26　舒国滢：《法学的知识谱系》（前引），参阅1397—1414页。

雷尔曼（Chaïm Perelman）倡导新修辞学并以此作为价值判断逻辑的基础，以“听众”的类型化、“心灵沟通”“说服”等概念为核心框架展开对笛卡尔式证明方法论的挑战。[27]德国的特奥多尔·菲韦格则提出建立法律论题学的口号以及法律论证在本质上是论题学式情境思维的命题，使修辞学、论题术的古老传统再次在法学领域焕发青春。[28]国滢教授对这三个代表性学者的生平和学术思想都分别进行了详细的介绍，可惜没有在他们之间进行基本主张的比较分析，有必要略作补充。

我根据《法的知识谱系》以及相关的文本概括一下，可以发现他们的共同点是把逻辑的作用限定在数学以及自然科学之内，在与人类行为以及价值判断相关的更广泛的分野里强调议论、辩证推理以及概率计算[29]的重要性，并认为论题术在修辞学中占据中心地位。但他们的主张也有一些不同之处。例如，图尔敏的论述以各领域已经充分确立论题目录为前提，注重对听众已经接受的前提，根据实际情况进行巧妙的重组，以探索更好理由的方式来争取同意或承认；但菲韦格却强调在实际的论证过程中发现论题具有的关键性意义，并且论题的发现始终受问题取向的思考方式摄动，无法从既定的体系进行逻辑演绎；佩雷尔曼的主要贡献则是重新认识和评价了修辞学作为说服技艺的价值。他认为凡是可以计算、测量的现象基本上没有必要再议论，只有关于价值的问题才需要通过修辞和辩证术来寻求共识。需要注意的是，佩雷尔曼为了把合理性的议论与不良修辞即诡辩式的议论相区别，还特意提出了“普遍听众”（universal audience）的概念，

27 舒国滢：《法学的知识谱系》（前引），第1188页以下。
28 舒国滢：《法学的知识谱系》（前引），第1233页以下。
29 关于概念计算与概率计算之间的关系，详见季卫东：《法律与概率——不确定的世界与决策风险》，《地方立法研究》2021年第1期，第1—18页。

把普遍听众的同意作为议论内容合理性的保证以及修辞学正义论的基础。[30]

最近三十余年来，图尔敏论证模型在法学界以及司法人工智能研究领域声誉日隆，对此还有必要进行更深入的探讨，以便准确理解并重新发现论题学的意义，明确实践推理的标准和价值。概而论之，图尔敏学说的切入点是形式逻辑关于大前提、小前提以及结论的简单化推理结构，并不能适当而充分地反映理由论证活动，因此他呼吁人们回到日常生活中实际存在的议论，以立足个案、解决问题的法律议论作为数学和自然科学之外的推理模式。在法律议论的场合，各种各样的诉求、主张、命题、证据、口供、证言、心证、法律解释、情节斟酌、利益权衡、判决理由聚集在一起，在判断和决定过程中各自发挥相应的作用，可以被视为更广范围内合理议论的典型。在他看来，理由论证其实是以某一主张及其潜在的反驳意见为前提的，在遭遇异议时主张者必须对自己的论点进行正当化，举出作为根据的事实；如果用C（claim/conclusion）来表述主张或结论，那么举证的话语就可以表述为D（data），即数据或事实资料。因此，区别C和D就是法律议论的第一步。异议者势必关注从D到C的证成过程，追问究竟根据什么、如何才能得出相应的结论，这时议论的要求不是追加新的事实（数据），而是要对论证过程进行正当化，即为暂定命题提供保证W（warrants）。因此，区别C和D以及W就是法律议论的第二步。图尔敏认为，在法律议论中对数据的要求是明示的，而对保证的要求是默示的；对事实正确性的数据是特指的，而对论证正确性的保证是泛指

30 Ch. ペレルマン『説得の論理学—新しいレトリック』（三輪正訳、理想社）40—42頁。

的；所以两者必须加以区别——这正是在审判程序中区别事实问题与法律问题的理由。

从上面的分析可以发现，法律议论的理由论证图式比形式逻辑推理复杂得多，但仍然不止于此，图尔敏还要强调保证W对从数据D到结论C的论证过程进行正当化的程度问题，确实准确无误还是带有例外、保留、推测等限定条件。表述正当化保证的程度差异的符号是限制保证可信度的Q（qualifier 限定词乃至modal qualifier 模态限定词）与否认保证一般正当性的R（rebuttal抗辩）。在这里图尔敏又进行了两种重要的概念区别：一种是区别保证的言说与关于保证适用可能性的言说（与抗辩发挥同样的功能），这种区别不仅对法律适用，而且对自然法则的应用也具有重要意义；另一种是区别为论证而提出事实的目的，这种区别表明不同的言说也许都与某个要件事实相关，但关系样式各不相同——或者使某个推定得以正当化，或者使某个抗辩被推翻。在这里能够支撑和加强保证的正当性及权威性的言说是B（backing，佐证）。根据上述分析，图尔敏用模型化的方式描绘了一个比较复杂的论证结构：

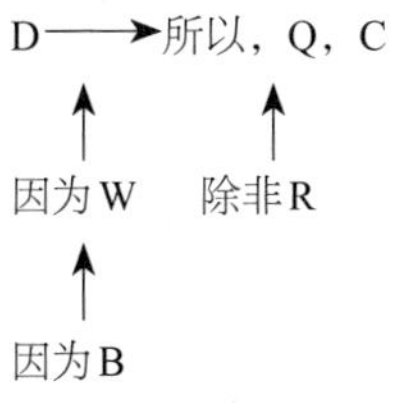

与上述理由论证模型相比较，图尔敏认为形式逻辑的论证模型实际上只采取了单一的概念区别，即前提与结论的区别，导致推理具有过分的雷同性，而无法正确地推敲实际的议论；特别是三段论的大前

提作为“普遍性前提”会导致话语空间变得非常贫匮[31]。

在法学界，支持图尔敏模型并就法律议论进行了简明而精辟分析的是乌尔弗里德·诺伊曼（Ulfrid Neumann）教授。国滢在书中介绍了一些法学家和律师对图尔敏模型的讨论和应用，[32]却没有只言片语涉及诺伊曼的著作，这显然不是由于疏忽，而必有某种特别的理由。仔细阅读诺伊曼的著作可以发现，也许是通过赫伯特·哈特（Herbert L. A. Hart）关于“可撤销性”（defeasibility，可废止性、可辩驳性）概念的媒介作用，他试图把卡尔·波普尔（Karl Popper）的证否模型引入法理学，并与图尔敏关于法律论证的理论进行勾连。窃以为这种观点未必稳妥，因为波普尔坚信科学的基础在于逻辑，极端强调演绎推理而轻视归纳的意义，两者的立场是互相冲突的。[33]那么，这是不是国滢教授避开诺伊曼论述的原因呢，我不敢妄测，还是留待作者本人澄清吧。

但是，从对德国法理学和法社会学的影响力的视角来看，我以为诺伊曼的相关论述还是绕不过去的。他的基本立场非常明晰，对法律议论，特别是判决理由论证能否按照现代逻辑学的三段论进行适当的重构表示怀疑，甚至认为全称命题的演绎推理都会陷入循环论证。因此，他主张逻辑并非议论的基础，相反议论应该成为逻辑的基础，这就抓住了图尔敏论证理论最核心的观点。在这个思路的延长线上，他认为图尔敏模型把议论参与者实际可以利用的信息都明确化了，而不

31　See Stephen Toulmin, *The Uses of Argument*, Cambridge: Cambridge University Press, 1958, pp.146ff.，参阅斯蒂芬·图尔敏：《论证的使用》（修订版），谢小庆、王丽译，北京语言大学出版社2016年版，第135页以下。

32　舒国滢：《法学的知识谱系》（前引），参阅第1407页以下。

33　舒国滢：《法学的知识谱系》（前引），1430页的引述表明很多论证理论研究者并没有留意到这一点，总是把波普尔的批判理性主义与图尔敏模型进行短路联结。

像逻辑的前提概念那样大而化之，这一富有建设性的贡献值得高度评价。[34]另外，正如诺伊曼所注意到的那样，图尔敏模型作为法律议论的分析框架颇为适合，特别是作为保证（W）的同案同判的正义观、作为佐证（B）的法律条文或先例，与司法实践中的推理方式高度一致。追溯古罗马的修辞学和论题术的知识谱系可以得知，归根结底这个模型其实是依据法理建构的，并且图尔敏的论证理论显然受到了赫伯特·哈特法哲学体系的影响。[35]也可以说，正是修辞学、论题学与法律学、沟通论之间重新开启的互动关系导致了实践理性在20世纪后期的复兴以及近代法学范式的语言论性质转换。

国滢教授在考察法律论证结构时也高度重视哈特的“可撤销性”（可废止性、可辩驳性）概念的关键性作用，指出“法律推理本质上是一种可废止的推理”，[36]特别是表现为与法律程序相关的、多个意见分歧主体之间通过议论进行理由论证竞争的动态，其结果要么达成共识，要么撤销论证。[37]他还强调这种“对话博弈是通过对话双方参与者平等的博弈规则（对话规则）来刻画的”。[38]不言而喻，这种论证性对话过程与尤尔根·哈贝马斯以“理想的言谈情境”为前提的程序主义法律商谈理论也是一脉相通的。[39]

对于法律论证结构而言，除了上述程序与对话博弈之外，还有一

34　Ulfrid Neumann, *Juristische Argumentationslere*, Wissenschaftliche Buchgesellschaft, 1986, SS.19–28，参阅乌尔弗里德·诺伊曼：《法律论证学》，张青波译，法律出版社2014年版，第26—32页。

35　Stephen Toulmin, *op.cit.*, P.142. Cf. H. L. A. Hart, “The Ascription of Responsibility and Rights”, Antony G. N. Flew (ed.) *Essays on Logic and Language (1st Series)*, Basil Blackwell, 1951, pp.145–166.

36　舒国滢：《法学的知识谱系》（前引），第1416页。

37　舒国滢：《法学的知识谱系》（前引），第1418—1419页。

38　舒国滢：《法学的知识谱系》（前引），第1424页。

39　舒国滢：《法学的知识谱系》（前引），第1457—1463页。

个因素也至关重要，这就是证明责任（burden of proof）的分配规则。也就是在论证性对话中，如果双方都对自己的主张进行了证明，但法官或者听众仍然未被完全说服的场合，推理被撤销的风险究竟由哪一方承担的问题。在证据法上，风险分配规则是明确的，即负有举证责任一方承担败诉后果。但在法律论证理论中并没有确立相应的规则。由于国滢在《法学的知识谱系》的相关部分没有触及这一点，我有必要在此稍微作些补充说明。

例如，政治哲学家理查德·H. 嘎斯金斯（Richard H. Gaskins）对图尔敏、佩雷尔曼等人的批评之所以值得认真对待，是因为他通过对论证理论和新修辞学各种主张的周密分析，提出了“证明责任”这个法律论证的核心观念，并使议论的互动关系能够更加全面地呈现出来。[40]在他看来，证明责任及其转嫁并不限于法庭，实际上在各种话语博弈中都对辩论的进行乃至胜负的决定发挥着关键性作用，不妨称之为一种“从无知出发的议论技艺”（argument from ignorance）。众所周知，法庭上证明责任的分配是由法律规定或法官决定的；那么，在其他话语博弈的场合，分配证明责任的权威从何而来？难道参与议论的一方有可能把证明责任转嫁给对方吗？这是嘎斯金斯提出的重大问题。

他通过对美国联邦最高法院宪法判例的论证活动所进行的周密而深入的实证分析，证明了隐藏在修辞的前提或深层结构里的辩证术其实就构成某种转嫁证明责任的策略。[41]这种话语策略在总统或州长选

40 Richard H. Gaskins, *Burdens of Proof in Modern Discourse*, Yale University Press, 1992, pp.21ff.

41 Richard H. Gaskins, *Burdens of Proof in Modern Discourse*, Yale University Press, 1992, see Chapters 2 and 3, esp. pp.47ff. Cf. also Richard H. Gaskins, “The Juridical Roots of Presumptions and Burdens of Proof”, in Hans V. Hansen et al. (eds.) *Presumptions and Burdens of Proof: An Anthology of Argumentation and the Law*, University of Alabama Press, 2019.

举辩论中往往表现得更加露骨。尤其是在宗教以及自然法等实质性价值体系的权威失坠之后，各种争论的重心往往倾向于从论证自己主张的真理性或正义性转向彻底揭露和攻击对方主张的弱点或缺陷，因为通过这种辩驳策略即便不能直接获胜，也可以把再反论，即自我证明的责任转移到对方。不得不承认，嘎斯金斯的这种鞭辟入里的论述宛如一柄双刃剑——他在揭示论证性对话机制的实际状况之余，似乎同时也在暗示：修辞学尽管也强调程序、推理以及证据的客观中立性，但通过辩证术却可以临机应变地操作证明责任，从而也能任意推导出实质性结论。他也许在研究审判的话语空间时一直戴着美国法律现实主义学说的有色眼镜，然而，也正是在这里，我们还可以再次发现或者重新认识形式主义的科学验证和逻辑演绎对决疑论式睿智的某种制衡作用。

五、当代法律论证理论的比较分析

既然修辞学、论题学、辩证术、决疑术存在放纵主观任意性的风险，公理体系和逻辑三段论又过于简单、狭隘，不能充分反映法律沟通的实践需要，那么我们就应该在两者之间通过试错过程寻找适当的平衡，最终达到以情境思考补充形式思考、以理性论辩制约价值论辩的理想目标。为此，有必要以这个视点对当代的法律论证理论进行比较分析，探讨关于法律推理和法律议论的更好基本范式。

在这个方面，我曾经特别指出过尼尔·麦考密克（Neil MacCormick）《法律推理与法律理论》一书中展现出来的思想特征："尽管麦考密克强调实践理性和经验法则，但还是坚决地主张某种形式的演绎推理以及司法三段论和涵摄技术才是法律推理的精髓所在。在他看来，归纳推理、道德推理、政策推理及其他非演绎的法律思维固然也在不同程度上发挥各自的功能，但它们最终还要归结到演绎推理，并且不得不借助各自与演绎推理之间的关系而被定位和重新认识。”[42]与此同时，他也反对罗纳德·德沃金（Ronald M. Dworkin）坚信通过法律原则的推敲和逻辑演绎就可以找到唯一正确解答的乐观主义，坦率地承认仅凭三段论的推理不足以满足法律命题的正当化要求，还必须进行第二层次的正当化，即对作为大前提的规范本身进行论证，因为凡是涉及价值含义和社会后果的考量，总不免要让决定者进行评价性选择或者裁定（ruling）。[43]在这个意义上可以说，法律论证过程与法律体系同样，或许在结构上是合理的，但在决定过程中却未必都是合理的；因而法律其实也无法完全与道德相区分，甚至不妨把法律推理理解为制度化、形式化的一种特别的道德推理[44]。为了完善法律论证的决定过程，麦考密克把德沃金式的法律原则等标准编织到赫伯特·哈特那种以规则为中心的法律实证主义理论之中，试图通过某种可以普遍化的理由来解决相关问题。

从法律论证的上述视角来看，裁定或者评价性选择必须与既有的原则和规则不矛盾，也就是必须满足连贯性、整合性的要求，除此之外还必须受限于常识上的价值。在这里，麦考密克脑海里浮现的当然是英美法系的遵循先例机制，即判例法的“无限开放性”（open-

---

42 引自季卫东《中文版序》，尼尔·麦考密克：《法律推理与法律理论》，姜峰译，法律出版社2018年版，第2页。参阅季卫东：《中国式法律议论与相互承认的原理》，《法学家》2018年第6期，第8—9页。

43 Neil MacCormick, *Legal Reasoning and Legal Theory*, Oxford University Press, 1978, pp.100ff. 尼尔·麦考密克：《法律推理与法律理论》（前引中译本），第118页以下。

44 Neil MacCormick, *Legal Reasoning and Legal Theory*, Oxford University Press, 1978, pp.265ff. 前引中译本，第318页以下。

endedness)。[45]在这里，当然也不可能存在德沃金所追求的唯一正确解答。但是，高度制度化、形式化的法律推理却又不可能仅仅满足于常识、目的以及实践理性，而必须进一步明确裁定的标准和条件。与此形成鲜明对照和互补关系的则是罗伯特·阿列克西（Robert Alexy）的法律论证理论。

阿列克西以德国的成文法体系和法教义学体系为主要研究对象，更注重裁定的程序条件限制，立足于理性的讨论而不是逻辑的推理，特别倾向于议论结构的程序设计及其合理性分析。[46]尽管出发点和径路截然不同，但是，麦考密克和阿列克西还是得出了极其近似的结论。他们都认为论证具有双重结构，即逻辑演绎的正当化（麦曰第一层次正当化，阿曰内在正当化）与各种前提的正当化（麦曰第二层次正当化、阿曰外在正当化），应该分别采取不同的话语方法。麦考密克强调"第二层次正当化"（我觉得可以用"制度化议论方法"来表述）包括基于常识的结果论方法以及必须达到连贯性、整合性要求的原则论方法，阿列克西则强调"外在正当化"的方法由解决正当性问题的一般性实践议论与解决整合性问题的特殊性法律议论所构成，可谓殊途同归。与麦考密克一样，阿列克西也试图探索法律论证的理性基础。为此他首先把法律议论作为特殊事例与一般性实践议论相区别，而这个"特殊事例命题"正是阿列克西法律论证理由的核心；[47]

45　Neil MacCormick, *Legal Reasoning and Legal Theory*, Oxford University Press, 1978, p.227. 前引中译本，第272—273页。

46　Robert Alexy, *Theorie der juristischen Argumentation: Die Theorie der rationalen Diskurses als Theorie der juristischen Begründung*, 2. Aufl., Suhrkamp Verlag, 1991, S.223f.，罗伯特·阿列克西：《法律论证理论——作为法律证立理论的理性论辩理论》，舒国滢译，商务印书馆2019年版，第223页以下。

47　Robert Alexy, *Theorie der juristischen Argumentation: Die Theorie der rationalen Diskurses als Theorie der juristischen Begründung*, 2. Aufl., Suhrkamp Verlag,（转下页）

其次，再把合理讨论的条件（我觉得可以用“规则化程序框架”来表述）作为规范性决定的正当化根据。一个强调制度化的议论，一个强调规则化的程序，各具特色却又相辅相成。

国滢教授在《法学的知识谱系》中特别强调的是阿列克西法律论证理论作为“实践正确性的程序理论”的特征，[48]指出他试图构建一套类似“实践理性法典”的沟通行为规则体系的宏愿，[49]这是以其思想渊源哈贝马斯的商谈理论为线索得出的极有见地的判断。可以说，贯穿于阿列克西式法律论证理论整体的最鲜明的特征就是一种程序主义，而他不断探索的首要课题就是如何明确这类保障议论合理性的程序规则。在这里，我们也可以充分认识到程序与推理，乃至议论之间的内在联系，甚至可以说，公正而合理的程序规则就是防止修辞学和辩证术蜕变为极端相对主义的诡辩、滑入主观任意性陷阱的一个最关键的安全阀。阿列克西博采众家之长，把真理共识说、实践商谈说、新修辞学、论证理论等研究成果统统转化成一般性实践议论的程序要件，大致包括五大类型、二十二项规则以及六种论述形式。[50]但是，阿列克西并没有把这些规则和形式视为演绎性质的公理体系，而是把它们理解为判断议论是否可行、进一步充实议论的内容并对结果进行正当化的一种非主观性基础；这种程序并不能规定结论的内容、也不能规定议论的所有阶段，甚至有些规则也包含所谓“虽不中亦不远矣”的弹性。

那么，作为对修辞学和辩证术进行修正、补充的麦考密克法律推

（接上页）1991, SS.32f., S.263ff.，中译本第17—19页，第260页以下。

48 舒国滢：《法学的知识谱系》（前引），第1474页。

49 舒国滢：《法学的知识谱系》（前引），第1478页。

50 舒国滢：《法学的知识谱系》（前引），第1477—1478页。

理学说以及阿列克西法律讨论学说，究竟应该在20世纪后期以来实践理性复兴的知识谱系中如何定位呢？为了进行更清楚的概括，不妨对关于论题和话语的主要思潮进行删繁就简的图式化处理。假如我们把图尔敏论证模型的本质特征概括为强调“推理”和“分析式思考”，而把佩雷尔曼新修辞学的本质特征概括为“讨论”和“综合式思考”，那么就会发现麦考密克在哈特的法律实证主义语境里，实际上把图尔敏的推理与佩雷尔曼的综合式思考进行了重新组合，形成了两种“制度化议论方法”，旨在通过罗尔斯式“反思均衡状态”的探索来实现正当化论证；与此恰成对照，阿列克西则是在哈贝马斯的法律沟通行为语境里，反过来把佩雷尔曼的讨论与图尔敏的分析式思考进行了重新组合，构建了一套“规则化程序框架”，旨在通过罗尔斯式“纯粹程序正义”的条件设定来实现正当化论证。在我看来，这种基本元素交叉关联的思想图式，就是具有两千五百年历史的西方法学知识谱系在当代的一个横断切面或者缩影，也是古希腊、罗马修辞学、辩证术等实践理性和说服技艺不断演变和进化的最新版本，还是传统的论题目录与现代的公理体系之间错综、相融以及互补关系的一帧全息图——我们可以反复玩味，并从中解读出制度设计和结构转换的各种密码。

六、结语：法学思考的对立轴和汇合点

显而易见，国滢教授在《法学的知识谱系》写作过程中一直在追究“法理”的本质[51]。根据他的研究心得，法理就是“应然之理”、道理、事理的抽象形态，重在价值判断以及推理[52]，并且与真

51　舒国滢：《法学的知识谱系》（前引），第1556页。
52　舒国滢：《法学的知识谱系》（前引），第10、1558—1562页。

理以及正义相关；[53]在古罗马以及德国等欧陆国家的词汇里，法理学（jurisprudentia, Jurisprudenz）的基本含义是法的实践知识或者实践法学。[54]实际上，对西欧法理学一词的语义来源进行分析也可以发现，这种实践的知识或学问不妨理解为“法的深思熟虑（juris-prudence）”，体现为一种慎重的思维方式以及论证的技艺和智慧。因此，从实践理性的视角来看，法理本来就应该以论题术、辩证术、决疑术为特征，属于个案本位、问题取向的思维方式，也在相当程度上与判例法学的传统息息相通。立足于具体案件或者法官的法理学，倾向于从事例出发进行推理，其理由论证的重点方法是先例的类推。为此必然强调案件的分类和比较，注重典型案件的指导作用，以同案同判作为正义的评价标准，同时通过“例外”这个范畴来附带地处理裁量权和规范创新的需求。

但是，以公元6世纪前期东罗马皇帝优士丁尼编纂罗马普通法、敕法以及学说为标志，形成了包括法学文献、法律家法、国家各种法规在内的《民法大全》（*Corpus Juris Civilis*）成文体系。其中对后世影响极大的《学说汇纂》（*Digesta*或者*Pandectae*），母体为罗马法学家彭波尼（Sextus Pomponius）根据横跨五个世纪的法学资料撰写的《法学通论单卷书（*enchiridium*）》，篇幅数十倍于前者（《学说汇纂》），可惜大多数内容都已经散佚失传。[55]在近代文艺复兴时期的意大利、法国以及德国，突然勃兴起一场所谓“学说汇纂之近代应用”运动，席卷欧洲大陆并促成了近代法典的编纂、法教义学体系的成形乃至世界范围的法制移植。在这样的背景下，法理更强调科学性、公理推

53 舒国滢：《法学的知识谱系》（前引），第1580—1583页。
54 舒国滢：《法学的知识谱系》（前引），第14页。
55 柴田光蔵「ローマ法学」，碧海純一、伊藤正己、村上淳一（編）『法学史』（東京：東京大学出版会、1976年）28頁。

演、精确化、因果关系、几何结构、逻辑三段论，呈现出规则本位、普遍取向的思维方式，与欧陆的成文法传统如影随形。立足于一般规则或者立法者的法理学更强调条文的严格适用；在简易案件处理上，广泛应用根据形式逻辑进行推理的涵摄技术；在疑难案件处理上，则分别从事实认定和法律适用这两个层次进行论证，特别注重根据原则选择规则、解释规则以及相应的正当化处理。

综上所述，西方法学界最基本的思想对立轴就是案例本位的思考与法典本位的思考之间的抗衡，换个表述，也可以说是论题目录与公理体系之间的抗衡。但是，正如20世纪以来判例法与成文法的趋同现象所显示的那样，两者之间也存在衔接、交错以及互补的关系。例如德国从概念法学到自由法学以及利益法学的思潮起伏，导致成文法系也注重案件的特殊情节，并在规则适用之际进行充分的利益衡量。又例如英国从奥斯丁式分析法理学到梅因式历史法理学再到麦考密克式推理法学的转折，意味着判例法系并非仅仅强调个别案件的情境思考，还从案件分类、规则体系以及正当化层次的论述中抽象出一套普遍适用的行为标准。一方面，法典本位的思考不再把自动售货机式的法官人物像作为理想目标，不再过分强调严格的法律适用以至流于僵硬；另一方面，案例本位的思考不再拘泥于特殊案情，不再把自由心证作为主观任意性的借口——在这种相向而行的现象蔚为大观之际，法理学就存在共同的知识基础。我以为，在法律条文或者先例、指导判例适用于具体案件时，法律职业群体的深思熟虑究竟应该如何进行，实践知识与法典以及案例之间分别存在什么样的关系，这正是西方法学知识谱系的考察留给我们的启示和课题，也是中国法理学今后研究的重点。

第二章
法律议论的社会科学研究新范式[*]

季卫东

序言

虽然姗姗来迟，但2014年发生的中国法学方法论之争的确具有深远的意义。毫无疑问，这样的思想交锋，不仅有利于重新认识事实与规范之间关系，也能促进法律社会科学研究范式创新。

本次法学方法争论的背景是，近两年法教义学在理论界和实务部门开始抬头，并对既有的学术潮流，特别是社科法学提出挑战或者抵抗。针对有关新动向，属于"社科法学"阵营的一些学者纷纷提出质疑和反驳。有人甚至还预言，30年后在中国将有法教义学之殇。于是乎，在2014年的春夏间就有了三场两派辩论的擂台，分别在中国政法大学、中南财经政法大学以及上海交通大学凯原法学院举行。北京大学法学院主管的集刊《法律与社会科学》编辑部组织的"社科法学与法教义学对话"，则把这场争论推向高潮。[1]但是，披览相关文献，我

* 本章原发表于《中国法学》2015年第6期，收入本书时略有改动。

1 关于这场法学方法论之争的来龙去脉以及主要观点，参见尤陈俊：《不在场的在场：社科法学和法教义学之争的背后》，《光明日报》2014年8月13日，第16版；孙光宁、焦宝乾：《法治中国背景下的法律方法论研究——2014年中国法律方法论研究学术报告》，《山东大学学报（哲学社会科学版）》2015年第3期，第150—160页。社科法学与法教义学争论双方的代表性主张，例如苏力：《中国法学研究（转下页）

感觉问题状况和思想焦点似乎还没有完全梳理清楚。不得不承认，在一些关键主张上，两派甚至还在继续上演京剧《三岔口》那样黑暗中的乱斗，并没有进行实质意义上的正面交锋。

鉴于中国的公权力缺乏有效约束、规范体系缺乏充分的自我完结性、审判过程受到过多外部影响、法律解释学的积蓄也非常薄弱等问题，我始终认为现阶段中国法学研究的一项最重要的任务还是加强法律适用的推理和解释环节，甚至有必要在法律职业共同体当中鼓励法教义学的规范思维方式，让制度担纲者本身树立必要的法律信仰，进而通过示范作用在公民的社会日常生活中酿成守法精神。否则，卡尔·施密特式的主权决断论或者具体秩序论就会横行无忌，法治原则根本就无法落到实处，作为正义屏障的法律职业精神也难以弘扬。[2]当然，在社会体制转型期，法律的形式性要求势必遭遇特别严峻的挑战。在诸如此类的背景之下，关于法律与社会的关系和相互作用以及具体秩序的问题导向跨学科研究才有了非常广泛的用武之地。但关于法律的社会科学研究，在我看来还是应该与法律解释学形成某种相辅相成（以加强规范的功能实效），或者相反相成（以加强制度的反思理性）的

（接上页）格局中的社科法学》，《法商研究》2014年第5期，第58—66页；陈柏峰：《社科法学及其功用》，《法商研究》2014年第5期，第67—73页；侯猛：《社科法学的传统与挑战》，《法商研究》2014年第5期，第74—80页；张翔：《形式法治与法教义学》，《法学研究》2012年第6期，第6—9页；陈景辉：《法律与社会科学研究的方法论批判》，《政法论坛》2013年第1期，第46—60页；雷磊：《法教义学的基本立场》，《中外法学》2015年第1期，第198—223页。

2 卡尔·施密特曾经深入分析法学思维模式中决断论与规范论之间的相克关系，但他持反对规范论的立场，而提倡具体的秩序论，并以此作为纳粹政权的法学指导思想。详见［德］卡尔·施密特：《论法学思维的三种模式》，苏慧婕译，中国法制出版社2012年版。

关系。[3]否则，脱离法律规范本身而片面强调经验科学和实证研究技术的社科法学将有可能发生蜕变、流于精巧的素材—数据游戏，或者在法学界被逐步边缘化。

也就是说，法的社会科学研究范式创新的方向是从结构—功能主义转向含义的分析，[4]即深入到规范的价值含义领域——按照尼可拉斯·卢曼的概念界定，这种含义（sinn，meaning）发挥着如下作用：通过主观与主观之间（主观间性）的可以互相沟通并达成共识的方式，把多种多样的体验可能性综合起来，从而使得自己可以有意识地、切实地预期到他者的预期（所谓“预期的预期”正是复杂系统理论和社会博弈理论的核心观点之一）。[5]其中特别是要聚焦立法、执法以及审判的沟通行为和话语空间（作为社科法学与法教义学的中介）及其规范的含义，同时也参与法治秩序的建构并注重法律现象的政策科学研究（作为社科法学与政法法学的中介），而不是相反——脱离甚至排斥法律解释的实践以及相应的制度改革举措。

有心的读者或许从上面的阐述内容中已经关注到了作为中介的法社会学定位。在黑格尔那里，中介是指经过反思理性化之后向绝对之

3 从不同角度论述两者互补关系的文献可以举出谢海定：《法学研究进路的分化与合作——基于社科法学与法教义学的考察》，《法商研究》2014年第5期，第87—94页；熊秉元：《论社科法学与教义法学之争》，《华东政法大学学报》2014年第6期，第141—145页。具体研究成果可以举出程金华：《四倍利率规则的司法实践与重构——利用实证研究解决规范问题的学术尝试》，《中外法学》2015年第3期，第684—716页。

4 有关背景的说明可以参见和田仁孝『法社会学の解体と再生—ポストモダンを超えて』（弘文堂，1997年）。这么说并不意味“结构—功能”的分析不再需要，或者无足轻重，只是想强调法社会学应该把规范本身也纳入射程之中，甚至作为研究的重点，而不能仅仅满足于围绕法律的各种现象的研究。

5 N.ルーマン『法社会学』村上淳一、六本佳平訳（岩波書店，1977年），92頁以下参照。另可参见宾凯、赵春燕中译本（上海人民出版社2013年版）相关章节的内容。

物发展的过渡。根据尤哈内斯・P.缪勒（Johannes P. Müller）的实践辩证法，中介则意味着个别之物通过政治的、实践的调解以及法律程序中的沟通行为等互动关系而实现不断变化的各种因素的动态均衡。这里所说的法社会学的中介作用显然更接近缪勒的概念理解，与《尹文子》把"综核名实"、进行黑白分明的判断作为法律精髓的思路也有相通之处。需要特别指出的是，在这里，无论中介还是动态均衡，并非指回避对立、提倡无我、强调归一的片面化、绝对化的整体性"和谐"，而是以对立的存在为前提的。因为没有真正的对立和张力，中介就会流于形式，法治理念也就会失去立足之地，抗辩的话语空间也就无从构建。当然，上述论断并非简单地等同于激进阶级斗争学说，而是指关于社会和法律的纠纷理论范式，与合意理论范式形成鲜明的对照。

所以，我提倡"议论的法社会学"，作为变得日益暧昧不清的"法与社会"研究运动乃至那种偏激化、解构化的"社科法学"今后的一个替代性范式，其宗旨是建立关于语言博弈及其程序条件和寻求权利共识（并非无原则妥协）等建构机制的广义法社会学模型，以便实证地分析和说明法律体系与法律秩序的本质，并推动中国法学理论的创新。这样重新定位后的程序—沟通—权利共识指向的法律社会科学研究，对克服国家规范体系碎片化、各部门法相互间缺乏沟通渠道、"新的中世纪"[6]在全球规模再现等各种各样的割据局面理当有所贡献。对法律解释学（包括法教义学的推理、辩论术、包摄技艺以及

6 关于由主权国家构成的世界秩序将把"新的中世纪"作为替代模式的主张，参见Hedley Bull, *The Anarchical Society: A Study of Order in World Politics*, Macmillan, 1977；田中明彦『新しい「中世」—21世紀の世界システム』(日本経済新聞社，1996年)；John Rapley, "The New Middle Ages", in *Foreign Affairs*, Vol. 85, No.3, 2006。

概念计算方法）真正在中国确立其学科地位，当然也是大有裨益的。与此同时，能够兼做实用法学跨部门、跨学科、跨国界交流平台的重新定位，也有利于广义的法社会学本身的发展、壮大以及进入法学主流。实际上，只有在提出关于规范适用和制度运行的真问题并有效解决这些问题的基础上，法的社会科学研究才能真正凸显自己的认同性和独特意义。

一、法律不确定性问题的不同应对

根据我的理解，法教义学与社科法学之争的根本焦点其实是法律的不确定性（indeterminacy）问题。

众所周知，法律规范适用的本质是事实认定、权利判断以及对越轨行为的制裁。因此，客观性、中立性、公正性理所当然地成为法学自始至终所追求的基本目标。成文法系国家所采取的方式是特别强调法官严格遵循条文规定的内容，以防止审理案件中的主观任意。其典型表述就是孟德斯鸠描绘的法官理想图像：机械地照本宣科，而绝不对法律内容进行任何修正。[7]判例法系国家特别强调先例的约束力、慎密的推理以及议会主权，从而避免判决蜕变成审判机构的命令。正是基于这样排除法律之外各种因素影响的思路和逻辑演绎的操作方式，法教义学、实证主义法学、法的形式性理论才渐次发展，蔚为大观。这是一个把规则逐一嵌入正当化连锁结构之中的推理体系，其基础是对部分规则的公理性和实效性的信赖以及把这种信赖逐层推广到其他

7 See Benjamin N. Cardozo, *The Nature of the Judicial Process*, Yale University Press, 1949, p.169. 参见［法］孟德斯鸠：《论法的精神》（上卷），许明龙译，商务印书馆2009年版，第81—82页。

规则，编织环环相扣的法律之网的机制。

法教义学之类的学说和解释技术以及相关的所有努力，从本质上来看，都是要在丧失了客观标准的大变动时代，重新确立起一种伦理的绝对标准（ethical absolutes），只不过在这里人们把法律规范本身当作一种形而上学的绝对标准（metaphysical absolutes）罢了。中国的法家在战国时代提倡“夫立法令者，以废私也”的口号、奉法律为公共标准，[8]或多或少，也颇有那么一点异曲同工之妙。而在实践中，法教义学试图通过有限的分析程序来不断简化无限复杂的社会现实和语言博弈；通过稳固的预期设定来使法律关系具有确定性，防止法官的政治信条和个性以及经济和社会背景对审判过程产生干扰；从而增大社会行为及其结果的可预测性、可计算性。这种作业理所当然值得适当评价，特别是在某些地方、某些时期法律适用太过率性而为的那种语境里。

法教义学的方法论前提是笛卡尔式的主客二元论及其不同翻版或变种。例如，主观价值/客观事实、实质合理性/形式合理性、道德/法律、政策/权利、理念/规则等各种对立概念，都具有非此即彼的零和性。这样的思想传统与始于孟子的“天人合一”“道法自然”的观念大异其趣。[9]的确，中国传统的法律话语中也充满了各种对立概念。例如安定的“经”与变通的“权”、“治人”与“治法”、“德主刑辅”、案件的“轻重”、管制的“宽严”、关系的“亲疏”、“教”与“罚”、“预防”与“惩戒”、“治本”与“治标”，等等。但是，中国式的相对概念不是基于或有或无的逻辑，而是处于或多或少的状态，因而非但

8 语出《韩非子·诡使》。

9 详见张世英：《天人之际——中西哲学的困惑与选择》，人民出版社1995年版。

没有加强法律的确定性，反倒使得法律的运用更加灵机应变，甚至通过极其流动化的修辞和调整导致投机心理的蔓延以及对正义进行判断的终结。[10]与中国的对称化修辞方式不同，法教义学或者实证主义法学采取对立化修辞方式，目的很清楚，即：通过二元论的一系列概念的严格区分和不同的应对举措来彰显法律的形式性，并强调严格遵循形式要件，以此防止规范应用中的摇摆和扭曲，从而为权利体系以及法治秩序奠定制度设计的基础。[11]

然而，现实情况反复证明：即便是关于形式性的讨论，法律家们都无法避免各种不同的形式要件之间的纠结，特别是原则（法律的一般条款）与规则（法律的具体条款）之间的对峙或者冲突。因为规则在形式上的正当化会导致某种刚性需求，而公序良俗、诚实信用等原则在形式上的正当化则会导致一些弹性需求。换言之，前一种形式是法律确定性的屏障，而后一种形式却会成为法律变动性的原因，在这里不同的形式将产生不同的效应。这就是所谓“法律的形式性悖论”——固守形式要件的结果，却有违形式要件。这种形式性悖论也体现了法教义学或者实证主义法学内在的根本矛盾。

美国的现实主义法学派认识到在法律形式性上体现的这种张力会削弱法律适用的确定性和客观性，于是有杰罗姆·N.弗兰克（Jerome N. Frank）和卡尔·N.卢埃林（Karl N. Llewellyn）分别指出的审判机构在规范推理以及事实认定方面的可变性、主观性问题，并把实验和

10 季衛東『超近代の法：中国法秩序の深層構造（MINERVA人文・社會科学叢書）』（ミネルヴァ書房，1999年）67頁以下参照。

11 参见夏勇：《法治是什么？——渊源、规诫与价值》，《中国社会科学》1999年第4期，第117—143页。

科学创新作为解决之策。[12]后来批判法学继承了这条思路却将之推到极端，彻底否定法律议论的确定性、客观性、中立性、公正性，把认定事实和判断权利的作业都还原为法律之外的政治和意识形态。[13]事实上，揭露法律制度以及法律职业隐蔽起来的主观偏向和权力策略始终是批判法学的基本立场。

二、"作为科学的法学"与验证的困境

为了克服司法过程的不确定性和主观性，克里斯托伐・C.兰德尔（Christopher C. Langdell）等一大批学者开始大力提倡"作为科学的法学"，[14]试图以事实验证的确定性来弥补规范的不确定性；尤其是强调把各种社会调查、实验以及经验分析方法运用到对规范现象的研究方面，以便准确地预测和把握判决以及法律推理。例如在1932年，美国联邦最高法院的路易斯・D.布兰代斯（Louis D. Brandeis）大法官在一个判决中发表少数意见指出："物理学中发现和发明的成功证实了试行错误的过程是如何重要。科学的进步大部分是实验的成果。……有人认为，现代社会之所以为解决其问题而苦恼，与法院对于社会科学领域中的实验持限制的态度有关。"而该案件的多数意见也承认各

12 Jerome Frank, *Law and Modern Mind*, Bremtano's, 1930, p.98. Cf. also James E. Herget & Stephen Wallace, "The German Free Law Movement as the Source of American Legal Realism", *Virginia Law Review*, Vol.73, 1987, pp.399–455; William W. Fisher III, Morton J. Horwitz & Thomas A. Reed (eds.), *American Legal Realism*, Oxford University Press, 1993.

13 Cf. David M. Trubek & John Esser, "'Critical Empiricism' in American Legal Studies: Paradox, Program, or Pandora's Box?", *Law and Social Inquiry*, Vol. 14, 1989, pp.3ff. 也参见船越資晶『批判法学の構図：ダンカン・ケネディのアイロニカル・リベラル・リーガリズム』(勁草書房，2011年)。

14 Cited from Christopher C. Langdell, *A Selection of Cases on the Law of Contracts*, Little, Brown & Company, 1879, p.viii.

州有权进行实验性立法，只是这类法律实验不能突破联邦宪法所规定的自由。[15]在中国的改革开放时代，也有立法预测之议。[16]美国还出现过运用经验科学的数据分析判决行为和运用符号逻辑学（symbolic logic）改进法律解释技术的各种尝试，其中一个典型表现就是借助计算机推动的“判决法理学”（jurimetrics）研究。实际上，法律的科学化成为19世纪后期以来的全球大趋势，关于法律的社会科学以及法社会学就是在这样的背景下应运而生的。

进入20世纪之后，在刑事诉讼领域，借助确定性、客观性很强的自然科学知识和方法形成所谓“科学的证据”用于事实认定的纠纷处理方式日益普及。在民事诉讼领域，涉及医疗责任、环境保护、建筑标准、知识产权等前沿问题的“科学审判”以及针对社会风险的“预防性科学诉讼”也日益增多。从20世纪80年代初开始，中国也有人借助数学方法和综合评判模型改善公害诉讼案件的审理。[17]我和北京大学法律学系赵震江教授在1984年联名发表的关于法律与科学技术之间关系和相互作用的论文，可谓科学法律观在中国的先声之一，在

15 See *New State Ice Co. v. Liebman*, 285 U.S. 262, 310, 311 (1932). 转引自小島武司『迅速な裁判—アメリカ民事訴訟法の研究』（中央大学出版部，1987年）245—246頁。

16 吴大英、任允正认为，为了预测立法的未来状况和发展趋势，需要采用专门的科学方法和手段来获得经验性资料；这也是制订立法计划以及及时进行规范立改废的前提条件。参见吴大英、任允正：《立法制度比较研究》，法律出版社1981年版；吴大英、任允正：《立法的预测和规划》，《政治与法律·丛刊》1983年第6期，第6—12页。实际上，早在20世纪50年代，威廉·O.艾德洛特（William O. Aydelotte）就利用电子计算机分析英国谷物法制定过程中的下院议员投票行为，后来一些投票行为研究还进行过模拟实验。参见宋成有、沈仁安：《数量方法与美国历史学》，《国外社会科学动态》1983年第8期，第37页。

17 详见邓建煦等：《模糊数学在环境污染案件审理中的应用》，《中国社会科学》1983年第5期，第125—133页。

当时引起了较大反响。[18]欧美法学界以司法应用为目的的科学研究也越来越发达，形成了所谓“法庭科学”（forensic science）的专攻领域。另一方面，理查德·A.波斯纳（Richard A. Posner）曾经认为经济学就是一种“接近自然科学的‘刚硬’社会科学（“hard” social science）”[19],试图通过加强目的与手段的分析来提高法律判断和决定的精密度和效率，从而引领了所谓“法庭经济学”（forensic economics）的潮流。即便是基于逻辑演绎的纯粹理论，也被认为与自然科学一样能为政治和法律领域的准确预测提供基础。[20]

但是，事实证明，通过科学以及社会科学的方法和手段未必能够真正克服法律适用过程中的不确定性和主观性。正如意大利出生的著名法学家皮埃罗·卡拉曼德雷（Piero Calamandrei）所阐述的那样：

> 的确，法官并非机械装置或计算机。法官是活生生的人。确定法律的内容并适用于具体事实的工作虽然被理解为在真空试管（in vitro）的三段论推理，但实际上却是在精神封闭的坩埚里进行的颇带神秘色彩的综合性作业过程。要在坩埚里把抽象的法律与具体的事实熔融一体，必须让直觉与感情在不断鼓动的良心之

---

18 参见赵震江、季卫东：《法律与科学技术》,《法学研究》1984年第1期，第5—10页。后来这方面的研究有长足的进步，其中苏力《法律与科技问题的法理学重构》（载《中国社会科学》1999年第5期）一文尤其值得赞赏。

19 Richard Posner, *Law and Literature: A Misunderstood Relation*, Harvard University Press, 1988, p.272. 但在该书英文第二版中，作者对经济学的科学目标采取了更中庸的立场，不再固守科学主义判断标准，而对文学叙事和法律修辞等话语行为中体现的含义处理技艺持理解的同情立场。参见［美］理查德·波斯纳：《法律与文学》，李国庆译，中国政法大学出版社2002年版，第393页以下和译者解说。

20 演绎理论的倡导者、数学家和生物学家阿那托尔·拉伯波特（Anatol Rapoport）就持有这样的观点。虽然纯粹理论通常以理想化的状况为前提条件，未必有直接的实用价值，却可以启迪和揭示真理，从而对规律进行预测。参见［美］爱·麦·伯恩斯：《当代世界政治理论》，曾炳均译，商务印书馆1983年版，第496—497页。

> 中热烈燃烧。也就是说，合法性以及一般的法律规范理论（teoria normativa del diritto）乃有益于法律家的学术尺度。但按照这种方式对判决进行逻辑分解，就像化学家的物质分析，即便能够检验出构成鲜活的有机物的所有元素成分，也不可能创造和描述从这些元素的神秘结合方式中诞生生命的机制。[21]

另外，很多法学研究者都注意到，日本医疗事故诉讼史上最著名的典型判例“东京大学附属医院腰椎穿刺案件”经过长期审理，最高法院终于在1975年10月29日作出判决，其中关于因果关系的理由说明特别具有深远影响，被专业论著广泛引用。在这里，日本最高法院明确指出了这样一点真理："与自然科学上的证明绝不容许任何疑义的标准不同，诉讼上的因果关系证明是对照经验法则来综合考察所有证据，确认特定事实引起特定结果的关系，从而证明一种高度概率性。后者的标准是只要能达到普通人能对真实性确信无疑的程度，就必须而且足以做出判定。”[22]其理由是审判的证明只是以过去一次发生的事实为对象，而自然科学的证明则是以多次发生的事实为对象，必须探求在过去和未来都适用的普遍规律，不容许有任何反证现象存在的余地。所以，司法程序中的证明归根结底不过是办案法官认为已经得到

---

21 P.カラマンドレーイ『訴訟と民主主義』小島武司、森征一訳（中央大学出版部，1976年）43頁参照。实际上，卡拉曼德雷提出了与孟德斯鸠截然不同的法官理想图像：不是无生命的存在物，而是有灵魂的法律决定者，即“具有深切的人情味而肩负审判重任的参加型法官”（见同书47页）。

22 最高裁判所1975年10月24日判决，最高裁判所民事判例集第29巻9号1417頁。亀本洋「裁判と科学の交錯」長谷部恭男、大村敦志、佐伯仁志、荒木尚志、道垣内弘人、亀本洋編『法と科学の交錯（岩波講座　現代法の動態　第6巻）』（岩波書店，2014年）4—7頁，津田敏秀=山本英二「疫学的因果関係」長谷部恭男、大村敦志、佐伯仁志、荒木尚志、道垣内弘人、亀本洋編『法と科学の交錯（岩波講座　現代法の動態　第6巻）』（岩波書店，2014年）99—102頁参照。

证明的内省确信而已。

实际上，即便审判机构非常重视自然科学意义上的证明，也会存在所谓“科学鉴定的两难困境”[23]，即由于法官不可能具有足够的科技专业知识，必须对涉及科技的案件争议点另行进行科学鉴定；但对这种科学鉴定结果的评价和取舍也还是需要充分专业知识的，而判断权却只能由法官来行使。在21世纪初期的司法改革中，通过引入专业裁判员（或陪审员）等举措改进了司法鉴定制度的运作，但上述两难问题并没有真正化解。何况科学上的争论焦点与司法过程的事实认定上的争论焦点本来就未必完全一致，因为法官、检察官、律师以及法学研究者的目的是判断当事人是否负有法律责任，根本就无法避免价值的考量。审判机构在形成心证之际，需要对当事人的叙事作出分析，在此基础上建构和检验假说，并且要在法定审理期限内迅速对不断累积和变化的大量假说和暂时性结论进行处理、裁量、判断。因此，法律决定不得不立足于不确定性；甚至可以说，自然科学技术的影响越强，不确定性以及决策的风险性反倒越大。在中国，长期以来，司法鉴定机构设在法院内部，科学鉴定两难困境以及判决的证明度问题有时反倒变得更加尖锐，围绕佘祥林冤案的勘验和鉴定的公众疑惑就是一个典型的实例。

正是在这样的背景下，加上美国法官政治倾向左右判决的典型事例和围绕法律与审判的政治活动的活泼化趋势的影响，批判法学的所谓“法的极端不确定性”（radical indeterminacy）命题开始重新抬头，

23 中野貞一郎首先指出并论述了涉及科技知识的民事诉讼中所存在的这种两难困境。中野貞一郎「科学鑑定の評価」中野貞一郎編『科学裁判と鑑定』（日本評論社，1988年）27頁参照。

甚至在相当程度上得到法学界主流的承认。[24]对司法实践的调查研究也已经证明，个人的效用和价值判断本身是无法量化的。因此，某种判决是否对自己有利、有利程度的大小以及价值顺位等判断都会因人而异，难以进行外在的客观衡量，法律的可预测性、确定性也很难真正实现。如果硬要使这种可预测性、确定性成为现实，那么法律秩序的正当性恐怕就只能是强制，而不是合意或者承认。众所周知，批判法学因其激进性、破坏性而让很多职业法律人敬而远之，近些年其影响力也在日渐衰减。但是，批判法学对法律职业共同体的思维方式、话语内容以及制度操作技艺所进行的研究和反思，其实还是具有很强穿透力的，对我们换个角度解读法律秩序原理的深层奥秘颇有启迪。如果我们站在法社会学与法解释学进行建设性对话的立场重新玩味批判法学的一些见解，那就很有可能把其中富有学术价值的命题从愤世嫉俗的泥潭里拯救出来，作为法学研究范式转变的参考资料。

三、“作为技艺的法学”与议论的形态

既然法律的适用以及法学不可能完全克服不确定性和主观性，那就不得不以这样的现实为前提来定位法律和法学。因此，另一种立场是干脆从技术甚至艺术的角度来理解法学的本质，并且在这样的框架中追求正义和公平。

其实，即便是汉斯·凯尔森（Hans Kelsen）的纯粹法学体系，也没有把法律适用简单地看成层层推理和演绎的逻辑操作，更没有试图

---

24 See Neil MacCormick, “Reconstruction after Deconstruction: A Response to CLS”, *Oxford Journal of Legal Studies*, Vol. 10, 1990, pp.553–555; Robert A. Kagen, *Adversarial Legalism: The American Way of Law*, Harvard University Press, 2001, pp.viii–x.

建立一个类似数学或者几何学那样的法学体系，而在相当程度上承认主观意志在规范决定中的作用。凯尔森明确说过："法律体系的各个规范并不是能从根本规范合乎逻辑地演绎出来的，而必须由特别的制订行为加以设定。这样的制订行为不是出于思考，而是出于意志。"[25]在这里，法律的解释和适用侧重决定的内容正当性以及论证根据的自洽性，并不特别需要经验性事实的检验和科学的确证。由此可见，试图通过欧几里得公理体系那样严密的结构和逻辑推理来追求法律的确定性、客观性、公正性，不仅在实务上难以操作，在制度设计层面也没有落地的可能。但是，法律决定如果基于主观性、不确定性，那么怎样才能具有正当的根据和说服力？这是法律学者内心深处始终潜在的焦虑，也使他们不断产生出对数学和自然科学的憧憬以及某种实证主义情结。

美国法社会学界始终重视经验科学以及结构—功能分析法，但从20世纪80年代开始也把注意力转向价值含义以及相应的沟通行为，逐步形成了所谓"安赫斯特学派"。属于这个学派的一批学者通过法律意识的调查、法院外解纷方式（ADR）、街道行政执法的考察以及法律三类型论或法律多元主义框架的建构，推动了"日常生活中的法律"（law in everyday life）研究，把法律理解为从话语、实践中自发生长而成的社会结构，更加强调微观层面的支配与抵抗活动对于秩序的塑造作用，着力描述个人行为与社会结构之间的互动关系对制度、文化以及意识形态的影响。[26]

25　参见［奥］汉斯·凯尔森：《纯粹法理论》，张书友译，中国法制出版社2008年版，第82页。这里的引文进行了适当调整。

26　参见刘思达：《美国"法律与社会运动"的兴起与批判——兼议中国社科法学的未来走向》，《交大法学》2016年第1期，第20—33页。

不言而喻，实践中的法律主要表现为话语，主要通过立论（argument）和相应的议论（argumentation）来达成合意或共识的沟通活动，来呈现出一定的过程和结构并具有制度的前提条件。任何一个法官都知道，在处理案件时必须始终面对当事人双方的一系列不同权利主张及其论证；要在大量的叙事和修辞中，要在这样的话语与话语相互对抗的构图中进行抉择，必须对复数的解答不断进行斟酌、权衡以及说服的作业。在这里，议论由复数的立论组成，每一个立论都必须给出理由、进行事实上或者逻辑上的严密论证，每一个立论都是可以辩驳的并通过反证的检验而正当化。也就是说，关于法律和正义可以有多种多样的看法，但只能作出一个决定；因此，判决必须尽量考虑各种不同主张及其理由，以便说服社会。

换句话说，要把被对立的权利主张撕裂成两个系列的法律议论重新统合起来，只有通过辩驳和验证这样的过滤装置才有可能。只要我们从这个角度来重新认识法律的确定性、客观性、公正性，就有可能找出解决问题的线索。这正是斯蒂芬·图尔敏对议论结构的分析以及所提倡的“优化求证法”（good reasons approach）为什么引起我们重视的主要原因。他的思路和主张非常清晰、深刻，他说：“我确信，通过对照现实中进行的议论评价来试验我们的想法，而不是对照哲学家的理想把法学当作逻辑学的普及形态，我们终将树立一个与传统的逻辑学截然不同的逻辑学体系。”[27]这种逻辑学体系以解析“议论的样式”为宗旨，把法律思维方式本身作为逻辑学的模型，而不是把逻辑学作为

27 Stephen E. Toulmin, *The Use of Argument*, Cambridge University Press, 2003, p.10. 关于图尔敏的议论模型学说的内容概述，参见亀本洋『法的思考』(有斐閣，2006年）226頁以下。

法律学的模型，就像胡适把司法中的勘验技术以及相应的推理过程作为历史考据学乃至文学研究的模型那样。在罗伯特·阿列克希所倡导的“法律议论的学说”当中，通过对法律规则的选择和解释以及权利认定的理由论证，我们也可以发现同样的方法论取向。[28]

四、抗辩清单对于法律沟通过程的重要性

在这种法律的逻辑体系里，任何立论都是附带消灭条件的，因而有可能被归入例外之列、是不确定的。但是，如果立论经得起辩驳和反证的检验，那就可以存续于议论的过程—结构，从而具有确定性、客观性、正当性。我以为，把例外和反驳的条件也都编织到法律规则体系里去的这种“可撤销性”（defeasibility），对于正确把握“议论的样式”以及法律的逻辑体系具有关键的意义，对于进一步深入理解中国特有的法律试行现象也颇有启迪作用。[29]在20世纪的法学理论界，是哈特首先发现并从理论上阐述了“可撤销性”这个概念。在相关论述中，他把法律实证主义传统与维特根斯坦的哲学精神通过并列、交错和冲突最后巧妙地融合在一起，形成了以语言博弈为特征的法学新境界，通过语义分析方法建立起另一种自我完结的法律规则体系。这片丰饶的思想矿藏最近在欧美法学界引起了越来越浓厚的兴趣。[30]

这里试举一例加以说明。哈特认为，有效合同的成立必须满足一

---

28 详见［德］罗伯特·阿列克西:《法律论证理论》，舒国滢译，中国法制出版社2002年版。

29 关于中国法律试行的理论分析，参见1988年完成、1998年修订的笔者论文《法律编纂的试行——在事实与规范之间的反思机制》，收录在季卫东:《法治秩序的建构》，中国政法大学出版社1999年版。

30 Cf. Jordi F. Beltran & Giovanni B. Ratti (eds.), *The Logic of Legal Requirements: Essays on Defeasibility*, Oxford University Press, 2012; Claudia Bloser, Mikael Janvid & others (eds.), *Defeasibility in Philosophy: Knowledge, Agency, Responsibility, and the Law*, Editions Rodopi B. V., 2013.

定的条件；如果存在虚伪表示、强迫、丧失意识、不道德的目的之类的事实，有效合同就不能成立。这些作为撤销合同理由的事实不妨称作抗辩清单。稍微深入思考一下，就可以领悟这样的道理：几乎所有法律概念，几乎所有的权利认定和保障，如果离开了关于不能适用规范的例外事由或者可以削弱规范的消极事由的清单，都无法进行充分的说明。显而易见，这种权利抗辩清单对于分配举证责任的制度安排也具有重要意义。[31]正是因为存在这样的抗辩清单，所以法律领域当中的语言博弈才更加活泼并且不断延展，使得一种语言断片的周围逐渐出现越来越多的不同语言断片与之相互补充或者相互拮抗，使得一种语言博弈的边缘逐渐出现更大范围的语言博弈，从而形成不断扩张的多项语言博弈的复杂状况。关于权利确定化的共识，通过这样议论纷纷的状态而渐次凝聚，并作为法律决定表达出来。这是一个动态的过程，其结果和效果会在很大程度上受到程序设计方案的制约。因此，权利抗辩清单是必须与程序公正原则相匹配的。

正是在这样的框架下，哈特提出了法律就是第一层规则（责任规则）和第二层规则（承认规则）的结合这个著名命题。在某种意义上也可以说，他是把涉及语言博弈的语言博弈作为法律体系的本质。[32]由此可见，法律的存在与客观事物的存在不同：法律是通过语言表述出来的。所有权、股份公司、专利、法定继承、当事者适格等现象，都不是在法律之外客观存在的实体，而是由法言法语构成的，是思想

---

31 H. L. A. Hart, "The Ascription of Responsibility and Rights", *Proceedings of the Aristotelian Society*, XLIX, 1949, pp.174ff.

32 关于哈特的法律规则学说的分析，可参见［英］哈特：《法律的概念》（第三版），许家馨、李冠宜译，法律出版社2018年版，第五章；橋爪大三郎『言語ゲームと社会理論—ヴィトゲンシュタイン・ハート・ルーマン』（勁草書房，1985年）。

观念上的拟制。离开话语，离开议论，就根本没有法律可言。但在这里需要提请注意的是，尚处于试行（暂行）过程中的语言表述本身并非法律；只有当某一暂定法律表述、判断、决定的正当性得到认证之后某一法律规范才因而存在。而对之进行认证的仍然是法律话语，这里存在着复杂的、互相关涉的话语连锁，甚至还有那么一点循环论证。在这个意义上也可以认为，社会结构来自话语；话语里面也隐藏权力关系，至少是关于权力的预期。

图尔敏非常重视哈特提出的这一命题，并把它与法律议论的思维方式或逻辑模型中的反驳条件等量齐观。[33]由此可以推而论之，法律议论的最根本特征在于双重可撤销性或者说双重不确定性：法律依据是可以因抗辩而撤销的，需要正当化的主张、命题以及决定也是可以因抗辩而撤销的。正如拉丁格言所表述的，“一切主张在未经证明之前应推定其不成立”（Omnia praesumuntur pro negante），这里存在着说服力竞争以及淘汰的机制。这种正当化过程才是法律秩序的生命力源泉，也是规范确定性的关键所在。概括起来说，如果抗辩的空间较窄，则证明的义务负担也较小；反过来，倘若抗辩的空间较广，那么证明的义务负担也就相应地增大——因此，抗辩清单具有促进论证性对话的功能，并加强法律秩序的正当化机制，从而加强规范体系的确定性。另外，在主观与主观相碰撞的话语空间中，法律解释共同体内部分享的理念、语法、修辞、逻辑以及实践理性也可以在相当程度上构成客观的判断标准，促进规范文本的确定化。[34]

---

33 Toulmin, *The Use of Argument*, *op. cit.,* p.131.

34 Cf. Owen M. Fiss, “Objectivity and Interpretation”, *Stanford Law Review*, Vol.34, 1982, pp.739ff.

哈特和图尔敏的理论焦点实际上是聚集在法律作为一种语言样式而发挥功能的基本机制之上。辩驳、论证、承认、撤销、变更、确定等一系列议论和达成共识的过程，正好反映了法律秩序最核心的建构装置，也就是规范的话语技术。围绕包括公正程序要件在内的第二层规则的各种语言博弈，使得法律规范及其适用机制变得可视化了，也就是可以根据经验科学的方法进行观察，进而进行实证分析了。而不断扩张的多项语言博弈的复杂状况可以把社会规范及其正当化、内在化功能作为第二层规则的关联现象也纳入视野之中，同时也可以在个人行为的层面研究法律规范的形成和运作，这就为法社会学研究开拓出新的空间，也为法解释学或法教义学与法社会学之间的竞争、合作以及互相补充提供了广阔的机会性结构。更重要的是，聚焦议论的法学研究可以促使法律命令说（权力的逻辑）以及法律道德说（传统的逻辑）逐步式微，加强庭审功能和律师的角色作用，这对中国推行依宪执政、依法治国的体制改革也具有重要的现实意义。在一定意义上也可以说，要建成法治中国的巴别塔，语言博弈与沟通机制具有决定性意义。

五、议论的法社会学：研究范式创新

基于上述分析，法律命题不确定性的渊源以及法律规范确定化的机制就在法律议论及其抗辩清单之中，而围绕秩序建构的个人间话语博弈以及法律与社会之间的互动关系，为法的社会科学研究提供了非常辽阔的发展余地。为此，研究方法的重点应该从结构和功能转移到含义上来，聚焦沟通行为，立足主观间性和话语博弈，建立一个兼顾程序、沟通以及权利共识（即建立在抗辩等话语技术正当竞争基础上的共识）指向的理论体系，并对实践中的法律意识和法律行为进行实证分析（例如安赫斯特学派所进行的研究），进而在制度改革方面推动政策科学研究。法律议论的样式、象征性权力的作用、对话和抗辩的条件、程序公正的程度、决定的风险性和正当性以及处理纠纷和进行决定的各种机制设计方案等，都将成为广义法社会学研究的重点对象，应该也有可能吸引更多的法解释学研究者以及不同学科的专家参与其中。在这个意义上，我们可以说，在当今的时代，尤其是在中国，需要确立一个新的跨学科知识领域，即“议论的法社会学”。[35]这就是我对今后法的社会科学研究范式转移的基本认识。

回望20世纪，关于法的社会科学研究曾经风靡全球，形成了“法与社会”研究范式；在方法论上，侧重结构与功能。然而，正当性论证不断促进实质问题的议论，势必使得社会价值的含义凸显出来，全球化对本土文化认同的挑战进一步加剧了这一趋势。因此，法社会学的范式创新应该打破法与社会二分法的窠臼，聚焦含义之网和沟通活动，进而对法律意识、法律知识以及法律思考形态进行深入的考察、分析以及解释，在形成权利共识的同时加强规范的反思理性。为了回应这样的时代需求，议论的法社会学将特别注重议论实效化的程序条件，主要包括参加议论的动力或诱因体系、确保论证性对话这一本质

35 邓肯·肯尼迪曾经提出“法律立论的符号学”的主张，宗旨颇有相通之处。See Duncan Kennedy, “A Semiotics of Legal Argument”, *Syracuse Law Review*, Vol.42, 1991, pp.75ff., Cf. also Anne Wagner & Jan M. Broekman (eds.), *Perspects of Legal Semiotics*, Springer, 2011. 法律符号学虽然具有人类学维度，但更强调价值内涵的形成和表达以及有意义的沟通，立足点是索绪尔式语言学（欧洲流派）或者皮尔斯（Charles S. Peirce，1839—1914）式逻辑学（美国流派），而这里所说的“议论的法社会学”则更侧重一定社会结构（特别是人际网络）中的沟通行为和互动关系，立足点是“结构—功能—含义”三位一体的话语空间、抗辩和论证的正当化机制分析以及相应的公正性制度条件研究。

性特征、议论与法律判断以及制度改革之间的关系，并使潜在的议论规则尽量显现出来。这实际上是要改变“法与社会”运动把社会与法律对立起来并过分强调社会生活的那种状态，使法律职业的思维方式、个人主体的议论和行为变成广义法社会学研究的中心内容，进而剖析法律教义、制度结构与人们的法律意识乃至法律意识形态之间的关系和相互作用。在这个意义上，议论的法社会学也是实践（实务）指向的，也不妨理解为“法律的社会解释学”。

“议论的法社会学”在方法论上的主要特征是跳出法律与社会的二元论窠臼，把社会理解为法律运作的场域，把法律理解为社会生活的编码，从而扬弃以法律/社会的分离格局为前提的法律工具主义观点；与此同时，把社会中的法律秩序理解为包括支配与抵抗之间较量在内的多项语言博弈的复杂状况以及带有不确定性的价值含义构成物。议论的法社会学将致力于对实践的观察、分析以及诠释，强调主体对结构的塑形作用，进而从事实与话语之间的交相影响中解读社会价值的含义，侧重法律沟通过程、规范选择的行为以及秩序的建构—解构—再建构机制的经验性研究，也包括法律意识的比较、解释、反思以及批判。在一定程度上也可以说，这样的研究新范式企图为围绕法律的专业话语与社会话语提供必要的媒介物和沟通方法，为象征性符号互动的秩序提供不可或缺的认识论框架，并使得具有鳞片化结构特征的中国传统法律秩序也获得更精准的科学表达，进而为法治的制度设计勾勒出一些破解难题的辅助线。

实际上，尤尔根·哈贝马斯在价值与事实之间构建的商谈（deliberation）理论与“议论的法社会学”的宗旨非常接近，只是前者更侧重社会的理性—德性沟通过程，后者更强调法律的内部—外部沟通过程而已。哈贝马斯明确指出：为了矫正极端客观主义的社会科学的流弊，需要反过来发扬主观精神，但又不能放弃理性的立场，于是需要在合理性的语境里重构道德话语。这与卢曼的法律系统理论特意设置观察者或技术专家的视点形成鲜明的对照。哈贝马斯更强调社会主体的作用、强调相互主观的商谈，并通过不同意见之间的沟通网络和互动过程来适当调整结构与实践之间的张力。然而，哈贝马斯后来主张，只有法言法语才能成为生活世界与系统以及各个子系统之间的普遍性沟通媒体，从而发挥整合功能。他说：

> 法律可以说起一种转换器的作用，只有它才能使进行社会性整合的全社会交往之网保持不破。具有规范内容的信息只有用法律的语言才能在**全社会范围内**循环；如果不把信息翻译成复杂的、对生活世界和系统同样开放的法律代码（Rechtskode），这些信息在由媒介导控的行动领域内将是对牛弹琴。[36]

概而论之，为了防止法律体系的保守化、维护批判精神，哈贝马斯引进了道德话语，并把导致讨价还价和妥协的交涉这一政治性契机也嵌入独立自洽的规则体系之中。然而，哈贝马斯还是坚持道德只有转译为法律代码才能具有超越邻近范围的效果这一命题。这意味着要把公民自主的沟通活动加以程序化。由此可见，哈贝马斯的商谈理论以一种双轨的规范性互动过程为特征，即围绕法律和权利的正式议论以及围绕道德和社会自治的非正式议论，并且这两个不同层次之间也

36 ［德］尤尔根·哈贝马斯：《在事实与规范之间——关于法律和民主法治国的商谈理论》，童世骏译，生活·读书·新知三联书店2003年版，第69页。

存在着相互审核、相互蕴含的关系。

但是，在哈贝马斯止步的地方，我们仍然可以进一步追究如下问题：程序正义的最本质特征是不容许双重标准，在双轨的议论和交涉过程中能否实现规则的统一？怎样才能避免社会化的私人自主与政治化的公共自主之间发生分歧甚至对峙？在平面化的相互主观性沟通活动中，虽然程序规则和议论规则能够防止所谓“双重不确定性”问题的出现，但为达成共识而促进反复议论的理想条件却面临时间压力以及无法作出决定的压力，应该如何克服这类困难？[37]这些问题正是“议论的法社会学”所必须面对和进一步寻求答案的。

六、政策议论与社会议论

“议论的法社会学”当然特别关注法律的议论，特别是职业法律人的话语行为及其制度条件。然而，也要看到，论证性对话以及抗辩的活泼化势必不断凸显价值和立场的差异，因而加强议论和交涉的政策指向，助长法律沟通的政治化趋势。政策议论以及法律沟通的政治化势必加剧判断和决定的不确定性，也使得法律关系在关于正义、道德以及社会福利的层出不穷的辩驳之中难以稳定。为了解决这个问题，罗纳德·德沃金沿袭主流法学的固有思路，特别强调记述个人权利的“原理”与记述社会整体目标的“政策”之间的区别，主张法庭辩论以及司法判断应该聚焦于寻求权利的正解。[38]

---

37 参见季卫东：《法律程序的形式性与实质性——以对程序理论的批判和批判理论的程序化为线索》，《北京大学学报（人文社会科学版）》2006年第1期，第130—131页。

38 Cf. Ronald Dworkin, *Taking Rights Seriously*, Harvard University Press, 1977, pp.82ff., 90ff..

在传统的形式性要求之外，他还提出了著名的整合性学说，对法律的推理和解释设定了三个限制条件：第一，推理和判断必须与法律规范体系的整体相吻合。因而需要明确区别立法者与审判者，防止法官造法现象的滋长。[39]这是最基本的限制条件，同样适用于立法者。第二，当与法律规范体系的整体相吻合的解答存在复数时，必须从中选择出一个解答作为判决内容，为此还要另行对法官追加两个限制条件。一个是法官可以根据自己信奉的政治理论或者原则进行选择，但这种政治理论或者原则必须能够为法律规范提供最相洽的说明。第三，另一个对法官的限制条件是这种政治理论或者原则必须首尾连贯，适用于该法官处理的所有案件，而不能左右摇摆、自相矛盾。[40]德沃金认为，只有当上述三个限制条件都得到满足时，法律解释就不会轻易被个人价值偏好、政治目的、结果乃至政策左右，才具有从原则到规则的整合性。

显而易见，德沃金是希望禁止、至少极其严格地限制法官进行政策性讨论的。但是，只要到司法现场考察一下就明白这样的道理：法律解释的实践往往不得不进行各种利益和价值的比较权衡，不得不从社会福利的角度对个人之间的权利主张进行适当协调，不得不考量某一规则或判决对当事人以外的其他人的影响，这些现象与德沃金的理论主张并不符合。在这里，我们有必要换个角度看问题。站在议论的法社会学这一立场上，可以推断出这样的结论：法律议论既然无法杜绝政策问题，那么就应该从场域的建构开始，为政策性讨论确立必要

39 参见［美］罗纳德·德沃金：《法律帝国》，许杨勇译，上海三联书店2016年版，第209—213页。

40 参见［美］罗纳德·德沃金：《法律帝国》，许杨勇译，上海三联书店2016年版，第277—279页。

的游戏规则，并加强科学论证的环节。首先，应该形成理想的对话状况，明确程序公正的条件，确立规则选择的标准。其次，还要确立议论的基本框架，以便合理控制说服力竞争的连锁反应，为达成基本共识以及关于具体权利的共识准备条件。

需要注意的是，这样的话语空间毕竟是为抗辩而创造的，而抗辩势必承认关于法律的不同视角以及法律思考的二元论逻辑（最典型地表现为律师使用法言法语的党派性），相应地也就要承认从法律上解决问题的方案具有复数性，可能有若干个正解。在这个意义上，法律议论的场域充满了矛盾、冲突以及张力，法官必须不断面对各种各样的主张、论证以及解释之间的竞争，也不断面对自反性悖论。为了跳出这个悖论的陷阱，法官有时不得不利用裁量权，自己进行决断。当然，这是一种戴着枷锁跳舞的决断主义。但无论如何，这样的抗辩和决断都会从不同角度加强法律秩序的主观性和不确定性，而规范关系的确定化只能是话语技术不断竞赛的结果，即关于权利的共识产生于永不停息的较量，从暂时的共识到恒久的共识，从局部的共识到全面的共识。在这里，能够确保语言博弈的自由和公平的程序竞技场具有决定性意义。

为了限制法官进行决断的恣意，民主问责经常成为司法改革的一个口号或者举措。所谓司法参与，所谓舆论监督（包括微信朋友圈里对热点案件的围观和争辩），都是民主问责的具体表现方式。这意味着判决的正当化根据除了法规、先例、学说、解释、推理技术之外，还有社会实践以及一般群众的话语博弈。法律决定既然是通过议论就权利问题达成共识之后才做出的，而不是事先的武断，那就必须不断接受实践理性的检验，在制度层面主要体现为广泛的意见竞争以及说服技术较量。为此，围绕案件审判的沟通，需要把法院之外的公民议论以及相应的互动关系也嵌入其中，使得法院内部的议论与法院外部的议论都能成为法律判断的参照材料。与此同时，还应确保这些议论属于论证性对话的范畴，而不是某种情绪化的倾向舆论。参加议论的任何人都必须有在被说服之后修改或放弃自己主张的思想准备，这是法律议论的基本共识，也是通过选项减少的方式实现法律关系确定性的人格保证。在这里，议论的法社会学与哈贝马斯的商谈理论能找到很多共鸣之处。

然而，需要注意的是，在人际关系网络非常强韧的中国社会，议论样式会具有鲜明的圈子化特色，多层多样的场域导致语言博弈更加复杂化。[41]在法律秩序的基层，存在着人与人之间错综复杂的关系。关系这个表述本身就带有自身与他者的二元性，而法律是以关系的撕裂、人与人之间的对立为前提的，但同时法律也是克服这种人际纠纷的尝试或者制度安排。只要纠纷不消失，关系就不可能成为和谐的统一体，因此在法律的深部始终会产生某种两项对立的因素，助长语言博弈。因此，在纵横交错的网络里，始终存在着各种各样活泼的沟通行为和复杂的互动关系，也存在一个就解决问题的方案进行讨价还价的"意见市场"，使得法律规范的贯彻被阻碍，被扭曲。另外，在法律适用过程中如果存在大量的社会交换，势必导致规范秩序中频现混沌。一般而言，不断编织关系网的个人或社群都是秩序的建构者，同时也是一旦有机会就破坏规则的自我中心主义者。对中国法律议论的

41　季衛東「公約、公憤および公議—現代中国における法の言説空間」佐々木毅、山脇直司、村田雄二郎編『東アジアにおける公共知の創出—過去・現在・未来（公共哲学叢書）』（東京大学出版会，2003年）参照。

社会科学研究必须从正视这样的两面性开始。

另外，电子信息技术和互联网实际上放大了中国社会中人际关系网的传统特征，加强了人们相互间沟通、交涉的能率和波及效应。在话语空间平面化的状况中，立法者、政策决定者赋予规范文本的含义很容易在互动关系中发生这样或者那样的变化，人们根据自己的体验作出大相径庭的理解和诠释，甚至完全忽视原来的意图。在一定条件下，个人可能创造出自己主宰的场域，把志趣相投者凝聚在一起，形成和扩大一时一地的倾向舆论。[42]由此可见，互联网以及借助电子信息技术强化的人际关系网已经成为个人进行各种社交活动的重要平台和媒介，也可能在相当程度上成为个人对社会结构反复进行重构的工具，甚至还有可能发展成一种有效的对抗性权力。不言而喻，议论的法社会学还将把这样一种具有全球性、网络性、风险性以及大众性的崭新社会时空结构作为经验科学研究和数据实证分析的对象，并在秩序与混沌的边缘探讨法治模式创新的可能性。

七、结语

本章把现实主义法学以极其鲜明的方式提出的“法律不确定性问题”作为出发点，并沿着两条基本线索——（1）通过制度设计或者科学研究等方式来摒弃不确定性，以及（2）反过来在不确定性的前提条件下进行制度设计和科学研究，梳理了作为法学主流的法解释学与作为新兴学科的广义法社会学之间的辩论以及不同应对策略，关照

42　关于电子信息技术和互联网对社会与法律秩序的影响，不妨参见夏井高人『ネットワーク社会の文化と法』（日本評論社，1997年）；Lawrence Lessig, *Code and Other Laws of Cyberspace*, Basic Books, 1999；サイバーロー研究会編『サイバースペース法—新たな法的空間の出現とその衝撃』（日本評論社，2000年）。

中国法教义学与社科法学之争的来龙去脉和视觉上的盲点；从中归纳出作为科学的法学观与作为技艺的法学观以及法律的本质就是话语、叙事以及议论，就是沟通行为，就是象征性符号的互动关系这样的核心命题。在上述背景下，我把批判法学制作的关于主流法律思维方式以及职业法律人的话语和行为的透视图进行了反转，以便把一些对法律秩序深层原理的洞见和颇有启迪意义的命题群从激进主义的泥潭里拯救出来，荡涤掉其愤世嫉俗的附着物，从而使不同程度上存在的各种法治破坏力转化成根据反思理性进行制度建设的动力，并在这种思路中界定中国语境里的相关问题。

聚焦法律议论，是要把法社会学研究的重点从结构、功能转移到价值含义，以便真正深入到规范的领域进行探索、观察以及实证分析，与此同时也就可以切实加强与法解释学以及法律实务部门之间的深入对话，并形成某种相辅相成或者相反相成的关系。相信大家可以就这一判断达成基本共识：议论是一切法律现象最典型的表现形态。推而论之，关于议论的理论就是程序的理论，也是关于解释和论证的理论，只是侧重点各有不同而已。由此亦可见，从1993年发表程序论，[43]到现在倡导“议论的法社会学”，聚焦法律秩序中的结构与话语之间互动关系以及实践问题，同时酝酿进行两岸四地法律意识的调查和比较研究，并试图在指导思想层面上推动中国法律意识形态的重构[44]等学术活动的轨迹可以看出，我的立场和观点是始终一贯的，顺理成章的，不同时期的论述虽然跨度颇大，但相互之间存在

43　参见季卫东：《法律程序的意义——对中国法制建设的另一种思考》，《中国社会科学》1993年第1期，第83—103页。

44　参见季卫东：《论法律意识形态》，《中国社会科学》2015年第11期，第128—145页。

密切的内在联系，形成一个有机的整体。至于所谓“法律不确定性问题”，我要强调指出：打开困境的关键并非严格的教义信仰，也不是彻底的科学主义，而在于法律议论本身的可撤销性，或者说与各种权利主张相伴随的抗辩清单。在不断反驳和论证的话语技术竞争过程中，解决方案的多样性会逐步淘汰减少，直到最后找出一个大家都承认或者接受的正解，至少是唯一的判定答案。其实这也是中国法律试行制度的内在逻辑，与卢曼的“学习的法”概念以及哈贝马斯的商谈理论可以相映成趣。而我们念兹在兹的法律确定性，只有在这个意义上才是可行的、真实的，并且通过程序要件获得制度上的保障。然而，不得不承认，这种确定化的过程本身却是周流不息、永无止境的。

法律与社会的关系，归根结底就是通过议论反复寻找权利共识的动态。议论可以在关系网络中进行，也可以在公正程序中进行，还可以在自由的市场或广场中进行，因而会呈现截然不同的样式和结局。由此也可以推定，议论中呈现出来的互动关系的形态决定了各种法律制度的运行，而改革成败的密码应该也有可能在法律议论、政策议论以及社会议论的交叉口解读出来。这样多层多样的、辽阔无边的话语空间，值得我们去观察和发现，并开展经验科学的研究和价值含义的对话，进而推动法社会学乃至法解释学的范式创新。其理论基础已经奠定了，主要是从哈贝马斯沟通行为学说—肯尼迪象征符号学说的社会视角与麦考密克的市民议论学说-阿列克西法律论证学说的法律视角所看到的话语分析法，另外还有因为“法与社会”运动中出现文化诠释论的转向而产生一系列实证性业绩可资借鉴。在中国的法社会学史学和当代日常生活中的法律实践研究方面，也已经产生出一批在国际上颇引人注目的研究成果，[45]显示了可以进一步拓展的前景。

正是根据基于以上的分析、总结以及判断，我特此提倡“议论的法社会学”，并认为这就是中国法学和法治范式创新的一个非常重要的切入点。如果聚焦法律议论的社会生态和制度安排，就会发现把法教义学与社科法学的争论与合作推进到新阶段的重要契机已经隐然可见，并有可能在这个基础上形成一个在规范和价值含义领域长驱直入、具有中国风格的法律社会科学研究新流派。

45 例如Philip C. C. Huang, *Civil Justice in China; Representation and Practice in the Qing*, Stanford University Press, 1996; Kevin J. O’Brien & Li Lianjiang, “The Politics of Lodging Complaints in Chinese Villages”, *China Quarterly*, No.143, 1995, pp.756–783; Li Lianjiang & Kevin J. O’Brien, “Villagers and Popular Resistance in Contemporary China”, *Modern China*, No.22, 1996, pp.28–61; Kevin J. O’Brien “Rightful Resistance”, *World Politics*, Vol.49, No.1, 1996, pp.31–55。此外，应星、贺雪峰、程金华、贺欣、刘思达、侯猛等新锐学者的研究成果也大致可以归结于这个关注法律实践的范畴。

第三章 中国式法律议论与相互承认的原理*

季卫东

引言

纵观从1988年肇始的民事和经济审判方式改革、从1998年启动的法院体制改革以及从2008年起逐步酝酿的“司法改革第三波”，三十年来的制度变迁可谓成果斐然。但是，在司法改革的顶层设计和具体举措中始终存在一个薄弱环节，这就是庭审中的法律推理、解释以及议论没有得到应有的重视。一般而言，现代法治国家的判决都应该是在通过议论就权利问题达成共识的基础上作出的，而不是、或者不应该是审判机关的武断命令。因此，即便承认自由心证原则，法官的心证过程也必须不断接受实践理性的检验，在制度层面则主要体现为广泛的意见竞争、说服力较量以及普遍接受的理由论证。参加法庭上议论的任何人都必须有这样的思想准备：在一旦被说服之后就要修改或放弃自己的主张——这种“可撤销性”就是关于法律议论的基本共识，也是通过优胜劣汰、减少选项的方式实现法律关系确定性的伦理保证。在这个意义上也可以说，法律与社会的关系，归根结底就是

---

* 本章原发表于《法学家》2018年第6期，收入本书时略有改动。

通过议论反复寻找权利共识的动态。由此也可以推定，议论中呈现出来的互动关系以及主观间性的形态决定了各种法律制度的运行状态，而改革成败的密码应该也有可能在法律议论、政策议论以及社会议论的交叉口中被解读出来。[1]因此，深入研究法律议论具有非常重要的学术价值和实践意义。

一、关系性话语空间与“异议相搅”的博弈

中国传统社会的基本特征是特别重视人际关系，呈现出极其普遍而强韧的网络结构。在这里，具体的、特殊的合意链条构成秩序的基础，两厢情愿的讨价还价和妥协的过程会使得公与私、对与错的边界较为模糊，也往往变易不居。因此，互惠原则或者合作式的博弈就成为行为规范的黄金律。互惠的本质是在特定场景中的双方有利，利他的契机与利己的契机总是交错在一起，并且不断重新组合。为此，互惠关系具有很大的不确定性、不稳定性。为了真正实现互惠并使双方理解和满意，必须加强反复的沟通和谈判。有些学者甚至认为即便在当代协商政治中，占主导地位的正当化原理也应当是互惠，因为以德报善的反馈机制可以导致互相包容，互相承认，从而也为公共理性提供了限定条件。[2]有必要强调的是，镶嵌在交换行为以及关系网络里的互惠并没有绝对的正义标准，而是通过反复的议论和试错来寻找适当的平衡点并以此作为伦理规范的支柱或者核心。以互惠的正义观为前提，法律议论得以顺利展开的关键在于自我反思的理性以及人们主观

1 参见季卫东：《法律议论的社会科学研究新范式》，《中国法学》2015年第6期，第25—41页。

2 Cf. Amy Gutmann & Dennis Thompson, *Democracy and Disagreement*, Harvard University Press, 1996, pp.53–55.

意志之间相互反映的关系。

从这个角度来考察中国式的法律议论，就可以理解传统的司法为什么必须以“审名分、忍小理”为基本原则。我曾经把中国特色的审判话语空间分为以下四种不同的位相：（1）“不可言说”；（2）“无穷之辞”；（3）“以吏为师”；（4）“并无异说”。这四种位相互相联系，互相补充，构成了一个相反相成的整体结构，决定了法律解释有两种基本方式。一种方式是法官事无巨细，有问必答，并且所有解答都是规范，此外不容许再有其他的解释。最典型的实例是秦国在商鞅变法之后集中立法权并设置官吏统一解释法律的举措。另一种解释方式是法官在宣示法律文本和审判规范的同时，还在一定范围内保持沉默，让当事人在法律框架的内外自由寻找更好的处理案件的办法作为审判的实际规范。这种方式可以从南宋的《名公书判清明集》中找到十分翔实的记录。在两种作为原型的语境之中，如果我们把前一种语言行为方式称为解释的职权主义，那么对后一种方式不妨在一定限度内称之为解释的当事人主义。[3]

在法律议论中如果特别强调具体的事实和情理，就很容易引起永无止境的语言博弈。其结果，最后承认或妥协的那一方当事人将决定相互作用的趋势和结局，在这个意义上，解释的当事人主义将导向某种一人一是非、难以作出公断的事态——我称之为“超当事人主义”。另一方面，为终止无穷无尽的语言博弈，及时作出决定，进行整合，必须极端强调职能机关一锤定音的决定性权力，把解释的职权主义侧面不断伸张，最后造成无限制的“超职权主义”态势。在礼法双行

3 详见季卫东：《法律解释的真谛（上）——探索实用法学的第三道路》，《中外法学》1998年第6期，第1—16页。

的体制下，这两种相反的倾向实际上又短路联结在一起，形成奇妙的“异议相搅”或“两极纠缠”的动态。[4]这表明，中国的法律议论过度重视情理，也就是过度重视正义理论家约翰·罗尔斯所谓“善的界说”（conception of the good）[5]，却忽视了他更强调的那种能具有明确的是非对错标准的“正的界说”（conception of right or justice），因而不得不凭借政治权力，特别是高度集中化的统治者个人权力进行整合。这种格局的极端化表现就是大民主与强权力的短路结合，在法理学上实际上就是让偶然论与决定论永远纠缠在一起。

因此，究竟如何在中国确立“正的界说”，或者借用董仲舒的经典表述——“正谊明道”，究竟怎样才能实现，这就是当今法理学必须回答的最大问题，是构成整个法学界的重大使命，同时也是中国式法律议论别开生面的关键所在。为此，本章首先要对中国特色的法律知识体系和话语体系进行考察和分析，从中找出“正的界说”赖以成立和发展的契机以及基本条件。

二、拒绝集合自我指涉，鼓励范式相互沟通

“正的界说”必须以普遍性价值为前提。例如关于构建“人类命运共同体”的倡议，是中国政府坚持全球化贸易自由体制、参与世界治理的一个重要标志，其实也暗示了一种普遍性的话语空间。从学术的角度来看，这种普遍性话语空间的伸展方向大致有两个：第一，追求多文明共生，朝向儒学“和而不同”精神的境界，在现实国际政治

4 参见季衛東『中国的裁判の構図：公論と履歴管理の狭間で進む司法改革（神戸法学双書）』（有斐閣，2004年）前言3頁及以下阐述。

5 井上達夫『共生の作法—会話としての正義（現代自由学芸叢書）』（創文社，1986年）203—206頁参照。

中体现为重视不同族群的对话、沟通以及相互理解。第二，标榜另一种普遍主义（例如，福山所指出的个人自由主义与家长权威主义这样的两种普遍性原理之争），并力图实现基本价值体系的替换，但在这里也存在滑入国外某些势力长期求之不得的“价值同盟”陷阱的可能性。与那种普遍性话语空间不同的是，在中国的学界和舆论界有一部分人似乎始终在热衷于“地方性知识”以及中国特色的话语体系。这里其实存在着明显的自相矛盾，存在着共性与特性之间的高度紧张关系。

特别是在法学界，最近非常流行关于构建中国特色法律学知识体系和话语体系的说法，把上述矛盾更清楚地暴露出来了。稍加思考便可以明白，这个命题在本质上是要追求某个特定规范集合的“自我指涉”（self-reference）。但是，著名的图灵“停机问题”（Halting Problem）通过不可判定证明已经告诉我们，集合的自指必然导致悖论：在陈述自己的同时否定自己，断言总是自相矛盾。卢曼的法社会学也揭示了这样的道理，并且指出如果我们试图摆脱这样的悖论，那就不得不拒绝或者回避集合自指，使知识体系和话语体系具有一定程度的认知开放性——面对事实、注重反思。法律实证主义本来是倾向于规则体系自我指涉的，很容易陷入悖论；但自从H. L. A.哈特的代表性理论把法律规则体系区分为“确定的核心”和“疑问的半影（模糊的边缘）”之后，法律实证主义实际上被重塑成一个弹性的开放结构（open texture），试图借助法官的实践理性和裁量权而跳出自我指涉的悖论。[6]

6　相关的内容概要，参见刘星：《哈特司法理论评析》，《学术研究》1996年第2期，第33—36页；刘星：《哈特法律概念分析的模式建构及其历史定位》，《比较法研究》1996年第4期，第337—350页。

当然，强调中国特色也许出于对实践经验和本土语境的关注，会侧重事实认知以及归纳性思考，也有可能通向系统的开放性。即便如此，众所周知的法律固有属性是追求普遍化的效力，因而关于法律的知识和话语一般都标榜普遍主义；所以，强调法律的地方特色势必产生某一种规范的自反性，也必然导致法治的悖论。另外，强调中国特色的一个合乎逻辑的结果就是也要承认其他国家特色的知识体系和话语体系，允许思想交锋和意见沟通，否则既不能自圆其说，也不能真正获得别人的承认，这也构成某种自反性和悖论。

如果试图摆脱这两种不同层面的自反悖论，那就不得不把法律体系的自我完结性和地方特色都作为一种相对化的假定，而不是普遍存在的独善性实体，从而也就势必增加知识体系和话语体系的不同选项和开放结构，容许在复数命题或主张之间展开说服力竞争——借用亚历山大·科耶夫（Alexandre Kojève）在对黑格尔《精神哲学》进行分析时特别强调的表述，即“追求承认的斗争”[7]，借用尚塔尔·墨菲（Chantal Mouffe）的政治学术语，即“竞技民主主义”（agonistic democracy）[8]。也就是说，作为主观间性的自我意识必须通过竞争获得他者的承认以及各种意识之间的相互承认才能实现，也必须通过意见市场才能寻找出“正的界说”，进而通过对话、沟通以及论证来对社会的意义之网进行重新编织。

不言而喻，在全球化时代，任何一种知识体系和话语体系都不能自我封闭、固执特定的价值标准，而不得不面对“普遍的听众”

---

7 See A. Kojeve, *Introduction to the Reading of Hegel*, Basic Books, 1969.

8 Cf. Chantal Mouffe, *The Democratic Paradox*, Verso, 2000, and her *Agonistics: Thinking the World Politically*, Verso, 2013.

（universal audience，佩雷尔曼新修辞学派所提出的概念），参与广泛说服力的竞争，并尽量充分反映不同国家和不同族群的最大公约数。因为拒绝普遍性、强调特殊性的结果，将会导致互相无法沟通、无法比较的事态，最终难免导致小国寡民分散式的“新封建主义”或“新的中世纪”[9]。当然，强调中国特色的初衷并不是保守，而是进取，即试图跳出既有的思想窠臼，通过改变话语空间的方式来谋取文化的主导权。在这里，知识也被理解为权力策略。但是要注意，这种知识体系和话语体系的取向其实应该是普遍主义，而不可能在所谓“地方性知识”（local knowledge）的螺蛳壳里做那种旨在参与全球治理的大道场。

能否成功地构建某种知识和话语的体系，关键在于能否在相当范围内达成社会的基本共识。在人生体验、利害关系以及价值取向都迥异的群体中达成共识的基础却是人们存在方式的不确定性、相对性以及模糊性，因为这样的基础使得人们对世界的理解和解释具有弹性和可塑性，可以不断从中找到达成共识的契机。相互容忍的程度越高，在不透明的沟通中找到共识点的机会就越多。因此，在哈贝马斯和罗尔斯们看来，开放性较强的话语体系更容易获得共识、通过意见逐步收敛、分歧逐步减少的机制形成和加强作为真理的知识体系，反之，则会助长对立和怀疑，使人们越来越远离真理。这意味着我们如果真想构建某种具有说服力、感召力的知识体系和话语体系，那就应该在相当程度上超越自己解释世界的范式，承认现实的多样性和复杂性，

---

9 “新的中世纪”概念和相关主张，参见Hedley Bull, *The Anarchical Society: A Study of Order in World Politics*, Macmillan, 1977；田中明彦『新しい「中世」—21世紀の世界システム』（日本経済新聞社，1996年）；John Rapley, “The New Middle Ages”, *Foreign Affairs*, Vol. 85, No.3, 2006。

并承认不同范式的互补性，进而加强各种范式之间的对话和思想交锋，否则就无法达成基本共识，也无法真正确立行之有效的话语权。

三、为了互相承认的论证以及双重视角

当我们特意讨论构建中国特色法律学知识体系和话语体系时，实际上有两个潜在的前提：第一，我们应该明确自己认识和把握法律现象乃至解释世界的基本范式或者说特定的范式，加强意识形态自觉；第二，应该通过话语策略加强自己所持有的这个范式的解释力和影响力，以获得安东尼奥·葛兰西（Antonio Gramsci）所说的那种“文化霸权”（cultural hegemony）。[10]前者意味着我们需要对中国传统秩序原理进行重新诠释和定位，寻找一套完全不同的法治概念及其正当性根据，进而奠定国家的新的道德基础。后者意味着鼓励对既有的现代性宏大叙事以及制度设计进行批判和反思，从中国自己的经验中归纳、总结出不同的模式，并推而广之。然而，在这里，首先，我们必须对学术话语和宣传话语进行严格的区分，否则就无法正确地梳理问题和深入探讨。其次，我们必须意识到，站在学术的立场来看，如果我们拒绝康德之流的过于形式化的普世价值图像，那么合乎逻辑的结果其实也就是要为了实现不同价值体系相互承认的目标而强调论证的公正程序和规则，否则就不足以说服他人。

中国共产党第十八次全国代表大会的主旋律是国家治理体系和治理能力的现代化，正是在这个前提下随后进一步作出了全面深化改革以及全面依法治国等一系列重要决定。问题在于什么是现代化、怎样

---

10 详见［意］安东尼奥·葛兰西：《狱中札记》，葆煦译，人民出版社1983年版，特别是222页。

推行现代化以及为了谁的现代化。概而论之，国家治理体系和治理能力的现代化是从社会的道德观以及日常生活实践的合理化的角度加以定义的。其实在16世纪的欧洲，学者在考虑合理化问题时依据的模型并非科学，而是法律，[11]是法律学所体现的实践理性和系统理性，还有根据法治的制度安排所推进的功能分化以及体现在治理结构里的分权制衡。一百年之后的合理性概念发生了巨大变化，但对传统或者当下的病态进行批判的理由，仍然存在于对这种法制合理化过程的阻碍、扭曲以及倒错。例如，哈贝马斯的社会批判理论认为，法律只有在作为媒介发挥功能时才能体现法律体系的合理性，如果法律渗透到不适合它的社会沟通行为领域就有可能妨碍沟通和相互理解。在这个意义上，法律知识体系的理性化意味着通过社会科学对法律规范进行祛魅。这种祛魅的结果，就是为了维护知识体系的合理性（特别是实践理性）而收回那种绝对化的普遍主义有效性主张，与此同时还必须强调话语的理由论证，以争取相互承认。

由此可见，在我们考虑建构中国特色法律学知识体系和话语体系时，必须更加注重辩论和证明的过程以及相应的正当化根据，这意味着要通过法哲学和法理学，特别是正义论的争辩来寻找法治秩序的道德内容，并且采取把规范性内容与社会性实践密切结合在一起的双重视角。这也意味着法律体系应该一身二任，兼顾程序理性（合理的规则设计或者制度）和沟通理性（有效的语言媒介或者文化）。在这里，如何妥善协调价值取向行为与利益取向行为之间，或者公共正当性确认的预期与不同诉求相协调的预期之间的互动关系，就成为决定这种

11 E.g., Stephen Toulmin, *Cosmopolis: The Hidden Agenda of Modernity*, Free Press, 1990.

建构作业成败的重要因素。[12]由此可见，在这种语境中浮现出来的秩序，只能是各种各样话语博弈之间达成的暂定平衡，是一种变易不居的过程，并且表现出善治的意义多元性（迈克尔·沃尔泽［Michael Walzer］的观点）或者叙事的方式多元性（让-弗朗索瓦·利奥塔［Jean-Francois Lyotard］的观点）的发展趋势。否则，建构作业就不会产生任何新意和学术上的价值。无论如何，多元化是我们不得不面对的大趋势，是讨论知识和话语体系建构的前提条件。

除了合理主义，国家治理体系和治理能力的现代化还可以从市场在资源配置中发挥决定性作用的角度加以定义，具体表现为个性的伸张、生产要素的有效组合，在价值观上就概括为自由主义，在法律制度的安排上就注重独立人格和财产权的保障以及基于意思自治的契约精神。自由主义的宗旨是打破身份关系的枷锁，把个体从共同体中解析出来，以便按照合理性的要求对生产要素不断进行灵活的组合和重组。但是，各国的实践经验表明，无论是合理化的企业或国家组织，还是自由化的营利行为或交换市场，都会在不同程度上碾压个人与社会的连带关系，瓦解固有的伦理规范体系，侵犯自然的生活世界，于是马克思、波兰尼、哈贝马斯都发出了保卫社会的呼吁。这意味着在合理化、自由化之外，还存在深刻的共同体重建的问题，导致复杂的现代性概念，需要制度的设计者和运行者还必须具有另一种双重视角、二元使命，兼顾合理性与共同性、个人主义与共和主义。[13]

综上所述，无论从哪个角度来观察和思考，国家治理体系和治理

---

12 Cf. Vilhelm Aubert, "Competition and Dissensus: Two Types of Conflict and of Conflict Resolution", *The Journal of Conflict Resolution*, Vol.7, 1963, pp.26–62.

13 参见季卫东：《论法律意识形态》，《中国社会科学》2015年第11期，第130—137页。

能力的现代化实际上都离不开功能分化的机制，因而就都需要多元的分析框架；从复杂现代性的视角来观察，还有必要跳出这样或者那样的单线进化论窠臼，允许不同范式的并存、交错、沟通以及相互承认。对在现代化背景下建构或者重构中国法律知识体系和话语体系而言，更需要多元主义的理论框架作为基础，否则就会造成既不现代、也不中国的困境。

四、矛盾的制度化与反思性平衡

法律知识体系的双重视角，法律话语体系的一身二任——我们也的确可以从中发现和概括出非常鲜明的中国特色。根据我长期以来的理解和主张，传统的中国秩序原理有一个根本属性，这就是矛盾的制度化，其象征性符号为阴阳太极图，其法律社会史的实证性表述为“儒表法里”“礼法双行”以及“以礼入法”的历史运动（瞿同祖的发现），其现代哲学上的分析框架就反映在毛泽东的名著《矛盾论》里。[14]如果借助科学的概念或隐喻，这种状况很像遗传因子的双螺旋结构或者力学远程效应的量子纠缠。而从法理学的角度来看，这种特色体现为强制与合意，权力契机与群众契机（浅井敦的说法），超职权主义与超当事人主义（季卫东的说法）等一系列对立项的短路联结。

对立因素的交织和互动会形成反馈机制，进而助长道德之报的观念，会强调罗尔斯所说的“反思性平衡”以及程序化。但是，纯粹的、彻底的程序化难免在不同程度上依赖于讨价还价的交涉理论（例

14　详细内容不妨参见季衛東『超近代の法：中國法秩序の深層構造（MINERVA人文・社會科学叢書）』（ミネルヴァ書房，1999年），特別是50页以下。

如哈耶克的进化论主张），从而很容易流于偶然性和力量对比关系。罗尔斯对偶然性抱有极大的戒心甚至敌意，所以他的程序论不得不以社会正义为前提，这就必然倾向于把关于公平的道德原理适用于社会的系统或者基本结构，倾向于某种形式的合理化设计主义。[15]换个角度，从诉讼的立场上来看，社会结构如果重视道德以及正义，那就势必在法律制裁的同时强调人格评价，也势必在评价之后对违法者打上公权力的烙印，从而倾向于刑事制裁（参阅刑法学的烙印理论）。由此可以退而论之，孔子提出“有耻且格”的法学原则，看上去似乎是要“去讼”“去刑”，其实就是要把几乎所有的诉讼都转变成人格诉讼。而一个人际关系非常发达的社会，人格性、伦理性、情绪性的因素无处不在，也为助长人格诉讼的倾向提供了必要而充分的外部条件。

上述这种条件迫使中国法律秩序具有公权力本位、刑事制裁本位的特征，但是强调正义、道德以及情理的另一视角、另一任务，却又会要求判断者、决定者必须尽量考虑各种不同的方面甚至对立的规范。于是在制度设计上，就呈现出类似民主集中制的形态——可以有多重看法或主张，但只能作出一个决定；或者呈现为所谓“必要覆审制”[16]，它把事实认知、真相发现作为整个法律话语空间安排的重点，而让决定本身经过复数的主体从不同角度进行审视，让不同种类、不同级别的人参与判断。前者通向我所定义的“超职权主义”，否则就

15　所以哈耶克早先对罗尔斯的程序正义论给予了高度评价，到晚年却不以为然。关于哈耶克与罗尔斯的立场分歧，参见玉木秀敏「分配における正義—社会的正義と手続的正義—1」法学論叢119巻6号（1986年）28—56頁、玉木秀敏「分配における正義—社会的正義と手続的正義—2 完」法学論叢 120巻1号（1986年）51—73頁。

16　滋賀秀三『清代中国の法と裁判』（創文社，1984年）23頁以下参照。

将陷入一人一是非、无法作出决定的事态。后者则通往“超当事人主义”，导致坚持异议的那个当事人可以实际上决定事态的结局，表现为无休止的信访。在我看来，这两个极端的短路联结或者纠缠的现象里，暗藏着中国特色法律知识体系和话语体系的关键性密码，也是我们在中国推动理论创新和制度创新的主要契机。而要达到预期目标，我们必须善于用科学论证的、普遍性的语言来讲述中国故事和中国思维方式，并尽量与解释世界的其他范式进行理性沟通，而不能在法律界、学术界制造一座“议论的断头台”。

根据中国传统的法律观念，正式的国家规范宜粗不宜细，这样就能为执法和司法的临机应变、酌情裁量留下必要的回旋空间，使得决定和判断更切合实际情况。因此在中国，法律学很容易流于抓大放小的政策论。从秦简的“法律答问”、汉儒的“私家章句”、魏晋的“集解”、唐律的“疏议”、宋人的“书判”、明代的“笺释”、清朝律例的“辑注”当中，可以发现某种一贯的、共通的思维方式，即强调归纳而不是演绎，强调对事性解答而不是教义学命题，强调具体实用性而不是逻辑自洽性。其结果，通过抽象化的媒介实现法律结构进化的机制无法形成，法律思考和法律话语保持生活的原生态，采取故事和修辞的存在方式。在这里，判决形成犹如采取日常语言进行沟通和判断的立法过程，法律条文可以重新回炉。因而无数特殊的规范生成活动取代了法律体系的整体性进化，每个过程却又把结构整体的变迁史进行浓缩再现。对于中国的审判主体而言，日常性会话或者讲故事的修辞学比法律推理和解释的技术更重要，因为它可以通过不同层面的反思、顿悟以及意义转化，使得更多的人在对内容的理解完全不同的情况下也都能大致赞同某个法律主张，至少可以逐步形成和扩大所谓的

“重叠性共识”。

在这样的状况下，法律议论必须从关系和场域的建构开始，对法律议论的分析必须采取结构主义的方法，把“规则与例外”“规则与反规则”“此类规则与另类规则”的互动关系以及不同组织和秩序的碎片和群集也都纳入视野之中。换言之，话语空间也就是选择空间，如何进行规则的选择就成为法律议论的主要内容。法律议论的说服力也不得不在相当程度上有赖于不同层面的修辞技能和永无止境的经验性构成要素，从而使得法律议论呈现出像穿山甲那样的形状，有无数的鳞片在不断闪动变化。这意味着观察法律的视角始终是复数性的，不存在唯一正确之解；所谓“正的界说”也永远是相对化的，可以因时制宜。因此，法官的判断很难特权化、稳定化。这就是中国式法律议论的真相。以这样的语境为前提来考虑法律的正当性根据以及整合功能，我们不得不特别关注在复杂的网络互动关系中实现相互承认的机制，以及通过相互承认确立“正的界说”的途径。

我以为，这样的相互承认就是理解中国式话语空间的关键词，也是中国法学通过互惠原则重构“善的界说”与“正的界说”之间关系，进而确立新型正义论以及法理学之际所无法绕开的基本概念。互相承认，在网络化、复杂化、全球化背景下的互相承认，在寻找社会最大公约数和普遍说服力意义上的互相承认，这就是中国人试图建立法学知识体系和话语体系的一块最重要的础石。

五、相互承认中的法律解释和演绎推理

通过相互承认重构“善的界说”与“正的界说”之间的关系，最关键的是在法律议论中加强理性、理由的表达以及论证，从而强化那

种曾经在中国长期被忽视的“正的界说”，树立更加明确的是非对错标准，逐步缩减社会的复杂性和不确定性。为此必须关注沟通、说服、判断、决定过程中的法律解释，特别是演绎推理——这也正是中国传统法律文化所欠缺的。最典型的法律推理就是所谓司法三段论——以抽象的、普遍适用的法律规范为大前提，以法官认定的事实为小前提，并通过让小前提涵摄到大前提构成之中的技术化操作得出必然的、确定的结论。在这里，可以说法律被理解为一种模式化的规约（大体上类似“约法三章”“乡规民约”那样的合意型规范）体系，根据关于大家都约定俗成的公理进行“正的界说”：一旦某个公理被确定就不再重新追问，所有定理都要从公理合乎逻辑形式地推导出来并因而继承公理的必然性，并被定位为真与正或者真理。一般而言，“正的界说”在形式上具有三种要素，即应然表述（ought-statement）、真理表述、非指令性，从而构成法律命题。[17]这种解释和推理的必然性作为法教义学的本质特征固然受到来自不同方面的批评和挑战（例如德国的自由法学和利益法学、美国的法律现实主义和批判法学以及中国的社科法学[18]，等等），但所有这些异议都集中在法律家的判断究竟能否保持真正中立性、客观性的问题上，绝非把法律解释和演绎推理也归结于主观任意性而加以否定。

17 井上達夫「規範と法命題—現代法哲学の基本問題への規範理論的接近—1」國家學會雜誌 98 巻 11 号（1985 年）811 頁以下参照。

18 关于在中国发生的社科法学与法教义学的争论，见《光明日报》2014 年 8 月 13 日第 16 版王启梁、尤陈俊、雷磊的文章。社科法学与法教义学争论双方的代表性主张，例如苏力：《中国法学研究格局中的社科法学》，《法商研究》2014 年第 5 期，第 58—66 页；陈柏峰：《社科法学及其功用》，《法商研究》2014 年第 5 期，第 67—73 页；侯猛：《社科法学的传统与挑战》，《法商研究》2014 年第 5 期，第 74—80 页；张翔：《形式法治与法教义学》，《法学研究》2012 年第 6 期，第 6—9 页；陈景辉：《法律与社会科学研究的方法论批判》，《政法论坛》2013 年第 1 期，第 46—60 页；雷磊：《法教义学的基本立场》，《中外法学》2015 年第 1 期，第 198—223 页。

尼尔·麦考密克的《法律推理与法律理论》一书被认为是哈特《法律的概念》的姊妹篇，以对法律的实证分析为基础，深入考察了法律解释尤其是演绎推理在司法活动中的地位和作用。他认为，法律推理就是要使得那些经由反思而认定为正确的东西变得显而易见；至少从公开辩论的角度来看，法律推理就是一种在模糊或清晰、含蓄或直率的规范性原则指引下进行的，对于给定的争议都要区分出好与坏、相关与不相关、可接受与不可接受。只有当预先确定某种“正的界说”作为标准时，这一切才成为可能。因此，任何关于法律推理的研究，都旨在探明和阐释那些判别一个法律论辩是好还是坏、是有利还是不利、是可接受还是不可接受的衡量标准，从而实现形式正义。[19]他还指出，法律证明的过程是纯粹演绎性从而也是合乎逻辑的；即便事实偶然会被扭曲或者误解，即便法官偶然存在真诚与否的疑惑，但这都不妨碍演绎推理本身成为一个非常重要的问题。[20]事实上，对审理结论的关键性证明基本上都是、或者应该是通过纯粹的演绎推理来最终完成并正当化的，由此亦可见演绎推理对于“正的界说”至关重要。

特别值得留意的是，尽管麦考密克强调实践理性和经验法则，注意保持不同推理形式之间的适当平衡，但他还是坚决地主张某种形式的演绎推理以及司法三段论和涵摄技术才是法律推理的精髓所在。为此，他在著作中用大量篇幅对演绎推理的具体实例和操作方法进行了详细分析和阐述。在他看来，归纳推理、道德推理、政策推理及其

19　参见［英］尼尔·麦考密克：《法律推理与法律理论》，姜峰译，法律出版社2018年版，第一章第二节。

20　参见［英］尼尔·麦考密克：《法律推理与法律理论》，姜峰译，法律出版社2018年版，第二章。

他非演绎的法律思维固然也在不同程度上发挥各自的功能，但它们最终还要归结到演绎推理，并且不得不分别借助它们与演绎推理之间的不同关系而被重新定位和重新认识。因为妥当的行为和决策总是需要明确的理由，判决总是要由那种联结紧密的、看起来没有瑕疵的一系列法律理由的逻辑链条来支持，否则就无法正当化。也许有人会认为演绎推理的模式很可能在不同程度上导致法官、律师以及当事人的伪善，因为现实是如此复杂多变，推理过程难免掺入情感、政治目的以及价值判断，甚至被巧妙利用——这是批判法学经常指责现代法学的一个问题；然而，麦考密克认为，在这里，伪善或许比真诚更有助于解决问题，因为无论如何它都进一步加强了通过论辩而求证的过程。[21]一般而言，法律推理，特别是演绎推理势必促进论证式对话，从而让驳斥、否认以及撤销某些主张或命题的试错活动构成判决的正当化基础。

演绎推理的最基本特征是侧重形式要件、弘扬形式正义。这意味着判决必须严格遵循法规和先例，以保证同案同判及法律适用的连贯性、统一性。但是，麦考密克所理解的形式正义不仅要满足这些“回顾性要求”，而且还要满足“前瞻性要求”——在判决时应该考虑到对未来类似案件的影响和各种可能性，以防止现在提供的判决理由在未来变成非正义的理由。在他看来，前瞻性要求甚至还应该优先于回顾性要求，从而促使法官把未来的决策风险也纳入视野，作出更加审慎的裁断。他认为前瞻性要求尽管倾向于实质问题的阐释性自由裁量权，但在限制专断以及由此带来的不确定性、不安全感这一层意义

21 参见［英］尼尔·麦考密克:《法律推理与法律理论》，姜峰译，法律出版社2018年版，第三章。

上，仍然属于形式正义的范畴——这真是一个饶有趣味的命题，麦考密克把现代司法模式与后现代司法模式结合在一起了。站在麦考密克的立场上考虑问题，形式正义的判断标准其实就是协调性，包括：证据之间的协调性、陈述与信念和常识之间的协调性、事实解释之间的协调性、故事脉络的协调性，等等。他认为，诉讼中主询问和交叉询问程序的全部意义，就是迫使证人在申明立场时不得不努力使主张之间相互协调，并以此检验法律推理的可靠性和正当性。在这个意义上也可以说，形式正义的本质在于协调性，包括与过去和未来的语境相协调。[22]

与哈特提出的“两级规则”的概念和体系构成方式相映成趣，麦考密克提出了一个“两级事实”问题。一级事实是涉讼的基本事实，二级事实则涉及对一级事实的分类处理、解释以及有效要件的认定。与这样的区别相关，他还进一步讨论了所谓“二次证明”的分析框架。“一次证明”是对判决的具体结论进行证明。在大多数情形下，人们可以根据既有的法律规则即普遍的、抽象的裁判规则以及已经认定的事实，借助演绎推理来对判决进行证明。但是，如果案情复杂，裁判规则是复数的，对演绎推理存在不同的意见，这时人们就必须面对如何在对立和各种可能性中进行妥当判断的选择。[23]可以说，“二次证明”就是对选择所依据的理由进行论证，换个说法，也就是在法律制度容许的范围内进行合乎情理的选择。这是一种试错过程，通过论辩和逻辑检测来否定和淘汰那些缺乏足够说服力的主张和意见，逐

---

22 参见［英］尼尔·麦考密克：《法律推理与法律理论》，姜峰译，法律出版社2018年版，第四章。

23 参见［英］尼尔·麦考密克：《法律推理与法律理论》，姜峰译，法律出版社2018年版，第五章。

步形成相互承认以及共识的基础。在这样的逻辑体系里，任何命题都是附带消灭条件的：如果经得起驳斥，就可以留下来成为规范，否则就会在语言博弈的过程中消失。这也正是哈特所描述的通过“可撤销性”实现法律正当化的机制。[24]实际上，麦考密克本人毫不讳言自己的立场与哈特理论之间存在近似性和互补关系。在这里，可以说选择空间与可撤销性是两个最重要的概念，也是实现相互承认的最基本的制度条件。

“二次证明”不仅涉及法律制度的结构和功能，而且涉及价值含义，并且涉及对社会后果进行评价的标准。麦考密克明确指出，“二次证明”包含两个基本要素：一个是后果主义论辩，另一个是协调主义论辩。前者关注的是不同判决内容所引起的不同法律效果和社会效果（这是中国法官们很熟悉的关于法律推理的要求），评价其可行性或者可接受程度，在不同利益中进行比较权衡，导致对价值判断和政策指向的重视。实际上，判决内容往往会取决于对后果的考虑和掂量。但是，所谓规范归根结底还是设定行为模式，而不是要提供一个现实中已有的模式。因此，法律的本质不是陈述事实，而是梳理和调整事实。正是出于这样的考虑，后者即协调性论辩更关注的是规范思维方式的维护，确保判决内容与法律体系的各个方面都自洽和谐，并通过演绎推理使后果主义论辩的结果经得起法律逻辑的检验（这与中国式的关系和谐化思路有相通之处但又截然不同）。当然，协调性并非仅仅意味着对规范的坚守，而是也包含基于事实对规范进行反思和

---

24 Cf. Jordi F. Beltran & Giovanni B. Ratti (eds.), *The Logic of Legal Requirements: Essays on Defeasibility*, Oxford University Press, 2012; Claudia Bloser, Mikael Janvid & others (eds.), *Defeasibility in Philosophy: Knowledge, Agency, Responsibility, and the Law*, Editions Rodopi B. V., 2013.

改进的契机。[25]在法律实践中，上述这两个基本要素其实总是处于某种交错和相互作用的状态，只有当两者达成适当的反思性平衡时，我们才会觉得判决是公正而合理的。然而，在疑难案件中，这两者达成平衡的条件总是非常复杂而微妙。

六、对原则、政策以及规则之间关系的不同理解

能把后果主义论辩与协调主义论辩这两个基本因素联系在一起并进行有效整合的可制度化装置是什么？为了回答这个问题，麦考密克对哈特理论和德沃金理论进行了引人入胜的比较、分析以及综合，找到了法律推理中的原则与规则之间关系这个最重要的抓手。

在麦考密克看来，哈特把法律体系区别为“确定的核心”与“模糊的外缘”，其实是建构了一个开放的结构，当规则无法为案件审理提供确定的指引时，法官必须凭借强大的理性来作出判断，这意味着可以伸张的自由裁量权——但这种裁量权其实受到规则限制，并不能随意伸张；而德沃金正是为了限制这种在想象中被夸大了的裁量权，才特别强调原则的作用。德沃金认为原则是据以确认公民个人权利的，而政策则是以集体功利为目的，因此对原则与政策进行了严格的区别，强调基于原则而不是政策的法庭论辩对于法律推理的重要意义。与此同时，德沃金也对原则与规则进行了严格的区别，主张规则具有要么完全适用，要么完全不适用（黑白分明两分法）的属性，原则却富有包容性和弹性。但是，麦考密克在充分肯定德沃金的一些重要观点具有洞察力的前提下对德沃金的论述进行了反驳，指出在解释

25 参见［英］尼尔·麦考密克：《法律推理与法律理论》，姜峰译，法律出版社2018年版，第六、七、八章的相关论述。

问题上即便规则与原则发生冲突也不一定导致规则失效；原则与规则的边界也是流动的、模糊的，犬牙交错；更重要的是，人们其实也无法对原则与政策进行严格的区别。[26]显而易见，麦考密克更强调的是政治原则、道德原则与法律原则、原则与政策、原则与规则之间的交错和过渡性形态，即一种连续而稳定的、不断进化的动态过程。

众所周知，对法律规范的含义一般是基于文本来理解。但德沃金与众不同，聚焦于理解含义的主体及其解释行为，认为法律体系的最大特色是建构式解释。这就导致这样一种法律议论观：法律的实际形态既不是完全主观率意的，也不是完全机械决定的，而取决于读者（解释者）与文本之间的互动关系。也就是说，法律规范的含义是相互作用的结果，是人们在主观和客观这两个不同层面进行共同作业的产物。[27]在德沃金看来，这种解释实践必须导致唯一正确的解答，因为法官最终要作出判决，以此宣示法律规范的具体内容。德沃金明确指出，“所谓解释，在本质上乃是某种目的之报告”。[28]换言之，法律解释就是通过知晓法律目的来使得法律之外的主体也理解法律解释主体的行为含义。在这里，我们可以发现追求“正的界说”的强烈意志，以及试图把在历史中不断演进的社会纳入正确原理之轨道的企图和努力。在这个意义上，何为法律并不是事先规定的，法律的内容只有借助人们的解释行为才能确定；离开了解释和推理，就没有法律可言。由此可见，德沃金的理论并非简单地提倡一种规则本位的思维方

26 参见［英］尼尔·麦考密克：《法律推理与法律理论》，姜峰译，法律出版社2018年版，第九章。

27 相关理论考察，可参见季卫东：《法律解释的真谛（上）——探索实用法学的第三道路》，《中外法学》1998年第6期，第1—16页。

28 Ronald Dworkin, *Law's Empire*, Harvard University Press, 1986, p.51.

式，而是要从权利义务的总体来把握法律秩序，并强调目的、原则的指引作用。

与此形成对照的是斯坦利·费什（Stanley Fish）的主张。他认为，法律解释的结果不可能只有唯一正确解答；因解释主体话语策略的不同，文本的含义其实完全可以存在复数的理解。不同解释策略（interpretive strategies）不仅受制于文本内容和语言规则，而且受制于文化制度等社会背景。人们其实只能通过解释策略来理解法律规范的文本，文本并没有什么独自的含义。文本通常是容许无数解读方式的，根本就无法限制由此推演出来的含义。[29]顺便提一下，费什其实并没有接受过体系化的法学教育；他的专业兴趣是文学，后来扩展为法律与文学，因而他的法学理论具有应用文学批评理论的特征。也许正是这种背景决定了他的立场和主张。然而，即使从专业内部视角来看，文本理解的复数可能性也的确可以构成法律解释和法律推理的一种重要视角，也构成对近代法教义学的正面挑战。[30]这种解释多样化的情景其实也是自古以来中国法律制度设计的前提条件，而秦代法家主义的应对方案就是通过禁止民间讼师活动、设立官职专司法律问答等强制性手段来实现“法无二解”“以吏为师”。费什的应对方案则是把解释策略从私人性的转化为公共性的（而不是官方的、强制手段的），通过解释主体或者当事人的主观与主观之间的竞争和相互限

29 Cf. Stanley Fish, *Is There a Text in This Class?: The Authority of Interpretive Communities*, Harvard University Press, 1980, and his *Doing What Comes Natually: Change, Rhetoric, and the Practice of Theory in Literary and Legal Studies*, Duke University Press, 1989.

30 例如，日本法学家来栖三郎在1950年代初也提出法律解释可以在一定框架内存在复数正确解答，解释主体只能根据主观的价值判断从中选择一种解答，因而必须承担选择的责任。来栖三郎「法の解釈と法律家」私法11号（1954年）16—25頁参照。

制来防止法律解释变得完全恣意化。为此，他提出了“解释共同体”（interpretive community）的概念。

费什不同意文本具有确定的含义、文本可以束缚解释，但另一方面也不同意人们可以根据主观偏好对议论任意赋予含义。他认为某一议论在被人听闻的阶段之前就已经被赋予形式和含义，沟通是在特定状况或者语境里进行的；解释主体其实事先已经认识到在特定场合与目的或目标之间的关系中的适当前提和实践的结构，发言与含义决定是同时进行的一个行为。因而解释策略也必须在文本传达之前就确立，而不能理解为特定文本的属性，因而文本传达并非中立的，客观的。[31]但解释主体并不能“一人一是非”，因为存在作为共有解释策略的个人之集合的“解释共同体”，它体现为决定解释形式的制度或者机制，使得解释策略的数量受到严格限制。[32]解释共同体对解释策略是否承认的选择压力会影响到法律议论，使话语必须符合公共认同的逻辑，这样就在主观与主观之间形成了客观化机制。这就是相互承认的基础。为了实现相互承认，为了证明个人的解释策略符合解释共同体的规范，法律议论必然把重点放在说服对方以及一般听众方面，从而形成说服力竞争。在这个意义上也可以说，法律议论的本质在说服。

德沃金所理解的议论和说服都必须以权利为根据。在他看来，司法上的决定归根结底就是强制实施权利。[33]而根本性权利就是“享受

31 Stanley Fish, *Is There a Text in This Class?: The Authority of Interpretive Communities op.cit.*, p.310.

32 Stanley Fish, *Is There a Text in This Class?: The Authority of Interpretive Communities op.cit.*, p.342.

33 Ronald Dworkin, *Taking Right Seriously*, Harvard University Press, 1977, p.87.

平等关注和尊重的权利”，即罗尔斯所主张的那种平等互惠性。值得注意的是，他的权利命题虽然强调原则，而不是政策，但并不完全否定政策在法律议论中的意义，甚至认为，如果最能使成文法正当化的理由不是原则而是政策，那么成文法的解释（主要是立法解释和行政解释）就应该参照政策进行解释。然而，法官即使把成文法背后的政策纳入考虑的范围之内，法官的议论还是必须采取原则论的方式，而不宜追随政策的逻辑，这是由立法权与司法权的功能分化、属性差异所决定的。[34]还有必要强调指出，德沃金的权利命题即便以互惠为基础，最终还是以“正的界说”为背景或者前提条件的。虽然他也承认解释的复数选项、正当化原则的复数解答的可能性，但他认为在成熟的法制条件下很难产生不同判断相持不下的情形；通过整合作业，最终总是能找到最好的，至少是更好的选项或解答。他的立场是：即便是复杂的法律的、政治的、道德的问题，通常也能找到一个正确的解答。[35]但他更强调的似乎不是说服力的竞争，而是在原则共同体中进行整合性的斟酌、权衡、调整。在这里，同胞关系（fraternity）和统一的德性当然受到重视，法律与道德之间存在必然的联系，甚至是融合在一起的。[36]

但是，哈特坚持法律实证主义的道德与法律相分离的立场，认为独立于道德的承认规则以及规约是可以成立的，并可以发挥正当化的功能。当代法律实证主义认为，法律就是有权威的法律适用制度承认

---

34 Ronald Dworkin, *Taking Right Seriously*, Harvard University Press, 1977, p.111.

35 Ronald Dworkin, *Taking Right Seriously*, Harvard University Press, 1977, p.279.

36 Dworkin, *Law's Empire*, *op.cit.*, p.413. 详细内容参见深田三德『現代法理論論争—R.ドゥオーキン対法実証主義（MINERVA人文・社會科学叢書）』（ミネルヴァ書房，2004年）第3章；徐晨：《理解“法律与道德”关系的“建构性诠释”视角》，《上海交通大学学报（哲学社会科学版）》2015年第3期，第67—75页。

和执行的各种理由的体系；而法律理由的存在方式以及内容是不必诉诸道德议论，仅仅根据社会事实就可以确认的。[37]换言之，社会事实就是法律正当性的渊源；由于法律发挥人们行为的调整功能，而这个功能又是社会必不可少的，所以法律自然而然具有可以正当化的权威。在这个意义上，法就是由承认规则认定的各种法律规则，与道德是泾渭分明的。但是，作为柔性法律实证主义者，哈特并不固执社会事实本身，而更强调法的规约性，特别是承认规则的规约性。因而承认规则也有可能与道德或者实质性价值相契合，但这并不意味着在概念上必然存在相关性。[38]

鉴于德沃金与哈特之间论战的反复，麦考密克用法律实证主义与自由权利论在理论上的分歧进一步区别关于如何行动的实践性分歧，以及关于如何获得正确答案的思辨性分歧；后者意味着假定存在一个唯一正确的答案，前者则可以有不同的选项，只能通过解释来沟通而不能一锤定音。麦考密克认为德沃金的一个主要错误是在疑难案件中混淆了实践性分歧和思辨性分歧，导致对法官裁量权的误判。如果法官真的拥有强大的裁量权，那么在疑难案件中唯一可能出现的分歧就只有实践性分歧，并导致当事人围绕强大的裁量权进行有利于己方的博弈。相反，如果法官只拥有微弱的裁量权，那么在案件中发生的分歧首先是思辨性的，实践性分歧只是其附带的结果而已。由此可以推而论之，倘若法官在疑难案件中拥有强大的自由裁量权，就相当于说他们只能通过一种准立法的方式作出他们自认为最好的判决，并用他

37 关于这一点，哈特的高足拉兹的表述最具典型意义。See J. Raz, *The Concept of a Legal System*, Clarendon Press, 1970, p.212.

38 Cf. H. L. A. Hart, *The Concept of Law* (*2nd ed.*), Clarendon Press, 1994, “Postscript”, pp.250ff.

们自认为妥当的理由作为判决的正当性根据；否则就只能承认法官在疑难案件上并没有这样强大的自由裁量权，而必须受到各种制度化的制约，主要是公正程序、法律推理以及通过沟通达成反思性平衡的动态过程。在这个意义上，法律体系的运作的确是围绕哈特所谓的"承认规则"运转的——这就是麦考密克的结论。[39]

七、以庭审为中心的改革与中国式法律推理

通过对德沃金、费什与哈特、麦考密克之间争论以及不同主张的考察和分析，我们除了进一步加深对成文法解释、司法裁定、正当化根据等问题的认识之外，似乎还可以找到一条庭审方式改革的中间道路：既不同于固执唯一正确答案的极端理性主义司法观，也不同于跟着群众感觉走的纯粹情绪主义司法观。更重要的是，我们对中国式法律议论以及法律推理的演化趋势可以有一个更加清晰的展望。

不久前，最高人民法院颁布了《关于加强和规范裁判文书释法说理的指导意见》（法发［2018］10号）。第一条开宗明义说明："裁判文书释法说理的目的是通过阐明裁判结论的形成过程和正当性理由，提高裁判的可接受性，实现法律效果和社会效果的有机统一；其重要价值体现在增强裁判行为公正度、透明度，规范审判权行使，提升司法公信力和司法权威，发挥裁判的定纷止争和价值引领作用，弘扬社会主义核心价值观，努力让人民群众在每一个司法案件中感受到公平正义，切实维护诉讼当事人合法权益，促进社会和谐稳定。"值得注意的是，指导意见特别强调了判决的形成过程即论证过程、试错过程、

39　参见［英］尼尔·麦考密克：《法律推理与法律理论》，姜峰译，法律出版社2018年版，第九章，特别是其中第2节的相关论述。

选择过程以及正当化的理由，要求法院通过法律推理来提高裁判的可接受性。在一定意义上也可以说，最高人民法院的指导意见试图把相互承认的原理建立在法律推理的基础上，从而形成一种能兼顾合法律性与社会重叠共识的承认规则。还有值得注意的一点是，指导意见强调裁判的功能不仅仅是定分止争，还有价值引领作用，并把实现个案公平、维护法定权利、促进社会和谐作为三项基本的价值目标。在这里，可以发现树立“正的界说”的努力，这是应该给予高度评价的；也可以发现中国式“正的界说”的三合一结构，这使得传统“情、理、法”那样的法律解释复数化的机会结构得以维持和拓展。

不得不承认，中国式“正的界说”贯穿了情境思维和情境伦理，很容易造成这样一种局面：既有规则，也有状况，法律解释和法律推理都必须具体情况具体分析，并且服从大局观。实际上，维特根斯坦的怀疑悖论就是由此产生的。悖论是这样的：某条规则不能决定任何行为的方式，因为任何行为方式都能与那条规则相一致。然后答案是，既然任何行为方式都能与规则相一致，那么它们也就可以相矛盾。因此，在这里既不存在一致，也不存在矛盾。[40]于是“正的界说”也就消于无形。从所谓释法说理的逻辑来看，假定一个做过算术的人做20+18=38的演算，由于这是简单加法，他完全能给出正确答案；但如果有人对这样明确的规则执行从其他维度提出疑问，说这里的加号其实意味着“x+y”的代入计算，我们怎样才能对这种怀疑论者提出反驳呢？也许计算者想说自己按照过去演算的规则进行了演算，所以是没有问题的，但怀疑论者却认为他对规则的理解是错误的。计算

40 参见［奥］路德维希·维特根斯坦：《哲学研究》，李步楼译，商务印书馆2000年版，第201节。

者不能举出否定这种怀疑的事实，因而也就无法使自己按照规则进行计算的结果正当化。这就是维特根斯坦的怀疑悖论所描述的事态，也是“正的界说”复合结构很容易引起的事态。

摆脱这种悖论的最主要方法是出示能够使遵守规则的行为正当化的事实。如果能以事实进行证明，那么悖论也就自然化解了。所以中国式法律议论特别强调“以事实为根据”，注重事实层面的认知和验证，并导致法律推理中的真实主义原则，不满足于要件事实之间关系的逻辑演绎，而要不断地、彻底地追究真相事实。那么，除了“摆事实”之外，究竟还有哪些“讲道理”的选项呢？首先可以举出惯例或者过去一直采用的计算做法，但现在案例与惯例之间的差异还是有可能引起质疑的。其次可以探讨规则的概念，说明“x+y”与数值计算之间的正确关系，但这种既定的关系也是有可能引起质疑的。再次可以考虑基于特定条件而采取特定行为的倾向性议论，但这种议论可以陈述事实或者现实，却不能提供正当性。最后可以回归到单纯性议论，把复杂性加以简化，在复数的可能性中获取那种最单纯的选项，却无法摆脱怀疑的悖论。[41]无论如何，在基于事实的正当化之外，规则的怀疑悖论似乎是无法解脱的，规则的理解与规则的解释之间似乎也无法一致起来。

让我们再来考察一下最高人民法院指导意见的应对方案。第二条是这么建议法官的：“要阐明事理，说明裁判所认定的案件事实及其根据和理由，展示案件事实认定的客观性、公正性和准确性；要释明法

41　这里的分析内容参考和借鉴了索尔·A.克里普克的论述。参见Saul A. Kripke, *Wittgenstein on Rules and Private Language: An Elementory Exposition*, Harvard University Press, 1982。

理，说明裁判所依据的法律规范以及适用法律规范的理由；要讲明情理，体现法理情相协调，符合社会主流价值观；要讲究文理，语言规范，表达准确，逻辑清晰，合理运用说理技巧，增强说理效果。”总之，必须兼顾事理、法理、情理、文理。从这条指导意见中浮现出来的释法说理主要包括两个方面，一个是注重证据在论辩中的作用，特别是要件事实的逻辑关系推演（参阅第四条至第六条），这是具有重要意义的观念转换。另一个是强调适用法律规范的理由，既包括逻辑也包括修辞技巧。除此之外，指导意见还要求法庭的论辩和沟通要讲明情理，充分体现法理情相协调。这固然是具有鲜明中国特色的法律推理方式的表述，但也让我们联想起麦考密克在《法律推理与法律理论》那本书里描绘的那种外部推理和内部推理交织而成的复杂的话语网络，以及作为形式正义判断标准的协调性。在面对法、理、情的不同处理方案进行选择之际，我们或多或少能够体会到“法律并非价值中立，而是诸多价值相互竞争并妥协的结果”这句断言的奥妙，同时也应该认真考虑对选择所依据的理由进行论证的“二次证明”的中国式做法。

最高人民法院《关于加强和规范裁判文书释法说理的指导意见》（以下简称“《指导意见》”）还强调法律议论必须坚持程序正当和推理层次分明的标准，并且对疑难案件和简易案件进行分别处理，实现“简案略说、繁案精说”的不同议论策略（第三条，参阅第八条、第九条）；对于法律适用的争议，法官应当逐项回应争点并说明理由，在存在规范冲突或者复数解释的场合，裁判文书应当说明选择的理由；必要时，法官可以依据习惯、法律原则、立法目的等作出裁判，为此需要进行充分的论证和说理；“法官行使自由裁量权处理案件时，应当坚持合法、合理、公正和审慎的原则，充分论证运用自有裁量权的依据，并阐明自有裁量所考虑的相关因素。”（以上各点见第七条）。这些规范内容充分显示了现代法律解释、法律推理以及司法裁量理论的积极影响，以及中国庭审方式按照实际情况和固有的逻辑实现的进化。

为了提高裁判结论的正当性和可接受性，《指导意见》规定法官除依据法律法规、司法解释的规定外还可以运用下列论据论证裁判理由：最高法院发布的指导性案例、非司法解释类审判业务规范性文件；公理、情理、经验法则、交易惯例、民间规约、职业伦理；立法说明等立法材料；采取历史、体系、比较等法律解释方法时使用的材料；法理及通行学术观点；与法律、司法解释等规范性法律文件不相冲突的其他论据（第十三条）。这些内容通过明确释法说理依据的方式限定了自由裁量的空间，细化了法律解释的标准，通过具体规定减少了协调化的偶然性和不确定性。通过实体性规则细化的机制来约束裁量权的中国传统思维方式在加强法律解释和推理的指导意见中也仍然昭然若揭。第十三条的细则其实也体现了摆脱维特根斯坦式怀疑悖论的一种思路：不是根据语义学上的真理条件，而是通过可主张性条件和正当化条件来获得规范的含义；在这里存在一种问题转换的策略，把推理的重点从法律的概念转换成在什么样的状况下、依据什么，可以提出主张这样的问题。

从法学理论的角度来看，最高人民法院释法说理指导意见的立场其实是在实践而不是语义学的真理条件中确认法律规范的含义。换句话说，法律命题的真伪对错只能在法律实践的内部进行判断，其含义也只能在法律实践的内部显示出来；这样的态度与“实践是检验真理的唯一标准”的哲学理念也是一脉相通的，与中国重视活生生的经验事实这样的传统法律文化也是一脉相承的。显而易见，这种立场势必拒绝德沃金关于从权利的存在可以推导出正确解答的主张，因为人们无法验证权利本身是否存在的问题，而法官为了整合性而在判决作业中进行“高贵撒谎”的说法也无法反映律师以及上诉审法官对法律决定所做的正当化论证的努力。指导意见的立足点是法律解释共同体的实践，因此与费什的理论似乎更接近一些，但是费什所强调的说服力竞争的观点却并没有得到充分体现。没有说服力竞争，怎么可能在复数的规范性选项中进行正确的抉择？怎么可能寻找出重叠共识和最大公约数？怎么可能在复合化的规范体系结构中实现协调性？在这个意义上，我们可以认为，加强庭审的对抗性辩论和说服力竞争就是中国庭审制度改革的核心任务，也是促进释法说理活动的驱动机制。

我们还有必要进一步深究的是，《指导意见》第十三条所暗示的法律实践内部的判断和检验，或者解释共同体的互相监督、纠正以及集体判定，究竟能否成为释法说理的可靠保障。从纯粹学术的观点来看，这里存在的最大问题是在不经意间把什么是正确的解答与人们认为什么是正确的解答之间的区别给抹去了，从而使得从外部来检验和判断某一规范性主张是否妥当的机制无从启动和运行。倘若只重视法律解释的内部监督，而忽视外部监督，也许能够在相当程度上实现法律体系的整合性和协调性，但相互承认的效果就会受到显著影响。麦考密克关于法律推理的理论特别关注到这一点，所以他非常重视规则体系的开放结构以及在法律议论中内部视点与外部视点的结合方式。由此可见，虽然《法律推理与法律理论》主要立足于英美法系的经验素材，但其中的真知灼见还是具有相当大的时空穿透力，能在相当程度上切入当今中国司法实践的问题状况，当然我们同时也希望并且相信中国制度变迁的经验将进一步丰富和改进法律推理与法律理论。

根据上述分析，我认为最高人民法院《关于加强和规范裁判文书释法说理的指导意见》只要加入论证性对话和说服力竞争的因素，就有可能逐渐发展出颇有特色的法律议论范式。由于情理法的文化传统和具体情况具体分析的思维方式，中国式的法律议论始终没有预设普遍主义立场，也在相当程度上放弃了确定性的诉求，因此议论的正当化标准势必借助互惠正义的逻辑落实在相互承认上——这是我们的出发点。因此，在法律议论中不妨把传统语境里既有的“并无异说”的证明反过来作为法律判断正当化的基本条件，并且在话语空间排除“不可言说”和“以吏为师”这样两个位相。[42]在不确定状况下逐步获得确定性的法律议论，为了防止“无穷之辞”之类的问题，不妨确立如下对话规则：聚焦争执问题，只对有异说的法律主张进行辩论和证明；不告不理，只针对那些有异说的人进行说服工作；有异说的人自己必须对反对的法律主张提出具体的理由，履行举证责任；争论双方都承认的规范性根据可以作为正当化根据加以援用。

八、结语

综上所述，在最高人民法院释法说理指导意见、中国的法庭日常实践以及法律解释学许多话语里，法律议论的正当化作业始终受到具体情境的影响，始终要面对不同性质的规范之间的抵牾如何协调的任务。为此，在法学理论上必须解决两个最基本的问题。一个是如何防

---

42 中国式法律话语空间的四个位相，参见季卫东：《法律解释的真谛（下）——探索实用法学的第三道路》，《中外法学》1999年第1期，第1—12页。

止出现压制异说的事态，把他人因为环境因素而保持沉默的情况当作“并无异说”的证明。另一个是如何防止具体情境里法律议论以及正当化标准不断分殊化、碎片化，因而必须在合理的范围内承认普遍说服力的意义、接受类似平等互惠的正义之类普遍原则的存在。这两个基本问题其实都涉及哈特所谓“承认规则”概念，构成法律规则体系正当性的枢纽。

从法律议论的角度来看，我认为并一直在主张正当程序原则和演绎推理方法（后者构成法律解释和法律议论的核心内容和决定性因素，是本章特别强调的主题）可以为任何语境、任何规范性主张提供具有普遍意义的正当化基础，也可以弥补在具体情境中进行法律判断和正当化作业的视觉盲点，更是“相互承认”最终超越非正式的私人合意关系通往“正的界说”的关键性保障。这就是本章的暂定结论，也是今后推进法律议论研究的一个新的理论起点。

第四章
人工智能时代的法律议论*

季卫东

引言

何为法律解释？何为法律议论？二者对法律领域里的论证、判断以及决定会产生怎样的影响？这些都是法理学和法社会学长期探究的根本课题。[1]对于上述问题的解答以及由此形成的学说千姿百态，其中存在两种极端的理论观点。一种是法教义学或者说是凯尔森式纯粹法学的主张，强调法律解释是完全由规则以及严格的逻辑演绎所控制的机械性行为，其思维方式的本质在决定论。另一种是批判法学的主张，强调法律解释是完全由人们各自的选择偏好或者国家意识形态以及统治集团的政治利益所决定的主观性行为，提倡一种具有直接民主色彩的实验主义法学，其思维方式的本质在概率论。除此之外的大多数意见都是从不同角度进行折衷，认为法律的解释实际上是主观因素与客观因素或偶然性与必然性进行不同组合后获得的中间形态。特别

* 本章原发表于《法学研究》2019年第6期，收入本书时略有改动。

1 参见季卫东：《法律解释的真谛（上）——探索实用法学的第三道路》，《中外法学》1998年第6期，第1页以下；季卫东：《法律议论的社会科学研究新范式》，《中国法学》2015年第6期，第25页以下；季卫东：《中国式法律议论与相互承认的原理》，《法学家》2018年第6期，第1页以下。

是，基于社会生活和实践理性的法律议论更具有开放性，所有的对抗性主张和论证性对话归根结底都是主观诉求，具有更加明显的相互主观性或主观间性，因而决定以及妥协的结果往往取决于各方互动的合力。法社会学、社科法学、法律经济学则试图通过各种科学方法来分析和把握影响法律判断的主观因素，从而保障法律解释和法律议论结果的确定性、连贯性、可预测性。正是在这个维度上，人工智能可以被理解为一种重要的辅助性技术手段，其功能在于保障法律论证、推理、判断以及决定的客观性和中立性。

近些年来，物联网、大数据、人工智能的相互结合，形成了AIoT网络，在虚拟世界中构建出了比较庞大的、具有可操作性的法律知识体系，已经可以在相当程度上实现案件处理、法律沟通、法律判断的电脑化。[2]以此为基础，还出现了各种日益完备的法律专家系统软件，甚至能够利用大数据进行机器学习，在一定程度上实现了司法文书的自动生成。但正如人们所担忧的，随之而来的格局很可能是，与具体场景相联系的、面对面的法庭辩论乃至社会沟通会渐次萎缩。法律解释和推理的过程越来越多地被算法事先规定，通过大数据提炼出来的问题、模型以及方法会限制当事人之间进行法律议论和讨价还价的范围，也会压缩法官行使裁量权的余地。原本期望通过人工智能排除主观因素对法律解释和法律议论的影响，结果却很可能是把法律解释，特别是法律议论本身给排除了，使得法律判断成为一种基于算法的冷冰冰的机械性行为。反过来，算法的独裁又将导致算法黑箱的形

2 参见季卫东：《人工智能时代的司法权之变》，《东方法学》2018年第1期，第125页以下；季卫东：《人工智能开发的理念、法律以及政策》，《东方法学》2019年第5期，第4页以下；季卫东：《5G对社会与法治的影响》，《探索与争鸣》2019年第9期，第44页以下。

成，使审判机制从绝对客观主义这一极端跳跃到绝对主观主义的另一极端，形成司法电脑化的算法独裁悖论。[3]因此，在人工智能时代，如何防止法律的解释、推理、主张以及商谈名存实亡，如何防止对算法歧视的助长，是需要我们考虑的第一层问题。

早在1970年，已有美国学者启动了关于法律推理的电脑化研究。[4]其后不久，W. G.珀普和B.施林克开发出了有助于提高法律服务绩效的JUDITH律师推理系统，[5]英国学者借助PROLOG程序语言的推理功能实现了国籍法实务的人机对话。[6]1987年，噶德纳以合同法研究为基础出版了关于人工智能用于法律推理的专著。[7]在日本，吉野一领衔开展了关于"法律专家系统"的大型系列科研项目，试图建立法律知识库和多样化推理机制。[8]应当说，司法人工智能正在日益普及。尽管

---

3 关于算法独裁的悖论，参见［以色列］尤瓦尔·赫拉利：《未来简史》，林俊宏译，中信出版社2017年版；高奇琦：《人工智能——驯服赛维坦》，上海交通大学出版社2018年版，第34页以下。

4 See Bruce G. Buchanan & Thomas E. Headrick, "Some Speculation about Artificial Intelligence and Legal Reasoning", *Stanford Law Review*, Vol.23, 1970, pp.40–62; Peter B. Maggs & Cary G. de Bessonet, "Automated Logical Analysis of Systems of Legal Rules", *Jurimetrics Journal*,Vol.12, No.3, 1972, pp.158–169; Anthony D'Amato, "Can/Should Computers Replace Judges", *Georgia Law Review*, Vol.11, 1977, pp.1277–1302; Cary G. de Bessonnet, *A Many-Valued Approach to Deduction and Reasoning for Artificial Intelligence*, Kluwer Academic Publishers, 1991.

5 See Walter G. Popp & Bernhard Schlink, "Judith, a Computer Program to Advise Lawyers in Reasoning a Case", *Jurimetrics Journal*, Vol.15, 1975, pp.303–314.

6 See M. J. Sergot, F. Sadri, R. A. Kowalski, F. Kriwaczek, P. Hammond & H. T. Cory, "The British Nationality Act as a Logic Program", *Communications of the ACM*, Vol.29, No.5, 1986, pp.370–386.

7 See Anne Von Der Lieth Gardner, *An Artificial Intelligence Approach to Legal Reasoning*, the MIT Press, 1987.

8 吉野一ほか『法律エキスパートシステムの基礎』(ぎょうせい，1986年)；吉野一ほか『法律人工知能—法的知識の解明と法的推論の実現』(創成社，2000年)。1990年代以后的研究进展，除了日本文部省科研费项目系列报告外，还可以参阅吉野一的个人网站"Hajime Yoshino Online since 1998"的专家系统运行资料，http://www.meijigakuin.ac.jp/~yoshino/，2019年11月7日最后访问。

如此，法律推理的人工智能系统仍处于起步阶段，即便在理想的条件下，专业化的法律解释和推理能否准确地、适当地通过算法来运行，也还存在疑问。原因是，电脑固然可以进行法律规则适用的三段论推理、辩证推理甚至模糊推理，也可以发现案例特征与数据库储存的基础案例特征之间的类似性并进行逻辑演绎，但无法决定有效规范在适用上的优劣顺序，无法进行价值判断，也不可能作出直觉反应。因此，人工智能能否真正有效模拟法律议论甚至在更高层次上促进法律议论？为使法律议论的电脑化或部分电脑化成为可能，法律人应该进行哪些法学理论和操作技术的研究？这些是需要我们考虑的第二层问题。

法律解释和法律议论的本质是规范思维，其过程势必伴随价值判断。尽管价值判断具有主观性，会反映个人的选择偏好，甚至特定意识形态的成见，但对价值进行评价的标准在一定程度上可以客观化。另外，价值判断的命题群能够被体系化并形成某种结构，这种结构带有客观性，可以被设计和塑造。对价值判断结构的把握要以对关系和场域的思考为前提，为人们留下在具体场景和语境中斟酌选择的余地。在选择之际，价值的复数性会凸显出来。人工智能如何对不同的价值取向或评价标准进行排序？如何通过比较、权衡以及取舍作出适当的价值判断？电脑信息处理系统怎样才能抽取那些决定某个价值群的优先劣后次序的元规则并适当描述法律的价值函数？这些是我们必须认真思考的第三层问题。

以上述三类问题作为基本线索，本章聚焦人工智能与法律解释、法律议论的关系，试对信息技术、互联网对法律话语空间的影响进行探讨。首先，通过推理系统、人机对话系统、专家系统等考察逻辑法学以及有关法律议论的通信协议，明确人工智能在司法领域应用的可能性及局限，探讨如何为当事人和职业法律家进行面对面的论证性对话预留空间。其次，从人工智能辅助价值判断的角度对法律规则体系和背景知识体系进行梳理、分析以及重构，考察一般条款和元规则的各种维度以及法律论题的谱系、目录和信息处理方式，明确价值判断的结构和评价标准，为在“意义之网”（web of meaning）中发现并计算法律判断的价值函数和价值权重提供必要的基础理论框架。最后，以法律解释与法律议论的双重结构和相互作用的过程作为前提条件对价值判断进行定位，进一步讨论在所谓“积木世界”里，如何对论题和话语的各种组合不断探索并形成共识，进而为智慧司法的未来发展明确方向。

一、法律解释、法律议论与人工智能的对话系统

按照19世纪法教义学的理解，法律解释就是把明文规定的法律规范作为大前提，把法官认定的案件事实作为小前提，通过要件的对应关系把具体事实逐一包含到抽象规范之中并得出结论的三段论逻辑推演过程。在这样的理解框架里，任何司法活动都必然伴随着法律解释，没有上述推理环节就不可能作出判决。只有当法律解释仅凭逻辑三段论的概念计算就能从法律的含义推演出“唯一正确的解答”时，关于具体案件的结论才能与法律规范本身获得同样的正当性。这样的逻辑法学，包括用于记述事实的本体逻辑学和用于记述法律的义务逻辑学，[9]很容易进行电脑化处理。

9 山下正男「法的思考とはなにか—義務論理学の効用性」山下正男編『法的思考の研究』（京都大学人文科学研究所，1995年）1頁以下参照；钱大军：《法律义务的逻辑分析》，《法制与社会发展》2003年第2期，第83页以下；万继华：《本体逻辑原理与应用》，广东科技出版社2008年版。

一旦法律解释可能受到偶然性或主观性因素的影响，法律推理的演算就可能得出复数结论，[10]司法判决就不能直接从法律体系本身获得正当性，而需采取其他方法进行正当化处理。此时，法教义学的基础也就势必发生动摇。众所周知，20世纪的美国，现实主义法学受德国法社会学者埃利希的“活法”概念以及自由法律运动的影响，强调法律解释乃至事实认定的偶然性。[11]20世纪70年代以后，激进的批判法学进一步主张法律体系充满内在矛盾以及法律推理具有主观性或者意识形态性。[12]后现代主义法学亦强调法律解释和推理会得出复数结论，强调因个人的思想差异，不存在唯一正确选项。[13]这一切都对法律判断的客观性、中立性、公正性构成挑战，也会妨碍人工智能的应用。

迄今为止，化解司法主观性危机的主要举措之一，是把合乎程序的民主作为新的正当化根据，在主观与主观的博弈中寻找重叠合意以及客观化的契机。其本质在于，从根据逻辑进行的法的概念计算，转化成根据承认原则进行的群众意见计算或者说同意的计算，[14]把法律的确定性与投票多数决定的方式结合在一起。这种应对方式特别强调对争论点的整理以及在程序公正的前提条件下组织不同意见进行说服力竞赛。这种法律议论的推理具有开放性，坚持真理来自共识的立场，

---

10 日本法学家来栖三郎早在20世纪50年代初就指出了这一可能性。来栖三郎「法の解釋と法律家」私法11号（1954年）16頁以下参照。哈特关于基于抗辩的可撤销性概念也蕴含了同样的思想。

11 参见付池斌：《现实主义法学》，法律出版社2005年版，第119页以下；刘星：《法律的不确定性——美国现实主义法学述评》，《中山大学学报（社会科学版）》1996年增刊，第199页以下；陆宇峰：《美国法律现实主义：内容、兴衰及其影响》，《清华法学》2010年第6期，第85页以下。

12 See Roberto M. Unger, *The Critical Legal Movement*, Harvard University Press, 1986; Roberto M. Unger, *What Should Legal Analysis Become?*, Verso, 1998.

13 参见朱景文主编：《当代西方后现代法学》，法律出版社2002年版，第21页以下。

14 参见［美］詹姆斯·M.布坎南、戈登·塔洛克：《同意的计算——立宪民主的逻辑基础》，陈光金译，中国社会科学出版社2000年版，第4页以下。

也或多或少具有那种所谓“彻底规约主义”的特征。[15]概而论之，法律解释强调的是逻辑实证主义，而法律议论超出逻辑演绎和验证的范畴来理解论证性对话的概念，这就大幅度扩大了推理和沟通的外延，并充实了相关话语活动的内涵。也就是说，法律的确定性不再立足于普遍主义规范体系，而是通过征求“普遍的听众”的同意来获得，把不再有人继续质疑、不再存在反对意见的状态作为证明某个判断正当化的根据。井上达夫曾经把法律议论的特征概括为三点：只就引起争议的主张和判断进行论证；只向持有不同意见的人进行论证；持不同意见者必须说明反对的理由。

在争论的过程中，双方可以把共同接受的观念作为正当化理由进行援引，因而重叠的共识可以成为正当化的根据。[16]在这里，法律的正当化过程有赖于特定语境或历史脉络，而非可以普遍适用的逻辑形式。如果不拘泥于主观的价值判断和直觉，只从同意计算甚至情感计算的角度来考虑，[17]把大数据与人工智能结合起来处理，进而矫正个别意见的偏误，就会成为法律议论电脑化的一种功能趋势，也可理解为同意计算的基本方式。

在信息系统的输入和输出完全依赖逻辑演算的电脑空间里，没有

---

15 See Owen M. Fiss, “Conventionalism”, *South California Law Review*, Vol.58, 1985, pp.177–198; Poincaré, LeRoy, Ajdukiewicz, “Radical Conventionalism: Its Background and Evolution”, in Vito Sinisi & Jan Woleński (eds.), *The Heritage of Kazimierz Ajdukiewicz*, Rodopi, 1995, pp.40–101; Anna Jedynak & Kazimierz Ajdukiewicz, “From Radical Conventionalism to Radical Empiricism”, *Poznan Studies in the Philosophy of the Sciences and the Humanities*, Vol.74, 2001, pp.89–96.

16 井上達夫「普遍主義と文脈主義—哲学から歴史へ」野家啓一編『哲学に何ができるか（新哲学講義第8巻）』（岩波書店，1999年）183頁以下参照。

17 See Rosalind W. Picard, *Affective Computing*, Cambridge, MIT Press, 1997；[美] 罗莎琳德·皮卡德：《情感计算》，罗森林译，北京理工大学出版社2005年版，第3页以下。

严密描述的算法也就无法进行表达、对话以及其他操作。从人工智能的视角来看，成文法体制下的解释和议论只能是逻辑法学式的，根据法律进行判断和决定在很大程度上就是所谓“按键法”（push-button law）在运作，整个话语体系都由“人机共同作业”来构筑。[18]在判例法体制下开发出来的法律推理系统HYPO则是利用案例类似性检索功能和推理方法，通过判例进行自动推理的系统。[19]具体机制是对于存在争议的事项或关键词进行检索，从而发现存在相同事项或相同关键词的类似案例，另外也可以对显示对应维度之间或强或弱的差序之值进行加权，找出存在特征类似的那些案例。简单地说，HYPO系统就是运用那些能显示法律性质的维度或者关系的概念以及论题（根据问题确定前提）来进行计算和推理的。

这类法律推理系统必须以足够庞大的知识库和数据作为基础，必须输入确定的、完全的信息才能获得可靠的输出结果。尤其是，日常生活中司空见惯的信息和表达也都要包罗在内，否则就无法进行真正的反应和对话。但是，建立足够大的常识库、确立精准的常识图谱，显然是一项难见终期的巨大的、艰难的社会工程。迄今为止的法律对话系统推理能力很差，不能在适当程度上进行思考，主要原因就是缺乏常识。由于不具备常识，对于那些没有既定框架和规则的复杂问题，人工智能就会假想所有情况，进行无限想象，陷入永无止境的语

18 See Reed C. Lawlor, “What Computers Can Do: Analysis and Prediction of Judicial Decisions”, *American Bar Association Journal*, Vol.49, No.4, 1963, pp.337–344.

19 HYPO，英文全称为Legal Reasoning System with Cases and Hypothetical。See K. D. Ashley, “Reasoning with Cases and Hypotheticals in HYPO”, *International Journal of Man-Machine Studies*, Vol.34, 1991, pp.753–796；高奇琦：《人工智能——驯服赛维坦》，上海交通大学出版社2018年版，第34页以下。

言游戏。除了因缺乏常识而引发上述“框架问题”外，[20]人工智能还有一个弱点，即无法理解语言的真正含义。这意味着信息处理系统里的符号与现实世界的意义并没有直接联系，也就是哈纳德在1990年就已提出但始终悬而未解的“符号接地问题”。这两个问题构成法律解释和法律议论电脑化的关键性障碍。[21]

另外，感性或者感觉行为一般很难适用符号模型，无法被精确描述。其实大数据的分析系统基本上也还处于数据分组加回归分析的阶段，对未知因素进行区别、判断以及预测的能力还比较弱。例如，对某个巨大灰色动物图像并不能作出明确识别，而只能提示其可能是什么的概率，例如，识别为大象的概率是92%，识别为犀牛的概率是8%。显然，大数据与人工智能相结合还不足以构成一个感知系统。对大数据进行概率统计和预测，的确可以矫正个案偏误，但也可能维护系统偏误。如果数据质量差、规格不一致，所得结论就更会充满误差和噪音，甚至不断重复错谬。因此，在现阶段，即便人工智能的深度学习可以通过随机的试错活动来不断趋近目标，这种机制仍然不能用于富于变化、感情以及创造性的法律议论。这也意味着，当前法律人工智能的发展同预期目标还相距较远，只能作为司法和法律服务的辅助系统，在有限的领域里处理单项的推理任务以及其他较为初级的作业。

人工智能视野下的法律议论，本质上是通过说理和情感的共鸣达成共同的理解，反过来又进一步促进沟通。最典型的法律议论场景是

20 参见夏永红、李建会：《人工智能的框架问题及其解决策略》，《自然辩证法研究》2018年第5期，第3页以下。

21 See Pompeu Casanovas & others (eds.), *AI Approaches to the Complexity of Legal Systems: Complex Systems, the Semantic Web, Ontologies, Argumentation, and Dialogue*, Springer, 2010, pp.93–95.

辩诉博弈以及商谈沟通。这种对话过程电脑化的关键是梳理原告与被告之间争论点和妥协点的话语活动的通信协议系统。这个关于法律议论的通信协议是根据斯蒂芬·图尔敏图式界定的，[22]即主张或结论、要件事实、论据、证明、反驳这五个因素以及可靠性的强度变量构成论证的每一基本步骤。这样的图式不断累积，也就是辩诉不断反复，形成论证的整体结构。抗辩式议论的通信协议就是由诉求、让步、否定、出示规则、出示论证、出示辩驳、撤销诉求等一系列步骤所构成的。在这里，辩诉博弈不是一面之词，而是对话式的；议论的内容包括各种各样有可能被撤销的规则的妥当性和相对优先度；通过在当事人之间公平分配发言机会和举证责任的规则可以适当限制司法资源的使用。[23]因此，这里的法律议论构成了一个以通信协议的网络为媒介的人—机共生社会，一个由自我、故事、关系、场域等因素构成的无限定话语空间。大数据和互联网归根结底是一种让对话式论证的人工智能不断成长的算法。

二、一般条款、元规则以及法律背景知识的体系化

在进行法律议论时，当事人以及专家会基于不同立场提出不同主张，反映出法律视角和法律价值上的差异。为适当定位和处理这类差异，必须关注决定价值优先劣后序列的元规则以及价值评价体系的内在结构，在罗列各种具体法律命题的基础上编制一个整体目录，并确定各个构成因素的排列方式。特别是，要对法律的原则和一般条款的

---

22 参见［英］斯蒂芬·图尔敏：《论证的使用》，谢小庆、王丽译，北京语言大学出版社2016年版；亀本洋『法的思考』（有斐閣，2006年）226頁以下。

23 Thomas F. Gordon, *The Pleadings Game: An Artificial Intelligence Model of Procedural Justice*, Kluwer Academic Publishers, 1995, p.ix.

背景性知识进行梳理和体系化分析，并以此作为法律议论电脑化的前提性研究工作。这正是法律论题学在当代社会的意义所在。[24]例如，在民事诉讼以及国际经贸纠纷解决中具有重要意义的诚信原则，就可从《联合国国际货物销售合同公约》中抽取具有普遍意义的法律命题和元规则体系，从而进行体系化分析。有日本研究者综合了联合国销售合同公约的条款、佩雷尔曼新修辞学以及卡纳里斯价值判断论，认为围绕民法诚信原则的各种背景知识可以大致分为四组内容，即与高阶法律价值相关的论题、与诚信原则本身内容相关的论题、与立法目的和法律解释的权衡因素相关的论题、与法律格言或谚语相关的论题，上述论题分别对应于背景知识体系的不同层面。[25]

在上述分析框架中，首先需要考察与高阶法律价值相关的论题。在这方面，我们很容易联想到富勒对于法律内在道德的界定。富勒认为，好的法律体系必须与以下八项道德标准相吻合：（1）普遍性。法律必须以普遍适用的规则的形式存在，以体现其客观性和平等性；

---

24 关于法律命题学的中文翻译和研究主要成果，参见［德］特奥多尔·菲韦格：《论题学与法学——论法学的基础研究》，舒国滢译，法律出版社2012年版；［美］W. 科尔·达勒姆：《西方两大法系比较视野下的论题学》，张青波译、戴一飞校，《法哲学与法社会学论丛》总第14期，北京大学出版社2009年，第262页以下。我国关于法律论题学的代表性论作有，舒国滢：《寻访法学的问题立场——兼谈“论题学法学”的思考方式》，《法学研究》2005年第3期，第3页以下；舒国滢：《走近论题学法学》，《现代法学》2011年第4期，第3页以下；焦宝乾：《论题学及其思维探究》，《法学论坛》2010年第3期，第40页以下；张静焕：《论题学法学的逻辑解读》，《法律方法》2009年第2期，第60页以下；韩振文：《论题学方法及其运用》，《法律方法》2017年第1期，第244页以下；徐国栋：《从“地方论”到“论题目录”——真正的“论题学法学”揭秘》，《甘肃社会科学》2015年第4期，第197页以下。

25 平田勇人「信義則をめぐる背景知識の体系的整理」吉野一ほか編『法律人工知能—法的知識の解明と法的推論の実現』（創成社，2000年）137頁以下参照。参见徐国栋：《民法基本原则解释——诚信原则的历史、实务、法理研究》，北京大学出版社2013年版。

（2）公开性。法律必须被颁布，而不能以内部文件的形式存在；（3）不得溯及既往。法无明文不为罪，避免事后因人立法，这是法的公平性、合理性的要求；（4）明确性。法律规则的内容清晰才不至于引起歧义，才能给社会带来稳定性；（5）不矛盾。法律规则在逻辑上必须自洽、一以贯之；（6）可遵循性。法律不能要求人们去做不可能的事，必须具有可操作性；（7）稳定性。法律规则不应朝令夕改、让人无所适从；（8）政府必须以身作则，遵守自己制定的规则。[26]在他看来，这些道德标准可被理解为一种程序自然法，同时也构成决定制度设计方案以及法律推理过程的元规则和衍生规则。据此，我们可以发现关于程序正义价值评价体系的基本结构（如图4-1所示）。

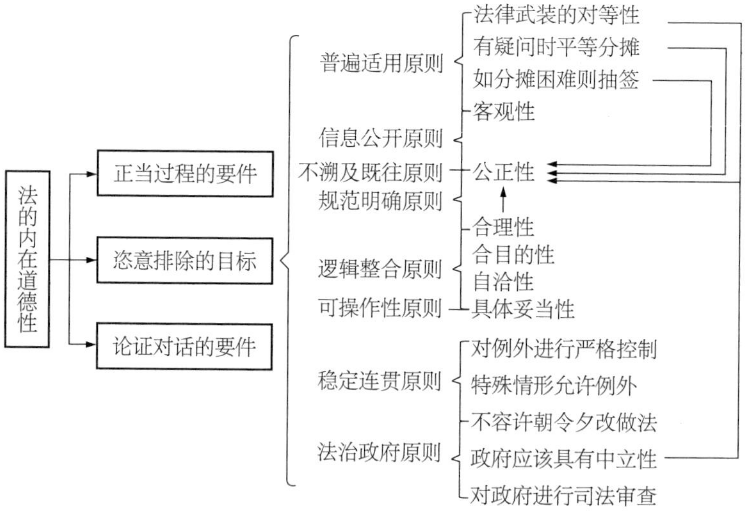

图4-1　程序正义的价值评价体系

26　参见［美］富勒：《法律的道德性》，郑戈译，商务印书馆2005年版，第46页以下。受富勒理论的影响，还有其他学者提出过有关基本原则的理论观点。例如，英国前上议院首席大法官宾汉勋爵提出法治八条核心原理，See Lord Bingham, "The Rule of Law", *The Cambridge Law Journal*, Vol.66, No.1, 2007, pp.67–85。

这八项道德标准体现出的最根本的高阶法律价值，就是尽量排除行为主体的恣意，特别是排除立法者、执法者、司法者的恣意，以保障社会正义。其中，排除恣意的价值判断标准主要包括合理性（可以通过完全的合意性或共识性来测量）、中立性（可以分为对等听取双方当事人的不同主张、任何人都不能担任自己争讼案件的法官两个侧面）、客观性（包括结果再现的可能性以及判断的主观间性）、一贯性（包括统一度和满足度）以及公平性（以确保平等为核心，也包括疑则平分、难则抽签之类的适当变通处理方式）这五条。甚至还可进一步概括为透明和问责、连贯和预期、法律面前人人平等这样三条。[27]与诚信原则相关的高阶法律价值的判断标准都不妨归入程序正义的范畴。另外，诚信原则还要考虑法律适用的结果是否妥当，进行实质性价值判断。法律体系的稳定、利益的均衡、事态合乎目的与否，都属于实体正义的范畴。

此外，秩序也是法律议论重要的高阶价值。相关的论题可以进行如下分类整理：一是体系化思考。主要是把具体问题抽象化，把容易引起争议的观点事先剔除，借助明确的价值判断（例如“和谐”“安全”）来填补法律空白，让法律论题作为体系的整体发挥作用。二是命题思考。作为法律或者价值判断欠缺时的应急举措，将社会共识或常识作为正当性根据，针对具体问题提出解决方案（例如加强基层调解和通过多元机制化解纠纷），并进行利益权衡。三是不动的体系。强调固定的法律要件和规范静态（例如权利本位和程序本位）。四是

27 See Monika Zalnieriute, Lyria Bennett Moses & George William, “The Rule of Law and Automation of Government Decision-Making”, *Modern Law Review*, Vol. 82, 2019, pp.425–455.

可动的体系。介于固定的法律要件与一般条款之间，更强调不同要素的成比例混合以及灵机应变的调整。在这个意义上，论题学就是一种组合艺术。因此，可动体系要在各种法律诉求间寻找均衡点，兼有普遍化与特殊化两种指向。五是一般条款。一般条款被理解为所谓衡平法的入口，但并不一定要对其全面进行衡平性思考或者命题思考，也不能仅仅根据社会共识对其进行解释。在一般条款中存在的普遍化倾向往往导致体系化；而一般条款的具体化则通过类型化来实现，其中一部分还要通过建构法律要件的方式进行，旨在实现法律体系的确定性。[28]

其次，有必要考察与诚信原则本身内容相关的论题。在民法领域，诚信原则是最有影响力的一般条款之一。一般条款在民事法律解释和议论中主要发挥四种功能，即规范内容的具体化、规范适用的正义考量、规范的修改以及规范的创造。但是，一般条款在发挥这些功能之际也有可能被滥用。为了防止诚信原则被滥用，需要使各种功能进一步类型化并根据不同场景确立各种个别命题，以具体而明确的判断标准来限制自由裁量权的范围。迄今为止，诚信原则的个别命题以及下位概念体系的构成包括：（1）诚信原则的个别法律命题，包括禁止反言原则、权利失效原则、清白原则、情势变更原则；（2）针对当事人双方的失信行为论、法人格否定的法理；（3）针对权利滥用的忍耐限度论、失信的恶意者排除法、相关关系论，等等。对其中任何一项命题，都可以进一步详细分析其逻辑推理的步骤，并抽出若干项控制推理的元规则及其衍生规则。

28　平田勇人「信義則をめぐる背景知識の体系的整理」吉野一ほか編『法律人工知能—法的知識の解明と法的推論の実現』（創成社，2000年）137頁以下参照。

例如，根据禁止反言原则进行法律推理的元规则可以概括为以下几项：第一，在容许矛盾行为时对信赖先前陈述的对方所造成的损失，如果大于在排除矛盾行为时对行为者本人所造成的损失，就应该适用禁止反言原则。第二，如果争议所涉及的权利关系特别需要根据实际情况而不是当事人之间的平衡状态来进行调整，那么禁止反言原则就应相对弱化。第三，如果容许矛盾行为很可能造成信赖先前陈述的对方无法寻求法律救济的后果，那么我们应该有充分的理由根据禁止反言原则排除矛盾行为。第四，在先前陈述的行为长期持续的场合，保护对方对先前陈述之信赖的必要性会相应增强，根据禁止反言原则对其后的矛盾行为进行排除就有更强有力的理由。第五，即使排除后来的矛盾行为会给行为者造成显著的损失，如果行为者本人试图通过矛盾行为达到不正当目的，或者行为者自身对矛盾行为的产生有重大过失，那就有理由侧重保护对方对先前陈述的信赖。[29]

在法律推理元规则的提炼和体系化方面，格尔哈德·舒托卢克的法律论题学目录具有重要的参考意义。[30]他提出了64项重要的法律论题，构成一个在推理过程中进行检索的依据及整理思路的工具性矩阵（见表4-1）。[31]尽管这些西塞罗式论题并未包罗法律议论的所有维度，也还没有达到完全体系化的程度，但对富勒关于法律内在道德的八条

29 中野貞一郎「民事訴訟における禁反言」中野貞一郎『過失の推認』（弘文堂，1978年）188頁以下参照。

30 See Gerhard Struck, *Topische Jurisprudenz: Argument und Gemeinplatz in der juristischen Arbeit*, Athenäum-Verlag, 1971, S.20–34; Wolfram Velten, *Juristic Topics in English Theory: The "Topical" Method of Finding and Legitimizing Premises for the Solution of "Hard Cases" in Light of English Legal Theory*, Durham University E-Theses, 2012, p.38.

31 该表的制作参考了平田勇人书中的法律论题目录。平田勇人『信義則とその基層にあるもの』（成文堂，2006年）287頁参照。

标准都有涉及。甚至可以认为，这64项论题基本上是对程序自然法八条道德标准进行推演的具体形态。[32]当然，这些论题属性不一，无论是形式还是内容，都还有些芜杂，有待进一步完善。这个法律论题学目录本身也是一种主观假说。但人类永远需要借助主观假说或莱布尼茨所倡导的数学化论题组合艺术，去整理和利用从周围世界获得的各种不确定信息，形成并维持与外界环境的协调关系，这正是人类智慧的本质所在。

表4-1 舒托卢克法律论题学目录

编号	法律论题的内容	编号	法律论题的内容
1	后法废止前法	2	特别法优于一般法
3	对于例外必须严格解释	4	既定判决的内容必须视为真实
5	法务官不拘泥于琐事	6	审判不超出诉求
7	应该对等听取反方意见	8	任何人不得成为自己诉讼的法官
9	疑点有利于被告	10	孤证等于无证
11	不可仅凭怀疑定案	12	不当得利必须返还
13	补偿损失	14	有疑则平分
15	无法分割时抽签决定	16	任何人不得向他人转让非己权利
17	禁止缔结让第三者负责的契约	18	为友者亦可为敌
19	所有者负担事故的损害	20	因果对应的税负分配原则
21	先占者有优先权	22	平等
23	过失者承担后果责任	24	不保护协助造成有责损害者的利益

32 例如，关于普遍性的论题包括第3、10、35、38号，关于公开性的论题包括第25、30、47号，关于不得溯及既往的论题包括第31、39、51号，关于明确性的论题包括第1、2、4、9、30号，关于不矛盾性的论题包括第28、40号，关于可遵循性的论题包括第48、50、53、54、55号，关于稳定性的论题包括第51、63号，关于政府率先守法的论题包括第6、7、8、38、56号。

（续表）

编号	法律论题的内容	编号	法律论题的内容
25	沉默不能带来任何义务	26	意志独立
27	无罪推定	28	禁止反言
29	履行注意义务者受法律保护	30	意思表示高于目的和愿望
31	意思决定权利的条件和诚信判断	32	法律由制裁担保
33	禁止仅以损人为目的而行使权利	34	斗争手段不可有违目的
35	有权者不得排除其他共同权利者	36	日常判断必须符合标准
37	保护交易	38	法律站在正义一方
39	信赖值得保护	40	权利者对侵犯权利者不得让步
41	妥当	42	均衡
43	有义务采取危害最少的方法	44	行为必要则允许
45	行为合乎时宜则允许	46	在极端不幸的场合允许例外
47	法律明定的就是适当的	48	可行性
49	判断重在大局	50	不可为则无义务
51	禁止恣意	52	权利丧失
53	不应做过分不当之要求	54	人难堪则法不求
55	不得承认没有界限的请求	56	滥用的风险
57	目的性	58	利益
59	一般利益	60	保护社会
61	经济的利益	62	秩序的原则
63	法的安定性	64	案情清楚时诉讼程序简略化

最后，还需考察与立法目的以及法律解释的权衡因素相关的论题，即涉及各种不同利害关系的比较、分析、取舍以及错综复杂的关系的调整等方面的论题。例如，在更加富于流动性的复杂环境中，为安全之目的应如何采取预防手段和规制措施，如何对决策风险进行评

估，成为与风险相关的法律议论的重要内容。美国联邦最高法院史蒂芬·布雷耶大法官提出了一种将问题体系化的思路。在围绕风险决策进行议论前，先要明确四方面的背景知识。第一，根据所谓“香烟当量”来计算小风险的危害概率，建构起米切尔式的“风险阶梯”，并把损害的程度作为法律判断中决定选择先后顺序的参考标准。第二，针对特定风险采取行政规制的成本和效益比较分析，形成具体的法律论题目录。第三，明确规制机构和规制举措的各种相关法律、法规。第四，考察规制体系运作的方式，特别是风险评估的技术和风险管理的政策。[33]在与风险相关的法律议论中，人们会对背景知识中更为引人注目的事件予以更强烈的关注，赋予其更重要的意义，因而忽视具体数字和概率的影响。“风险沟通”（围绕风险决策的法律议论）过程中的价值判断很可能是颠倒的：某些风险系数较小的事件因其更具戏剧性或人们的恐惧心理被放大，一些风险系数较高的事件则被轻视。[34]为避免“风险恐慌”以及因不同社会群体的视觉盲点而引起误判，更加去政治化的专业性讨论应该发挥更重要的作用。尽管如此，深思熟虑的价值观仍应被固守并放在优先位置上。[35]即使在风险沟通中，也应始终遵循法律推理的元规则和基本价值判断。

三、法律判断的价值函数和价值权重

价值常与行为主体的关心、态度、愿望、观念等相关，涉及两个

33 参见［美］史蒂芬·布雷耶：《打破恶性循环——政府如何有效规制风险》，宋华琳译，法律出版社2009年版，第1页以下。

34 参见［美］史蒂芬·布雷耶：《打破恶性循环——政府如何有效规制风险》，宋华琳译，法律出版社2009年版，第46页。

35 キャス・サンスティーン『恐怖の法則—予防原則を超えて』角松生史、内野美穂監訳（勁草書房，2015年）2頁以下参照。

层面的基本问题：一个是具有显著主观性的价值意识；另一个是在相当程度具有客观性的价值判断标准及其体系。具体说来，为更准确地理解和把握价值意识，可以将其分为个性构成、行为方式、文化传统以及社会系统等范畴。[36]从个性构成范畴来看，还可以进一步细分为表象价值与内心价值、有意识价值与无意识价值、特定价值与一般价值、固定价值与流动价值等维度。对行为方式也可以细分为观念的价值与行动的价值、显露的价值与潜在的价值、强烈的价值与薄弱的价值、明示的价值与暗示的价值等维度。这些范畴和维度都具有较强的相对性、流动性。价值判断标准与价值体系具有更明显的客观性以及普遍性，不仅要求社会的所有成员共有，有时还要求不同性质的社会也能共有，甚至还有人试图建构一种数学般的公理体系。价值判断标准及其整体结构与法律解释、法律议论之间存在更密切的关联。因为，对法律的逻辑三段论进行修改和补充、对例外现象进行适当处理、对复杂问题进行统筹兼顾和综合治理等，都离不开各种价值判断活动。正如佩雷尔曼指出的，离开价值判断，我们根本无法理解法律思考。[37]

根据法律推理的主体、语境以及价值判断的功能之间的关系，我们基本上可以确立法的价值函数。从2006年起，日本学者平田勇人在数学研究者的帮助下开始探索法的价值函数公式化，侧重解析法律推理与价值间的对应关系。他的基本主张是，法的价值判断即法律家与法律环境这两个变数的函数，而价值函数的演算符则是不同类型审判中反映基本价值的那些法律原则。例如，在民事审判中，主要的价值

36 見田宗介『価値意識の理論』(弘文堂，1966年)32頁以下参照。

37 ペレルマン『法律家の論理—新しいレトリック』江口三角訳(木鐸社，1986年)15頁以下参照。

函数演算符有四种，即我们熟悉的公正、不偏不倚、高效迅速以及经济性。每个演算符都根据不同的评价标准独立进行处理，最后可以把各个评价值进行综合评价和运算。如果评价标准之间发生冲突或存在差异，还要导入优先顺序的因素进行判断。[38]如果围绕价值存在争论，那就势必以争取价值共识或者达成适用价值的妥协为目的开展沟通，这时的法律议论通常具有辩证推理的特征。[39]此外，人工智能系统对法律判断的过程进行模拟时，应该采取价值函数最大化的方法。[40]这意味着法的价值判断应优先于逻辑推理，以确保法律议论可以摆脱无穷反复的语言游戏而顺利进行。

价值函数最大化方法的本质是对价值进行加权（乘以系数）。对价值评价进行加权处理，必须把握法律的各种价值之间的关系，从整体结构上进行思考和推理。在审判案件或解决纠纷时，涉及的价值判断指标往往不是单一的，而是复数性的，因而存在取舍选择的问题。需要对不同的价值取向进行优先劣后的排序，对价值规范进行数值化处理，也需要采取差别加权和加权比较的方法。美国匹兹堡大学著名运筹学家托马斯·萨蒂提倡等级层次分析法和网络层次分析法，[41]把定性与定量结合在一起，体系地分析目标层与准则层、指标层以及对象层之间的互动关系和影响，形成比较矩阵，对复杂问题决策过程中

38 平田勇人「判断における法的価値関数について—法創造教育への活用」日本文科省科研費2002—2006年度特別推進研究『法創造教育方法の開発研究—法創造科学に向けて』（課題番号14001003）研究成果報告書（2007年）267頁以下参照。

39 ペレルマン『法律家の論理—新しいレトリック』江口三角訳（木鐸社，1986年）182頁以下参照。

40 新田克己「議論をするエージェントの構築」シンポジウム成果報告書『模擬裁判と法創造教育』（2006年）1頁以下参照。

41 参见［美］托马斯·萨蒂：《创造性思维：改变思维做决策》，石勇、李兴森译，机械工业出版社2017年版，第259页以下。

的价值选择和价值判断具有重要意义，能够指导法律议论的电脑化处理。例如，在谷歌的搜索引擎里，利用全球网页链接结构来评估网页的相对重要性，并对网页的价值进行排序的“网页级别”算法发挥着关键性作用。在这里，链接的价值加权是换算成点击率来计算的。除此之外，还有专家排名、信任评级、搜索引擎结果排序等确定价值权重的算法。这些公式、框架及其改进版本也完全可以用于法律价值判断，通过一般条款和原则在法律议论和司法文书中的引用频度、在大众传媒和网络舆情中的出现次数等进行价值换算和排序，形成论题排序的算法。

如果把价值选择和价值判断理解为一种法律议论的话语博弈，借助哈特的分析框架，把作为第一性规则的法律标准（可视化的法）与作为第二性规则的法律议论（非可视化的法）理解为互相指涉并结合在一起的规则体系，那么法律规范与社会规范的价值判断模型就可以表述为图4-2所示复合型话语博弈的场域。[42]

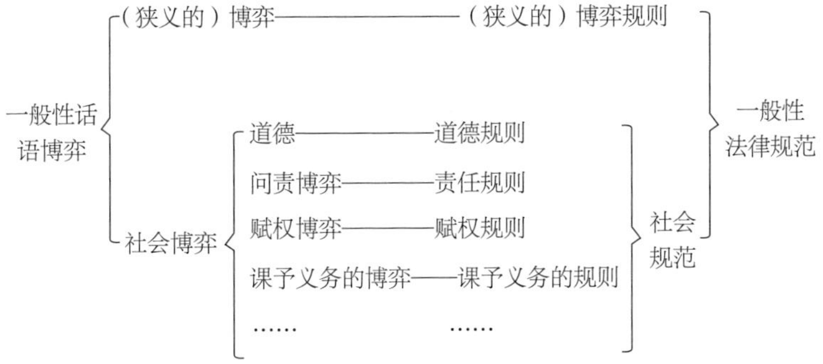

图4-2　作为复合型话语博弈的法理价值判断机制

42　橋爪大三郎『言語ゲームと社会理論—ヴィトゲンシュタイン・ハート・ルーマン』(勁草書房，1985年)102頁参照。

法律议论以承认规则和改变规则的形式影响立法，以裁判规则的形式影响个案判断，从而在不同程度上被转写到第一性规则中，进而使第一性规则产生新的版本。在这个意义上也可以说，法律议论构成包围着法律规范的模糊边缘，其不断被吸纳到确定的核心中，形成不同主体间反复进行话语博弈的动态格局。另外，从司法的正当性和可预测性的角度来考察，作为围绕价值判断的复合型话语博弈的法律议论，必然是一种对规范解释的预测以及对事实认知的预测，还有对上述两种预测的预测乃至“预测的预测的预测”等不断反馈的过程。在对规范解释的预测与对事实认知的预测这两个系列之间，还存在相互作用以及不断递进的互动关系，从而呈现出卢曼所描述的那种法律决定与社会之间的反思机制。在这种不断反馈、不断递进的相互作用中，法律推理或者论证活动势必更加接近情境伦理的论题学而不是演绎的公理体系。论题学更适合处理盖然性以及价值判断的辩证推理，公理体系则立足于必然性。论题学的思维方式旨在解决实践中的具体问题，特别是疑难案件，故而非常注重日常生活世界、交错重叠的关系以及含义联结。这种立场与法社会学问题导向的实证研究风格也很契合。法律议论其实是程序指向的，可以通过论题学的处理过程渐次消除规则体系边缘的模糊性以及社会复杂性的影响，并使那种复合型话语博弈与人工智能的应用场景相衔接。

法律议论的话语博弈势必形成类似图4–3的论题网络。圆圈里的甲乙之数表示不同的法律论题，圆圈（节点）之间的连线显示相互的叙述关系。论题网络本身是一种无向图，节点的位置可以体现论题间的“中心性”。如果某个论题在这种社会网络中更容易与其他论题发生逻辑或修辞上的关系，那就处于更有利的位置。这种中心性也可以被数值化为指标。如果某个论题与更多的论题相连接，就体现了基于连线次数的“中心性指标”。[43]

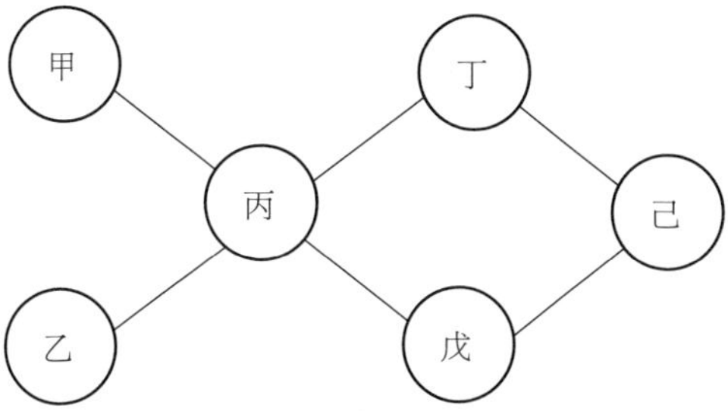

图4-3　法律议论的论题网络

通过前面考察过的法律论题目录以及价值评价标准体系，我们也能发现论题之间的连线。因此，价值加权可以通过计算论题之间连接的纽带数来进行。如果节点太多，论题网络过于复杂，求值作业就会变得困难。这时可以采取论题网络行列的矩阵方式来说明，把图4-3的连线信息表示为矩阵R，如下所示：

$$R=\begin{bmatrix}0&0&1&0&0&0\\0&0&1&0&0&0\\1&1&0&1&0&0\\0&0&1&0&1&1\\0&0&1&1&0&1\\0&0&0&1&1&0\end{bmatrix} \quad ①$$

在这里，从第一行到第六行，分别排列着论题甲到论题己的连线信息。[44]由于这是个无向图，即使行与列进行替换仍然构成同一行列。

43　J. Nieminen, “On Centrality in a Graph”, *Scandinavian Journal of Psychology*, Vol.15, 1974, pp.322-336.

44　以第一行的6个元素为例，1行1列r11对应论题甲与其自身的相连关系，1行2列r12对应论题甲与论题乙的相连关系，以此类推。

如果两个论题相连，则对应元素为1。例如甲与丙是相连的，论题网络行列R的1行3列的元素r13是1，3行1列的元素r31也是1。如果论题不相连则为0。如果处于同一行和列，那就成为自己与自己相连，但这样不能构成对话，所以也设定为0。对各个论题的连线次数，可以对行列R中成分都是1的纵向带采取乘以1的方式进行计算。这个计算结果以纵向带P_1来表示如下：

$$P_1 = R = \begin{bmatrix} 0 & 0 & 1 & 0 & 0 & 0 \\ 0 & 0 & 1 & 0 & 0 & 0 \\ 1 & 1 & 0 & 1 & 0 & 0 \\ 0 & 0 & 1 & 0 & 1 & 1 \\ 0 & 0 & 1 & 1 & 0 & 1 \\ 0 & 0 & 0 & 1 & 1 & 0 \end{bmatrix} \begin{bmatrix} 1 \\ 1 \\ 1 \\ 1 \\ 1 \\ 1 \end{bmatrix} = \begin{bmatrix} 1 \\ 1 \\ 4 \\ 3 \\ 3 \\ 2 \end{bmatrix} \qquad ②$$

显而易见，P_1的各项元素中，丙的中心性指标（连线次数）的值是最大的。以这样一些中心性指标不同的论题为前提来加权，就可以借助关于人物定位和评分的波纳西茨方法进行新的中心性指标值的计算和价值评估。[45]具体做法是把行列②的中心性指标值纵向带P_1加权，求得新解P_2，即$P_2=R \times P_1$。矩阵展开如下：

$$P_2 = R = \begin{bmatrix} 0 & 0 & 1 & 0 & 0 & 0 \\ 0 & 0 & 1 & 0 & 0 & 0 \\ 1 & 1 & 0 & 1 & 0 & 0 \\ 0 & 0 & 1 & 0 & 1 & 1 \\ 0 & 0 & 1 & 1 & 0 & 1 \\ 0 & 0 & 0 & 1 & 1 & 0 \end{bmatrix} \begin{bmatrix} 1 \\ 1 \\ 4 \\ 3 \\ 3 \\ 2 \end{bmatrix} = \begin{bmatrix} 4 \\ 4 \\ 8 \\ 9 \\ 9 \\ 6 \end{bmatrix} \qquad ③$$

45 P. Bonacich, "Factoring and Weighting Approaches to Status Scores and Clique Identification", *Journal of Mathematical Sociology*, Vol.2, 1972, pp.113–120；安田雪『実践ネットワーク分析：関係を解く理論と技法』（新曜社，2001年）75頁以下参照。

这个结果表示为行向量，就是P_2^t=(4，4，8，9，9，6)。以论题己的计算结果（6）为例，与己相连的丁和戊的中心性指标都是3，以此为权重，计算结果为3×1+3×1=6。但这还不够，需要按照前述方法反复加权计算（具体计算过程省略），直到收敛点才能求得可以充分反映论题相互关系的中心性指标。

我们还可以把根据连线次数计算出来的中心性指标的评价值与根据波纳西茨方法计算出来的中心性评价值进行比较，获得表4–2。两种方法计算出来的评价值是有不同的，主要体现在丙、丁、戊的差异上。采取连线数方法并把式②计算结果P_1的各个数值分别除以最大值，这样就更方便与波纳西茨方法计算出来的中心性指标的数值进行比较。一般认为，波纳西茨方法缩小了最大值与最小值之间的差，[46]更能反映网络的结构。[47]

表4–2　不同中心性指标的评价值和排序

		甲	乙	丙	丁	戊	己
连线数方法	数值	0.25	0.25	1.00	0.75	0.75	0.50
	排序	5	5	1	2	2	4
波纳西茨方法	数值	0.37	0.37	0.89	1.00	1.00	0.73
	排序	5	5	3	1	1	4

尝试把社会网络分析的方法转用于价值权重赋值和论题学，并非牵强附会。已经有学者应用网络图形、中心性指标以及权重赋值的不

46　波纳西茨方法中，最大值（1）与最小值（0.37）的差值为0.63，连线数方法中最大值（1）与最小值（0.25）的差值为0.75。

47　关于中心性指标评价值计算的两种模式及其技法，更加专业化和更详细的说明论证可参见金光淳『社会ネットワーク分析の基礎—社会的関係資本論にむけて』（勁草書房，2003年）135頁以下。

同方法研究法条、判例的重要性或者关键词的频率分布。[48]例如，福欧勒和他的合作者们在应用网络分析方法考察案件与先例之相关性时，把美国联邦最高法院的多数派意见作为网络中节点，把案件之间的引用关系作为连线，整个网络图形涵盖了从1791年到2005年期间的26 681个判例。这里采取权重赋值的主要方法是，计算引用次数的度中心性以及对引用关系进行区别并构建有向性图形的特征向量中心性。对于由此得出的排序，作者还用常识以及其他指标进行了验证。[49]

在考虑法律议论的价值判断之际，还有一个哲学意味很强的问题值得关注，即法律的自反性探究。[50]哲学家霍华德·迪隆在《数理逻辑概论》中讲述了古希腊的一个著名故事：买卖双方签订了修辞学传授服务的合同，以便让买方有能力成为律师。双方预定买方最初只需支付一半学费，另一半待他赢得第一场官司后再支付。后来双方发生纠纷，诉诸法院。卖方要求买房付清所有学费，买方则认为无论如何

48 See J. H. Fowler and others, "Network Analysis and the Law: Measuring the Legal Importance of Precedents at the U.S. Supreme Court", *Political Analysis*, Vol.15, No.3, 2007, pp.324–346; R. Boulet & others, "A Network Approach to the French System of Legal Codes-part I: Analysis of a Dense Network", *Artificial Intelligence and Law*, Vol.19, 2011, pp.333–355; Y. Lupu & E. Voeten, "Precedent in International Courts: A Network Analysis of Case Citations by the European Court of Human Rights", *British Journal of Political Science*, Vol.42, 2012, pp.413–439; K. Oliver & M. Faul, "Network and Network Analysis in Evidence, Policy and Practice", *Evidence & Policy: A Journal of Research, Debate and Practice*, Vol.14, 2018, pp.369–379.

49 See J. H. Fowler and others, "Network Analysis and the Law: Measuring the Legal Importance of Precedents at the U.S. Supreme Court", *Political Analysis*, Vol.15, No.3, 2007, p.326.

50 Douglas R. Hofstadter, "Metamagical Themas: About Nomic: A Heroic Game That Explores the Reflexivity of the Law", Scientific American, Vol.16, 1982, p.264. http://www.chiark.greenend.org.uk/~dricher/Nomic/Acka/nomic.html，2019年11月7日最后访问。

都不必付费。此时便出现了合同内容的自反性悖论。实际上，在法律领域中，这种全能状态导致的自反性现象经常发生，包括符号的自我指涉，原理的自我适用，命题和推理的自我证明和自我证否，法律和逻辑关系的自生自灭、循环论证、互为因果。还有法院自己成为被告的案例。正如图灵“停机问题”已经揭示的，一个自我指涉的系统或者集合很容易陷入自相矛盾的状态——在陈述自己的同时否定自己，究竟如何跳出相关悖论就成为学者重视的问题。[51]也可以说，这就是关于法的自我指涉、反思机制、自创生、悖论以及复杂性等理论创新的肇始。在思考司法人工智能问题时，认识到图灵“停机问题”与法律体系之间的关系，适当开放话语空间是具有重要意义的。从这个角度来看，智慧法院不仅要采取新的方式和方法来处理逻辑三段论、涵摄技术等法律解释的课题，还必须把法律议论也纳入电脑化的射程之中。

自反性探究与法律议论的结合点在于问题导向的情境思考、寻找理由和解答的反馈机制以及预测的预测之类的话语博弈，也会聚焦于事实认知以及认知科学。从反射脑、情动脑、理性脑到镜像神经元，人们发现了特定行为模式的编码储存及同频共振的神经线路，加深了对社会性的基础在于模仿、沟通、学习以及由此产生的他者理解、共同理解或共鸣等命题的认识。萨博乃至卢曼关于法律反思机制的学说，实际上与神经网络的镜像机制存在异曲同工之妙。关于镜像神经元网络的研究成果，对法律议论、涉身模拟以及无需推理和概念计算

51 彼特·萨博把这种自反性现象称为诺米克博弈，并对其进行了全面深入的研究。See Peter Suber, *The Paradox of Self-Amendment: A Study of Logic, Law, Omnipotence, and Change*, Peter Lang Pub. Inc., 1990, pp.188–194.

的价值判断方面的人工智能开发也具有重要的意义。所谓知觉，无非是主体在包围自己的光影中找出不变因素的一种心理活动。在审判以及调解过程中，通过身体与环境之间的互动形成协调的关系，势必在脑内描绘出某种认知地图，形成机器学习的网络。特别是在所谓“自我中心的自我”与“场景中心的自我”这样的认知—心理双重结构之下，把符号、含义、做法都纳入法律沟通研究的视野，我们就能发现，自我指涉以及同步化在共同理解或者共识的凝聚过程中将发挥不可或缺的作用。[52]

推而论之，法律被理解为一个自我完结的系统，即“完全世界”，法律议论却造成了不完全、不断变化的“无限定环境”——各种各样的故事会编织出不同的关系和网络，会发现新的特殊意义和价值，会催生某种价值体系形成、变化、再形成或者自创生的场域。在这个意义上，法律议论也可以理解为卢曼所说的那种“学习之法”的具象，构成法律体系的模糊边缘或者软规则部分。

四、结语

与自我中心和场景中心的认知—心理双重结构相对应，法的话语空间也具有法律解释与法律议论的双重结构。解释是明确法律规范内容的作业，存在着决定论、机械论以及规约主义的倾向。因此，法律解释追求的是“完全世界”。例如，德沃金认为法律体系是完美无缺的，法律解释就是根据法律体系的目的来寻找最好的含义以及解答。虽然他也承认创造性解释，但在他看来，这种解释在本质上仍是

52 关于自我与场域、认知科学与人工智能之间的关系，参见松田雄馬『人工知能の哲学—生命から紐解く知能の謎』（東海大学出版社，2017年）82頁以下。

关于法律体系之“目的”的报告，且必须接受那种确保体系连贯自洽的“整合性”的检验。[53]同样，费什的学说也以法律体系的完美无缺为前提。尽管他承认规范的意义不在既定文本而在于各种“解释策略”，关于法律文本可以出现不同的主观化解读，但他强调，在一个解释共同体中解释策略（价值判断标准）是共有的，具有公共性和客观性。[54]

德沃金和费什都认为，法律规范的意义只有通过解释行为才能显示出来，并且最终归结为某个唯一正确的解答。与此不同，法律议论塑造的是“无限定环境”，既不完全，也不确定，但与相对主义还能划清界限。因为一切都可成为怀疑的对象，一切又都是可以讨论和证明的。在这个开放性话语空间的基层，存在某种循环性或者反思机制，即规范与实践之间的不断相互作用。在这里，更重要的与其说是通过推理达成解释性共识，毋宁说是通过维特根斯坦所强调的“生活形式”的一致性以及理由和原因的区别来实现相互理解、同频共振以及和谐。与体现普遍性逻辑的法律解释不同，法律议论更关注具体的场景和情感，形成了规范世界的另一种视角、另一种声音。[55]在法律议论的过程中，论证与沟通以及日常性语言博弈可以创造意义和价值。从法律议论的角度来看，需要在叙事的层面理解法律及其适用活动。[56]叙事的基本形式是记述复数现象之间的来龙去脉和因果关

53 参见［美］罗纳德·德沃金：《法律帝国》，许杨勇译，上海三联书店2016年版，第14—15页。

54 See Stanley Fish, *Is There a Text in This Class?: The Authority of Interpretive Communities* , Harvard University Press, 1980, pp.14-342.

55 See Carol Gilligan, *In a Different Voice*, Harvard University Press, 1982.

56 See Dennis M. Patterson, *Law's Pragmatism: Law as Practice and Narrative*, in his (ed.), *Wittgenstein and Legal Theory*, Westview Press, 1992, pp.85-121.

系，发挥设定语境的功能，因而任何法律的解释和推理都会受制于特定的意义关联。实际上，所谓法律共同体的存立基础并非像费什所说的那种“解释策略共有”，而是通过规范与实践之间反复的互动关系形成的意义关联。也可以说，法的生命力就存在于相互沟通的运动之中。

迄今为止，关于司法人工智能的研究，主要致力于法律解释和推理的电脑化处理，而对法律议论的特殊性没有给予充分留意。与日常性语言博弈相关的常识数据库建设以及语义网编织的巨大困难也妨碍了对意义关联的技术操作。但是，随着万物互联互通的网络化程度不断加深、由此积累的大数据不断膨胀，人工智能的深度学习能力也不断提升。作为沟通媒体的5G移动通信系统在数据传送量上具有压倒性优势，促使社会在自我指涉的循环圈里迅速变化，形成新的相互认知和价值体系。在这样的背景下，司法人工智能的开发应该更加自觉地认识到法律解释和法律议论的不同，把这两种话语空间都纳入信息资料储备扩大和请求的语义画像构建中，从而改进智能决策的实施方案。特别是，要进一步把具体的场景和语境纳入法律议论电脑化的视野，开发相应的模型和技术方法。

众所周知，从控制程序、搜索引擎到知识数据库的运用，人工智能都必须按照人给出的指令或算法运行。在机器学习阶段，需要人提供数据的特征量和规格化方式，然后人工智能系统才能进行学习和预测。人工智能可以不断提高精确度和工作效率，但很难对复杂的、模糊的问题进行判断。当机器学习的数据输入不间断地超高速进行时，对输出的预测就会变得非常困难。而在深度学习的场合，人工智能系统不仅按照算法进行数据处理，还采取多层次脑神经网络的模型和方法，能从大数据中自动发现和提取特征量，揭示未知的问题、样式、结构以及原理。这当然是有利于扩大选择空间和创新的。但是，当人工智能从他律系统转化为自律系统，从演绎系统转化为归纳系统，特别是在人工智能网络之间的相互作用及其连锁反应不断进行的情况下，预测、理解、验证、控制就会变得更加困难，甚至出现黑箱化现象。在数据驱动的人工智能时代，“透明社会”与“黑箱算法”是我们不得不面临的一对根本矛盾。各种人工智能之间互相联结，形成所谓“智慧网络社会”，势必引起自动的组合变更，实现自我生成式的增长和变异，形成复杂情况和网络混沌，对国家治理方式和法律秩序不断提出新的挑战和机遇，也会深刻影响法律议论。[57]

电子计算机擅长进行大量的、反复的信息处理和逻辑演算。人类却擅长进行直觉的分析和判断，通过与环境的相互作用创造出主观的世界图像，并据此来认识、预测以及沟通。司法人工智能的发展目标就是要把这两个方面密切结合起来，使按照逻辑法学进行的解释、推理以及具有开放性和情境指向的法律议论都能达到新的高度。如果电脑和通信技术进一步发达，从图像数据到观测数据、行动数据以及语言数据都可以进行深度学习，那就有可能在未来解决环境认识、行动预测以及知识获得等瓶颈问题，从而使人工智能在法律解释和法律议论领域的应用出现相应的质的飞跃。即便如此，深度学习的过程仍然需要法律专家的介入和监控，防止法律判断过程出现本可避免的失

57　成原慧「AIネットワーク化をめぐる法的問題と規範形成」自由と正義68巻9号（2017年）35頁以下参照；贯开：《人工智能与算法治理研究》，《中国行政管理》2019年第1期，第23页以下。

误。在机器学习的现阶段，我们更应该而且也完全有可能做到的是，确保智慧司法的系统建构为法律解释和法律议论预留足够的机会，以有效防止算法独裁造成法律判断上的偏颇，要在事实与规范的反复相互作用和重新组合的开放性动态中克服既有系统的误差，并促进制度创新。

第五章
法社会学理论范式的拓展
从“冲突/共识”模式到“议论的法社会学”*

杨　帆

对于社会科学来说，所谓的“理论范式”或者“研究范式”主要是指一套结构自洽的关于本学科的方法论体系。每一种社会科学的理论范式都有自己的哲学认识论基础。它处在“哲学的底层”，又与具体的经验研究相联系。所以每一种重要的社会科学理论范式或者研究范式的出现，都会与一个学术传统或者“学派”的发展相伴而生。例如，在西方法学历史上，自然法学与实证主义法学曾是历时最为久远、影响力最为巨大的理论范式。近代以来，法社会学[1]兴起，成为法学研究的重要范式。在一个大的范式内部还存在诸种子理论范式。法社会学在整体上看是一种从外部看待法律现象的方法论视角，但是其内部也因为认识论的基础不同而划分为多种不同的范式类型。

对于法社会学的诸种理论范式如何划分归类，学界也有着不同的解读。何姗君等根据不同的社会学理论派别与流变在法社会学中的反射，详细地把法社会学范式列举为：功能主义、结构主义、解构主

---

* 本章原发表于《北大法律评论》第18卷（2017年）第1辑，收入本书时作者进行了一定修改。

1 广义的法社会学也有“法与社会”或者“社科法学”等不同称谓。

义、行为主义、现象学、系统论、冲突论、进化论与符号论、博弈论等等。[2]这种归类方法与社会学的诸种理论学说相对应，但并没有注意到各种理论范式在看待法律现象时的共通性。刘思达在对美国“法与社会运动”近百年学术历史的梳理基础上，总结出美国法社会学研究的两种主流范式——前期的“差距研究”范式和后期的“权力/不平等”范式。[3]这种划分方式主要立足于美国法社会学研究的历史实践，归纳出了两种被使用最多的“提问题的方式”，但未必适合于美国以外的法社会学研究。

与前述划分标准不同，北美学界的主流分类方法之一就是将法社会学的理论范式按照功能主义的标准分为冲突模式与共识模式。比如，在新近由美国学者约翰·哈里森·瓦茨（John Harrison Watts）和克里夫·罗伯森（Cliff Roberson）所撰写的《法与社会导论》教科书中，法社会学的研究进路被整理为“冲突范式”（conflict paradigm）与“共识范式”（consensus paradigm）两种对立的类型。事实上，很早就有学者曾经专门从这种归类视角出发对法社会学的研究进行过归纳，尤其是冲突模式的法社会学研究更是经历过多阶段的学术演进。[4]在马修·李普曼（Matthew Lippman）所著的《法与社会》教科书中，这两种范式也被称为“冲突视角”（conflict perspective）与“共识视角”（consensus perspective）；[5]而在著名的罗杰·科特威尔（Roger

2 何珊君、朱作德：《法社会学研究范式的系统性梳理与各自特征的研究》，《河海大学学报（哲学社会科学版）》2014年第2期，第37—44页。

3 刘思达：《美国“法律与社会运动”的兴起与批判——兼议中国社科法学的未来走向》，《交大法学》2016年第1期，第20—33页。

4 Allan C. Hutchinson, “Book Review: The Sociology of Law: A Conflict Perspective, by Charles E. Reason and Robert M. Rich”, *Canadian Bar Review*, Vol.57, No.2, 1979, pp.399–402.

5 Matthew Lippman, *Law and Society*, SAGE Publications, 2014, pp.19–21.

Cotterrell）《法社会学导论》中，这两种理论范式则对应了“作为整合机制的法律”与“法律、权力与意识形态”两种分类视角。[6]这两种范式都被定义为功能主义的理想类型（ideal types），在概念上相互对立，但在实践中并不是非此即彼的存在关系。“冲突范式”认为法律在功能上是统治阶层维护自身身份地位的武器，是社会冲突与斗争的工具；与此相反，“共识范式”则把社会视作功能性的有机体，强调法律的作用是维持社会整合性的中立性架构。[7]某种程度上说，前者代表了一种实然的经验解读，而后者则体现了“应然”的规范取向。我们认为，这种划分方法相对比较具有普遍性，与后续将要讨论的“议论的法社会学”范式也具有比较多的对话的基础。

近年来，以季卫东教授为代表的中国学者提出了一种新的法社会学理论范式——“议论的法社会学”。[8]这种理论范式首先梳理和批判了传统的法教义学与法社会学进路对于“法律不确定性问题”的不同回应，并灵活运用了“法律的本质就是话语实践的核心命题”，提出了立足于话语交往与权力博弈的“议论的法社会学”研究范式，主张以此为进路把法社会学的重心从结构功能解释转移到价值内涵分析，“以便真正深入到规范的领域进行实证分析”，[9]进而促进法社会学研究范式的革新。[10]

6 参见［英］罗杰·科特威尔：《法社会学导论》，潘大松等译，华夏出版社1989年版，第3、4章，第78—159页。

7 John Harrison Watts & Cliff Roberson, *Law and Society: An Introduction*, CRC Press, 2014, pp.18–20.

8 参见季卫东：《法律议论的社会科学研究新范式》，《中国法学》2015年第6期，第25—41页。

9 季卫东：《法律议论的社会科学研究新范式》，《中国法学》2015年第6期，第25页。

10 除了前述季卫东教授的文章以外，在此主题下的研究还包括曹勉之：《走向法律议论的美国法研究：以对法律确定性的寻求为线索》，《人大法律评论》2016年第2辑，第231—250页；等等。

笔者认为，这一主张对于我国法学研究理论范式的延展和开拓具有重要意义。而如果把“议论的法社会学”这一命题置于法社会学的诸种理论范式中去比较分析，我们则会更为清晰地发现其价值。以下，我们希望通过对“冲突范式”与“共识范式”两种模式及其代表理论的梳理来突显“议论的法社会学”的范式定位，进而在比较中廓清其理论价值。所以本章也可以视为“议论的法社会学”这一命题的进一步阐发。与以往对于法社会学研究范式的梳理有所不同，本章不仅聚焦于法社会学意义上的经验研究（主要在美国的传统下），对于法社会学的理论研究和哲学基础（主要在欧陆的学术传统下）更将着重阐释，同时也将着眼于这一理论范式与中国传统法律文化中某些要素的联结。

一、法社会学的冲突范式

法社会学的“冲突范式”强调“特殊社会利益集团”的存在，认为社会制度（法律）的建立最初是为了满足人们基本的生存需要，但是随着制度体系的不断发展，它逐渐被精英阶层所控制，目的是维护自己在财富和权力上的优势地位。关于这一范式的法社会学思想，我们最早可以在马克思的理论中找到痕迹。马克思认为法是阶级统治的工具，作为上层建筑的法律体现的正是作为经济主宰人群的利益。[11]美国学者理查德·昆尼（Richard Quinney）也曾对法律的功能做过如下定义：“法律是由代表特定利益群体的人制定的，他们可以把他们的利益转化成公共政策。不同于关于政治（politics）概念的多元化理

11 关于马克思学说对法社会学的影响，可参见Stephen Spitzer, “Marxist Perspectives in the Sociology of Law”, *Annual Review of Sociology*, Vol.9, No.1, 1983, pp.103-124。

解，法律并不能代表社会中分化利益群体的共同底线，而是在消耗其他群体的基础上支持特定的利益群体。”[12]这段话不但清晰地说出了法律的“冲突功能”，更凸显了它与“共识整合”功能的不同。除了昆尼之外，这一种理论范式在当代的代表性学者还包括威廉·钱伯里斯（William Chambliss）、劳伦斯·M.弗里德曼（Lawrence M. Friedman）以及思想大师福柯等。其中前两者属于美国法社会学界的代表，也更倾向于实证社会学的研究。

（一）美国学者的实证研究

钱伯里斯的研究领域主要是犯罪学和法社会学，他习惯于用法社会学的外部经验视角来审视犯罪问题。早在20世纪60年代，他就对英国历史上的“流浪者法案”（vagrancy laws）进行了历史社会学的考察，并在《社会问题》期刊上发表了《流浪者法案的社会学分析》一文。他的研究引用了马克思对于14至16世纪英国各种流浪者相关法案的描述，这些法案的规制对象主要是那些因为失去土地而成为城市流浪者的农民。钱伯里斯的研究表明：在英国历史的各个阶段，在“流浪者法案”制定的过程中，经济与商业利益团体都起到了决定性的作用。每当英国的地主和企业主们需要廉价劳动力的时候，也正是各种流浪者法案被制定之时。这些法案通常把在城市流浪乞讨的行为定义为一种犯罪，其目的正是强迫那些有劳动能力的失业者去参加劳动。钱伯里斯进而主张：在阶级对立的社会中，阶级的统治正是通过立法把对立阶级的行为定义为违法而实现的，这种现象广泛存在于包

12 Richard Quinney, *The Social Reality of Crime*, Little Brown, 1970, p.35.

括英国、美国等在内的社会中。[13]他的这篇开创性文章引用率极高，也使得他成为法社会学冲突理论的代表人物。

与钱伯里斯类似，另一位美国法社会学的代表人物弗里德曼教授也在其著名的《美国法律史》一书中对美国历史上的各种“流浪者法案”进行了社会学分析。他举例道：“虽然美国的黑人在南北战争之后通过宪法第十三、十四及十五修正案获得了形式上的平等选举权，但是在很长一段时间内，相关法案的制定权仍然操纵在那些南方的白人农场主手中。比如，在19世纪70年代，美国的密西西比州就制定了自己的‘流浪者法案’，其目的是使得那些在形式上被解放的黑人重新获得一个实质的农奴身份（virtual serfdom），并重新返回农场劳动。该法案还规定，通过提供更好的工作机会等方式挖角黑人工人的行为是非法的。由此，在实践中，该法案也确保了这个巨大的黑人农场工人产业链是被控制在白人雇主手中的。于是，弗里德曼得出了一个与钱伯里斯类似的结论：在种族和阶级问题上，法律更多地起到了服务一部分人而压迫另一部分人的作用。”[14]

某种程度上说，“冲突范式”是近几十年来美国法社会学研究中相对主流的范式。它甚至也是“法律批判运动”“差距研究”“权力/不平等研究”“女性主义法学”等研究路径所共享的一种假设前提。除了上述经典研究以外，还有很多类似的研究，由于篇幅的限制，在此不能详述。[15]它们的共同点都是针对法律实践中存在的权力不平等

13 William Chambliss, “A Sociological Analysis of the Law of Vagrancy”, *Social Problems*, Vol.12, 1964, p.67.

14 Lawrence M. Friedman, *A History of American Law*, Simon and Schuster, 1973, pp.504–505.

15 关于英语世界在法社会学冲突范式下的研究总结，可以参考Charles E. Reasons & Robert M. Rich (eds.), *The Sociology of Law: A Conflict Perspective*, *supra* note 4。

现象，通过经验研究进行揭示与批判。

（二）福柯的权力话语法社会学理论

在法国、德国、意大利等传统欧陆国家，人文社会科学的发展与以美国为代表的英语世界有着很大的差别。简单来说就是前者没有经历特别强烈的“分科化”与“科学化”的洗礼，比较强调综合式的、问题导向的思维与研究路径；而后者则更强调分科精细化与研究方法的科学化。[16]因此，相比之下，欧陆的法社会学更强调经验研究背后的理论关怀，在经验研究的方法上也没有特别强调量化特征，而是更重视对于经验材料的诠释。从涂尔干、韦伯、马克思等经典作家开始，直到今天我们所熟知的卢曼、布迪厄、哈贝马斯等欧陆学者都是在这种路径下开展的研究。福柯的作品更是这种风格的典型代表。[17]福柯并不是一个严格意义上的法社会学家（他甚至也不是一个严格意义上的哲学家或者历史学家），但是作为20世纪西方世界最有影响力的思想家之一，他的思想，尤其是其中的权力关系理论，对于法社会学研究却有着非常重要的价值。[18]

福柯的理论发端于他对于主体哲学的批判。他继承并发展了尼采的“上帝已死”的命题。他主张，自启蒙时代开始的理性主体（subject）的地位是非常值得怀疑的，主体吸收和继承了上帝的超验

---

16 “Science”一词只有在英语的语境中才有严格的“自然科学”的含义，而在法语、德语的语境中，它专指一种“学问”，因此法语等语言中才有“science humaine”（人文学科）这样的说法。

17 关于欧陆法社会学的此种特征，详细论述参见Pierre Guibentif, *Foucault*, *Luhmann*, *Habermas*, *Bourdieu: Une génération repense le droit*, L.G.D.J., 2010, pp.19–303。

18 关于福柯思想对法社会学的影响，详细论述参见Alan Hunt & Gary Wickham, *Foucault and Law: Towards a Sociology of Law as Governance*, Pluto Press, 1994等文献，本章在此只是简略论述。

角色，但这实际上也是被权力构建出来的。既然上帝已经死了，相应地，人的主体性光辉也必将退却。在《事物的秩序》(中译本《词与物》)一书的结尾，他形容人（human being）的形象就像是画在沙滩上的一张脸，会随着海水的冲刷而逝去。[19]他说："我的目标就是揭示这样一种历史——在我们的文化中，人都是被塑造为主体的。"[20]所以福柯的批判理论反对近代以来任何以"人"作为主体形象出现的社会哲学构建，认为无处不在的微观权力才是形塑现代社会各种架构的源泉。在此基础之上，福柯的社会理论以及他对于各种政治社会现象（如话语、知识、法律、民主、历史、自由）的判断就都与他的权力视角紧密相连。

在福柯的社会理论中，话语是一个核心词，也是一个意思宽广的概念。在《知识考古学》中，他把话语定义为"各种陈述的普遍集合，有时是私性化的陈述群，有时又是变现为数个陈述群的规则性实践"。[21]综合来看，福柯的话语概念既可以指单个主体的话语行为（如命令、演讲等），也可以指一个成体系的陈述群（group of statements）或者一系列的知识及意识形态。[22]他主张，话语是权力的载体，现代社会的话语体现的是权力的运作轨迹以及不同事物（包括人）之间的权力关系。没有权力支配关系的话语模式只能是一种

19 Lisa Downing, *The Cambridge Introduction to Michel Foucault*, Cambridge University Press, 2008, p.13.

20 Michel Foucault, "The Subject and Power", in Hubert Drefus & Paul Rabinow (eds.), *Michel Foucault: Beyond Structuralism and Hermeneutics* (*2nd edition*), The University of Chicago Press, 1983, p.208.

21 Michel Foucault, *The Archaeology of Knowledge: And The Discourse on Language*, A. M. Sheridan Smith (trans.), Vintage, 1982, p.80.

22 参见［法］朱迪特·勒薇尔：《福柯思想词典》，潘培庆译，重庆大学出版社2015年版，第40—41页。

抽象。[23]而制定法与法律实践活动在他看来，都仅仅是话语的实践，其背后隐含的是各种权力的运行和权力关系的作用。为了支撑自己的主张，福柯有很多以“知识考古学”或者“谱系学”方法进行实证研究的例子，比如对监狱制度、医院、精神疾病、性行为等现象的历史研究。在著名的《规训与惩罚》中，福柯对惩罚制度的历史进行了谱系学意义上的话语分析。根据他的分析，在中世纪末和“旧制度”时期，惩罚制度主要表现为作为王权武器的酷刑；18世纪末及法国大革命时期，出现了人道主义式的“再现”式惩罚；而从19世纪开始，具有普遍监视功能的监狱制度逐渐普及，成为惩罚的主要形式。[24]无论是哪一时期，作为一种话语形式的惩罚制度体现的都是某种权力关系，而这种权力关系又反过来形塑着法律制度和社会结构。

福柯的权力话语理论对后世欧陆的法社会学研究产生了很大影响。首先是他对法律背后各种权力关系的揭示，让研究者们追随他的路径展开了各种法社会学意义上的权力批判研究，一些重要的研究成果也呼应了福柯的权力关系学说。[25]其次，依照福柯的谱系学和话语分析方法，后世欧陆学者发展出了非常丰富的批判性话语分析（critical discourse analysis）方法，并应用到包括法社会学在内各个学科领域。他们将英美式的微观语料分析与福柯的权力分析问题意识相

23 Michel Foucault, “The Subject and Power”, in Hubert Drefus & Paul Rabinow (eds.), *Michel Foucault: Beyond Structuralism and Hermeneutics* (*2nd edition*), The University of Chicago Press, 1983, p.223. 英文表述为：“A society without power-relations can only be an abstraction.”

24 参见［法］米歇尔·福柯：《规训与惩罚》，刘北成、杨远缨译，生活·读书·新知三联书店2007年版，第81—147页。

25 See John Gledhill, *Power and its Disguises: Anthropological Perspectives on Politics*, Pluto Press, 2000, pp.4–7;［美］彼得·布劳：《社会生活中的交换与权力》，孙非、张黎勤译，华夏出版社1988年版，第258—291页。

结合，发展出以话语实践为研究对象、进而揭示权力运行轨迹的实证研究方法。[26]这一方法目前被广泛应用于包括法社会学与法人类学在内的社会科学实践中。[27]在本章语境下，我们认为，福柯的权力话语理论带给法社会学理论范式创新如下两点启示：首先，法社会学可以且有必要聚焦于围绕法律现象的话语实践；其次，法社会学应该把揭示法律背后的权力关系（冲突）作为重要目标。而这两者都是议论的法社会学所要处理的核心问题。

二、法社会学的共识范式

法社会学的“共识范式”缘起于涂尔干的社会有机体理论。在《社会分工论》一书中，涂尔干把社会团结的模式分为“有机团结”与“无机团结”，二者各自对应传统社会学的刑法治理体系与现代社会的民法治理体系。[28]这种理论传统把社会视作一个有机整体，在一些基本价值上的共识可以把作为整体的社会系统相对稳定地捏合在一起。在社会秩序相对稳定的情况下，人们可以通过合作实现其自身利益。此种范式强调凝聚力、团结、合作、整体性，以及社会的稳定性等概念。对于一些人们共享的文化以及一些对于根本价值与规范的认同，共识范式主张这两者是团结并整合社会的关键。而只有当不同的个人或群体不能充分理解他们彼此间的共同利益及相互依赖性的情况下，社会冲突才会发生。法律被视作可以维持这种社会整合性的中立

---

26 See Ruth Wodak & Michael Meyer (eds.), *Methods of Critical Discourse Analysis*, SAGE Publications, 2009, pp.34–61.

27 John M. Conley & William M. O'Barr, *Just Words: Law, Language and Power*, The University of Chicago Press, 1998, p.7.

28 参见［法］埃米尔·涂尔干：《社会分工论》，渠东译，生活·读书·新知三联书店2000年版，第11—186页。

的架构。篇幅所限，笔者在此只能将这一理论范式进行简要的梳理与评述。其代表人物，在美国是法社会学的早期开创者罗斯科·庞德（Roscoe Pound）与塔尔科特·帕森斯（Talcott Parsons）等，而在欧洲大陆则包括大名鼎鼎的哈贝马斯等。

（一）庞德与帕森斯的法社会学理论

庞德是美国的法社会学从萌芽走向兴盛的开创式人物，他提出的“社会学法理学”（sociological jurisprudence）概念影响甚巨。庞德对法律功能的理解有别于冲突范式“工具主义”的经验描述，他更倾向于从规范性的角度将法律视作一种社会功能的理想型。他认为，在一个高度异质性的（heterogenous）社会中（比如在美国），法律最恰当的位置就是被理解为社会秩序与社会和谐的共同底线，并且在功能上法律要极力维护这一底线；法律是社会变革的一种形式，其目的正是获取和保障社会和谐；法律的目标应该是保障那些可以维持社会秩序的价值的实现；其首要任务是调控各方利益，并维持社会和谐与社会整合；为达此目的，法律并不是把一个团体的意志强加给另外的团体，而是调控、修复与调节社会中不同主体间的利益冲突。同时，庞德还强调，法律的历史发展也表明：法律已经成为一种可以提供公共的善（common good）以及满足社会需求的路径。[29]

帕森斯是与庞德同时代的美国社会学巨擘，他深受韦伯影响，是社会学“结构功能主义”理论的重要代表。他把人类社会划分为若干系统（系统论），如价值系统、政治系统、规范系统、司法系统，等

29 参见倪正茂：《庞德的法律社会学思想》，《政治与法律》1994年第5期，第32—37页。

等。他认为制度化是普遍价值合法化并获得权威的途径（系统交换），而在此过程中法律（主要指美国语境下的司法活动）的首要功能是维持整合性，并且消除或减缓那些潜在的冲突因素。对于这个整合的过程，他论述道："制度在社会系统中有整合功能。不过它们作为规范的模式，不是自动运转的——不应把它们归结为一种泛灵的魔术。它们必须得到有关更一般合法准则的权威解释，以达到合法化。……在先进的社会里，法律过程与这些功能有特别的关系。"[30]由此我们可以看出，在帕森斯的观念中，法律是界定和实施制度规范的机制，而司法通过具体地解释和应用制度规范，将合法性与政治机构的运行联结起来，以此来消弭社会冲突，实现整合。

以帕森斯和庞德为代表的美国早期法社会学家显然在思想上受到了欧洲学派的影响，尤其是以涂尔干、韦伯、尤根·埃尔利希（Eugen Ehrlich）、乔治·古尔维奇（Georges Gurvitch）等人为代表的早期法社会学理论。正是帕森斯和庞德等学者将这些欧陆法社会学的概念在战后引入到了美国。他们的主张带有一定的规范性（normativity），强调法律应当为某种社会功能的规范目标服务。这显然有别于"冲突范式"下的纯粹经验事实描述。两种法社会学范式在美国的对立，某种程度上也体现了社会科学在战后北美学界的转折性发展。在帕森斯和庞德时代的美国社会科学界，一些宏大的理论关怀还比较流行，社会科学跟政治哲学之间的关系也没有那么泾渭分明。20世纪50年代以后，伴随着实用主义哲学的蔓延，以罗伯特·K.莫顿（Robert K. Merton）为代表的美国学者开始倡导"中程理

---

30 [美]帕森斯：《现代社会的结构和过程》，梁向阳译，光明日报出版社1988年版，第155页。

论”（middle-range theory）的社会科学范式。他们认为社会科学并没有发展到物理学或者哲学的高度，不可能提出宏观的包容性理论去解释所有问题。社会科学首先要发展出能接受经验验证的具体假设，然后才可以形成综合的概念框架。[31]在此之后的美国社会科学研究也逐渐向对具体问题的经验性解释过渡，而较少关注理想型的规范问题。因此，侧重经验描述的法社会学“冲突范式”也逐渐代替规范理想型的“共识范式”成为美国法社会学的主流路径。

（二）哈贝马斯的法律商谈理论

美国法社会学领域逐渐消失的规范理想型在欧洲却一直保持下来。尤其是在以哈贝马斯为代表的新一代批判学派的理论中表现尤为明显。哈贝马斯反对以霍克海默为代表的批判理论第一代过于注重经验而忽略规范的研究路径，进而发展出一套宏大的社会规范理论。带有一定理想主义色彩的法社会学“共识范式”就在他的法学思想中体现得淋漓尽致。哈贝马斯是一位与福柯具有同等量级影响力的大师，他们同为批判理论的代表人物。[32]但是具体到法律思想上，两者的主张却大相径庭。福柯的权力关系话语理论把权力的不平等作为分析和构建法律关系的基础，强调作为意识形态的法律话语是权力的载体，代表了权力关系在实践中的运行模态；而在哈贝马斯的规范性（normative）理论看来，人们话语交往中蕴含的理性才是构建法之正

---

31 Robert K. Merton, *On Theoretical Sociology: Five Essays, Old and New*, The Free Press, 1967, pp.46–48.

32 法兰克福学派第三代的核心学者阿克塞尔·霍耐特把福柯与哈贝马斯的理论作为批判理论的不同发展阶段来看待。See Axel Honneth, *The Critique of Power: Reflective Stages in a Critical Social Theory*, Kenneth Baynes (trans.), MIT Press, 1993, pp.99–303。

当性（legitimacy）的唯一源泉。前者强调法律在现实中的权力冲突功能，后者则更多地呼应了一种规范意义上的共识主义的法律范式。[33]

哈贝马斯在《在事实与规范之间》一书中首先批判了自然法与法社会学两种法学范式。他认为，一方面，由于现代社会科学的兴起，法律在传统社会中所具有的“自然正义”属性正在逐渐崩塌；但是另一方面，机械的社会学实证方法又由于缺乏价值的向度而不具备规范的感召力。他运用了“社会科学对于法律的祛魅”以及“理性法的回归和‘应当’的软弱”这样的词汇来描述两种不同的法律范式所遇到的困境。同时他对帕森斯所论述法律的整合功能也持正面态度。[34]在哈贝马斯看来，“具有合法的有效性的只是这样一些法律，它们在各自以法律形式构成的商谈性立法过程中是能够得到所有法律同伴的同意的”。[35]于是，他尝试以其“交往理性观”来重新建构一种法律范式。哈贝马斯深受20世纪思想界“语言学转向”（the linguistic turn）的影响，并且对以韦伯的“工具理性”概念为代表的理性理论非常不满。他认为语言在社会秩序的构建过程中发挥着更为重要的作用。而除了工具理性的认知维度以外，在人类语言中还包含着另外一种以“彼此理解基础上达成共识”为取向的理性维度，他称之为“交往理性”。以交往理性为基础，他主张，现代社会的法律只有建立在协商

33 在一些政治哲学或者社会理论的教科书中，哈贝马斯有时是作为“共和主义”的代表人物出现的，而福柯的理论则往往被归类为“后现代解构主义”，参见姚大志：《当代西方政治哲学》，北京大学出版社2011年版，第六章第一节、第八章第三节；杨善华、谢立中主编：《西方社会学理论》（下），北京大学出版社2005年版，第56—84、232—278页。

34 参见［德］尤尔根·哈贝马斯：《在事实与规范之间：关于法律和民主法治国的商谈理论》，童世骏译，生活·读书·新知三联书店2003年版，第二章。

35 ［德］尤尔根·哈贝马斯：《在事实与规范之间：关于法律和民主法治国的商谈理论》，童世骏译，生活·读书·新知三联书店2003年版，第141页。

民主而达成的理性共识的基础之上，才是具有正当性的法律。哈贝马斯的这种法哲学观点通常被称为“法律商谈理论”[36]。

法律商谈理论主张以“理性商谈基础上的共识”作为法之正当性的基础，这种论断显然与法社会学的“共识范式”有着极大的关联性，甚至可以说为“共识范式”提供了哲学规范性的基础。同时人们也注意到，哈贝马斯是在一个比较理想的层面上提出自己的法哲学主张的，这是否意味着这种理论没法跟法律实践或者法社会学的研究相对接呢？答案当然是否定的，事实上，晚近以来非常多的政治、法律实证研究都与哈贝马斯的理论进行着对话。这些实证研究所针对的问题主要是，在法律商谈的过程（主要是立法和司法的话语实践）中，有多少哈贝马斯所主张的交往理性因素存在其中并发挥作用，又有多少非理性的因素阻碍着理想型共识的达成。这些实证研究既包括以参与式观察为方法的定性研究，也包括以稳定量表（index）为工具的定量研究。[37]哈贝马斯本人也对自己的理论有着很强的实践性主张，他说：“只有当对法律的社会科学分析把外在把握和内在重构结合起来的时候，规范理论才不必以一种没有中介的方式，也就是通过公民公

---

36 这一称谓来自《在事实与规范之间》一书的英文副标题“A discourse theory of law and democracy”，字面翻译为“关于法律与民主的话语理论”。其中discourse一词译自德语词根diskus，该术语在德文和英文中都有比较广泛的意思，包含话语、对话等多层含义。而该术语在该书的法文版中就被翻译为discussion，意为讨论和商谈，因为在此处哈贝马斯显然是在“商谈”和“讨论”的意义上使用discourse或者diskus的。因此，童世骏教授将该书的中文版副标题翻译为“关于法律与民主的商谈理论”，这是一个非常恰当的翻译。在法学界，阿列克西首次以“法律商谈理论”（theory of legal discourse）来标识哈贝马斯的这一理论，See Robert Alexy, “Jurgen Habermas's Theory of Legal Discourse”, in Michel Rosenfeld & Andrew Arato (eds.), *Habermas on Law and Democracy: Critical Exchanges*, University of California Press, 1998, pp.226–233。

37 对于以哈贝马斯法律商谈理论为基础的法社会学实证研究的系统梳理，参见杨帆：《从商谈法哲学到协商民主实践——哈贝马斯法律商谈论的社会科学实证化研究》，《法哲学与法社会学论丛》第19卷，法律出版社2015年1月版，第255—272页。

众集体的政治意识，而寻求同现实挂钩。”[38]甚至在他本人的著作中也曾引用别人实证研究的例子来说明在法律话语实践中如何发掘和提升理性的因素——他举例道：“埃尔斯特对费城（1776）和巴黎（1789—1791）的制宪会议上进行的讨论进行了经验分析。在这种分析中，他的出发点是对‘bargaining’（讨价还价）和‘arguing’（论辩）之间所做的理论性区分”；话语中arguing的比率越高，说明理性的程度越高。[39]以上这些都说明了哈贝马斯的理论对于以话语实践为核心的法社会学研究有着引领作用，尤其是在“共识范式”的法社会学研究方面，它的角色几乎是无法忽视的。

三、议论的法社会学：迈向冲突与共识相容的法律话语分析

通过以上的梳理和分析，我们至少可以得出以下两点阶段性结论和主张：第一，无论是法社会学的“冲突范式”还是“共识范式”，其实质都是研究者对于法与社会关系的一种功能性解读或者主张。两者虽然在立场上截然相反，但在现实的法律实践中，往往是这两种功能属性兼具且交错并存。一定程度上，前者是对现实中部分法律实践功能的揭示，而后者是对法律的社会功能的规范性设定。作为以正义规范性研究为核心目标的法学学科，不能仅仅停留在对于社会法律现象“是什么”“为什么”的事实研究层面，更需要走向“怎么办”的应然层面。于是，将这两种范式的视角衔接起来的问题意识就变得尤为突出。第二，“冲突范式”与“共识范式”的法社会学研究都可以

38 ［德］尤尔根·哈贝马斯：《在事实与规范之间：关于法律和民主法治国的商谈理论》，童世骏译，生活·读书·新知三联书店2003年版，第80页。

39 ［德］尤尔根·哈贝马斯：《在事实与规范之间：关于法律和民主法治国的商谈理论》，童世骏译，生活·读书·新知三联书店2003年版，第422页。

聚焦于法律话语实践。因为无论是以社会法律现象为目标的经验研究，还是相对抽象的法哲学理论，都注意到了话语在承载法律功能方面的作用。话语既可能是冲突的载体（如福柯所揭示的），也可能是共识得以达成的媒介（如哈贝马斯所主张的）。因此，将法律话语实践作为法社会学研究的重要课题就成为拓展法社会学研究范式的应有之义。

事实上，在法社会学和法人类学领域，以话语实践为核心的研究近年来越来越受到了重视。比如，菲什金[40]、桑斯坦[41]、苏尔金[42]等学者以社会实验的方式来判断法律商谈中理性的实现程度；斯特内等人则根据哈贝马斯理想言谈情境的标准制定了相对稳定的量表（DQI），对议会立法的讨论进行了定量的话语分析。[43]而康利与欧巴尔等人则聚焦于法庭话语的微观语料，他们试图“从谈话者对话语策略的使用中、从谈话者对一般性原则和规律性特征的刻意遵守或违反中，去发现权力的运行轨迹”。[44]这些研究都对法社会学理论范式的进一步拓展

40 James S. Fishkin & Peter Laslett, “Introduction to the Special Issue: Debating Deliberative Democracy”, *Journal of Political Philosophy*, Vol.10, 2002, p.125.

41 See Cass R. Sunstein, *Republic.com*, Princeton University Press, 2002; Cass R. Sunstein, *How Many Minds Produce Knowledge*, Oxford University Press, 2008.

42 See Tracy Sulkin & Adam F. Simon, “Habermas in the Lab: A Study of Deliberation in an Experimental Setting”, *Political Psychology*, Vol.22, No.4, 2001, pp.809–826.

43 See Jürg Steiner, André Bächtiger, Markus Spörndli & Marco R. Steenbergen, *Deliberative Politics in Action: Analyzing Parliamentary Discourse*, Cambridge University Press, 2004.

44 参见程朝阳：《法律权力运动的语言面相——〈法律、语言与权力〉导读》，载［美］约翰·康利、［美］威廉·欧巴尔：《法律、语言与权力》（第二版），程朝阳译，法律出版社2007年版，第14页。近年来，在权力视角下对法律话语进行实证分析的研究逐渐增多，中文学界的研究成果主要包括施光：《中国法庭审判话语的批评性分析》，科学出版社2014年版；吕万英：《法庭话语权力分析》，中国社会科学出版社2011年版；杨敏：《法律语篇权力意志研究》，中国人民大学出版社2007年版；等等。

带来极大的启发。

遗憾的是，在过往的法社会学研究中，包括聚焦于法律话语的实证研究中，“冲突范式”与“共识范式”下的研究几乎是各自为政，更难提相互整合的努力。由此，一个重要的问题就出现了：既然“共识”与“冲突”两种法律的功能属性在现实中是并存的，在价值上也有接续的必要，那么是否有可能出现一种新的法社会学范式，既立足于法律话语实践，又能整合这两种范式的视角呢？在笔者看来，“议论的法社会学”的重要价值显然就在于此——它整合了前述福柯与哈贝马斯两种不同的法律话语理论，也即整合了法社会学的冲突范式与共识范式，并且在一定程度上克服了前两种理论范式各自的缺陷，非常值得学界重视。我们将从以下几个方面对议论的法社会学的含义与外延进行概要说明。

（一）议论的法社会学立足于“法律的本质是话语实践”这一核心命题

受20世纪遍布人文社科各领域的“语言学转向”的影响，几乎人文社会科学所有学科都倾向于从语言的逻辑或者实践中去寻找自己的本源，法学自然也不例外。20世纪早期，在前期维特根斯坦的影响下，H. L. A.哈特等人发起了“法学的语义学转向”，创立了“新分析法学”，侧重于从逻辑的角度对法律概念进行分析和解释；20世纪80年代以后，随着后期维特根斯坦的日常语言哲学、哈贝马斯理性商谈论、福柯的权力话语理论等理论的兴起，法学研究又在一定程度发生了“语用学转向”，关注于日常生活中的作为话语实践的法律。比如美国法社会学中的“安赫斯特学派”就把研究重心放在“日常生活中的法律”上，通过研究非正式的纠纷解决方式（ADR）、律师与民众沟通中所使用的语言等现象，来发掘日常法律实践所承载的意识形态、权力关系以及系统沟通等意义。以上这些研究范式在20世纪的法学研究中不断占据重要地位，有学者甚至由此断言“法学其实不过是一门法律语言学”“语言是法律之所以存在的载体”等。[45]而议论的法社会学主张：“实践中的法律主要表现为话语，主要通过立论和相应的议论来达成合意或共识的沟通活动，来呈现出一定的过程和结构并具有制度的前提条件。”[46]这实际上是直接呼应了20世纪以来的法学的语言学转向，具有本质意义。

（二）议论的法社会学发端于对于各种法律范式的批判

季卫东教授认为，对于法律的不确定性有两种应对的模式——法教义学的与社科法学的。一方面，法教义学“把规则逐一嵌入正当化连锁结构之中的推理体系”，以“环环相扣的法律之网”来框定政治与社会实践。法教义学强调二分与精确，但即便如此，实证法的有限在面对政治社会的无限复杂时，也时常显得捉襟见肘，似乎存在着永恒的“阴影地带”。现实主义法学以及批判法学正是在法教义学的这一截面上展开了批判之旅。另一方面，社科法学则“试图以事实验证的确定性来弥补规范的不确定性”。但是，科学主义的路径却一直无法与社会政治的实践完整对应；“社会物理学”只是一种理想化的设

45 参见廖美珍：《主编的话（法律语言学译丛）》，载［美］约翰·康利、［美］威廉·欧巴尔：《法律、语言与权力》（第二版），程朝阳译，法律出版社2007年版，第5—6页；舒国滢：《战后德国法哲学的发展路向》，《比较法研究》1995年第4期，第337—355页。

46 季卫东：《法律议论的社会科学研究新范式》，《中国法学》2015年第6期，第32页。

想，它无法完全代替经验法则在法律推理中的地位，更无法给出足够的价值判断。[47]

以上批判其实与哈贝马斯在提出法律商谈理论时对既有法律范式的批判有异曲同工之妙。哈贝马斯所批判的是作为政治哲学的“自然法”与科学主义的法社会学两种范式。他也认为法律没法回避价值判断的问题，只是在现代社会法律所具有的自然正义属性越来越多地受到世俗化的挑战，要重新找到这种“应当”属性就必须回到语言的交往实践中去。在笔者看来，法社会学作为一种法学范式的应有之义应该是不断游走于“自然法”与“实证法”之间，不单单是对二者之间的差异给出解释，更应该在弥合这一差异上扮演重要的角色。但如前文所述，社会学这一学科在美国逐渐壮大和发展之后，经历了显著的“实用主义转向”。其规范性的一面（如马克思、涂尔干、韦伯时代的社会学所表现出的那样）在帕森斯和庞德时代还很明显，但在经历“中程理论”的洗礼之后，已经越来越微弱。如今的美国社会学更多的是对社会现象提出“是什么”和“为什么”的解释，而很难给出“怎么办”的回答。这也导致现代法社会学无法在提供价值规范性的层面有所作为。这是哈贝马斯的法律商谈理论试图去修补的，同时也是“议论的法社会学”的重要出发点。事实上，季卫东教授在谈到两者关系时也曾做过这样的说明：“哈贝马斯在价值与事实之间的商谈理论与‘议论的法社会学’的宗旨非常接近，只是前者更侧重社会的理性—德性沟通过程，后者更强调法律的内部—外部沟通过程而已。”[48]

---

47 参见季卫东：《法律议论的社会科学研究新范式》，《中国法学》2015年第6期，第29页以下。

48 季卫东：《法律议论的社会科学研究新范式》，《中国法学》2015年第6期，第36页。

（三）议论的法社会学承认权力冲突的现实状态，并导向法律共识的规范状态

对于议论的法社会学以何种现状为出发点的问题，季卫东教授也提到了“权力博弈”这样一个概念，因为“社会结构来自话语；话语里面也隐藏权力，至少是关于权力的预期”。[49]正如前述福柯以及冲突范式法社会学实证研究所揭示的那样，现实中的法律实践（尤其是法律话语实践），总是表现为一种竞争性的权力关系：立法是不同利益主体间的话语权争夺战；司法行为也同样体现为一种语言竞合的过程。权力的宰制看似无处不在，批判法学往往以此为着眼点，试图揭示法律规范与法律实践背后的权力关系。但是仅仅做到这一步是不够的，这样的法社会学没法深入规范内部进行价值分析。如前所述，在承认现实中的法律冲突状态的情况下，法学研究还应该以导向一种共识的规范状态为目标。因此，在批判法学、法律现实主义等范式驻足的地方，议论的法社会学找到了可以开拓的空间。

如何消弭法律话语实践中的权力对抗关系，也即消灭法律的不确定状态，进而导向可供各方接受的确定性共识？议论的法社会学注意到了“抗辩清单”在法律沟通过程中的重要性。借用哈特的理论工具，季卫东教授主张语言博弈（或者说语言游戏）是法律实践的本质，法律规范的确定性只能是话语技术不断竞赛的结果。撤销共识的理由被称为“抗辩清单”。“在不断反驳和论证的话语技术竞争过程中，解决方案的多样性会逐步淘汰减少，直到最后找出一个大家都承

49　季卫东：《法律议论的社会科学研究新范式》，《中国法学》2015年第6期，第34页。

认或者接受的正解。”[50]所以，如果一个立论“经得起辩驳和反证的检验”，我们就认为它经受住了抗辩清单的考验，就可以“存续于议论的过程—结构”而获得暂时的确定性。由此，对于论辩过程，尤其是论辩理由的运用过程、共识的达成过程，都将成为议论的法社会学重点关注的对象。

这种主张与哈贝马斯的法律商谈理论也存在极大的相关性。在哈贝马斯看来，商谈共识并不是一成不变的，具有正当性的共识必须接受新的商谈程序的检验。但正是这样一种可以说是暂时性的商谈共识，它所提供的确定性依然是正当性的不二源泉。可以看出，两者都高度重视法律沟通程序的重要性，甚至强调程序先于实体的价值判断。哈贝马斯的法律商谈理论在一定程度上又被称为“程序主义法律范式”（the proceduralist paradigm of law），[51]而议论的法社会学也是立足于法律程序论的视角，[52]两者在此处形成了高度的默契。那么，法律商谈理论与议论的法社会学的主张在此处有什么不同？在笔者看来，不同主要体现在对前提的认识上。议论的法社会学从权力博弈的现状出发，寻求以抗辩清单为核心的沟通共识；而法律商谈理论对于权力关系存在与否的表态一直较含混和暧昧，仅仅一直强调人类话语中所共享的理性能力是达成共识的基础。所以从这个角度讲，议论的法社会学较之法律商谈理论在功能上更显包容。

50　季卫东：《法律议论的社会科学研究新范式》，《中国法学》2015年第6期，第40页。

51　［德］尤尔根·哈贝马斯：《在事实与规范之间：关于法律和民主法治国的商谈理论》，童世骏译，生活·读书·新知三联书店2003年版，第529—549页。

52　参见季卫东：《法律程序的意义——对中国法制建设的另一种思考》，《中国社会科学》1993年第1期，第83—103页。

（四）议论的法社会学强调把话语分析作为法社会学的重要研究方法

法律议论使得规范的产生与适用变得可视化了，进而为话语分析科学方法的引入创造了基础。季卫东教授主张在议论的法社会学范式下，研究方法应该聚焦于“从哈贝马斯沟通行为学说—肯尼迪象征符号学说的社会视角与麦考密克的市民议论学说—阿列克西法律论证学说的法律视角所看到的话语分析法”。[53]事实上，在当今世界的法学研究中，尤其是在法社会学与法人类学领域，话语分析（discourse analysis）已经是应用极广的实证方法。前面提到了美国法社会学中的“安斯赫特学派”，以及从不同角度对于立法和司法实践中的法律语言行为进行分析的各种研究实例，都为议论的法社会学开展话语分析研究奠定了非常深厚的基础。

鉴于实践中法律话语的复杂性和多元性，未来的研究方法一定是向综合的方向发展。与以往的研究不同，我们主张，在议论的法社会学框架下话语分析更应该秉持一种开放和全面的视角——既包括语用学视角的话语分析，也可以适当考虑语义学视角的逻辑分析，把分析法学的核心方法包含在内；既包括冲突视角下的权力关系分析，也要包含共识模式下的“理性程度”分析，把两种功能主义的视角统合到价值分析的进路中去。这种问题意识也得到了最新研究成果的确认。2012年6月在波兰华沙举行的关于deliberation（商谈、审议）的重要国际学术会议上，包括菲什金在内的多名知名学者的研究都提到了综

53 季卫东：《法律议论的社会科学研究新范式》，《中国法学》2015年第6期，第40页。

合性视角的必要性。[54]

具体到话语分析的方法，福柯式的宏观话语分析、微观话语分析、批判性话语分析、话语质量分析（DQI）等都是非常值得重视和借鉴的成熟方法。而在分析的过程中，更需借鉴社会语言学的成果来完善其方法。例如，语言学家谢尔顿和约翰逊在对儿童语言学的研究过程中提出了“单声话语”（single-voice discourse）与“双声话语”（double-voice discourse）的概念。[55]前者主要是直接、对抗的言语行为，以控制为导向，话语行为者只顾自己的目标实现，而很少顾及对相对方的影响，这类似于哈贝马斯所说的“独白模式”（monologue model）；而后者则更多地以寻求谈话双方的共识为目标，是以团结为导向的，类似于哈贝马斯所说“对话模式”（dialogue model）。类似的语言学工具都对法律话语分析方法有非常重要的启发意义。

（五）议论的法社会学在中国法律文化土壤中的特殊意义

相对于法社会学产生和发展的西方土壤，中国传统的儒家法律文化有一定特殊性，尤其表现在强调和谐、轻纷争、注重通过调解商议解决问题等方面。因此，在中国语境下强调议论的法社会学作为法学研究的重要方法也有其独特价值。

孔子曾说："听讼，吾犹人也，必也使无讼乎？"[56]儒家思想的这

---

54 See Stephen Coleman, Anna Przybylska & Yves Sintomer (eds.), *Deliberation and Democracy: Innovative Processes and Institutions*, Peter Lang, 2015, pp.7–20, 99–108.

55 Amy Sheldon & Diane Johnson, "Preschool negotiators: Gender differences in double-voice discourse as a conflict talk style in early childhood", in J. Cheshire & P. Trudgill (eds.), *The Sociolinguistics Reader*, Vol. 2, 1998, pp.76–99.

56 《论语·颜渊》。

种“厌讼”特性使得正规的、制度化的诉讼程序一直受到排挤，而一些非制度化的、以儒家价值为标准的民间政治商议与法律调解，则成为主要的纠纷解决形式。例如，在实践中，从元朝开始，地方政府就习惯在各地乡间设立村社。由村长、社长主持调解民间的纠纷。明初开始设立“申明亭”，由德高望重的乡间长老主持，可以调解纠纷，甚至可以对有过错者施以刑罚。在传统中国社会中，民间的纠纷大都要首先经过本宗族内部的“公议”之后，才可以进入官方的纠纷解决程序。[57]这种法律文化的影响一直持续至今，使得今天中国很多的法律问题与纠纷都是通过非正式的协商、议论与调解来完成的。[58]于是，聚焦于话语协商过程的议论的法社会学在这种法律文化土壤中就有了非常广阔的应用空间。它不但可以研究正式的立法、司法议论过程，也可以对法律的日常话语实践保持高度的敏感性。例如，“非正式法律调解”就可以作为其重要的研究拓展领域。

另外，中国传统法律文化强调统合、协调，而不是非此即彼的二元对立视角。议论的法社会学理论一定程度上打破了“冲突范式”/“共识范式”的二元对立结构，将二者纳入和谐统一的法律议论过程之中。这种理论范式一方面积极回应了国际主流法学方法论的发展趋势，另一方面又立足于中国法律文化的特殊语境，对建立有中国特色的法学研究方法论体系，进而逐步完善社会主义法治体系和全面推进司法改革，都具有非常正面的意义。

---

57 郭建：《獬豸的投影：中国的法文化》，上海三联书店2006年版，第211页。

58 关于调解在中国法治生活中地位的详细论述，参见强世功主编：《调解、法制与现代性：中国调解制度研究》导言部分，中国法制出版社2001年版，第1—19页。

四、结语

从法社会学领域通行的两种理论范式——冲突范式与共识范式——出发，我们逐渐形成了综合视角的问题意识：如何在法学研究中平衡并衔接这两种功能主义进路，同时还可以使法社会学深入规范的内部去进行价值含义的实证分析，并对不同于西方的中国法律文化与实践有所回应？议论的法社会学为我们开辟了值得期待的研究视域。在这一范式下，冲突与共识被纳入话语商谈的程序之中，法律话语实践成为重要的研究对象，程序问题再一次被凸显，话语分析方法也成为重要的工具，中国传统法律文化对统合协调、商谈调解的重视也得到了充分体现。本章主要是对这一理论范式发展过程的进一步梳理和阐释。季卫东教授倡议议论的法社会学，并期待在此基础上“形成一个在规范和价值含义领域长驱直入、具有中国风格的法社会学新流派”。[59]结合笔者以上的论述，我们认为，这一学派无论是被冠以何种名称——“程序本位”“议论法学”或者“话语法理学”等，都将在中国法学研究中扮演鲜明而重要的角色。

59　季卫东：《法律议论的社会科学研究新范式》，《中国法学》2015年第6期，第41页。

第六章
话语分析方法在司法研究中的功用
以“司法理性化”为规范目标的考察*

杨　帆

党的十八届三中全会和四中全会的决定将“改革司法体制和运行机制”推到了新的战略高度。司法改革成为我国社会主义政治文明建设的关键词。其中，推进“以审判为中心的司法改革”更是其核心要素。“以审判为中心”意味着司法过程的其他环节（如侦查、起诉、执行等）都要围绕着庭审程序展开；司法审议的程序必须公开透明且符合理性化的要求；抗辩双方必须能够充分举证及表达各自主张，并尽量在充分审议、讨论的基础上达成理性的司法判决。[1]其中后两项要求的都可以归纳为“司法审判程序的理性化”。“理性化”可以提高司法判决的可接受度，促进司法文明，是司法改革中不可或缺的规范化（normative）目标。[2]换句话说，“司法理性化”是以审判为中心的司法改革的内在要求和重要组成部分。它对我们当前的司法研究提出了新的挑战，尤其需要我们建立和完善更高水平的审判研究方法和庭

---

* 本章原发表于《华东政法大学学报》2018年第4期，收入本书时作者进行了一定修改。

1 参见季卫东等：《中国的司法改革：制度变迁的路径依赖与顶层设计》，法律出版社2016年版，第1—4页。

2 参见吴英姿：《论司法的理性化——以司法目的合规律性为核心》，《政法论丛》2017年第3期，第3—15页。

审质量评估方法。对司法审议的话语分析就是针对这一问题的一种新的研究路径，可以帮助我们更好地掌握司法审议过程中的理性实现程度、权力关系等要素，从而为进一步改进庭审程序，促进司法文明，带来新的有益思考。

话语分析一直都是法社会学的重要主题和研究方法。它是指对围绕立法、司法等法律实践行为的话语现象（立法论证、立法表达、法庭辩论、调解商谈、裁判文书等）进行综合分析，分辨出这些法律话语行为背后的权力关系、意识形态、说理水平等特征，并对其做出评价的方法论体系。现代法律语言学主张话语是法律实践中理性和权力等要素的载体，立法或者司法的理性化程度可以通过对其话语行为的研究获得感知。[3]西方法社会学界对这一方法论问题的关注由来已久，且主要沿着两个脉络进行。一方面，在“理性主义”的传统上，学者们以哈贝马斯的“法律商谈理论”为基础，通过“社会政治实验”等方式来判断立法与司法审议中理性的实现程度，或者通过制定话语分析量表进行定量研究。另一方面，对司法话语实践中的权力关系研究也取得了丰富的成果，一些学者以法律人类学的方法，借助语言学的工具，对庭审中的权力关系进行了细致的观察与分析，并对不同法律文化背景下司法审议的质量作出了判断与比较。

中文学界对于第一种路径（“理性主义”）的吸纳主要体现在何包钢、谈火生等学者对协商民主和立法审议等问题的研究上。[4]而司法领

3 参见廖美珍：《主编的话（法律语言学译丛）》，载［美］约翰·康利、［美］威廉·欧巴尔：《法律、语言与权力》（第二版），程朝阳译，法律出版社2007年版，第5—6页。

4 代表性研究成果包括何包钢：《协商民主：理论、方法和实践》，中国社会科学出版社2008年版；谈火生：《民主审议与政治合法性》，法律出版社2007年版；等等。

域的研究则主要对后一种传统（权力视角）借鉴较多，并且近年来的研究呈现逐渐升温趋势，出现了诸如《法庭问答及其互动研究》《中国法庭审判话语的批评性分析》《司法调解语言及其效用研究》《法庭话语权力分析》等优秀研究著作，[5]也诞生了不少高质量的研究论文与硕、博士论文。[6]不过这些司法研究多来自语言学领域，其关注点也与一般的法学研究有所不同。语言学研究多聚焦话语实践本身，侧重于评价庭审话语的权力要素和说理程度等，而法学研究则有较强的规范导向，对于其在司法研究中的功效与意义能给予更多的关注与阐释。本章希望综合前述两种理论流派的进路，以法社会学的视角对司法研究中的话语分析方法进行从理论基础到实证应用的批判性梳理，并探讨其在中国语境下，对于推进司法改革、促进司法理性化的实践意义。

一、法律话语分析的法哲学基础

自20世纪哲学的“语言学转向”以来，语言就越来越被当成社会结构和社会发展的重要表征来看待，并且对人文社会科学的诸领域都产生了深远的影响。受前期维特根斯坦的逻辑语言学思想影响，哈特等人领导了法律的语义学转向；而后期维特根斯坦的日常生活语言学

5 例如廖美珍：《法庭问答及其互动研究》，法律出版社2003年版；施光：《中国法庭审判话语的批评性分析》，科学出版社2014年版；程朝阳：《司法调解语言及其效用研究》，中国政法大学出版社2015年版；吕万英：《法庭话语权力分析》，中国社会科学出版社2011年版。

6 例如吴红军：《庭审话语消极语用距离关系分析》，《新疆师范大学学报（哲学社会科学版）》2015年第2期，第116—123页；童珊：《人民调解话语的会话分析研究》，华东师范大学2013年博士学位论文；寸杨杰：《中国庭审话语的批评话语分析》，西南政法大学2013年硕士学位论文；王佳露：《司法公平正义：控辩双方庭审语篇的批评话语分析》，广东外语外贸大学2016年硕士学位论文；等等。

与哈贝马斯法律商谈理论等思想的结合，则诞生了社会科学意义上的法学语用学转向。在后一向度内，社会科学通过对法律语言的分析，目的是发现其背后所承载的价值观、社会结构等要素。法律话语分析就是建立在这样的理论前提基础上的方法论路径。在西方学界，法律话语分析方法在源头上主要有两种法哲学与其对应——哈贝马斯的法律商谈理论和福柯的“权力关系话语理论”。

哈贝马斯在其《在事实与规范之间》一书中首先批判了“自然法”与“法社会学”两种主流的法学范式，认为前者过于强调法律的自然正义渊源，在祛魅化的时代很难找到正当性的基础，而后者则忽视了正当性的来源问题，造成了现代法律“应当”（ought to）的软弱。[7]在他看来，“具有合法的有效性的只是这样一些法律，他们在各自以法律形式构成的商谈性立法过程中是能够得到所有法律同伴的同意的”。[8]于是，他尝试以自己的“交往行为理论”和“交往理性观”来重新建构一种法哲学范式。哈贝马斯深受“语言学转向”的影响，并且对以韦伯的“工具理性”概念为代表的传统理性理论非常不满。他认为语言在社会秩序的构建过程中发挥着更为重要的作用。而除了工具理性的认知维度以外，在人类语言中还包含着另外一种以“彼此理解基础上达成共识”为取向的理性维度，哈贝马斯称之为“交往理性”（communicative rationality）。在此基础上，他主张，现代社会的法律只有建立在协商民主而达成的理性共识的基础之上，才是具有正

7 参见［德］尤尔根·哈贝马斯：《在事实与规范之间：关于法律和民主法治国的商谈理论》，童世骏译，生活·读书·新知三联书店2003年版，第53—79页。
8 ［德］尤尔根·哈贝马斯：《在事实与规范之间：关于法律和民主法治国的商谈理论》，童世骏译，生活·读书·新知三联书店2003年版，第141页。

当性的法律。[9]哈贝马斯还为此设定了一个“理想的言谈情景”（ideal speech situation），认为只有在没有权力干扰、各方主体平等参与、充分表达自身观点并回应对方主张的情况下，理性而有效的共识才能够达成。

为了说明自己的理论，通常以哲学家身份示人的哈贝马斯甚至在自己的书中引用了一个别人实证研究法律商谈的例子，他提到：“埃尔斯特对1776年的费城制宪会议和1789年到1791年的巴黎制宪会议中的讨论进行了经验分析。他分析的理论基础是将话语从动机的角度区分为‘讨价还价’和‘论辩’”，并强调后者在话语中的成分越高，协商的理性程度就越高。[10]显然，哈贝马斯的这种思想不仅仅是一种法哲学观点，也有着很强的实践旨趣。[11]他的这种法哲学理论通常被称为“法律商谈理论”。因其强调对话语言中的理性维度，以语用学为核心的法律商谈理论被视作法律话语分析中“理性主义”范式的理论来源。

与哈贝马斯不同，另一位重要的思想大师福柯则以其毕生的研究强调话语中所蕴含的意识形态和权力要素。他的法哲学主张，自启蒙时代开始的理性主体的地位是非常值得怀疑的，因为它无法处理“我思”（cogito）与“未思”（unthought）之间的紧张关系。主体吸收和继承了上帝的超验角色，但在福柯看来，这实际上也是被权力所构建

9 参见杨帆：《法社会学理论范式的拓展：从“冲突/共识”模式到“议论的法社会学”》，《北大法律评论》第18卷（2017年）第1辑，第207—223页。

10 Jürgen Habermas, *Between Facts and Norms: Contributions to a Discourse Theory of Law and Democracy*, William Rehg (trans.), The MIT Press, 1996, p.339.

11 关于哈贝马斯法律商谈理论的实证面向，参见杨帆：《寻找中程理论——哈贝马斯商谈伦理的实证维度》，《华东师范大学学报（哲学社会科学版）》2015年第1期，第39—47页。

出来的。既然上帝已经死了，那么相应地，人的主体性光辉也必将退却。所以福柯的批判理论质疑近代以来任何以“人”或者“人的理性”作为主体形象出现的社会哲学构建，认为无处不在的微观权力才是形塑现代社会各种架构的源泉。在此基础之上，福柯的社会理论以及他对于各种政治社会现象（如话语、知识、法律、民主、历史、自由）的判断就都与他的权力视角紧密相连。在他的理论中，话语是一个核心词，也是一个意思宽广的概念。他曾定义话语是“各种陈述的普遍集合，有时是私性化的陈述群，有时又是变现为数个陈述群的规则性实践”。[12]综合来看，福柯的话语概念既可以指单个主体的话语行为（如命令、演讲等），也可以指一个成体系的陈述群，或者一系列的知识及意识形态。[13]他主张，话语是权力的载体，现代社会的话语体现的是权力的运作轨迹以及不同事物（包括人）之间的权力关系，“没有权力支配关系的话语模式只能是一种抽象”。[14]而制定法与法律实践活动在他看来，都仅仅是话语的实践，其背后隐含的是各种权力的运行和权力关系的作用。[15]福柯的这种“权力关系话语理论”是话语分析中“权力批判学派”的滥觞，对后世影响极大。在福柯学派基础上发展而来的“批评性话语分析”如今已经成为主流的方法，它把福柯的权力视角与英美的微观话语分析方法相结合，试图在从微观话

---

12 Michel Foucault, *The Archaeology of Knowledge & The Discourse on Language*, A. M. Sheridan Smith (trans.), Vintage, 1982, p.80.

13 参见［法］朱迪特·勒薇尔：《福柯思想词典》，潘培庆译，重庆大学出版社2015年版，第40—41页。

14 Michel Foucault, “The Subject and Power”, in Hubert Drefus & Paul Rabinow (eds.), *Michel Foucault: Beyond Structuralism and Hermeneutics* (*2nd edition*), 1983, p.223.

15 参见杨帆：《法社会学理论范式的拓展：从“冲突/共识”模式到“议论的法社会学”》，《北大法律评论》第18卷（2017年）第1辑，第207—223页。

语的层面去发现与批判权力因素。[16]

哈贝马斯与福柯都不是专业的法学家，他们对于自己的理论如何与既有的法学学说相呼应都没有过多着墨。但是我们却可以在著名的比较法理论家米尔伊安·R.达玛什卡（Mirjan R. Damaska）的“司法权力类型学”中找到他们各自对应的情况。在其名著《司法和国家权力的多种面孔》一书中，达玛什卡构建了两种类型化的司法意识形态与权力关系，一种是“对抗制”司法，另外一种则被称为“纠问制”司法。前者对应“回应型国家”的权力结构，后者则与“能动型国家”的政治组织形式相联系。前者认为司法官在纠纷解决的过程中应当尽可能中立，其作用仅仅是作为程序控制的机制而让双方当事人充分地对抗与博弈。在这种以话语为载体的博弈与对抗中，理性的结果可以充分达成。而后者则主张司法是一种国家权力行使的方式，它承载了国家权力的特定意识形态，也必然会在纠纷解决的过程中扮演积极介入的角色。[17]虽然达玛什卡仅是从比较法的角度抽象出了两种理想化的司法体制模型，我们仍然可以看到这种学说跟哈贝马斯与福柯两种法哲学理想化主张之间的某种契合。哈贝马斯的“理性主义”主张对应了达玛什卡理论中的“对抗制”司法类型，而福柯的权力视角则揭示了“纠问制”司法类型的结构特征。如果我们像哈贝马斯一样假设现代社会的个人都有能力充分而理性地论证自己的观点，那么从理论上讲，庭审论辩程序的设置越符合“对抗制”的要求，则说明其理性化的实现程度越高；而越接近“纠问制”的话语秩序，则说明权

---

16 参见［英］诺曼·费尔克拉夫：《话语与社会变迁》，殷晓蓉译，华夏出版社2003年版，第52—57页。

17 参见［美］达玛什卡：《司法和国家权力的多种面孔——比较视野中的法律程序》，郑戈译，中国政法大学出版社2015年版，第235—312页。

力关系在其中扮演了更重要的角色。当然，这些理论类型还都需要实践方法的进一步检验。

二、法律话语分析的实证化研究方法

哈贝马斯与福柯的两种法哲学理论都对具体的法律话语分析研究产生了深远影响。前者为法律话语提供了一个“理性化”的规范向度，而后者则更多地是在批判法律话语背后的权力关系角度进行展开。在以法律理性化为规范目标的向度上，二者实际上是分工合作的关系。经过后世众多学者的不懈努力，在实证研究领域，哈贝马斯的“法律商谈理论”主要发展为理性话语分析的方法，而福柯的“权力关系话语理论”则发展为影响巨大的“批评性话语分析”学派。

（一）理性的话语分析

“法律商谈理论”在实践中的应用研究主要集中在“立法理性评估”的方面，但也有“司法理性评估”的应用研究。早在1996年，学者拉克就根据哈贝马斯的理论提出设想，认为可以设立一些评价指标，来评估立法及司法审议的质量。他的指标主要指在审议过程中“当事人是否能够对对方的观点提出质疑和批评，而对方是否有机会回应这些质疑”。他同时主张，有效的司法对话可以增进判决的正当性。[18]但可惜的是，拉克的设想还很初级，并没有把自己的设想应用于实证研究中。

斯坦福大学的菲什金教授从20世纪90年代末起创立了“协商民

18 See Edward L. Lascher, “Assessing Legislative Deliberation: A Preface to Empirical Analysis”, *Legislative Studies Quarterly*, Vol. 21, 1996, pp.501–519.

意调查”（deliberative polling）的政治实验研究框架，在世界范围内影响力巨大，尽管这一研究主要集中于立法领域。它首先对相关人群进行随机抽样，选取有代表性的公民聚在一起。每位参加者针对某一特定法律议题都可得到详尽客观的材料。然后，一位训练有素的主持人会引导他们在小组中进行平等的讨论。为了检验协商的效果，组织者不但在协商前和协商后对参与协商的人群进行对比民意调查，还会选择一些未经协商的人群作为对比组。[19]已经做过的绝大多数对比民调结果都显示:“参加者前后观点的变化经常是戏剧化的。”[20]研究者据此认为交往理性的作用在调查中得到了证明。哈贝马斯曾认为，简单的民意测验通常只是个体公民的非反思的意见的总和，这样的意见通常是不理性的。但是协商民意调查运用了对比民意测验的方法，恰恰说明了交往理性在法律审议中发挥了作用。菲什金认为这种政治实验很好地回答了如何同时实现审议过程中的平等性与包容性的问题，是交往理性的作用在法律实践中的证明。[21]

另外一项著名的理性话语分析实证研究来自由施泰纳等四位欧陆学者组成的跨国学术团队。他们依照哈贝马斯的设想和要求，设计了一套相对稳定和成熟的话语理性程度评分标准（DQI），把这一研究推向了更为精确的定量分析水平。这些标准主要包括：第一，参与性。相关者是否有机会平等地参与到对话中；第二，理由论证的程度

19 James S. Fishkin, *The Voice of the People*, Yale University Press, 1997; James S. Fishkin & Peter Laslett, “Special Issue: Debating Deliberative Democracy”, *Journal of Political Philosophy*, Vol.10, 2002, pp.125–229.

20 Bruce Ackermann & James S. Fishkin, “Deliberation Day”, *Journal of Political Philosophy*, Vol.10, No.2, 2002, p.156.

21 菲什金教授领导的斯坦福大学协商民主研究中心，对全世界范围内的协商民主立法实验进行资料汇总和统计，详见：http://cdd.stanford.edu/，2017年7月11日最后访问。

（level of justification），其中又包含了四个程度等级标准，陈述者没有给出任何论据理由为最低（0分），给出至少两个论据的为最高等级（3分）；第三，论证理由的覆盖面（content of justification）；第四，尊重（respect），即对他人主张的理解程度；第五，主张结论的建构性和逻辑完整性。这一指标体系在评价立法理性化程度研究方面取得了非常好的效果。他们把议会的审议话语分解成小的语篇（speeches），然后对每个语篇都根据这些指标体系进行细致的评价和打分，再加权所有语篇的成绩后进行统计处理，就得出了整个立法审议话语（某一次议会审议的完整对话）的审议程度，或者说，交往理性化的实现程度。[22]这一研究虽然并不尽善尽美，但是将理性话语分析的研究水平向前推进了一大步。接下来他们还计划将这一研究方法应用到对司法审判话语的分析中。[23]

以上述研究为代表，理性视角下的法律商谈实证研究对司法研究有着非常大的启发与借鉴意义。首先，司法论辩的理性化虽然是英美法系所重点强调的，但是也被大陆法系的实践不断引用。论辩理性化已经成为司法文明的重要指标。司法理性化要求建立一套合理的抗辩与审议机制。尤其在民事案件的调解与审理过程中，合理的程序机制可以让参与各方（包括法官）都能完整翔实地表达自己观点且理解对方观点，虽然不一定会完全达成哈贝马斯理想型的言谈情境，但也足以让纠纷解决在更少阻力的环境下进行，增强判决的正当性。其次，

22　关于这一研究方法在立法研究中的详细论述，参见Jürg Steiner, André Bächtiger, Markus Spörndli, Marco R. Steenbergen, *Deliberative Politics in Action: Analyzing Parliamentary Discourse*, Cambridge University Press, 2004, pp.43–73。

23　Stephen Coleman, Anna Przybylska & Yves Sintomer (eds.), *Deliberation and Democracy: Innovative Processes and Institutions*, Peter Lang, 2015, pp.99–172.

在如何判断司法审议的理性化程度方面，话语分析方法提供了重要的进路。无论是以参与式观察方法为核心的定性话语分析，还是在其基础之上发展而来的定量话语分析，都可以应用到司法审议话语的理性程度评价上来。借助其他语言学的工具，我们也可以对既有方法进行改造。比如，我们可以对庭审或者调解的程序及话语结构进行分析，如果程序上没有给当事人更多的表达机会，那么判决的理性化、正当化程度就是不够的；如果各方的话语都是对抗式或者命令式的，而非逻辑清晰地表达自己观点且尊重并理解对方的观点，那么我们也能得出司法审议理性化程度不够的结论。

（二）权力批判的话语分析

相对于理性视角下的话语分析，权力的话语分析已经被广泛地应用到了司法社会学对庭审状况进行评估的实践研究中。这些研究大都致力于将福柯抽象的权力话语理论有形化，[24]其实践目的主要是“描述并揭示该话语的形式结构特征及其与法庭审判各诉讼主体（法官、检察官、原告、被告等）的意识形态和权力关系之间的互动关系”，[25]试图“从谈话者对话语策略的使用中、从谈话者对一般性原则和规律性特征的刻意遵守或违反中，去发现权力的运行轨迹”，[26]并对司法审议的质量做出评价，所以也经常被称为“庭审话语的批判性分析”。这种批判性表现在：不是要承认现实的客观性，而是要揭开层层假象，

24 参见辛斌：《福柯的权力理论与批评性话语分析》，《外语学刊》2006年第2期，第1—6页。

25 施光：《中国法庭审判话语的批评性分析》，科学出版社2014年版，第5页。

26 程朝阳：《法律权力运动的语言面相——〈法律、语言与权力〉导读》，载［美］约翰·康利、［美］威廉·欧巴尔：《法律、语言与权力》（第二版），程朝阳译，法律出版社2007年版，第14页。

找出隐藏在背后的权力不平等。一般说来，司法审议话语（此处主要是法官的话语）中承载的意识形态越突出，则说明审判越缺少公正性；权力不平等关系越明显，则说明司法的理性化成分越少。

20世纪70年代以后，法律话语分析在美国逐渐兴起并聚焦于以“法庭庭审话语”为对象的研究上。它们关注于法庭上的口头互动、庭审话语的生成和解释，研究资料多为法庭口头互动的录音转写（transcription）形式。[27]其间，美国学界的一个研究热点就是对男女不平等的意识形态和权力关系的揭示，它们多与对强奸案、性侵案的庭审话语分析相联系。一些研究者观察到，由于庭审程序设置的不合理（主要指强奸案庭审中的交叉询问制度，以及期间辩护律师习惯性地对受害人既往性经验史的提问），往往会对受害人产生“再次伤害”（revictimization）的效果，于是要求改变强奸案的庭审询问方式。在这些研究基础之上，马德森以及康利和欧巴尔等学者又利用大量强奸案的庭审语料进行了话语分析研究。他们认为庭审话语结构的设置（主要指交叉询问制度）只是一方面，庭审话语的微观细节所暴露出的不平等权力关系同样是值得重视的要素。[28]

与这些研究相类似，本尼沃斯对数个儿童性侵案的庭审话语进行了分析，主要关注不同当事人话语所展现出的意识形态和权力立场。他发现控方（检察官）主要从“物理性的客观描述”角度来主张控诉理由；而被控的嫌疑人或代理人多从“情感倾诉”的角度为自己进行

---

27 参见廖美珍：《国外法律语言研究综述》，《当代语言学》2004年第1期，第66—76页。

28 See John M. Conley & William M. O’Barr, *Just Words: Law, Language, and Power*, The University of Chicago Press, 2005, pp.15–38.

辩护。[29]在英美法的司法话语结构下，这两种受不同意识形态和主观动机支配的话语体系对判决的公正性产生了不同的影响。学者科特里尔也主编了一本名为《性犯罪的语言》的书，分别对英国、美国、加拿大、中国香港等英美法系国家和地区的性犯罪庭审话语进行了对比分析。[30]“该书的分析表明语言学有助于揭示性犯罪语言的本质，从而帮助受害人伸张正义。”[31]利维和沃克尔则主编了另外一本名为《司法过程中的语言》的论文集，其中的论文都力图展示话语分析方法有助于理解司法过程中的权力关系这一问题。[32]

欧陆批评性话语分析的重要奠基人费尔克拉夫以福柯的权力话语理论为基础，创立了一套“三维话语分析框架”。他认为，话语是由“背景”（context）、“互动”（interaction）和“文本”（text）三个由内向外的维度组成的统一体。文本处于最表层，是互动的结果；而互动又包含“生产过程”（process of production）与“解释过程”（process of interpretation），它们都是由作为背景的社会权力关系所决定的。[33]所以费尔克拉夫主张应该从这三个层面对社会话语进行分析，其最终目的是揭示话语背后的社会结构与权力关系。这一理论对法律话语分析产生了巨大的影响，有众多后续研究都沿着这一框架展开。比如前述我国学者施光运用费尔克拉夫的此种三维框架分析了法庭话语的形

---

29 K. Benneworth, “Repertoires of paedophilia: Conflicting descriptions of adult-child sexual relationships in the investigative interview”, *The International Journal of Speech, Language and Law*, Vol.13, No.2, 2006, pp.189–211.

30 See J. Cotterill (ed.), *The Language of Sexual Crime*, Palgrave Macmillan, 2007, pp.v–vi.

31 施光：《中国法庭审判话语的批评性分析》，科学出版社2014年版，第9页。

32 See Judith N. Levi & Anne G.Walker eds., *Language in the Judicial Process*, Plenum Press, 1990, pp.3–28.

33 N. Fairclough, *Language and Power*, Longman, 1989, p.17.

式结构特征，以及话语参与者的意识形态和权力关系。[34]吕万英则依此路径研究了法官在法庭交际中的权力地位。他发现，法官通常会通过“提问”“打断”“转换话题”等话语资源来控制当事人或代理人，以实现自己的话语权力支配地位。[35]

除了承袭域外的理论范式，近年来我国学界（尤其是语言学界）在这一领域的研究也取得了一些突破性进展，其中代表性的成果之一是童珊教授对于人民调解制度的实证话语分析。她以参与式观察的方法旁听了25场人民调解，并完整转录了其中的8场。在对这些海量语料进行综合话语分析的基础上，童珊认为，人民调解之所以能够解决很多当事人本来无法解决的矛盾，其重要原因在于它有着与日常冲突话语截然不同的特殊话语权力结构——“事先分配的话语轮使得矛盾双方有平等的机会充分表达；参与框架使得人民调解员成为冲突话语的接收者；人民调解员对话题的控制使得调解话语围绕如何更好地化解矛盾、解决纠纷。”[36]同时，她也主张，人民调解员的正确权力角色就在于运用各种话语策略最终实现纠纷的顺利解决，这是一种实用主义的纠纷解决传统。这一研究虽然也是在权力批判的话语分析传统下展开，但是其结论已经触及“规范权力以实现司法理性化”的设想，非常值得后续研究进一步借鉴。

三、语篇分析——话语分析如何在实践中促进司法理性化

无论是从哈贝马斯理论发展而来的理性主义法律话语分析方法，

---

34 参见施光：《中国法庭审判话语的批评性分析》，科学出版社2014年版，第41—43页。

35 参见吕万英：《法官话语的权力支配》，《外语研究》2006年第2期，第9—13页。

36 童珊：《人民调解话语的会话分析研究》，华东师范大学2013年博士学位论文，第iv页。

还是受福柯思想启迪而逐渐壮大的法律批判话语分析，它们都为司法社会学的研究提供了重要的方法论支撑。前者的作用在于提出规范向度，为司法庭审的理性化改革给出评判标准和目标。而后者的功用则主要在于批判与揭示庭审话语背后的权力关系，进而提出规范权力的设想。在具体的实证研究中，它们都可以作为研究和评价司法理性化、司法文明程度等问题的重要工具。

在对法律话语分析的理论基础与实证方法进行简要梳理与评析之后，为了综合展现话语分析方法在司法质量研究中的应用，一些实证研究的举例就显得尤为必要。以下，我们将结合若干一手和二手语料，来简要说明如何在司法研究中应用话语分析方法，以发掘理性要素，批判不合理的权力要素，促进司法理性化规范目标的实现。需要说明的是，这一展示还很初步，需要进一步的研究来修改、完善、扩充这一主题。并且由于篇幅的限制，此处只能展示庭审话语分析的若干侧面，主要集中在定性分析层面。除了“理性主义”与“权力视角”两派的理论资源以外，我们的分析还将借鉴前述达玛什卡所提出的司法类型理论，从而将话语分析与法学研究的规范向度相结合。以下，我们将运用这些理论资源对具体语篇进行分析。[37]

37 一般来说，语篇是话语分析的最小研究单位，它指具有完整意思表示的一段对话或者独白。语篇分析是法律话语分析的重要切入点之一，批评性的法律话语分析在具体分析过程中，“把法律语篇置于社会文化环境中，采取历史的、社会的、文化的和解释性方法，将语篇与价值观、意识形态、权力等社会因素结合起来，揭示社会因素在词汇、句法、语篇等层面的具体表现形式，目的在于促使话语改变和社会变革”。参见杜金榜、葛云峰：《论法律语言学方法》，人民出版社2016年版，第76—77页。

语篇一（某离婚案件抚养权争议相关内容）：[38]

法官：也就是说，孩子是由孩子的父亲，这个，也就是本案的被告来抚养。（5秒）是自行抚养，还是你这一方负担抚养费？

原告代理人：开始是自己抚养，后来由他的母亲抚养。

法官：嗯哼。

原告代理人：然后他起诉我，要求每个月给900块钱。

法官：每个月给900块钱。嗯。

被告：给了4个月了。

法官：先听我问话，好吗？咱们总得有个先后顺序。这个呢，咱们在相互询问过程中，您首先是听，询问到您的时候您再来回答。好吗？

被告：嗯。

在这个短语篇中，首先我们可以看出，控制话语秩序规则的权力是牢牢掌握在法官手里的。被告曾经试图破坏话语秩序，但是很快被法官的权力纠正。这种权力关系体现了达玛什卡所谓能动型国家司法体系中"纠问制"的意识形态及司法权力结构特点，与回应型国家中"对抗式"的司法意识形态相对立。按照达玛什卡的类型化，在极端化的"纠问制"司法模式中，作为国家权力化身的法官几乎可以不受任何约束地向当事人提问，或者自己设定法庭调查的基调。[39]如此

38　本语篇语料转引自程朝阳：《法庭调解话语与权力研究》，《法律适用》2009年第7期，第39页。

39　参见［美］达玛什卡：《司法和国家权力的多种面孔——比较视野中的法律程序》，郑戈译，中国政法大学出版社2015年版，第200—224页。

一来，虽然可以确保法官及其背后所代表的国家司法权的权威性，但是一定程度上也抑制了当事人双方自己充分论证的机会。这一点在以下调解语篇中甚至体现得更明显。但同时，从法官的最后一次发言中我们也可以看出，法官权力的行使一定程度上也试图遵循“中立性”的原则，他行使自己的权力的目的有时也是为了维持法庭的程序与秩序，显示这两种司法权力结构类型在实践中往往是共存的关系。

语篇二（同一案件进入调解程序之后）：[40]

法官：我跟您说，您这种想法。

被告：不，我就这种想法，真的。

法官：我觉得啊，您这种想法啊，您整个会把孩子给毁了。

被告：那没办法。

法官：我觉得您这不是一个合格的父亲。

通过这个更短的语篇，我们认识到，法官的权威性在调解程序中显然得到了进一步的加强，同时其中立性也几乎丧失了。他两次对被告的行为做出了道德评价。某种程度上说，此时他所履行的已经不再是一个中立审判者的角色，而类似于传统中国社会中具有道德权威的纠纷调解者角色，体现的正是在能动型国家中国家权力以司法的形式向下渗透的过程。[41]这也说明了调解阶段与庭审阶段法官在运用权力方面的尺度不同，相比之下调解阶段法官的个性化权力运用更强。法

40 本语篇语料转引自程朝阳：《法庭调解话语与权力研究》，《法律适用》2009年第7期，第41页。

41 参见苏力：《送法下乡——中国基层司法制度研究》，中国政法大学出版社2000年版，第36—43页。

官通过话语行使的这种权力在调解阶段进一步压制了当事人理性表达的自由，但是它符合在调解阶段“尽可能提高效率解决纠纷”的实用主义原则。

与以上语篇所表现的不同，除了揭示和批判权力，话语分析还可以在界定司法过程中理性的实现程度方面发挥功效。在以参与式观察展开的实证研究中，我们也搜集到了一些理性表达与论辩都相对完整的语料，这种语料一般都出现在有律师辅助的情况下，例如：

语篇三（某劳资纠纷案件）：[42]

法官（1）：请原告被告交互询问，原告先说。

原告代理人（1）：说句心里话，他们这些年轻人收入不多，花销却很大（停顿）。本来跟领导关系都挺好，如果你们能给遣散费，别一直拖，也不会兴师动众地来起诉，早就调解成功了，对不？

被告代理人（1）：我们（停顿），我们一直都支持调解。但是他，他特别坚持自己，跟我们赌气，那就没得谈。

法官（2）：他因为（停顿，话语修正），他比我儿子还小好几岁。李某，你说一下，能不能接受调解，这也为你（停顿），为你着想啊！

被告代理人（2）：仲裁之前，我们HR就给他打电话要调解，他非要坚持，自己想怎么样就怎么样。

原告代理人（2）：主要是当时你们打电话那个人态度实在不

42 本语篇语料转录自2016年9月3日课题调查人员在X省W市某区人民法院进行的庭审录音，由香港中文大学李菁同学协助完成转录。

好，威胁说不接受就一个子都拿不到。

被告代理人（3）：就算这样，仲裁之后我们不是又说了么，换人跟你说可以再谈。

原告代理人（3）：这中间都已经过了几个月了呀，要想和解为啥不早说呢。那几个月（被法官打断）。

法官（3）：之前的不说了，就说现在怎么办吧。

被告代理人（4）：现在（话语修正），在我授权范围内只能这样。一次性把工资结了，该开的证明都开，你好继续找工作。然后我们单位（话语修正），我们不谈按法律程序走哦（加重语气），在此基础上，考虑你给公司做过贡献，你又这么年轻，可以在几百块幅度以内增加一点儿，也只能这样了。

法官（4）：嗯，李某你觉得呢？

原告代理人（4）：其实你们如果早一点这么说，也不至于闹到这个地步。大家都不是没事干，为了这点钱拖下去，不值得，主要就是一口气。如果你们能快点开离职证明，我们好找新的工作，钱的话我们可以再赚。我们呢，主要就是想要你们一个表示，毕竟都不容易。

被告代理人（5）：张总其实也说过，李某他们几个岁数都不大，别耽误他们。

法官（5）：你们都能相互体谅就最好了。

原告李某（1）：这么说（停顿），我同意。

该语篇显示，原被告双方争议并不大，问题也并不复杂，没有解决问题的原因在于之前缺少面对面的理性沟通，而法庭审理在一定程度上就提供了这样一个理性沟通的平台。首先，从话语的权力结构角度分析，原被告双方的发言机会基本上是充足而对等的，法官在多数情况下也是可以做到中立的。法官在该语篇中共有五次发言，其中第一、四次发言都是通过提问将话语权分配给了当事人；第五次发言是对双方达成理性共识的赞赏与评价；第三次发言虽然是一次积极的话语干预（打断原告代理人），但其目的是为了让双方能够聚焦于当下要解决的问题，而不再是纠结于过去的情绪之中，是一次有助于理性讨论的权力干预；唯有第二次发言是一次带有主观色彩的主动评价，在感情上为原告说了好话，但也从情感上劝说了原告要冷静思考。这样的话语权力结构虽达不到哈贝马斯对于理想言谈情境的要求，但是依然有助于庭审中理性论辩的实现。

其次，结合一些语言学的工具，我们也会发现该语篇所呈现的说理水平不低。语言学家谢尔顿和约翰逊曾提出“单声话语”与“双声话语”的概念，[43]被法律话语分析的研究者们广泛使用。前者主要是直接、对抗的言语行为，以控制为导向，话语行为者只顾自己的目标实现，而很少顾及对相对方的影响。这类似于哈贝马斯所说的“独白模式”和“讨价还价”，无助于对话中理性共识的达成。而后者则更多地以寻求谈话双方的共识为目标，是以团结为导向的，类似于哈贝马斯所说的“对话模式”和“论辩”，是典型的交往理性话语策略。在上面的语篇中，原告代理人的第一和第四次发言、被告代理人的第四和第五次发言，都带有明显的“双声话语”属性，都是在表达自己观

43 See Amy Sheldon & Diane Johnson, “Preschool negotiators: Gender differences in double-voice discourse as a conflict talk style in early childhood”, in J. Cheshire & P. Trudgill (eds.), *The Sociolinguistics Reader*, Vol. 2, 1998, pp.76–99.

点的同时对对方的观点也给出了反思性的理解与回应。同时，按照前述施泰纳等学者提出的话语分析量表对这一语篇进行评价，我们也会发现，在五个评价指标中，它在“参与性”“尊重”两个方面表现得非常好，在“理由论证的程度”“论证理由的覆盖面”“主张结论的建构性和逻辑完整性”三个方面也有较好的呈现，说明这是一次相对理性的法庭论辩和共识达成过程。

但是与此同时，在其他的庭审语篇中我们也发现，即便是在有充分的表达空间的情况下，理性的论证对于没有律师协助的一般当事人来说也是较难实现的，以下语篇就比较有代表性：

语篇四（某汽车保险理赔案件）：[44]

法官：那么这会儿再问一下啊，就是你们，你讲你买的这个是二手车，是吧？

原告：对。

法官：这买车的时候是经过，嗯，这个，啊，旧车交易市场为你这个车做的评估是多少钱？还是你自己定的、两人商量的个价？

原告：这是由（迟疑两秒钟，话语修正），这走的是正常手续。是旧货市场说的价。

法官：旧货市场作的什么价？

原告：好像是一万多一点吧。

法官：那个作价你当时在吗？

44 本语篇语料转引自程朝阳：《法庭调解话语与权力研究》，《法律适用》2009年第7期，第41页。

原告：这好像，不记得了，现在，因为这车到现在可能已经三四年了吧。

法官：嗯。

原告：这个方面我不记得了。

法官：你的印象当中当时在旧车交易市场作的是一万多一点。

原告：对。好像（……迟疑）他们收回去了吧，只给了一个产权证明书。

法官：刚才您说的一万二是怎么着，您交的这个钱是一万二。

原告：对。

法官：啊。那么您当时和这个保险公司签合同的时候，讲没有讲这车，就是上这个保险的时候讲没讲这个车的价值情况？

原告：这个，好像（……迟疑），我记得好像给他说过吧。就是这个业务员李惠齐（音），我说这车已经买了一年了吧，然后我找他上的保险。

在这个语篇中，虽然法官依然纠问式地行使权力并引导着审判话语的方向，但是当事人在一定程度上也获得了充分说明自身主张的机会。然而，借助语言学的工具我们发现，当事人在陈述中经常使用一些表达犹豫不决、不确定或者减缓语气的词汇，比如“好像”（五次）、“有点”、“……吧”（四次）等，并且在话语上表现出了对法官权力的强烈信任和依赖（数次附和法官的陈述）。这种话语表达方式是典型的“无力表达”，会大大弱化理性论述的逻辑链条，降低所说话语的真实性和可信性，使自身陷入话语权力的从属地位。

以上语篇分析只是司法审议话语分析的一些侧面。仅凭这些片段分析，我们依然可以得出些许初步的结论：首先，在我国的庭审实践中，法官掌握着相对巨大的主导权力。这样一方面可以保障司法权力的权威性，体现了能动型国家司法的“国家职权”特征，印证了达玛什卡所描述的“纠问制”司法的权力结构。但是另一方面，它有可能损害中立性，并且压制当事人充分说理的机会。尤其在民事审判中，这种说理机会的缺失就有可能会减损司法理性的实现程度，造成审判结果的不公。推进以审判为中心的司法改革，应当在规范法官在审判中行使微观话语权力方面多做文章，比如可以在不同阶段规定法官可以说什么、不能说什么的原则，让法官权力的行使能保持在一个相对恰当的“度”上。甚至还可以控制法官在庭审过程中主动质询的比例，增加当事人交互质证在庭审程序中所占的比例，以确保当事人在庭审中理性表达与论证的话语空间，推进司法理性化。

其次，显而易见的是，我国司法实践中的某些当事人在没有律师协助的情况下往往欠缺法律说理的必要能力，对于司法权力有较强的依附心理。如何保障并提高庭审话语的说理质量，尤其是提高当事人在主张自身观点时的说理能力，这是提升司法理性化程度的关键环节，是司法程序与制度设计下一步需要思考的核心问题。个人认为，加大引入公益律师、学生法律援助等辅助措施，对当事人的论辩话语组织提供帮助，是一条比较可行的路径。

四、未完的结语

在我国的司法社会学研究领域，话语分析方法还大体属于一个新鲜事物，但是它的重要性却是显而易见的。在理论层面，它直接回应了当代法哲学的两个重要规范命题——理性维度与权力视角，并对司法权力运行的两种理想类型——“对抗制”与“纠问制”——给予了清晰的理论说明与补充。而在实践层面，它让高深的法哲学理论落地生根，与对司法审议的实证研究和评价相结合，让原本属于哲学层面探讨的规范问题具备了可操作性。

在推进以审判为中心的司法改革成为社会主义法治建设核心内容的今天，我们主张，“司法文明”的概念理应得到进一步的探讨。它不仅关涉各方主体（政府、司法参与人、专家学者、普通百姓等）对于司法的信任与评价指数，[45]同时也应当具备一定的规范化目标，尤其是司法审议的理性化程度与庭审过程中权力运行的规范化程度等。这些目标都是话语分析方法所要着力去研究和发掘的。话语分析一方面可以对庭审理性化的实现程度做出评价，另一方面也可以批判和揭示庭审话语背后隐藏的权力关系，可以很好地丰富司法文明研究的方法论视角。本章的梳理与评析只是一个初步的尝试。我们认为，系统化地以法学视角开发话语分析方法，并把它应用到司法研究的实践中去，应当是一项未竟的学术事业，值得我们投身其中，不断探索。

45　国家司法文明协同创新中心每年都会发布比较权威的《中国司法文明指数报告》，这一报告的研究路径主要是，首先从全国各个省区市独立收集的一定数量的调查问卷，然后将问卷数据按照评价指标进行分项整理，进而归纳出我国各级司法文明的评估指数。

第七章
通过法律议论回应司法中的政策
以“二阶证立理论”的困境与超越为线索[*]

陈肇新[**]

一、问题的提出

在现实的司法裁判当中，不乏政策的身影。执政党和各级政府部门根据社会发展需要所制定的各项政策，在塑造公民日常行为预期的同时，也会伴随着社会纠纷而进入司法裁判。它们不仅是影响司法裁判的案件事实（如在整顿房地产市场背景下发生的“炒房合同无效案”），[1]而且是影响裁判规则的重要理由（如河南省郑州市发生的“电梯劝阻吸烟死亡案”）。[2]同时，司法机关也会自行制定各项司法政策，[3]鼓励法官通过裁判行动来化解社会纠纷、回应社会诉求、提供法治保障、服务国家发展大局，以实现法律效果和社会效果的有机

---

* 本章原发表于《法制与社会发展》2019年第2期，收入本书时略有改动。

** 陈肇新，华东师范大学法学院讲师，法学博士。

1 参见符向军：《“炒房合同无效”值得商榷》，《民主与法制时报》2017年4月11日，第2版。

2 参见黄韬：《“电梯劝阻吸烟致死案”裁判的司法逻辑反思》，载澎湃新闻，http://www.thepaper.cn/newsDetail_forward_1980734，2018年12月10日最后访问。

3 参见宋亚辉：《公共政策如何进入裁判过程——以最高人民法院的司法解释为例》，《法商研究》2009年第6期，第111—115页。

统一。[4]由此可见，政策在概念上虽然不属于法律规范的组成部分，但它与道德、原则等因素一样，深刻地影响着裁判的过程。

不过，除了个别著作从实践哲学角度讨论公共政策或“公共利益”的法律论辩以外，[5]经典的法学理论大都对政策在司法裁判当中的作用持有一种回避和隐遁的态度。德沃金甚至主张，法官应当避免根据公共政策作出裁判。[6]这种立场除了出于构建“法律帝国”的学术野心之外，更多反映的是中西方法学理论和政治哲学对政策所持有的不同立场，而这种不同的立场又牵涉司法机关的政治角色。有学者认为，中国的司法机关不同于美国的司法机构，它更多是政治的听命者而非命令者，司法也不是社会正义结构的设计者。[7]这或多或少说明了中国司法缘何具有较强的政策导向特性以及独特的衡平标准。[8]它同时也表明，在实事求是地描述政策在裁判中的作用时，需要留心现有的裁判理论能否准确地评价和预测政策对司法裁判的影响，能否为划定政策在司法裁判中的活动范围提供理论依据。

对此，本章首先借鉴季卫东教授提出的“法律议论”概念，重述

---

4 参见余茂玉、殷华：《最高人民法院党组召开会议学习贯彻习近平总书记重要讲话　强调充分运用司法手段为民营经济发展提供有力司法服务和保障　周强主持会议并讲话》，载最高人民法院官网，http://www.court.gov.cn/zixun-xiangqing-126971.html，2018年12月10日最后访问。

5 参见［英］尼尔·麦考密克：《法律推理与法律理论》，姜峰译，法律出版社2005年版，第105—109页。

6 Ronald Dworkin, “Hard cases”, *Harvard Law Review*, Vol.88, No.6, 1975, p.1060.

7 参见徐继强：《论法哲学与司法实践的关系：兼论司法推理的“哲学模式”》，《政治与法律》2007年第6期，第31页。

8 参见李清伟：《司法克制抑或司法能动：兼论公共政策导向下的中国司法能动》，《法商研究》2012年第3期，第91—92页；季卫东：《最高人民法院的角色及其演化——另类分权制衡与司法独立的悖论》，《清华法学》2016年第1期，第12—13页；季卫东：《宪政新论——全球化时代的法与社会变迁》（第二版），北京大学出版社2010年版，第101—105页。

政策进入司法裁判的动态过程。[9]“法律议论”可以被定义为：从外部视角（external viewpoint）描述议论主体运用法律和社会规范开展的话语沟通过程，借助法律的含义分析确认法律规范在时在地的意义，并达成理想的法律合意，进而建构符合法律发展规律的话语实践模型。与一般的“法律论证”理论相比，法律议论在描述法律论述或法律说理（legal argument）如何证立（justify）法律命题之外，[10]更加重

9 参见季卫东：《法律解释的真谛（上）——探索实用法学的第三道路》，《中外法学》1998年第6期，第9页；《法律议论的社会科学研究新范式》，《中国法学》2015年第6期，第25—41页。在这里需要说明“法律议论”和“法律论证”之间的联系，它们都与legal argumentation的概念有关。简言之，“法律议论”和“法律论证”都是legal argumentation的对应翻译，但前者侧重legal argumentation的建构性和赋值性的面向，试图在对议论主体的话语交涉行为进行二阶观察的基础上证立行动理由，为议论主体的话语实践提供动态的运作模型。而后者更侧重于描述并建构法官裁判的理性行为模型。在学术图谱上，季卫东教授是国内较早讨论legal argumentation的学者，他在《法律解释的真谛（上）——探索实用法学的第三道路》一文中用“法律议论”来翻译legal argumentation。这一表述也许出自日语「法的議論」表述。当时国内法理学界还没有legal argumentation的其他翻译。其直接的证据是陈金钊教授在2001年发表的《法律解释学的转向与实用法学的第三条道路》中也把legal argumentation翻译为“法律议论”。不过，根据李伟发表在2001年《法哲学与法社会学论丛》（四）上的《走向微观论证的法理学——全国法律解释与法律论证研讨会综述》，舒国滢教授、郑永流教授等学者开始把legal argumentation翻译为“法律论证”。这一译法后来通行于国内法理学界。而季卫东教授则在《法律议论的社会科学研究新范式》一文中沿用了“法律议论”的译法。有必要指出，虽然“法律议论”和“法律论证”都是legal argumentation的汉语翻译，但它们在用法上存在些许差别。在对季卫东教授《法律解释的真谛（上）——探索实用法学的第三道路》一文中的观点进行分析后可知，他认为“法律议论”能够说明legal argumentation以程序为基础、以商谈为动力的特征，突出言说赋予行动理由的属性，揭示legal argumentation的言语沟通（linguistic communication）面向，因而与奥斯汀提出的“施为性”（performative）语句有内在关联。而在《法律议论的社会科学研究新范式》一文中，季卫东教授进一步将这种言语沟通面向总结为法律话语的实践，以此促使主体间开展法律含义（meaning）分析，克服法律不确定性问题。

10 参见［荷］伊芙琳·T.菲特丽丝：《法律论证原理：司法裁决之证立理论概览》，张其山、焦宝乾、夏贞鹏译，商务印书馆2005年版，第1—2页。需要注意的是，该书第二版的中译本将“argumentation”“argument”和“justify”分别翻译为“论辩”“论证”和“辩护”。据该书译者的观点，他们出于统一逻辑学（包括法律逻辑学）与科学哲学概念译法的考虑而作出上述改译。参见［荷］伊芙琳·T.菲特丽丝：《法律论辩导论：司法裁决辩护理论之概览》（原书第二版），（转下页）

视的是过程指向的正当程序。在为演绎主义辩护的同时，它还强调合情合理的商谈（discussion），主张结合理由论证来达成合意，因而兼具描述性和规范性的特征。[11]所以，它有别于专注于内部证成的法律推理（legal reasoning）理论。

法律议论的这种学术旨趣使它具有更高的观察视角。这可以帮助我们跳出具体情境，观察议论主体基于何种动机、以何种方式援引政策因素来论述并证立他们所主张的法律命题，也可以据此观察其他议论主体会否接受（acceptance）这些命题。[12]法律议论所展开的话语实践图谱还可以作为理论的参照系，帮助我们分析现有的法律论证模型能否准确反映和评价裁判中的政策因素的合理性。

为此，本章以致力于以融贯法律推理和论述理由的“二阶证立理论”（second-order justification theory）[13]为分析线索，阐述它是如何描述与政策有关的法律议论的。在麦考密克那里，“二阶证立理论”是指，法官在面对规则争议时，必须首先借助理由来论证裁判依据的正当性，然后再以此演绎并获取裁判结论的正当性。其中，借助理由证立裁判依据的环节被称为“二阶证立”，而根据该依据获取裁判结论

（接上页）武宏志、武晓蓓译，中国政法大学出版社2018年版，第6—7页。但在现有的中文法学文献中，“argumentation”通常被翻译为“论证”，“justify”通常被翻译为“证立”，本章在引用文献时仍主要采取张其山、焦宝乾、夏贞鹏的译文，只有在涉及新增内容时才援引武宏志、武晓蓓的译文。

11 参见季卫东：《法律解释的真谛（上）——探索实用法学的第三道路》，《中外法学》1998年第6期，第9页。

12 参见［英］尼尔·麦考密克：《法律推理与法律理论》，姜峰译，法律出版社2005年版，第94—95页。

13 “Second-order justification theory”还被翻译为“次级证立理论”。参见［荷］伊芙琳·T.菲特丽丝：《法律论证原理：司法裁决之证立理论概览》，张其山、焦宝乾、夏贞鹏译，商务印书馆2005年版，第72、78页。

的过程则被称为“一阶证立”。[14]麦考密克之所以做出上述区分，是希望先解决外部证成问题，再解决内部证成问题，从而限制以实质理由证立裁判结论的余地，最大可能地使裁判结论的正当性源于规则的演绎过程。然而，本章在借鉴这一理论分析中国司法裁判片段时却发现，政策对裁判的介入可能会引发论证瑕疵并产生合法性争议。这一发现表明，“二阶证立理论”在政策议题上存在着理论盲点，本章将就此讨论可能的理论改进。

二、“二阶证立理论”的工作机制

如前所述，“二阶证立理论”的适用条件是庭审各方在法律适用问题上存在分歧。麦考密克认为，具体的分歧包括以下三种类型：一是规则是否对应案件事实的“解释问题”，二是案件事实有无相关法律规则支撑的“关联性问题”，三是特定案件事实是否等价于特定法律事实的“定性问题”。[15]当上述三种分歧出现时，庭审各方会对裁判规则提出异议，促使法官首先证立裁判依据，以解决法律推理的外部证成问题。除此之外，合议庭的组成人员也可能在上述三个法律适用问题上发生分歧，但在不同的制度中，处理方式有所差异。在允许判决书附录法官异议书的制度中，法官将不同的意见附录于判决正文后即可；在不允许呈现法官异议意见的司法制度中，则需要整合庭审合意，利用民主决策理论或修辞，整合复数的裁判意见，形成最终判

14　参见［荷］伊芙琳·T.菲特丽丝：《法律论证原理：司法裁决之证立理论概览》，张其山、焦宝乾、夏贞鹏译，商务印书馆2005年版，第77—83页。

15　参见［英］尼尔·麦考密克：《法律推理与法律理论》，姜峰译，法律出版社2005年版，第67—68、81、95页；［荷］伊芙琳·T.菲特丽丝：《法律论证原理：司法裁决之证立理论概览》，张其山、焦宝乾、夏贞鹏译，商务印书馆2005年版，第78—82页。

决，以解决司法民主与判决可接受性的问题。但这种情况与本章主题关系不大，故不做讨论。[16]

为了解决这三个法律适用问题，麦考密克主张，应以后果主义思维发现裁判规则，并进而指出，“二阶证立”表面上是在引导法官在复数的裁判规则中作出最优选择，或在法无规定时发现新的规则，实则是要求法官在相互排斥的行为模式中作出最符合现实的选择。[17]简言之，“二阶证立理论”试图通过不同的理由来论证法官“找法”的合理性，通过后果导向的理由来论证裁判规则的选择正当性。[18]

在某种意义上，这里的“后果”与中国审判语境中的“效果”（effect）有暗合之处：它要求审判注意社会影响，积极回应社会要求，给出符合社会主体行动预期的具体方案，并说明该方案背后的实质考量。[19]但麦考密克并没有给出衡量后果的基本路径。本章对此将作进一步的逻辑推演。

考虑到“二阶证立理论”包含“二阶证立”和“一阶证

16 参见［英］尼尔·麦考密克：《法律推理与法律理论》，姜峰译，法律出版社2005年版，第238—239页。

17 参见［英］尼尔·麦考密克：《法律推理与法律理论》，姜峰译，法律出版社2005年版，第98页。

18 参见［英］尼尔·麦考密克：《法律推理与法律理论》，姜峰译，法律出版社2005年版，第146—147页。有学者认为，麦考密克注重从规则后果的层面去讨论问题，而不是根据特定案件的裁判结果去作出判断。这一观点更贴近“规则功利主义”的立场，主张法官只要在审判时适用“好”的规则，就会带来“好”的后果。参见［荷］伊芙琳·T.菲特丽丝：《法律论辩导论：司法裁决辩护理论之概览》（原书第二版），武宏志、武晓蓓译，中国政法大学出版社2018年版，第147页。然而，考虑到“二阶证立”的功能是帮助法官选择“最符合现实”的裁判依据，麦考密克的观点又带有“行为功利主义”的印记，即后果的好坏取决于它能否满足特定案件的需要。麦考密克似乎清楚自己在理论上陷入了难圆其说的困境，于是他说：“我想最好在这里避开使用‘功利主义’这个词汇。”参见［英］尼尔·麦考密克：《法律推理与法律理论》，姜峰译，法律出版社2005年版，第99页。

19 参见杨知文：《后果取向法律解释的运用及其方法》，《法制与社会发展》2016年第3期，第170—172页。

立”两个内容，所以，不妨以目的论思维解决前者，而以义务论思维解决后者。前者牵涉利益衡量方法，后者则牵涉规则的诠释路径。

根据星野英一和加藤一郎的观点，利益衡量理论主张妥适地比较法益位阶、价值位阶和实定法，以“先果后因”为线索，倡导结论先行，以法官所希望实现的案件后果作为证立裁判依据的理由。[20]不过，这一理由没有给出选择裁判后果的明确标准，也没有提供衡量不同后果的理由排序。需要注意的是，公平正义的理念、社会常识、国民感情、公共政策和裁量便宜等因素均属于这里所说的“后果”。[21]利益衡量的这种评价性（evaluative）特征赋予了裁判模式强主观特征，故而法官需要留心不同评价指标的权重，关注不同裁判规则背后的效用、社会影响和公平感等问题。

在证明规则依据的正当性后，接下来要解决如何获取裁判结论以及如何实现事实与规范之间相互调适的问题。[22]对此，德沃金主张通过诠释学循环来实现对话者与法律文本之间的视域融合。[23]考夫曼的类推和类型理论也可归于这一范畴。[24]诠释学的路径关注议论主体所处的实践境遇，它既赋予各议论主体具体的时空条件，又承载着司法

20 参见梁上上：《利益的层次结构与利益衡量的展开——兼评加藤一郎的利益衡量论》，《法学研究》2002年第1期，第54页；杨仁寿：《法学方法论之探索》，三民书局2016年版，第231—239页。

21 参见［英］尼尔·麦考密克：《法律推理与法律理论》，姜峰译，法律出版社2005年版，第99页；孙海波：《通过裁判后果论证裁判——法律推理新论》，《法律科学》2015年第3期，第85—88页。

22 参见［德］亚图·考夫曼：《类推与“事物本质”——兼论类型理论》，吴从周译，颜厥安审校，新学林出版股份有限公司2016年版，第41—43页。

23 参见［美］罗纳德·德沃金：《法律帝国》，许杨勇译，上海三联书店2016年版，第53页。

24 参见［德］亚图·考夫曼：《类推与“事物本质”——兼论类型理论》，吴从周译，颜厥安审校，新学林出版股份有限公司2016年版，第115页。

裁判的经验图谱，使文本诠释者与法律文本的“隆中对”有迹可循。[25] 它使议论主体在解读法律时受到文本的约束，从而防止后果衡量时可能的肆意性，提高法律诠释的理性化程度。在这里，如果将“二阶证立理论”与诠释学循环加以综合，则不难发现，身处诠释学循环之中的议论主体除了法官之外，还包括参与庭审的双方当事人，甚至还可以进一步包含与庭审各方存在有机联系的群体。就此而言，诠释学的路径有助于议论主体根据文本信息去发掘法律规范背后的各类实质因素。

与此同时，“二阶证立理论”为了确保司法裁判的权威和法律的尊严，不但要求法官所发现的裁判规则要与先例或既有的法律规则保持一致，而且要求该裁判规则与有关的法律原则、法律理念和法律规则保持整体融贯。是故，“二阶证立理论”在约束后果考量的问题上持有两个观点：一是强调裁判规则要与既有的法律规范保持一致，二是主张最佳后果根植于文本诠释者和法律文本之间的反复沟通和话语博弈。[26]

综上所述，“二阶证立理论”的工作机制是：议论主体基于各自诉求，分别提出不同的实质判断标准和裁判规范，并通过法律议论发现最优的裁判规范。同时，议论主体在解释裁判规范何以最优时，需要受到形式推理的反向约束，从而确保法律制度的安定性。“二阶证立理论”正是以此打通形式推理和实质推理的，不仅为实质因素介入司法裁判提供了充足理由，而且致力于维护形式推理的基础地位。更

25 参见［美］理查德·E.帕尔默：《诠释学》，潘德荣译，商务印书馆2014年版，第216—218、221—223、236—250页。

26 参见［英］尼尔·麦考密克：《法律推理与法律理论》，姜峰译，法律出版社2005年版，第101页。

为重要的是，它要求法律发现所依赖的实质理由具有可接受性，并同时要求新发现的裁判规范既能够与法律体系保持一致，也能够与法律规范正当性的判别标准（如社会事实谱系、道德或自由主义条件下的政治美德等）保持融贯。[27]

三、“二阶证立理论”的实践之难：基于政策介入的复杂性

尽管“二阶证立理论”描绘了借助实质理由获取最优裁判规范的理论构图，但并不意味着它可以完美地解释或批判现实的裁判过程。麦考密克指出，作出司法决定的过程处于非常复杂的现实网络之中，这一网络“掺杂了许多不同的原则和价值，即使是一种最为纯粹的实用主义观点，也会疲于应对各种复杂的情势和例子”。[28]这种情况极易导致议论主体在分析法律含义时陷入自说自话的窘境，法律发现的过程因而面临着语义学的荆棘丛和话语博弈的天人交战。这一点在涉及政策的法律议论中体现得尤其明显。[29]

首先，“政策”是一个外延并不周延的概念术语，以至于有学者认为，不同的政策议题和领域各有其政策含义。[30]当政策介入审判后，相互交织的政策话语可能会遮蔽法律逻辑。例如，社会主义核心价值观是一项典型的政策话语，它同时包括伦理道德观念（“诚信、友善”）、政治忠诚信念（“爱国、敬业”）、总体社会

27　参见［荷］伊芙琳·T.菲特丽丝：《法律论证原理：司法裁决之证立理论概览》，张其山、焦宝乾、夏贞鹏译，商务印书馆2005年版，第85—89页。

28　参见［英］尼尔·麦考密克：《法律推理与法律理论》，姜峰译，法律出版社2005年版，第5页。

29　例如，因司法拍卖的住房是否受“限购令”拘束的问题，曾有行政机关与司法机关产生规范争议。参见半月法谈：《房管局“怼怼”省高院　法拍房究竟是否受限购政策调整？》，《公民与法（综合版）》2017年第7期，第21—22页。

30　参见庞凌：《法院的公共政策功能分析》，《当代法学》2003年第10期，第28页。

秩序（“自由、平等、公正、法治”）和国家发展前景（“富强、民主、文明、和谐”）等不同层次、不同面向的内容。于是，在司法当中贯彻社会主义核心价值观，就会出现价值取向非常多元的审判结果：既有通过维护个人名誉捍卫革命历史荣誉的案件（如“狼牙山五壮士”案），也有通过维护诚实信用原则强化依法经营观念的案件（如“微信朋友圈销售假冒注册商标的商品案”），还有借助维护家庭美德加强法制教育的案件（如“唐某某诉唐某甲等5子女赡养纠纷案”）。[31]但稍作分析就会发现，这些案例中并不存在“二阶证立”的问题，法官在作出判决的过程中也没有依赖政策。这种用政策为裁判结论“穿衣戴帽”的做法，已经遭到一些学者的批评。[32]

其次，政策的功能和特点决定了它只强调一时之效用，并以区分“好”“坏”“敌”“我”为概念特征；而法律则以合法性问题作为评价尺度，只关注具体行为是否“合法”。这种相去甚远的功能，常常使顾及政策的裁判招致相对主义和“同案不同判”的指责，并导致法律议论的结果达不到一致性和融贯性的要求。例如，在通过“借名买房”方式来规避地方限购政策而引发的纠纷当中，有的裁判认为，地方限购政策属于《中华人民共和国民法通则》第6条所规定的“公共政策”，因此为规避政策而订立的“借名买房”合同无效；[33]有的判决

31 参见《最高人民法院关于弘扬社会主义核心价值观典型案例》，《人民法院报》2016年8月23日，第3、4版。

32 参见廖永安、王聪：《路径与目标：社会主义核心价值观如何融入司法——基于352份裁判文书的实证分析》，《新疆师范大学学报（哲学社会科学版）》2019年第1期，第38—39页。

33 靳筱梅、李玉珍所有权确认纠纷案，天津市第一中级人民法院（2017）津01民终5679号民事判决书。

则从限购政策的目的入手，论证“借名买房合同”无效能够维护政府信用，制止投机心态。[34]然而，为防止出现违背诚实信用原则的后果，也有判决会确认“借名买房合同”的效力。[35]

由此可见，政策复杂多变，议论主体不得不经常面对法律话语与政策话语相互竞争甚至相互冲突的局面。如此一来，可能产生的结果便是，政策话语压倒法律话语，使法律议论的结果与“二阶证立理论”的分析结果迥然不同，从而导致理论陷入空转。在此，不妨以“袁学敏与江西省捷邦矿业有限公司劳动争议案”[36]（以下简称“袁学敏案”）为例，参照“二阶证立理论”，重述“袁学敏案”的法律议论过程，观察包括法官在内的议论主体是如何围绕着政策给出法律依据的。

“袁学敏案”是在司法机关向“执行难”宣战的背景下生成的典

34 刘青华、商巧凤物权确认纠纷案，湖北省武汉市中级人民法院（2017）鄂01民终7999号民事判决书。法院的裁判理由是：“限购令作为国家调整房地产的重要措施，应发挥其应有的价值，违反限购令借名买房的协议如若认定有效便否定了国家政策在调整社会政治经济生活中的价值，使政府信用尽失，导致法律规范和国家政策不能有效实施，损害了社会秩序和公共利益。根据《民法总则》第一百五十三条规定，‘……违背公序良俗的民事法律行为无效’、《中华人民共和国合同法》第七条规定‘当事人订立、履行合同，应当遵守法律、行政法规，尊重社会公德，不得扰乱社会经济秩序，损害社会公共利益’、《中华人民共和国合同法》第五十二条第（四）项‘有下列情形之一的，合同无效：……（四）损害社会公共利益’，故一审法院认定刘青华与商巧凤如若存在有效的借名买房协议，亦属无效，并无不妥。”

35 李金涛与陈栓柱等房屋买卖合同纠纷案，北京市丰台区人民法院（2015）丰民初字第00081号民事判决书。法院的裁判理由是：“原告李金涛与被告陈栓柱、张晓静于2012年12月29日所签订的协议书系双方当事人真实意思表示，内容不违反法律、行政法规强制性规定，应为有效，双方均应依约履行。故本院对于被告张晓静所提出的协议书违反北京购房的限购政策，应属无效的主张不予支持。依据双方所签协议书内容可以认定原告李金涛与被告陈栓柱、张晓静存在借名买房合同关系。”

36 袁学敏与江西省捷邦矿业有限公司劳动争议案，江西省吉安市中级人民法院（2016）赣08民终1103号民事判决书。

型案例，[37]具有浓厚的政策考量色彩。[38]根据（2016）赣08民终1103号民事判决书所查明的事实，2015年3月29日，袁学敏与捷邦公司签订了劳动合同，约定捷邦公司聘用袁学敏担任项目部司机，期限为3年，月工资3 400元。2016年1月，捷邦公司安排袁学敏出差，却无法为其订购机票。经查询得知，袁学敏为失信被执行人。捷邦公司遂于2016年1月15日向袁学敏发出辞退信，解除与袁学敏的劳动关系。遂川县劳动人事争议仲裁委员会于2016年4月18日对双方的劳动争议作出裁决，袁学敏不服，提起诉讼。在该案中，一审判决将失信有损社会和企业利益作为推理核心，认为信誉的重要意义以及失信员工“必定”损害企业经济利益，进而认为，原告隐瞒其失信被执行人身份的行为有违用人单位管理制度，最终以《中华人民共和国劳动合同法》（以下简称“《劳动合同法》”）第39条第（二）项为依据，支持了用人单位的抗辩。二审判决确认了一审判决的裁判思路，只是认为原告在事实上已达到无法继续履行劳动合同的情形，解除合同并无不当。

参照“二阶证立理论”，可以分析此案中的法官是如何发现裁判依据的。此案的裁判依据是《劳动合同法》第39条第（二）项，其规定了因劳动者过失而解除劳动合同的情况：“劳动者有下列情形之一的，用人单位可以解除劳动合同：（二）严重违反用人单位的规章制度的。”对此，庭审各方在法律议论中均应给出对该条款的合理解释。然而，由于一审判决书并未公开，而在二审判决书中也没有找到原被

37　参见法发［2016］10号《最高人民法院印发〈关于落实“用两到三年时间基本解决执行难问题”的工作纲要〉的通知》，载最高人民法院官网，http://www.court.gov.cn/zixun-xiangqing-20752.html，2018年12月10日最后访问。

38　参见周再奔：《全国首例因失信被执行人身份遭公司辞退　江西公布5起典型案例》，载江西新闻网，http://jiangxi.jxnews.com.cn/system/2017/02/20/015790476_01.shtml，2018年12月11日最后访问。

告双方对该法律依据的陈述，故只好暂不讨论。但是，法院援引该项依据的理由却非常清楚：

> 信誉是企业的生命，也是企业能正常进行商业活动的根本保证。一个企业的信誉需要全体有信誉的员工共同建立，一个失信的企业员工代表企业对外从事或间接从事商业活动时，因其失信的身份必定会给该商业活动造成负面影响，进而损害企业的经济利益。袁学敏为失信被执行人，其隐瞒该身份入职捷邦公司从事司机岗位，违反了捷邦公司的管理制度，且因该失信被执行人身份已使捷邦公司无法为其订购机票影响了工作安排，因此，捷邦公司解除与袁学敏的劳动关系符合法律规定。[39]

考虑到该案中的政策考量，不难发现，一审判决为了追求个案的警示意义，将“失信有损社会和企业利益，隐瞒失信身份即违反公司管理制度”的观点作为发现法律的标准，并继而寻找到支撑这一观点的《劳动合同法》第39条第（二）项。也就是说，在“袁学敏案”中，警示“老赖”的政策因素被用作证立法官所选择的裁判规范。

为了评价这一法律发现是否正当，本章在此提出以下追问：失信是否必然有损企业和社会利益？失信是否必然导致劳动者严重违反用人单位的管理制度？隐瞒失信身份的行为是否违反法律强制性规定？其是否必然导致劳动者在事实上无法继续履行劳动合同？其中，“失信是否必然有损企业和社会利益”的问题属于价值判断，在此不作具

39　袁学敏与江西省捷邦矿业有限公司劳动争议案，江西省吉安市中级人民法院（2016）赣08民终1103号民事判决书。

体展开；对其他的追问，则可以顺利展开规范分析。具体来说，在实体法层面需要论证的问题有三：第一，原告有无向用人单位告知失信被执行人身份的义务？第二，若有该义务，其不告知的行为会否“严重违反用人单位的规章制度”或达到《劳动合同法》第39条规定的过失性解除劳动合同的程度？第三,二审法院基于何种理由确认劳动者“事实上无法继续履行劳动合同”？

对于第一个问题，现行立法并没有对“失信”行为的法律性质作出明确规定。针对劳动者应当履行何种报告义务的问题，法律亦并未作出过多规定。与之相近的是《刑法》第100条中关于前科报告义务的规定。但是，不报告失信身份与不报告犯罪前科，就社会危害性或法益侵害性的判断而言，二者显然不能等量齐观。

针对第二个问题，假定不报告失信身份的行为可以与不报告犯罪前科的行为作同等评价，那么，参考“佛山市广新盛电子商务有限公司、邝金晖劳动争议案”[40]的裁判思路，劳动者的行为在法律上不应被评价为《劳动合同法》第39条第（二）项“严重违反用人单位的规章制度”之行为，而应被评价为《劳动合同法》第26条第一款第（一）项“以欺诈、胁迫的手段或者乘人之危，使对方在违背真实意思的情况下订立或者变更劳动合同”之行为，并以此直接认定劳动合同部分或完全无效。

由此可见，假若认为劳动者具有报告失信被执行人身份的法定义务，那么，其隐瞒身份的行为将会导致劳动合同无效，而不是仅仅停留在赋予用人单位解除劳动合同权利的层面。因惩戒“老赖”的政

40 佛山市广新盛电子商务有限公司、邝金晖劳动争议案，广东省佛山市中级人民法院（2017）粤06民终1671号民事判决书。

策，一审判决得出了“隐瞒失信被执行人身份的行为是严重违反用人单位管理制度”的判断，这不能证明《劳动合同法》第39条第（二）项在“袁学敏案”中具有适用余地，除非用人单位可以举证证明。进言之，即便劳动者是失信被执行人，又或者劳动者在主观上确实故意隐瞒其失信身份，也不能贸然得出结论，认为劳动者在订立劳动合同时存在主观过错。劳动权是《中华人民共和国宪法》第42条所确认和保护的公民基本权利，这一权利不能被政策所剥夺或限制。

二审法院显然发现了一审判决的论证漏洞，所以，其从事实而非规范层面给出理由，以维持一审判决的认定：

> 袁学敏作为失信被执行人，其入职捷邦公司时应当依照公司规定如实履行告知义务，以便公司进行相应的工作安排和管理，现因其失信被执行人身份原因导致捷邦公司无法为其安排工作，事实上已达到无法继续履行劳动合同的情形，捷邦公司因此解除与袁学敏的劳动合同并无不当。[41]

然而，在仔细探究这一理由后，我们仍不能证立“袁学敏案”的判决结论。二审判决暗示，用人单位是在劳动者无过错的情况下解除劳动合同的，因此，其为《劳动合同法》第40条之规定所涵摄。依据该条规定，用人单位可以在三种情况下解除劳动合同：其一，劳动者患病或者非因工负伤，在规定的医疗期满后，不能从事原工作，也不能从事用人单位另行安排的其他工作；其二，劳动者不能胜任工作，

41 袁学敏与江西省捷邦矿业有限公司劳动争议案，江西省吉安市中级人民法院（2016）赣08民终1103号民事判决书。

经过培训或者调整工作岗位后，仍不能胜任工作；其三，劳动合同订立时所依据的客观情况发生重大变化，致使劳动合同无法履行，且双方不能就变更劳动合同内容达成协商一致。然而，无论是哪一种情况，法律都明确要求劳动者具备“不能胜任工作”这一要件。也就是说，即便劳动者不能完成劳动合同订立之时所规定的工作内容，用人单位也必须要为劳动者重新调整岗位；只有在双方无法就调整事项达成一致或调整后劳动者仍不能胜任工作的情况下，用人单位才有权解除劳动合同。这是《劳动合同法》对劳动者进行倾斜保护的体现。

根据“谁主张谁举证”的原则，用人单位应当承担证明劳动者不能胜任工作的举证责任，否则就应当承担举证不能的责任。但是，裁判文书并没有记载相关的议论，我们无法从中得知袁学敏的失信身份是否真的导致他“严重违反”用人单位的管理制度，也不能从中得知用人单位是否为他调整了工作岗位。在此，我们只能推定，用人单位对此无法举证。因此，用人单位解除劳动合同的行为没有法律上的根据。这也意味着，“袁学敏案”中的裁判说理存在着合法性争议，而这一争议的原因正在于，法官在法律议论中过多地顾及了政策的现实意义。

四、“二阶证立理论”的局限

前文已经证实，“二阶证立理论”的主张在于，在规则清晰且不存在事实争议的情况下，法官不应自行寻找和发现新的裁判规则，而是要通过严密逻辑推演和加强裁判说理的方式，彰显裁判的正当性。但“袁学敏案”说明，当政策因素参与法律议论，它会影响法官裁判案件时的理想构图。这不仅源于政策本身的特性，而且更多地源于

“二阶证立理论”自身的局限。

在政策特性的问题上，除了“政策”概念复杂多变所引发的法律议论混沌不清以外，政策有别于道德和社会事实的属性，也同样容易招致话语实践的争议。根据现代西方政治哲学的预设，实存的个人与拟制的国家之间是相互对立的，个人权利与群体政策也存在着深刻的紧张关系。司法应当以法律规范、社会秩序以及道德信念来监督、规制和抗衡政策，并保护公民权利。在一定程度上，这是不少西方法学理论对政策持有不信任乃至警惕心态的来源。

中国的政治制度决定了中国法院在实现其政治职能时具有自身特色，但有必要指出，这种对政策话语的怀疑有其理论原因。在法学理论中，道德和社会事实之所以能够成为鉴别法律的标准，是因为道德谱系或社会事实谱系最终都可落脚于社会主体的规范性实践，且这种规范性实践是社会成员基于价值判断或自我反思而自觉践行的结果。[42]即便政府官员在法律规范性的生成过程中扮演着非常重要的角色，甚至还会直接或间接地影响普通民众对于法律规范的立场，但是，政府官员接受或者拒绝一项“法律”成为法律的关键因素时，并非基于政策或权力，而是因为他们同样在参与着法律的规范性实践。在这里，官员之所以能够参与规范性实践，不仅因为其具有经由职业选择或政治选举而获取的官员身份，最重要的原因在于，他们本身就是享有公民和社会成员身份的抽象的实践主体。进言之，官员是因执行职务行为和行使公共权力才成为“官员”的，这种公职行为并不赋予民众权利，而是要对相对方施加强制、科以义务。而且，由于这些公职行为

42 参见［英］尼尔·麦考密克：《哈特》，刘叶深译，法律出版社2010年版，第66页。

在很大程度上包含了制定政策或者施行政策等行为，所以，依据政策从事的行为往往不易被评价为社会主体的规范性实践，继而也就影响到政策在证立裁判理由时的地位。正因如此，即使是承认公共政策可以作为“二阶证立”理由的学者，也大多从维护民众生命财产安全的角度出发，去寻找现实案例。[43]

除了政策本身的理论争议外，“二阶证立理论”的理论盲点也会导致政策在法律议论中产生实践难题。除了限定法官运用实质理由发现裁判规范的时机外，“二阶证立理论”还预设了法官在法律议论中的中立身份，也就是说，法官不应过多地在议论中牵涉自己的部门利益，而应当努力承担起守护法律规范和回应社会需求的责任。在方法论上，它致力于维护“二阶证立”和“一阶证立”的封闭性，对实践主体的话语分析持有一定的怀疑态度，并始终要求法律议论的结果与法律体系保持融贯。然而，它又将司法活动界定为“实践性技艺”，主张通过充分的议论来达到理想的法律合意，默许法官考量诉讼成本和效率问题，并鼓励法官直面政策因素和其他客观情势。恰是这种鼓励法官正视政策影响的立场，打开了法官在法律议论时追逐部门利益的大门，激励着司法机构在议论中考虑自身的利益。

如此，法律议论就有可能不遵循“二阶证立理论”所设想的游戏规则，而是根据所欲的政策效果来倒推和建构司法决定，从而进一步加剧法律不确定性的问题。正如在“袁学敏案”当中，法官希望建构一个符合司法政策的判决，于是，他们在法律议论中赋予了法律超越其文本或体系价值的特定含义，并把这种话语带入司法裁判，

43 参见［英］尼尔·麦考密克：《法律推理与法律理论》，姜峰译，法律出版社2005年版，第105页。

可是却激发了政策因素与法律规范之间的冲突，消解了判决的形式合理性。

更进一步地讲，政策参与法律议论，还会导致“法律形式性悖论”发生蜕变，难以达成裁判所需的议论合意。所谓“法律形式性悖论”，是指根据法律形式要件所得出的裁判结论会违背形式要件本身，它是从最一般的外部视角来观察法律议论的结果。[44]当议论主体基于不同的理由提出不同的裁判依据时，他们对法律所进行的含义分析就会外化为一种法律形式性要件的自我否定过程，亦即指向了“法律形式性悖论”。它揭示了法律议论得以持续推进的动力机制。它证明，在法律的形式规范之间，不但存在着制度竞赛的可能，而且存在着规范间相互否定和否定之否定的逻辑契机。正是在这种形式要件因法律议论而不断被废止和重建的悖论循环中，才能实现法律与事实之间的相互调适，从而得出裁判结论。但在政策考量面前，议论主体不仅要反复斟酌各类形式要件，还要在法律规则和原则之间徘徊，更要用政策来佐证或否证已经达成共识的内容，这使法律议论深陷于不确定的状态，理想的对话合意更是无从谈起，法官所发现的裁判规则因此始终受到其他议论主体的质疑和拷问。

由于法律议论难以达成合意，需要强调法官在议论当中的地位，强化他们对庭审过程的管控，如此一来，极易诱发“超职权主义”（hyper-official principle）；同时，这种情况也有可能诱发当事人的“超当事人主义”（hyper-intention of parties principle），若如此，法官的决断就始终会受到不服决断的那一方当事人的影响，依法做出的裁判内

44　参见季卫东：《法律议论的社会科学研究新范式》，《中国法学》2015年第6期，第29页。

容便会不断地被其他因素所击败。[45]

无论是法官一锤定音的“超职权主义”，还是败诉当事人因“不服判决”而消解判决实效的“超当事人主义”，都说明了，只要法官在议论中同时考虑法律和政策因素，他们就需要在服从法律之余还需服从政策。这可能会带来两个后果：第一，法官会借助职权和法律的权威，以法律推理和支持某一方当事人诉求为外观，建构出符合政策的司法决定，成为用法律诠释政策的操盘手。第二，这会使法官专职司法的角色定位变得模糊。法官很可能不以纯然中立的立场来裁判案件，而以利益相关方的身份来参与议论。在一定程度上，这也是诠释学方法应用于法律议论时可能产生的弊端之一。因为，对话者所依赖的文本不再局限于法律本身，而是包括复杂多变的政策。

一旦这种情况出现，庭审就会呈现出“会议主义”的格局，庭审结构也不再是中立的法官和两造当事人，而是“三当事人结构”。[46]所谓的“会议主义”，是指庭审格局介于“职权主义”和“当事人主义”模式之间的一种论辩状态，其特点是法庭议论如同开会议事一般，包括法官和双方当事人在内的所有议论主体都不具有乾纲独断的权力和能力，而必须在议论中你来我往。[47]所有的见解都可以在议论中被推翻，也只有在取得其他对话者认可之后，才可输出相对合理的最终结

45 参见季卫东：《中国司法的思维方式及其文化特征》，载葛洪义主编：《法律方法与法律思维》（第3辑），中国政法大学出版社2005年版，第67—88页。

46 关于“会议主义”和“三当事人结构”的概念界定，参见季衛東『超近代の法—中国法秩序の深層構造』（ミネルヴァ書房，1999年）137頁；季卫东：《法治构图》，法律出版社2012年版，第273—275页。

47 季卫东教授就曾概括这种“你来我往”的互动为“不可言说”（注重实事求是和主张司法决定尽可能发现客观真实）、“无穷之辞”（充满弹性的法律议论）、“以吏为师”（强调法官作为公权力意志官员的决断性地位）、“并无异说”（要求最终司法决定的整全性合意）四个位相。参见季卫东：《法治构图》，法律出版社2012年版，第268—270页。括号内的补充说明是笔者归纳的。

论。[48]他们都有自己的利益考虑，也都要在议论中维护自身的利益。当然，由于法官的官员身份和政策传播者的角色，他们得以享有更高的对话地位，在议论的过程中，也或多或少地享有某些特权和强制的机会。[49]“三当事人结构”作为这一格局的核心框架，是指法官舍弃中立的裁判角色，成为第三方当事人，利用法律文本、柔性的司法惯习和可能的判决后果，促进当事人交涉、议论并达成合意。[50]在合法性判断与政策性调整并存的格局下，司法决定的产生过程充斥着偶然性事件，法官也会携带着自身的利益考量和强制性因素亲自参与议论。他们不仅善于运用法律的权威和自身的职权来调整各方意愿，以促成合意形成，而且，还可能通过某些非正式和非常态的沟通策略，推行自己的裁判立场。[51]

上述现象说明，政策在法律议论中具有极其鲜明的反向解构功能，它希望按照自己的逻辑来解释法律规范。然而，法律规范的内部规律又会努力维系其形式框架，抵消政策在法律议论中的消极影响。这种争执将诱发法律规则与政策理由之间的内在争斗，迫使法官在二者谁更优先的问题上选边站队。但无论法官怎么选择，似乎都无法获得一个完美的结论。如果法官认为法律规则优先于政策理由，那么就有可能无法实现社会效果；而如果法官认为政策理由优先于法律规则，那么就有可能使法律议论的每一次沟通都需要理由的证立，从而

48 季衛東『超近代の法—中国法秩序の深層構造』(ミネルヴァ書房，1999年)137—138、143—144頁参照。

49 季衛東『超近代の法—中国法秩序の深層構造』(ミネルヴァ書房，1999年)137頁参照。

50 参见季卫东:《法治构图》，法律出版社2012年版，第273—275页。

51 季衛東『超近代の法—中国法秩序の深層構造』(ミネルヴァ書房，1999年)144—146、148—150頁参照。

引发形式推理与实质判断不分的现象，最终导致法律规则被弱化，政策成为终极意义上的裁判依据。[52]

对于法律规则与政策理由之间的这种“二律背反”现象，“二阶证立理论”无力解读，亦难以约束。一方面，它仅仅将政策运作的边界局限在“二阶证立”的战场，对政策侵入“一阶证立”的现实始终未置一词，因此，不能防止法官对法律规范作出策略性解读。另一方面，“二阶证立理论”不能更进一步地从实践角度为裁判行为提供判别标准，不能从实践哲学的角度考虑议论主体的身份转换问题，也就是说，所有的议论主体都不再是根据规则及其规律行事的受体，而是运用规范建构裁判的实践主体。[53]这种理论上的踟蹰，导致它不能看清诱发上述“二律背反”现象的深层次因素。议论主体会超验地使用政策，也就是说，即便案件事实清晰、裁判规则明确，但只要法官更希望追求政策效果，且所作出的判决不违反现有的法律规定，他们就有把案件演绎为“疑难案件”的动机；反过来，如果他们希望凸显法律规范的权威，且所作出的判决不违反政策精神时，也会同样行事。于是，当法律规则压倒政策理由时，“许霆案”那样的机械司法现象就会不断上演；[54]而当政策理由压倒法律规则时，各种策略性裁判则会不断产生。因此，司法裁判会在形式理性和实质理性之间不断摇摆。

52 参见［英］尼尔·麦考密克：《法律推理与法律理论》，姜峰译，法律出版社2005年版，第96页。

53 Neil MacCormick, *Institutions of Law: An Essay in Legal Theory*, Oxford University Press, 2007, p.16.

54 参见马军：《许霆案法官坦承一审机械执法　期待促进司法进步》，载凤凰网，http://news.ifeng.com/society/5/detail_2008_09/18/915311_1.shtml，2018年12月10日最后访问。

总之，当政策因素介入法律议论后，“二阶证立理论”就会充分暴露出它的理论盲点。“二阶证立理论”只是从外部调和法律推理与实质理由之间的裂缝，因此，它不能描述和评价政策在法律推理活动中的任意穿梭，也不能引导法官正视上述情况并作出科学合理的判决结论，甚至还不能制止议论各方对法律权威的挑战。种种情况说明，当政策进入法律议论时，“二阶证立理论”很有可能失灵，因此，需要考虑新的理论范式，以应对法律议论中的政策问题。

五、超越“二阶证立理论”：法律可废止性下的抗辩清单制度

“二阶证立理论”的上述局限说明，若要解决法律规则和政策理由之间的“二律背反”现象，关键是要从实践哲学的角度来回答议论主体对法律和政策运用的边界问题。这也是通过法律议论来回应政策问题的核心难点。

本章认为，回应这一难题的关键在于关注法律议论所具有的主体间性特征，即议论的合意生成于主体之间的反复磋商和意图判定之中。这表明，如果仅仅将政策因素作为证立裁判依据合法性的理由，那么将无法解决政策存在于法律议论全过程的问题；但是，如果承认政策因素寓于法律议论的过程之间，令法律议论所涉及的法律要素都能对政策起到反向规制作用，那么，就可以更加充分地体现政策在法律议论中的现状。在此基础上，关注政策对法律议论可能产生的消极影响，进而以议论主体所开展的含义来分析压缩政策的活动空间，将有助于缓和法律合目的性和安定性之间的矛盾。[55]

55　参见［德］拉德布鲁赫：《法哲学》，王朴译，法律出版社2013年版，第83—84页。

这正是法律可废止性（defeasibility）的体现。[56]从概念上说，法律的可废止性就体现在逻辑或算法所达成的推演结论都具有表面特征（prima facie feature）或表面理由（prima facie reason），其可以被新出现的理由废止。这种表面成立和内容可废止的特性，不仅直接冲击了传统法学方法论所固守的规范还原路径，而且十分契合法律议论的思维过程。

正因如此，哈特在规范的法律推理上引入这一概念，[57]把法律概念的模糊地带重释为概念的例外形态，以表明法律概念与日常概念的差异之处。[58]随后的研究将这一特征扩展到了法律的制度形态，即法律规范中常见的“除非”或者“但书”内容。[59]然而，从认识论的角度来看，所有那些可以被法官用以建构制度规范性秩序的素材（如规则、原则、政策、道德等），都只是具有相对强弱之分的说服理由，而且这种相对的强弱地位会因程序的推演、变量的引入而发生变化，导致原本较弱的理由可能会得到新观点和新证据的补强，而原先较强

56 国内关于法律可废止性命题的基础性综述，参见舒国滢主编：《法学方法论论丛》（第三卷），中国法制出版社2016年版，第1—5页。而在方法论上讨论法律可废止命题的国内文献，参见邱昭继：《法律中的可辩驳推理》，《法律科学》2005年第4期，第29—37页。此外，国内学者对“defeasible”和“defeasibility”还有其他译法。较早在法学界引入该术语的於兴中教授将其翻译为“可辩驳”，参见於兴中：《人工智能、话语理论与可辩驳推理》，载葛洪义主编：《法律方法与法律思维》（第3辑），中国政法大学出版社2005年卷，第116页。季卫东教授将其翻译为“可撤销”，参见季卫东：《法律议论的社会科学研究新范式》，《中国法学》2015年第6期，第33页。本章在此采用“可废止”的译法。

57 Luís Duarte d'Almeida, *Allowing for Exceptions: A Theory of Defences and Defeasibility in Law*, Oxford University Press, 2015, p.7.

58 H. L. A. Hart, “The ascription of responsibility and rights”, *Proceedings of the Aristotelian Society, New Series*, Vol.49, 1948, p.175.

59 这里的“制度”是借用了麦考密克的概念。参见［英］尼尔·麦考密克、［奥］奥塔·魏因贝格尔：《制度法论》，周叶谦译，中国政法大学出版社2004年版，第66页。对麦考密克“制度”概念的概述，参见杨仁寿：《法学方法论之进展》，三民书局2013年版，第90—91页。

的理由的效力则因此被削弱。此时，已经取得的共识就可以被废止。[60]这就是作为方法的可废止推理的基本含义。

由此可见，可废止推理扬弃了规则中心主义和经验中心主义。首先，它是非单调推理（non-monotonic reasoning）的产物。在推理过程中，其承认对已认定事实的反复，并试图将或然性事件纳入推理过程，以增强、削弱甚至废止既有的立论。其次，可废止推理的话语理论背景，又使得它不必然赋予规则或事实以规范意义（非真非假），而是认为它们“没有绝对的真假对错”，并把它们作为论证所需的实践素材。最后，可废止推理关注论证内容及其过程的可接受性，并以此作为司法决定的正当化事由。

根据可废止推理的特征，本章倡议一种根据法律含义分析的结果进行反思性整合的“抗辩清单制度”，将其作为超越“二阶证立理论”的新模型，以便更清晰地通过法律议论来回应司法中的政策议题。这一概念有“抗辩清单”和“制度”两个内涵。根据季卫东教授的观点，“抗辩清单”是涉及法律可废止推理的规范事实的集合，是双方议论焦点所涉及的各个形式要件之总和。[61]

就整体而言，抗辩清单将法律议论所关注的规范要件、生活事实和政策等诸多要素加以重组并重新排序，通过话语博弈，推进法律议论向纵深发展。议论进展的程度取决于主体渐次深化的共识。在议论的这种螺旋式上升过程之中，各方当事人能够取得最终的共识。反过来，这样的共识又能成为限制自身权利（力）滥用和佐证其他议论主

---

60 参见［英］尼尔·麦考密克：《修辞与法治》，程朝阳、孙光宁译，北京大学出版社2014年版，第308—309、312页。

61 关于抗辩清单的概念，参见季卫东：《法律议论的社会科学研究新范式》，《中国法学》2015年第6期，第34页。

体的权利（力）运作的实践素材，从而促使其他的议论主体在反思性合意中做出类似的行动，使抗辩清单从一组个别事实的集合走向具有内在逻辑的抽象的议论行为模式，形成一种如麦考密克所言的、能够指引实践主体展开规范性实践的“制度事实”。[62]此时，抗辩清单也就从事实层面的简单集合，上升为具有规范性效力的“抗辩清单制度”。由此，它为更好地阐述法律议论中的政策议题提供了一个语言游戏的新天地。

值得注意的是，这里的抗辩清单制度涉及法律议论的议论指向和合意指向，但似乎没有涉及正当程序指向，所见的只有语言的博弈、话语的分化重组和整合以及权利与权利（力）之间的反复拉锯。然而，事实上，对于抗辩清单制度而言，程序非但没有弱化，反而获得了形式上的强化。在抗辩清单制度中，程序并非被作为议论的推进因素，而是被固定在抗辩清单制度的事实布局之中，充当起法律议论的时空线索。这颇具康德哲学的“先验纯形式”意蕴。它提示了议论主体的博弈节点和话语边界，奠定了法律议论和整全性合意的前提。它强调议论在达成合意时所具有的重要地位，彻底地揭示了法律议论的语言游戏本质。更为重要的是，它平等地看待代表国家权力的政策与代表个人意志的权利，在防止法律议论滑向机会主义的同时，也顺带限制了议论主体在运用政策发现裁判规则时的超验倾向。

从抗辩清单制度关于政策和规则、权利和权力之间的话语实践立场来看，对于仍处于转型中的中国司法而言，它显得尤为重要。对法

62 参见［英］尼尔·麦考密克、［奥］奥塔·魏因贝格尔：《制度法论》，周叶谦译，中国政法大学出版社2004年版，第119页。

官而言，抗辩清单制度具有极强的包容特性，它能够缓解现代法律制度和前现代司法规律之间的巨大冲突。它既可以为法官在法律议论中实现司法的政治职能提供空间，也可以避免因政策的不当运用而减损司法权威。对当事人而言，他们能够通过抗辩清单制度领会政策话语背后的权力意志，理解他们在裁判中所享有的权利内涵，进而在议论中最大限度地维护自身权利。

与“二阶证立理论”相比，在回应法律议论中的政策议题时，抗辩清单制度可以提供更优的解释。首先，它不再区分“二阶证立”和“一阶证立”，而是将理由证立和演绎证立的过程进行合理的交融和划分，比较贴近现实当中的裁判图景。它通过固定议论要件的方式列出抗辩清单，因而不会破坏议论主体对法律概念的共识性认知，也不会轻易诱发法官的自由裁量权。它既可以为司法决定提供合意的实体性要素，又可以为抗辩清单制度提供与时俱进的原动力。其次，它重视法律规则，重视在既定程序下的言词辩论。它着眼于对案件事实、证据效力、条文适用、个案效果乃至基本法律概念等方面的辩论，深化了演绎推理的过程。[63]再次，它将复数的变量和概率性事件引入调和法律和政策的议论过程中，既允许法官以政策诠释法律，也允许他们以法律解释政策，最终在话语交锋中活化了法律的制度秩序。最后，它在承认角色分化的同时，有条件地接纳法官作为议论当事方的地位，将法官从绝对中立和相对隔绝的程序位置中解脱出来，用过程性的话语论辩取代原有的静态程序角色，承认并关注政策在裁判中对法官所产生的正向激励作用。通过这种方式所形成的司法决定，既可以

63　有研究将其概括为推定、事实和理论三个维度。参见邱昭继：《法律中的可辩驳推理》，《法律科学》2005年第4期，第32—35页。

体现法律推理的完整内涵，又能够为自身提供正当化事由，还会获取当事人和社会各界的接受。

六、结语

本章的全部追问都是围绕以下问题展开的：如何更好地回应法律议论中的政策议题？这一追问被进一步转换为：既有的法律论证模型能否充分地理解和准确地描述这一意图？如果需要改进，这样的改进将如何进行？在明确了政策难免会介入司法裁判之后，本章指出，“二阶证立理论”尝试从外部弥合法律议论与政策理由证立之间的合法性与正当性裂缝，但此路径却遭遇理论和实践的双重困境。导致这种现象的根源在于，“二阶证立理论”忽视了政策的复杂多变特征，漠视了政策对法官所具有的利益激化功能，也未能抓住议论主体运用规范和创造规范的实践场景。这正是“二阶证立理论”的盲点，也就是说，它无法解决实践主体在法律议论中如何为规则和政策划界的问题。

进而，本章认为，要想消除这一理论盲点，就需要发掘法律可废止性命题的理论富矿，同时承认，政策理由寓于法律议论之间，并受到话语实践的反向规制。在程序的限定下，要用丰富的实践性对话来填充议论过程，使政策、道德原则、权力意志与权利话语能够围绕既定的法律形式性要件进行抗辩。如此，就可以阻止议论主体对政策理由的超验使用，进而以法律的形式性要件约束政策在法律议论中的任意性。当这种抗辩能够被其他实践主体所效仿并形成某种抽象的规范性实践之时，它就会上升为规范层面的“抗辩清单制度”，而且，它能够成为更好地回应法律议论中政策议题的理论范式。目前，这一理想模型并不成熟，不仅尚需更为深入的理论发掘和创新，而且时刻面临着实践变量的挑战，甚至还有被证否的理论风险，但它至少说明了一些问题，因此，我们可以将其视为法律议论范式创新的一次有益尝试。

II 经验与比较

第八章
决策风险、问责以及法律沟通*

季卫东

一、引言：当今国家治理的风险敞口

进入21世纪后，人类社会的流动化和相对化进一步加剧。特别是2008年以降，全球金融危机导致经济和政治的不确定性增加，可预料之外的事态也频繁发生，不同层面的抉择和决策都伴随着不同程度的风险。有迹象表明，中国正面临数百年一次的世界格局巨变、原有发展模式失灵以及转型期各种矛盾激化的挑战，形势极其复杂。2016年1月22—23日召开的中央政法工作会议把五个主要领域的风险预警和管控作为今后的工作重点，可谓有的放矢。然而，需要特别注意的是，风险社会，尤其是在中国的风险对策语境中，存在这样的治理悖论：我们不得不更多地依赖决断，却又往往很难作出决断；不得不进一步加强责任制，却又经常出现无从问责的事态，更深刻的治理困境是民主问责越严厉，逃避作出决定的责任之倾向就越严重，逐渐导致人人有责、却无人真正负责的结局；而通过独任制集中权力和明确责任的尝试又会引起与决定相关的风险聚合、增幅等效应，在制度设计

* 本章原发表于《政法论丛》2016年第6期，收入本书时略有改动。

上很难实现风险的分散和转换。可以说，这就是当今中国政法界面临的“三难困境”。

在任何决定过程中，都会出现决定者与受决定影响者之间的区分和对立。一个决定带来不利后果或损害的概率越大，承受这种可能出现的不利后果或损害的人们对决定的内容就会越关注，也势必根据事态演变的趋势进行归咎和追责。在这个意义上可以说，决定总是具有风险性的，包括造成惨祸的风险和引起那些受决定影响者进行问责的风险。实际上，在当今社会，很多抗议活动都是围绕决定的风险性问题展开的。以2016年立夏发生的“雷洋事件”和连云港的核废料风波等为代表，在中国，似乎针对风险（特别是如何分配风险[1]）的抗议运动正在成为中国政治的新常态。在这样的背景下，关于风险的沟通行为变得越来越重要了。但是，由于基本共识的裂变和流失，互相矛盾的声音此起彼伏，甚至导致权威话语体系的信号紊乱，沟通和理解变得越来越困难。显而易见，怎样有效地改进风险沟通机制将成为法学和政治学的重要课题。

风险沟通以风险意识为前提条件。风险意识越强，决定者与受决定影响者对决定的风险性就越容易作出不同的评价，意见的分歧和对立也就越显著。这时，围绕风险的对话、议论、交涉以及其他形式的沟通活动当然更加重要，但也更加难以达成共识。另外，各种风险防控举措——例如，根据预防法学和治安法学的思路不断加强监督或规制以及警察的功能、过度干预金融市场、严格限制表达的自由等，本身也具有风险性，不是因实效有限而产生剩余风险，就是因平衡关系

1 关于财富分配与风险分配的不同逻辑关系，参见［德］乌尔里希·贝克：《风险社会》，何博闻译，译林出版社1992年版，第15—57页。

发生变化而引起新型风险或潜在风险。从2015年6月以后的股市涨跌控制风波，到最近连云港爆发的反对核废料处理装置的风波，我们都可以清楚地看到：风险防控举措所带来的风险并不比风险意识缺乏所带来的风险更小，恰恰相反，它甚至还能引起社会风险的各种连锁反应。在风险沟通方面，我们也可以清楚地看到：因为当局担忧舆论的复杂涟漪而不表态本身就是一种表态，相关部门没有话语也构成一种话语，这都会在风险沟通中引起更复杂的涟漪，甚至最终导致沟通的功能障碍。

本章试图从上述社会风险敞口和国家治理困境切入，分析中国转型期结构和语境的特征，探讨适当的和切实可行的应对举措以及创新法治模式的可能性，并对风险社会学（特别是尼克拉斯·卢曼的风险理论）的分析框架进行验证和修正。为了更好地结合实践情况、更清晰地梳理相关问题群，我以大家近期高度关注的“雷洋事件”和“万科事件”作为论述的线索或素材。选择“雷洋事件”，是因为风险社会学中两个最重要的概念组合“危险—风险”“安全—风险”在其中有非常典型的表现，也涉及风险防控举措本身的风险问题。从宪法学以及法学理论的角度来看，这里折射出在自由权与生存权的交错处摇曳的社会不安感、恐惧以及同理心的共鸣，也展示了官僚机构逃避责任的行为样式所造成的风险沟通障碍。“万科事件”的代表性在于经济安全和财产权保障，涉及企业治理结构的缺陷造成的金融风险点。从风险沟通的角度来看，专家意见与倾向性舆论的对峙呈现了一种中国特有的话语空间，使得煽情性语言泡沫不断淹没理性对话，法律规则难以发挥简化复杂性的功能，甚至有可能推演出风险失控的结局。

二、卢曼风险社会论视野里的决策与问责

从乌尔里希·贝克在1986年提出“风险社会”这个概念起，对现代化的科技和产业经济成就进行反思从而开启新的现代化进程就成为风险社会学的主旋律。[2]安东尼·吉登斯从信任与风险的视角进一步强调了对现代秩序的反思理性。[3]然而，尼克拉斯·卢曼的风险社会学理论则提出了更具特色、也更适合对法律制度进行分析的风险概念，即把对决定者问责的沟通活动与风险认识联系起来，并提供简明的判断标准：就不利后果或损害对决定者进行问责时才产生风险问题，否则就是传统社会固有的危险现象。概括地说，卢曼的风险社会学理论具有如下基本特征：

（一）对决定者的问责以及风险沟通

在卢曼看来，虽然风险可以像在经济领域和司法领域中那样以损害规模与发生概率的乘数来定义，但社会学以及政治学、法学还是应该从各种决策程序以及对决定者进行归咎和问责的角度来把握风险概念。[4]其中最关键的是对“风险”与“危险”的区别，以便对行动者与把行动作为他人的决定加以评价的旁观者、或者决定者与受决定影响

---

2 贝克在《风险社会》里的表述是“反思性的现代化”，并提出了科学系统和政治系统进一步开放思路，参见［德］乌尔里希·贝克：《风险社会》，何博闻译，译林出版社1992年版，第4页，第7、8章。

3 安东尼·吉登斯在其《现代性的后果》中指出：“极权的可能性就包含在现代性的制度特性之中，而不是被取代了”（7页）；“社会学在反思现代性的过程中的关键地位，源于它用最普遍化的方式反思现代社会生活”（36页）。当然，这里还是指现代性开始理解自身这一意义上的反思，并非对现代性的否定或超越。参见［英］安东尼·吉登斯：《现代性的后果》，田禾译，译林出版社2011年版，第7、36页。

4 吉登斯也注意到风险社会中责任的意义。See Anthony Giddens, “Risk and Responsibility”, *Modern Law Review*, Vol. 62, No.1, 1999, pp.1–10.

者的所谓“二阶观察”不同视角的水平进行适当评价。他说：

> 通过对风险与危险的区别，试图给风险概念赋予另一种形式。这种区别的前提是发现与未来损害相关的不确定性，因而也使得这种区别与其他的区别能够区别开来。这时存在两种可能性。一种是在有些场合或许产生的损害被认为是决定的后果，因而归咎于决定。这样的场合就称之为风险。更详细地说，就是决定的风险。另一种场合是或许产生的损害被认为是由外部因素引起的，即归咎于环境。这种场合称之为危险。[5]

这是卢曼风险社会学的最大特征。毫无疑问，风险与危险的区别图式是以对安全的关注为基础的。但从追求安全的共同点出发，却很难同时兼顾风险侧面与危险侧面。强调风险性（在很多情形下也可以理解为基于概率计算的获利合理性），很可能会忽视危险的存在以及相应的对策。但强调危险性，以安全为理由反对建设项目，却又可能忽视伴随着风险的决定或许带来的利益。倘若决定者与受决定影响者分别强调同一区别图式的不同侧面，例如，在上海、深圳铺设磁悬浮交通轨道或者在北京、上海、广州建立移动通信基站那样的场合，地方政府更注重风险投资带来的经济效益，而市民则更注重没有危险的生活，那就会陷入社会矛盾。由此可见，风险与危险的区别图式背后还存在风险意识、风险评价、风险容忍、风险选择等一系列的区别，也牵扯到如何公平合理地分配风险的国家治理问题。从这样的视角来

5 ［德］乌尔里希·贝克：《风险社会》，何博闻译，译林出版社1992年版，第38页。

看，所谓安全，其实就是能把危险转换成风险（应该并且可以处理、解决的问题），因而存在“安全即风险”的悖论。

在这里，行动者自己的第一阶观察与把行动作为他人决定来把握的第二阶观察，会导致对决定的风险作出完全不同的评价；当人们清楚地认识到未来有赖于决定、而决定具有风险时，行动者与行动评价者的视角分歧就会变得非常大。某种损害产生的可能性，对决定者而言是可以选择的风险，但对受决定影响者而言则成为不得不承受的危险。[6]由此推而论之，一个决定可以在决定者（行动者）与受决定影响者（行动评价者）之间划分出鸿沟，也可能产生出潜在的纠纷以及抗议运动。由于这类鸿沟与矛盾、抗议运动起因于人们分别作为行动者和行动评价者的不同视角的“二阶观察”，所以在解决这类问题时有必要部分地返回行动者、决定者自身的第一阶观察层面通过实践进行检验，或者在第二阶观察的层面通过信息公开和合情合理的说明来加强沟通和相互理解。然而，在沟通过程中，尤其是身处互联网话语空间这样容易引起围观的环境中，人们既是行动者又是行动评价者，因此风险意识会在时间维度和社会维度引起新的紧张关系，造成沟通的局限性。但互相观察也可以促进互相理解，其前提是创造同理心发挥作用的制度条件。

（二）决策的风险评价与时间维度

卢曼的风险社会学理论还有一个显著特征是始终在时间结构中考察决策的风险问题。一般而言，对风险的评价产生于现在，但对风险

---

6 参见［德］乌尔里希·贝克：《风险社会》，何博闻译，译林出版社1992年版，第129页。

评价的证实却不得不有待于未来。正如卢曼所表述的那样："风险评价随着时间而变化，这就是风险之所以成为风险的理由。"[7]强化风险意识的目的在于让人们身处现在却能提前思考未来，或者以未来为基点回顾即将成为过去的现在，从而加强决策过程中人们的反思理性。任何决定都是在时间限定、信息不足的条件下进行的，不言而喻，司法判断尤其如此。审判机关不能以缺乏专业知识、没有法律规定或者尚未收集到充分的信息和证据为由拒绝收录案件，一旦立案就必须在法定期限内作出判决，因此司法判断的风险是非常大的。为了减少时间限制、防控决策带来的风险，现代法治国家的制度设计是普遍推行以"合法"与"违法"的二元化编码为特征的规范图式。

二元化编码的系统是一种高度技术化的、自我解放的系统，因为它赋予自己仅仅在编码的正反两种值中进行选择的自由。但与此同时，二元化编码的技术其实也显著增加了系统运作的风险性，因而势必对立法的科学化和民主化提出更高要求。从这样的规范图式来观察具体决策活动，风险就只是对规范的乖离；防控这种风险的就是外在的法律制裁和内在的道德制裁。[8]通过"合法"与"违法"的二元编码来加强形式理性，可以明确他人在未来应该如何行为，从而也就使得"现在"规定了"可能的未来"。而现代司法制度中的既判力概念，在相当程度上意味着不必顾忌未来对决定是非的证明。[9]在这个意义上也不妨认为，现代法治原则其实也是使决定者能够防范风险并获得自

7 ［德］乌尔里希·贝克：《风险社会》，何博闻译，译林出版社1992年版，第60页。
8 参见［德］乌尔里希·贝克：《风险社会》，何博闻译，译林出版社1992年版，第72页。
9 参见［德］乌尔里希·贝克：《风险社会》，何博闻译，译林出版社1992年版，第76页。

由的结构。于是，严格守法与充分自由在形式理性的层面就统一起来了。依法行政、法官只服从法律等一系列制度安排，既是为了限制权力的恣意，也是为了减轻行动者、决定者的风险压力和责任负荷。与此对应，如果从时间结构的维度来把握法律思维的"结果指向"，其实质是要求把"未来"加以"现在"化。换言之，结果指向的实质性判断对法律体系的影响其实是让风险意识渗透进来，导致法律责任从过失责任转向危险责任，并不断加强行动者、决定者的注意义务。[10]

根据卢曼的分析框架，时间结构中最重要的是过去与未来的差异，而在每一个现在的瞬间，都存在不同的过去与未来。因此，在不同的现在都能看到此刻特有的过去和未来；如果把这样的时间结构纳入视野，关于风险的体验和评价势必因人而异、不断变化就不难理解了，特别是决定者与受决定影响者之间的视角差距会相去甚远。这就会引起"决定后的惊讶"（post-decision surprise）[11]和"决定后的失望"（post-decision regret）[12]之类的情况，并导致组织作为整体的选择和行为不得不时常出尔反尔、具有非连贯性的事态——在卢曼看来，这是很可怕的。在存在风险、特别是造成巨大损害的场合，为了维护组织的信誉，决定者往往倾向于采取这样一种对策：不是去处理决定引起的新问题，而是竭力回避指责。[13]尤其是官僚机构在回避风险方面更

10 参见［德］乌尔里希·贝克：《风险社会》，何博闻译，译林出版社1992年版，第77—78页。

11 See J. Richard Harrison & James G. March, "Decision Making and Postdecision Surprise", *Administrative Science Quarterly*,Vol.29, No.1, 1984, pp.26–42.

12 See David E. Bell, "Regret in Decision Making Under Uncertainty", *Operations Research*, Vol.30, No.5, 1982, pp.961–981; G. Loomes & R. Sugden, "Regret Theory: An Alternative Theory of Rational Choice Under Uncertainty", *Economic Journal*, Vol.92, No. 4, 1982, pp.805–824.

13 参见［德］乌尔里希·贝克：《风险社会》，何博闻译，译林出版社1992年版，第222—223页。

是无所不用其极，[14]这就会助长隐瞒信息、遏制沟通的偏颇。令人遗憾的是，“雷洋事件”的演变过程恰好为这种理论假说提供了很典型的实例佐证。

（三）风险的预防、分散以及转换机制

卢曼的风险社会学理论的第三个重要特征是以功能分化的系统来参照不同类型风险的考察和评价。例如政治系统的风险是舆论影响投票行为，或者使得限制某种风险的特定政策无法获得正当评价的风险（例如处理“雷洋事件”的棘手问题）。经济系统根据支付和不支付的二元化编码进行运作，因而风险在此就是预期的支付无法实现的风险或者支付能力不能再生产的风险，是处理对策中的优先事项（例如在“万科事件”中大股东们以及管理层之间的注资斗争）。科学系统以及各种不同的专家系统同样具有特定的风险。从这样的角度来考察问题，有目的的组织在风险防控上可以发挥重要作用，但也会酿成新的风险。

卢曼认为，正是在风险社会，对公共服务的客观需要和依赖使得传统的援助—感谢—援助的反馈机制被转换成事先照顾型国家（福利国家）的组织，酿成一种人们不断对国家提出诉求也无妨的氛围。因而法律的形式就是主观的权利，权利与义务的相互性概念被舍去。[15]结果企业的预算制约不断软化，个人的期待值不断增大，所谓“花钱买稳定”之类的权宜之策也逐步变成常态并日益加重财政负担。但

---

14 参见［德］乌尔里希·贝克：《风险社会》，何博闻译，译林出版社1992年版，第218页。

15 参见［德］乌尔里希·贝克：《风险社会》，何博闻译，译林出版社1992年版，第126页。

是，组织化的援助绝不会促进社会团结，反倒会使社会对风险进行防控的内在机制逐步衰变，也使得风险沟通受到阻碍。理由很简单，沟通的效果取决于信任；而信任构成社会团结的契机。[16]在父权主义色彩很浓的事先照顾型国家，行政权限不断扩张，势必不断加强风险，最终将形成某种庞大的、无法驾驭的变局。[17]

人们当然期待决定者与受决定影响者之间的对立可以通过沟通来弥合，在这里最重要的是对风险的看法应该客观化，也就是要把反思理性或者反馈机制嵌入风险之中。权威就是客观化和反思化的一种标志，也是信任的泉源之一，因此沟通必须在相当程度上利用权威，以便减轻沟通的负担。[18]在这里，卢曼的思路与吉登斯在专家系统（包括法律人的解释共同体）内讨论信任问题时的思路是相通的。后者认为，为了通过信任减轻沟通的负担，人们要求专家系统提供“双重保证：既有特定的专业人士在品行方面的可靠性，又有非专业人士所无法知晓的（因而对他们来说必然是神秘的）知识和技能的准确性”。[19]为此不得不把“前台”工作与“后台”工作严格区分开来，因为“专业知识的操作常常需要很专门的环境，同样也要求一以贯之的精力专注，而这些在公众的眼光看来，都是很难做到的。……前台与后台的明显区分，增强了品行——作为一种减少由于对技能不够娴熟及人易

16 参见［德］乌尔里希·贝克：《风险社会》，何博闻译，译林出版社1992年版，第145页。

17 参见［德］乌尔里希·贝克：《风险社会》，何博闻译，译林出版社1992年版，第129页。

18 参见［德］乌尔里希·贝克：《风险社会》，何博闻译，译林出版社1992年版，第129页。

19 ニクラス・ルーマン『リスクの社会学』小松丈晃訳（新泉社，2014年）74頁参照。

犯错误所造成的后果的手段——的意义”。[20]当然，这种区分也容易招致人们对专家系统进行黑箱操作和掩饰错误的怀疑，除非专家的知识、才能、人品能获得制度上的保障和社会上的认同，具有足够的权威性。

在缺乏权威和信任的场合，抗议就会增多。实际上，抗议运动也是一种沟通方式，是公然向他人追究过错和责任的沟通方式。[21]因为决定与损害（以及可能发生的损害）之间关系无处不在却无从预知，所以风险正在成为抗议运动的新焦点。[22]要避免风险沟通的过激化、演化为层出不穷的抗议运动，那就必须加强决策的民主参与程序，以预先划定政治系统的内在沟通与外在沟通之间的边界线。其实抗议运动也是一种群众参与，只不过以对抗的方式表现出来罢了。[23]然而，通过民主参与程序作出的决定，对外部必须以达成共识的方式加以说明。但是，卢曼认为决定者与受决定影响者在政治上重要的差异并不会因为这样的参与而产生什么变化。对于政治系统而言重要的仅仅是组织化的沟通。民主参与无论在什么范围内进行，都只是作为沟通发挥功能。[24]然而，我很难苟同这样的主张，因为民主参与程序中的风

---

20 ニクラス・ルーマン『リスクの社会学』小松丈晃訳（新泉社，2014年）75頁参照。

21 参见［德］乌尔里希·贝克：《风险社会》，何博闻译，译林出版社1992年版，第149页。

22 参见［德］乌尔里希·贝克：《风险社会》，何博闻译，译林出版社1992年版，第161页。

23 参见田飞龙：《公众参与的时代样本——厦门PX事件的过程分析和模式归纳》，载王锡锌主编：《公众参与和中国新公共运动的兴起》，中国法制出版社2008年版；胡象明、唐波勇：《危机状态中的公共参与和公共精神》，《人文杂志》2009年第3期；周志家：《环境保护、群体压力还是利益波及：厦门居民PX环境运动参与行为的动机分析》，《社会》2011年第1期。

24 参见［德］乌尔里希·贝克：《风险社会》，何博闻译，译林出版社1992年版，第178—179页。

险沟通更有利于对一项决策的成本和效益进行全面估测和计算，从而使决策过程更有理性并能减少和预防风险，至少可以增强风险的社会容忍度。[25]关于决策的民主参与程序，各国有不同的实践经验，有些产生了很好的效果，可惜卢曼没有进行充分的比较分析。

在大多数场合，现代国家对风险的处理方式是从政治系统引渡到法律系统，转换成可以用合法与违法的二元化编码进行简化处理并追究责任的技术操作事项；进而以法律系统为媒介频繁引渡到经济系统，转换成税费、补贴、损害赔偿以及保险金等财产关系的不同组合。但是，即便如此，残余风险如何处理、如何容纳的问题依然存在。[26]毫无疑问，法律系统的风险防控也会深刻影响政治系统和经济系统的固有动态。例如保险制度导致过失责任原则的衰退，确立无过失责任、分摊损失以及用税金填补金融机构等解决问题的方式，进而影响民间企业和地方政府提供服务的种类和项目，影响承诺的现实履行程度，甚至引起普通公民的抗议运动。[27]因此，关于政治系统的风险转换、应对风险的组织系统的结构和功能、风险与社会运动等课题也值得进一步探讨。

三、透过雷洋事件观察围绕规制的风险沟通

所谓“风险”意味着按照某种概率发生的不利后果或者损害，因而是可以预测和计算的，属于人们进行选择和决定之际存在的

25 参见［英］安东尼·吉登斯：《现代性的后果》，田禾译，译林出版社2011年版。
26 参见［德］乌尔里希·贝克：《风险社会》，何博闻译，译林出版社1992年版，第139页。
27 相关内容可见［英］珍妮·斯蒂尔：《风险与法律理论》，韩永强译，中国政法大学出版社2012年版，第二编。

问题。[28]在这个意义上，风险并非具备完全的不确定性。如果决定者没有充分履行注意义务，本来有可能回避、防止、减小的不良影响终于发生并扩大，那么受决定影响者就会归咎于决定者并进行问责。与此不同，“完全不确定性”意味着未来的趋势根本无法预测和计算，但人们却又不得不作出选择和决定。在这种场合，问责的压力可以减轻甚至免除，如果出现不利后果或损害，决定者以及受决定影响者都只能自认倒霉背运。“可预料之外”则意味着遭遇未知事态、超出了认识范围，不属于决定和防控的范畴之内，因而也就谈不上问责。但是，通常人们所说的可预料之外，其实多半只是小概率事件，是所谓“黑天鹅飞出”现象，未必都与决定的注意义务无关。总之，风险、完全不确定性以及可预料之外，这是三个完全不同的概念，尽管相互之间有些近似和关联。[29]在“雷洋事件”中，上述三种情况却同时发生了。

（一）风险恐慌、治理两难以及舆情三阶段

一个公民在去机场接人的路上突然消失，接着发现已经死亡，被告知原因是嫖娼、暴力抗法受伤以及心脏病发作，这样离奇的情节当然是“可预料之外”的，并且具有非常强大的社会冲击力。经过颇为

---

28 卢曼指出风险为决策的一个普遍性侧面，See Niklas Luhmann, “Modern Society Shocked by Its Risks”, *Social Sciences Research Center Occasional Paper 17* (1996, the Department of Sociology, the University of Hong Kong), p.5。而吉登斯就这一点提出的命题是“风险仅存在于有待决定之时”。See Anthony Giddens, “Risk and Responsibility”, *Modern Law Review*, Vol.62, 1999, p.8.

29 竹村和久『行動意思決定論—経済行動の心理学』（日本評論社，2009年）、マックス・H.ベイザーマン、ドン・A.ムーア『行動意思決定論—バイアスの罠』長瀬勝彦翻訳（白桃書房，2011年）、植村修一『リスク、不確実性、そして想定外（日経プレミアシリーズ）』（日本経済新聞出版社，2012年）。

漫长的尸检，结论是胃内容物被吸入呼吸道导致窒息死亡，其后的判断和案件处理似乎进入了“完全不确定性”的状态，容易让人产生浓厚的不安感和不信任感。于是涉案公安局、检察院、五位证人、死者亲属、律师以及作为利害关系者的校友们的言行和选择都具有了不同程度的“风险”，甚至连律师提交意见书这样的执业活动也变得让人讳莫如深，导致对这个事件的真相调查和处理迟迟无法作出决定。从国家治理的角度来看，这里出现了一个进退两难的困境：在可预料之外与完全不确定性、自由权与生存权互相交错的地方，似乎人人皆可变成雷洋，[30]于是社会公众对警察行政的恐惧和共鸣成为最大的风险点，而警察行政又恰巧是目前中国防控社会风险的主要手段。

围绕“雷洋事件”形成的舆论风暴，使得受决定影响者的范围扩大到整个国家的不同层面、不同群体，使得小概率发生的错误也被理解为无所不在的危害，进一步增加了处理此案的风险性以及风险沟通的难度。“雷洋事件”引起的舆情和沟通行为大致分为三个阶段。第一阶段是从案发到检方介入，即2016年5月9日关于“雷洋事件”的帖子在互联网上开始流传，到5月31日这期间。贯穿第一阶段的关键词是质疑，包括追究真相的诉求，也包括逃避和推卸责任的语言博弈，还有各种臆测、抹黑以及恶意炒作：从给受害人任意泼污水到指责警方钓鱼执法和设陷阱谋财害命等，不一而足。公众传媒的重点报道和不同场域围绕疑虑和恐怖的交谈导致观点激化的“群体极化”现象也不断呈现。所谓群体极化，是指不同群体的人们站在特定的立场互相交换信息和意见，使得内部出现观点趋同和越来越强烈的共鸣机

30 关于这种社会心理的研究，可参见石勇：《雷洋之死与一个超级“假自我”的背后：中产，还有下层的命运玄机》，载微信公众号“三墨”，2016年5月19日。

制。但值得注意的是，对嫖娼的道德拷问等舆论引导工作却不仅没有引起社会响应，而且在死者妻子那里也没有收到任何效果；相反，警察执法的程序公正性以及比例原则始终成为舆论的焦点。[31]这反映了一个事实：中国人的法律意识和权利意识已经发生质变。在人们不断追问的过程中，涉案警察和相关部门的辩解与说明无法自圆其说，导致社会的不信任感越来越强烈，风险沟通变成各执一词的僵局。

自检察机关介入调查起，僵局出现转圜，舆情进入第二阶段。从6月1日北京市人民检察院第四分院决定对昌平区公安分局小口派出所民警邢某某等五人进行立案侦查，到6月30日检察机关通过审查和专家论证确认尸检鉴定结果并决定对邢某某等采取逮捕措施，这期间情绪化的猜测和攻击大幅度减少，理性对话的氛围开始形成，社会关注的焦点转向归咎和问责以及程序正义。[32]这里首先可以看到人们对处于比较中立地位的检察机关的期待，也可以认识到适当的制度化举措在防控风险方面的重要意义。这时争论的焦点问题是涉案民警的律师是否适格、尸检结果究竟真伪如何等，形成了截然对立的意见。各方分别从证据、程序、法理上寻找根据，律师也通过正式的制度渠道提交意见书。其间也出现了涉案警察亲属打悲情牌以及“人大校友”与“法大校友”之间对峙的小插曲，但基本上没有导致特定群体的“感情歇斯底里”，也未能形成新一波情绪化的倾向性舆论。

---

31 例如邓楚开：《以公正程序化解执法过程中致人死亡案件的公关危机》，载微信公众号“法苑青年”，2016年5月13日；澎湃新闻社论：《管住警权，防治警察执法权随意膨胀》，载微信公众号“澎湃新闻”，2016年5月23日。

32 Anthony Giddens, “Risk and Responsibility”, *Modern Law Review*, Vol. 62, No.1, 1999, pp.1–10.

（二）概率放大与风险管理系统的多重错误

实际上，从7月1日起“雷洋事件”进入第三个阶段：舆情开始沉静化，大家都在等待法律程序上的后续进展，但也有些流言传达着疑虑和悲观情绪。由于该案还在处理程序之中，事实全貌还不清楚，结论也尚未确定，所以这里不作具体评说和判断，只对已知的现象进行理论研究。不管最终事态向何方发展，我们都可以发现“雷洋事件”具有强烈的象征性意义，对重新认识风险社会的治理富有启示。在这个案件中，法律的公信力和执行力均很重要，但两者之间却出现了尖锐的对立和冲突。或许正是这种紧张关系导致有关方面在处理此案时“投鼠忌器”。本来现代法治国家对警察行政设立了强制措施的比例原则，要求动用警力必须符合法定要件、满足成本最小化要求以及危害事实与应急措施之前的适当平衡。为此，公安机关负有预先衡量的义务，必须尽量抑制应急举措本身的危险性，这样的义务体现为关于权限、监督、问责的一系列组织程序和行为准则。如果这样的制度安排已经确立并有效实施，上述雷洋事件中的紧张关系就不至于产生或者具有深刻的影响，决定的风险就会趋近于零。遗憾的是，我们还不具备驾驭风险的相关条件，所以很容易陷入进退维谷的境地。

一般而言，对风险的恐慌大都起源于对概率的忽视。[33]而法律的文本和效力又不会随着概率的不同而发生变化，因此雷洋事件的处理在技术上也的确存在一些现实困难。更重要的是，由于前期风险沟通

33 可以参阅凯斯·桑斯坦在《恐怖的规律》中关于对概率忽视的论证。キャス・サンスティーン『恐怖の法則—予防原則を超えて』角松生史、内野美穂監訳（勁草書房，2015年）51—53頁参照。

的失败，雷洋的不幸遭遇在情感上对公众心理产生了强烈的冲击，使得每一个普通人在路过足浴店或者看见警察时都会感同身受，这就让这个事件摆脱了小概率的窠臼，构造出一种不断扩散的恐怖共鸣效应。小概率被互联网信息技术造成的围观结构急剧放大，这是当今中国风险沟通的重要特征。而“钓鱼执法”“合谋抓嫖”“勒索罚款”的报道碎片在舆情潮流中不断涌现、重组，还有关于雷洋从被限制人身自由到莫名其妙死亡的整个过程的时间表详细分析和推理，加剧了关于风险恐慌（risk panic）的可获得性启发。[34]在这样的情况下，一个决定势必包含其他决定的可能性，一种风险处理不得不与另一种风险处理相衔接；使得沟通活动连锁化、网络化，出现很多预料之外的相互作用，增加风险处理的复杂性、暂时性、相对性以及沟通障碍。

不过“雷洋事件”的本质倒还不是小概率事件被无限放大后产生的错觉，而是官僚机构在风险管理方面的系统性多重错误。不得不指出，无论是涉案的街头科层成员（警察和协警），还是地方公安局及其派出所，或者其上级主管部门，官僚机构在面临决策风险时的一个显著特点，就是采取极端的态度来回避责任或者推诿责任。这是官僚的性质所决定的，纵览世界各国几乎没有例外。

（三）风险抗议新常态与预防的悖论

“雷洋事件”实际上已经昭告公众，警察以及其他行政部门的决定、举措与损害或可能发生的损害之间的关系具有很大的偶然性，每

34　マックス・H.ベイザーマン、ドン・A.ムーア『行動意思決定論—バイアスの罠』長瀬勝彦翻訳（白桃書房，2011年）27—32頁参照。

个人都无法置身事外；任何个体在任何地方，风险都会如影随形。因此，生活中的风险似乎正在成为人们对国家提出诉求、进行抗议的新焦点，或者也不妨认为，在风险社会，抗议运动势必成为政治的新常态。这些诉求、抗议以及表达不安与不满的运动，其实也就是公然向决定者追究责任的一种风险沟通。[35]为了控制可能发生的危害以及抵御问责压力，正如“把一切不稳定的因素消灭在萌芽状态”的口号所表述的那样，行政部门不得不对潜在的不利后果和损害提前采取预防举措，强调风险行政法的事先预防原则。[36]预防原则理所当然地要求有关部门和官员不能以损害缺乏决定性证据为由拒绝采取规制措施，要求在所有决策中加大安全系数，这就必然在实际上加强行政干预并使之正当化，终将导致规制权力的庞大化，甚至造成尾大不掉之势。这样的态势与减少审批和干预的行政制度改革以及权力负面清单的理念之间，实际上是存在尖锐矛盾的。

防控风险的技术性对策包括对风险进行量化处理和预警，例如，确保执法过程有全程的探头录像，以便为指控违法行为提供有力的证据，同时也监控警察及其他执法人员行动的合法性。此外还有强化舆情研判，重视大数据在国家治理中的作用，等等。遗憾的是，“雷洋事件”未能证明技术性对策在风险沟通中的积极作用，恰恰相反，它让公众发现各地设置的探头似乎总是在关键时刻、关键地方失灵，造成对包括技术装置在内的风险对策本身的强烈怀疑，加剧了对权力系统的不信任感，使得风险沟通不是变得更顺畅而是反倒变得更艰

35 参见［德］乌尔里希·贝克：《风险社会》，何博闻译，译林出版社1992年版，第148—152页。

36 ［英］珍妮·斯蒂尔：《风险与法律理论》，韩永强译，中国政法大学出版社2012年版。

难。这从公众不认同尸检鉴定报告的权威性和真实性的呼声中不难得出判断。另外，分散、转换和吸收风险的多元化权力结构的弹性应对机制也很不健全，使得问责压力无法被纳入正式的渠道，形成受决定影响者与法律体制之间的良性互动。由此亦可见，制度安排如果不妥当，风险管理方面的系统性多重错误如果不克服，我们就很容易从风险社会滑进社会学家埃米尔·涂尔干和罗伯特·默顿所说的"失范"（anomie）社会，面临反常、混乱以及秩序分崩离析的危机。

四、"万科事件"的话语空间与法律的不确定性悖论

"万科事件"则是中国经济行政风险性的一帧缩影。其背景可以追溯到2015年6月股市风波中的企业救市工作以及2015年7月10日宝能第一次举牌。从2015年12月17日起，"万科事件"突然演变成公共事件，成为全国舆论的焦点。在这里，股权之争与重组之策所涉及的风险沟通的关键问题，是公司治理结构存在重大缺陷，导致所有关系不清晰，财产结构没有确定性，从而使得收购大战演化成血腥乱斗，不仅裹挟政府部门，还牵扯出许多个人恩怨和丑闻，使得任何一种选择和决定都带有负面影响，并且很难达成稳妥解决的共识，使得不确定性和不可预料性不断呈现。万科和王石以及宝能和姚振华之间的乱斗愈演愈烈，一个重要原因是法律规则不能发挥简化复杂性的功能。在各方拼得鱼死网破的行动中，还可以发现决策者们缺乏应有的责任伦理。特别值得注意的是，围绕万科事件出现了专家意见与公众舆论之间的尖锐对立，使得风险沟通机制被扭曲，甚至有拒绝多赢、奔向多输的冲动。

（一）专家系统的功能障碍与信任危机

在风险社会中，专家系统能够发挥非常重要的作用。因为公众往往缺乏理解某些决定可能引起不利后果或损害的专门知识，也缺乏足够的信息和理性判断力；一旦发生重大事件，不明就里的人们很容易产生不安感、轻信流言蜚语、采取跟风行动。这种不安的言行在社会网络中传播、增幅，很容易形成共振，进而造成集体性恐慌。但是，包括法官、律师、医师、学者、职业经理人等在内的专家具有相关领域的知识、信息和判断力，可以发出理性和建设性的声音，从而消解、减少人们的不安感，帮助各方甄别风险、权衡利弊，并在此基础上进行适当的选择和决定，增强社会的信赖、团结以及稳定。正如安东尼·吉登斯所指出的那样，“安全经验通常建立在信任与可接受的风险之间的平衡之上”。[37]通过专家系统确立的信任、信心以及信赖对于风险甄别、风险管控具有关键的意义。但是，中国的传统文化侧重熟人之间的信任，比较缺乏系统信任，基本上忽视了抽象性更强的专业知识和技能的信赖机制应如何建构和维护的问题。

对于现代社会的公民而言，尤其是对于具体活动的当事人而言，专家系统的信任具有两个前提条件。一个是专家必须具有非专业人士所无法充分获悉或掌握（因而具有某种神秘性）的准确的知识和技能。另一个是专家必须在资质和品行上完全可靠，从而能有效避免出现内行糊弄外行的问题。[38]专业化的特性决定了对“前台”工作和“后台”工作的严格区分，因为专业知识的操作通常需要特定的、宁

37　ニクラス·ルーマン『リスクの社会学』小松丈晃訳（新泉社，2014年）31頁参照。
38　ニクラス·ルーマン『リスクの社会学』小松丈晃訳（新泉社，2014年）74頁参照。

静的环境，需要专家全神贯注。正因为这种隐蔽性，为了避免掩饰错误等问题，对专家资质和品行的要求以及职业道德就必须得到更多的强调。[39]一般而言，公众正是因为对专业性问题的无知才不得不信任专家系统，但与此同时，也正因为这种无知又很容易产生对专家系统的怀疑。[40]这就是围绕专家系统产生的一个风险与信任的悖论。这个悖论在“万科事件”中表现得淋漓尽致，并出现了非常极端化的情况。

在当代中国专家系统是开放的，甚至被解构了。[41]在各个专业领域都提倡“群众路线”，强调知识的民主化。这样的氛围最终会造成专家的客观性和中立性的丧失，专家本身的政治立场和价值取向也不断受到质疑，有时还会被人为地削弱其权威性。面对专家的知识和理性判断，所有人都可以品头论足，甚至随意攻讦，专家知识与大众意见、理性对话与倾向性舆论之间的分野被混淆了。如果专家本身丧失客观中立的立场，成为某一利益集团的代言人，那问题就会变得更严重。因为这样一来，专家系统作为权威的定位以及使舆论得以镇定化、理性化的功能，都将难以落实。“万科事件”中，这个问题表现得尤其突出。无论是华润公布的13名法律专家意见书，还是北京君合事务所致万科意见书，尽管专家们试图把完全不确定性转化为具有某种程度确定性的风险，却受阻于铺天盖地的口水战甚至非常过激的“鹰犬”辱骂。实际上，不太了解情况、并不具备专业知识的群众的作用是，通过互联网舆论的层层涟漪，将具有某种程度确定性的风险

39　ニクラス・ルーマン『リスクの社会学』小松丈晃訳（新泉社，2014年）75頁参照。
40　ニクラス・ルーマン『リスクの社会学』小松丈晃訳（新泉社，2014年）78頁参照。
41　土方透、アルミン・ナセヒ編著『リスク—制御のパラドクス』（新泉社，2002年）。

反过来转变成完全的不确定性。在这里，专家意见与公众舆论之前存在着逆向而动的冲突。

（二）法律未能发挥简化复杂性的作用

显而易见，在“万科事件”中，围绕财产权结构的风险沟通，风险、完全不确定性以及可预料之外这三个情况出现了相互转化，并变来变去，形成了一个不确定性悖论。除了前面提到的专家意见与互联网的倾向性舆论之间有趣的反向而行外，还有企业的大股东、董事会、管理层以及主管部门、地方政府的复杂互动。一般而言，大股东在公司治理中发挥重要的稳定性作用，这是因为它有着清楚的利益动机和行为逻辑。但在这次“万科事件”中，大股东的投票行为反而出乎意料，因为大家起初都不清楚华润的意图、所扮演的真实角色以及华润与宝能在背地里的关系（王石也惊呼过没有想到），这样也就无法预测事态演变的结果。还有宝能提出的临时股东大会议案，要求罢免万科第十七届董事会、监事会全体成员，均属于可预料之外的举动。2016年8月上旬，恒大突然袭击也是出人意料的，更加剧了“万科事件”演变的不确定性。另一方面，万科独立董事华生和自然人股东刘元生们的作用是给可预料之外的董事会投票行为提供了一定的预期；但是，独立董事对董事会决策过程的信息披露和评论在职业伦理上难免会引起非议，弃权不表态的做法也被诟病。虽然管理团队的去留动向和决定都带有风险性，然而，管理团队在“万科事件”中所发挥的主要作用是稳定局势、为企业的发展提供信心；公众对郁亮的期待、对管理层进退的回应，都反映了这一点。此外，政府在这里的作用是为企业和社会提供确定性和强有力的安全保障，尽管政府的介入以及任何决定都势必带有很大的风险性。

非常有趣的是，现代国家的风险管理方式一般是把政治系统的风险引渡到法律系统，进而以法律系统为媒介频繁引渡到经济系统。[42]在“万科事件”中，梳理先后披露出来的情节，我们可以发现一种逆向的政治化风险引渡：从管理层和职工的持股计划到大股东反击（股权之争），再到管理层反击（重组之策），随意跳过法律系统的处理过程，再到地方政府介入，直到对国资委等监管部门介入乃至高层政治介入的期待或者“拉人下水”“拉人上船”式的策划。虽然万科的9 000字举报信似乎是要把事态纳入法律系统的轨道来处理，但在监管部门始终回避实质问题的语境中，在举报信被认为是以非合规方式诱导中小投资者砸盘的背景下，法律只是勾心斗角、泄愤逐利的一种工具而已，其实各种互动还是离不开政治场域。[43]这样就在不经意间使得各种社会风险往往都汇集到政治系统，最终会淤积到权力结构的中枢或顶层，难以分散、转换以及被吸收。

社会是复杂多变的，政治充满博弈和妥协的不确定性，因此特别需要法律制度发挥简化作用。“万科事件”使人们开始认识到规则在以“快刀斩乱麻”的方式消除经济决策风险方面的重要性，但迄今为止的事态演变还是在反其道而行之，并没有、甚至也不太可能严格按照法律规则来减少解决问题的复杂性。无论王石以“情怀”为抗争手段，还是姚振华、许家印强调股东主权，或者万科管理层借助利益相

42　参见［德］乌尔里希·贝克：《风险社会》，何博闻译，译林出版社1992年版，第191页。

43　参见刘燕：《万科挑战宝能资管计划：监管层有苦难言》，载微信公众号“北京大学金融法研究中心”，2016年7月21日；邓峰：《万科案的监管者该管什么？该怎么管？》，载微信公众号“北京大学金融法研究中心”，2016年7月24日。

关者施加压力，对银行理财监管无序问题的指责，通过定向增发接纳深圳地铁为第一大股东的拯救企业方案以及后来的入股鹏金所，都没有充分认识和尊重法律体系上的整合性要求，围绕制度和规则的博弈也并不是向达成共识的均衡点逐步收敛、集中，而是越来越远离和解或者合理收场的预期，各方都摆出了不惜拼个鱼死网破的架势。这也正好典型地反映了目前中国风险沟通的特征以及各种问题，特别是无休止的语言游戏、媒体集中报道以及圈子化的、跟风式的议论所导致的“群体极化”现象。

（三）决断和整合不得不依赖强制性权力

中国传统的制度设计以顺应自然的仿生学为基本理念，导致法律秩序的构成与社会的复杂性相对应，具有多层多样化的形状，俨然成为一个复杂系统。[44]超越的根本规范、国家规范以及社会规范之间的边界是流动的、模糊的，不同类型犬牙交错、互相混合。道德、礼仪、情理不仅渗透到法律规范之中，还可以直接成为审理案件的标准。国家的法律体系也不具备明确的效力等级结构，是平面化的，类似马赛克拼图。这就使得法律沟通过程变得非常多元化、复合化，性质完全不同的逻辑关系互相纠缠在一起，“剪不断，理还乱”。任何决定都必须兼顾各种因素（特别是情、理、法这三种基本规范）之间的平衡。其结果，法制的统一变得几乎不可能，在围绕规范使用的互动中会不断产生出法律规范的各种地方版本乃至个人版本，也很容易出现“一人一是非，一事一立法”的事态；因而解决纠纷的各种成本势必不断攀升，事实上司法者也

44　長谷部恭男編『リスク学入門3法律からみたリスク』（岩波書店，2007年）参照。

很难作出决然的判断，即便作出判决也很难具有既判力。

在法律秩序液态化的情况下，社会的不确定性当然要大幅度上升，通过预测和计算进行决策将变得极其困难，因而相关的专业知识和技术理性都会显得捉襟见肘。这时人们自然而然地更倾向于因地制宜、临机应变，也更倾向于随大流、跟风。也就是说，不确定性的增大会助长投机主义倾向，也会导致群体行为方式从技术理性转向没有一定逻辑关系的、感性色彩较浓的相互模仿。这就很容易导致整体上大起大落的动态，引起共振，甚至在某种条件下诱发社会的震荡和解构。当日常与例外的关系被颠倒过来，紧急状态或者“末班车心态”成为人们进行公共选择的前提时，“万科事件”风险沟通的那种“群体极化”、拒绝多赢宁可双输、不惜鱼死网破等特征也由此形成。

如果法律规则不能有效地发挥一锤定音的作用，那么就只能靠权力、靠强制性手段来协调行动、处理对立。推而论之，只要法律体系还维持多元化、混合性的状态，那就必须维护一个集中的、强大的权力，否则社会将难以整合。既然要依赖权力最终给出答案，那么权力就势必具有相对于法律的优势，规范对权力的限制也就很难进行。[45]为了有效地制约公权力，必须首先建立起法律共同体，加强规范思维方式。也就是说，如果没有一元化的、普遍性的法律规范体系，就很难导入分权制衡的设计方案。

五、以风险沟通为基础的决策机制设计

不言而喻，风险始终是未来的问题。即使现在被认为是最好的决

45 参见劳东燕：《风险社会中的刑法：社会转型与刑法理论的变迁》，北京大学出版社2015年版，第11—28页。

定，也不能保证未来就不会带来损害或者副作用，因而不能保证未来也被认为是最好的决定，这就是决定者不得不面对的时间悖论以及由此产生的风险。中国行政改革和司法改革中导入的重大决策终身问责制，目的就是要让决定者提前思考未来，以未来作为现在决定的基点，从而迫使风险意识和风险评价摆脱时间差以及离任、退休等变化的限制，严格防止行使权力的任性行为和政治投机主义。毫无疑问，这样做的本意很好。但不得不指出，实践的结果却很有可能造成决定者过分顾忌未来对决定后果好坏的证明，畏首畏尾，不能当机立断作出决定，或者采取各种手段推卸或转嫁决定的责任。何况有些风险是看不见的，有些风险是不可知的，如果对决定的风险防控要求太高，就难免会助长各种各样的不作为现象——这正是当下在国家治理体制现代化过程中我们每天面对的现实。当然还有另外一种可能性或者选项，这就是疏通言路、适当加强风险沟通，以便及时发现风险源，提高对未来损害的现在的可预期性，或者分散决定的风险。在某种意义上也可以说，寻找风险源比问责更重要、更有建设性。显然，以风险沟通为基础的决策机制创新以及相应的顶层设计就是加强责任制、寻找风险源的题中应有之意。

（一）针对决策风险的主要应对举措

人们都知道，一个系统的复杂性越强，就具有越显著的非决定论特征；因为复数的线性事项的连锁反应如果同时并行，会出现出乎意料的相互作用，很难观察和把握这些共时进展的现象之间的因果关系。一个系统的规模越大，这种相互作用就越频繁、越多样化，有关的各种机制也就越无法透彻理解，所以很容易在运作中发生事故或者作出错误的判断，导致决定的风险性倍增。[46]在这个意义上也可以说，现代社会是根本就无法完全回避风险的，我们所能做的只能是甄别、权衡、减少以及管控风险。因此，围绕风险的沟通活动必然成为决策过程中最重要的环节。只有通过充分的风险沟通，人们才可以克服各自视觉上的盲点，从不同角度发现潜在的问题、提出意见和建议、找出更好的处理方案，决定的内容也因而更稳妥、更有共识基础，决定的执行也更具有内在动力，对事后发生的问题人们也更具有宽容度并积极寻找改进的方法。

为了有效地加强风险沟通，决策机制的设计往往会在技术、法律、政治、道德等不同层面采取如下主要对策，以追求安全和确定性，同时也保持必要的风险意识。技术对策，主要是指对风险进行量化处理和预警，包括探头录像监控、舆情研判、大数据分析等。另外，针对特定风险（例如生态环境污染的治理、大气温室效应的控制、流行性病毒的防疫、粮食危机等）而开发和采取的科学技术手段也属于这个范畴。法律对策，主要是指通过保险制度等事先分散和转嫁风险以及通过赔偿金支付、惩罚等追究责任的方式对风险进行善后处理。法律对策的特征是对本来无法计算的风险通过举证责任分配的方式进行计算，并从原理上追究决定者或行为者的责任，使得实际发生的损失有所充填或者在心理上有所补偿。政治对策，主要是指通过民主参与加强组织化的沟通，通过沟通就带有风险性的决定达成共识，并要求社会遵循安全标准，从而减少决定的偏颇、分散决定的风

46　アルミン・ナセヒ「リスク回避と時間処理—近代社会における時間のパラドクス」庄司信訳、土方透、アルミン・ナセヒ編著『リスク—制御のパラドクス』（新泉社，2002年）22頁参照。

险以及加强对风险的容忍程度。道德对策，主要是指在道德规范上强调进行有风险决定的责任感，致力于提高决定者的责任伦理水准并对决定后果进行问责。[47]

从目前防控风险的举措来看，技术对策（例如互联网、大数据的利用）和道德对策（例如八项规定、党风廉政系列举措以及中国共产党问责条例）特别受到重视，成效也比较显著，而法律对策和政治对策却相对滞后。要改变这种状况，就必须以风险沟通的空间构建为抓手进行制度创新，以便使决定者尽量接近处理的对象以及受决定影响者，司法救济的各种制度应该方便公民利用。在利益群体分化的社会背景下，要建立系统信任和法律秩序的权威，就必须尽量使政府具有客观性、中立性、公正性、效率性，促进组织和功能的合理化。应该通过委员会制度和专家咨询制度确保决策的科学性、专业性，同时借助听证会等方式促进公民参与决策过程，尤其是加强立法的民主参与程序。对于重大的法案和决定，不仅有必要普遍征求意见，还有必要充分进行替代方案的比较，并在讨论和审议过程中尊重少数意见和反对意见，甚至可以列出基于法定权利的“抗辩清单”。[48]否则就无法使论证性的对话活泼化，因而也就无法真正有效地防控决策的风险。

（二）风险社会的预防法学及其利弊得失

决策的风险性在一旦失误则后果极其严重的场合表现得尤其突出。为此，人们往往倾向于面对潜在损害提前采取防御举措——即使

47　四种对策的分类法参见アルミン・ナセヒ「リスク回避と時間処理—近代社会における時間のパラドクス」庄司信訳、土方透、アルミン・ナセヒ編著『リスク—制御のパラドクス』（新泉社，2002年）25—27頁。

48　参见金自宁：《风险中的行政法》，法律出版社2014年版。

灾难或恐怖活动能否实际发生尚不清楚，即使各种要素的因果关系尚不明确，当局也应该尽早采取对策。这样的思路在规范层面表现为预防法学，或者更具体些表现为行政法（特别是环境政策与法规）的预防原则，[49]以及基于安全原则的预防刑法，[50]并为风险以及不确定性背景下的个人选择或政府决策提供了很多颇有价值的命题。但同时也要看到，不能以损害缺乏决定性证据为由就拒绝采取风险管控措施这样的预防原则，而要加强行政规制并为之正当化，因为政府对风险的概率认知与个人的认知是完全不同的。例如五十万分之一的死亡概率对个人行动几乎不会产生影响，但对13亿人口大国的政府就会成为一个深刻的问题，导致决定者不得不采取防范措施，而且也更容易产生自我防卫过当的心理。随着风险意识不断增强，预防原则的适用范围也不断扩大，导致几乎所有决策过程都要层层加码提高安全系数。

这里容易被忽视的问题是，过于严格的规制本身其实与风险的预防原则之间会发生冲突。例如在转基因食品、大气温室效应、核电站、海洋开发等问题上，风险与经济合理性是并存的，如果采取过于严格的规制举措就有可能引起发展效益方面的损失，从而引起粮食危机、大规模失业、能源匮乏等其他危害或者更大概率的风险。另外，“雷洋事件”也证明，对社会进行过于严格的规制会造成这样或者那

49　关于环境行政法预防原则产生的背景和主要内容，参见儿矢野麻利「環境リスク問題への国際的対応」長谷部恭男編『リスク学入門 3 法律からみたリスク』(岩波書店，2007年）101—116頁；[英]珍妮·斯蒂尔：《风险与法律理论》，韩永强译，中国政法大学出版社2012年版，第210—217页。

50　参见劳东燕：《公共政策与风险社会的刑法》，《中国社会科学》2007年第3期，第126—139页；劳东燕：《风险社会与变动中的刑法理论》，《中外法学》2014年第1期，第70—102页；劳东燕：《风险社会中的刑法：社会转型与刑法理论的变迁》，北京大学出版社2015年版；Pat O’Malley, “Risk, Power and Crime Prevention”, *Economy and Society*, Vol.21, No.3, 1992, pp.251-268.

样的病态现象，引起反感、不安以及恐惧，在有些场合还会导致信任危机的发生和蔓延，酿成替代风险或新型风险，从而违反预防原则的本意。如果要进行适当的预防，同时又避免过于严格的规制，就要对决定者的裁量权进行必要的限制，同时又为酌情裁量的自由提供充分的制度保障，那就必须根据法治政府的原则，加强在公正程序之内的对话、协商、辩论、推理、审议，特别是激活风险沟通，以便在复杂的不同因素之间保持适当的平衡和比例关系。

一般而言，风险沟通中最大问题是人们只关注那些比较重大的不利后果，却往往忽视后果发生的概率。这就会让政府总是感到风声鹤唳，产生让安全系数最大化的冲动，从而不断加强规制直到超出合理的限度。忽视概率的风险意识也会使得一部分群众总是感到十面埋伏、危在旦夕，因而随时准备以命相搏，采取“小闹小解决、大闹大解决”的抗争方式，另一部分群众又可能期待政府进行严格控制，以确保社会的安全。从“雷洋事件”和“万科事件”中可以看到公众传媒对风险发生概率的忽视具有不均等性，很容易造成对特定现象的“感情歇斯底里”。因此，如何在风险沟通中适当讨论和计算损害的概率就成为一个重要的问题。根据有关研究成果，群众对新出现的风险或现有风险的增大很敏感，但对因为严格规制而牺牲的机会性收益却缺乏关心；预防原则往往适用于由某个举措引起的风险，却不适用于同一举措所减少的风险；即便熟悉的风险和陌生的风险在统计学上概率相等，人们对熟悉的风险更有容忍度；即使自然的风险与人为的风险是同等的，人们也倾向于认为自然的风险更小些。[51]另外，如果对

51 参见季卫东：《通往法治的道路——社会的多元化与权威体系》，法律出版社2014年版，第51—65页。

特定政策和举措的广泛而深远的影响缺乏认识，也会忽视这项政策和措施的风险。把这些富有启示意义的学术发现应用到风险沟通和预防举措之中，有利于克服“群体极化”现象和短期行为方式。

（三）民主决策程序和法律议论在风险沟通中的功能

但是，在考虑后果概率问题时，还必须充分注意政府、专家以及一般公众在立场上的差异以及不同意见之间的合理性竞争。在大多数场合，专家更关注损失的概率和数额，与此不同，公众更关注损失所带来的痛苦以及有关风险的分配公平性。为了避免预防原则滑入“群体极化”的陷阱，或者因为不同意见之间的合理性竞争引起强烈反弹，我们不得不在风险沟通过程中加强法律议论，通过规则简化复杂性；不得不在决策过程加强民主参与，通过不同观点的交锋来减少偏颇和失误，寻找最大公约数。也就是说，需要通过对话和法律沟通获得的共识来甄别和管控风险。[52]

由于任何一种选择和决定都无法完全避免风险，任何一种解决问题的举措都可能引起新的风险，所以合理的、切实可行的决策机制不必以追求绝对正确为目标，不必对结果采取承包责任制甚至终身问责，而应该奉行最大风险最小化的原则，即防止出现最糟糕的结局。在这样的指导思想下，决定者首先要奉行法治原则，严格遵守法定的程序和判断规则，借此在一定程度上获得从未来的实质性后果的负荷中适当解放出来、有所作为的自由以及职业保障；其次要充分进行费用与效益的计算和比较分析，例如，美国政府的不同部门在进行规制

52　参见季卫东：《法律议论的社会科学研究新范式》，《中国法学》2015年第6期，第225—248页。

之前全面统计人们的风险命价（VSL，the Value of Statistical Life）之类的做法。[53]只有在这样的基础上进行决策，才能真正贯彻最大风险最小化的原则；只有在这样的基础上进行风险沟通，才能准确地评估损害发生的概率并适当权衡是非得失的关系；只有在这样的基础上进行民主参与，才能避免那种由情绪化的舆论取代论证性对话的跟风性投票行为。

在风险社会，预防原则势必导致行政规制的加强和决定者裁量权的膨胀，因此才特别需要通过公正程序对规制举措和裁量权进行制约。十八届四中全会决定也明确要求重大行政决策必须经过公众参与、专家论证、风险评估、合法性审查、集体讨论决定等一系列法定程序，做到流程透明可问责，为了确保行政机关内部的重大决策合法性审查机制切实运作，还提出了全面落实信息公开原则的指针。这里所说的程序包括事先协商程序、简易裁决程序、成本—效益分析程序、规制举措的弹性和整合性审查程序等，但更重要的是通过司法审查制度加强对行政规制的程序制约，其中特别具有可操作性的是行政诉讼程序。根据现行规定，人民法院在审理行政诉讼案件时只能对具体行政行为的合法性进行审查，而不能追究那些具有一般约束力的抽象行政行为是否合法的问题。如果继续坚持这样的立场，对根据风险预防原则采取的行政规制举措的程序制约就很可能流于一句空话，也很难把风险沟通纳入法律议论的轨道。法律议论的最大特征是把例外和反驳的条件都编织到规范之中，使得所有观点和论据都经历“可撤销性”（defeasibility）的洗礼，从而找出更好的对策和理由，确保风

53 参见季卫东：《通往法治的道路——社会的多元化与权威体系》，法律出版社2014年版，第181—199页。

险沟通真正进行替代方案的比较，并在辩论中充分尊重少数意见和反对意见，通过事先或事后的纠错机制达到有效防控决策风险的目的。

六、结论：健全分散和转换风险的制度条件

由于现代国家治理体系现代化的主要标志是功能分化，所以在考虑风险问题时，必须首先明确是对于那个功能系统的风险。“雷洋事件”业已证明，政治系统的风险是舆论影响社会稳定，使得限制风险的特定政策存在无法获得正当评价的风险；在这里损害概率的分析和计算具有重要意义。“万科事件”业已证明，经济系统根据支付和不支付的二元编码进行运作，因而这里的风险就是预期的支付无法实现的风险，或者支付能力不能再生产的风险，是处理对策中的优先事项；鉴于企业治理结构的混乱，法律规则如何发挥简化复杂性的功能是个关键性问题。从整体上来看，风险社会的实质则是问责以及相应的沟通。在一定意义上也可以说，民主参与的实质是处理风险沟通问题的制度安排，或者说是通过沟通来管理风险的制度安排。尤其是在风险日益成为抗议焦点的情况下，民主参与程序可以大幅度缓和抗议运动，减少问责的社会压力。因此，有关顶层设计的重点是政治系统的风险分散、风险转换以及风险吸收，并根据这样的基本思路改造权力结构，使之更加多元化和弹性化，同时发现各个部分适当衔接的方式以及根据实际情况进行关系重组的契机。

正因为民主参与程序是对风险与抗议运动的一种制度化回应，政治系统与法律系统的结构耦合就非常必要并且具有现实可行性。通过合法与违法的二元化编码和规范思维的形式性要求，可以把决定者从问责的重负中适当解放出来，同时对自由裁量权加以制约，可以使

风险沟通的复杂性大幅度简化，有助于就决策的妥当性和问责标准达成共识。换言之，政治问题法律化、法律问题程序化、程序问题技术化、技术问题论证化可以理解为在当今中国化解风险沟通难题的一种合理对策。关于民主参与的程序和法律议论的程序，各国有不同的实践经验值得深入考察和比较研究。从中国现实来看，通过听证会、普遍征求意见等形式推动立法过程民主化、专业化，通过行政诉讼程序加强对行政规制举措（包括抽象行政行为）以及裁量权的司法审查是今后制度发展的两个非常重要的方面，能够把风险沟通从情绪化的倾向性舆论转换为合理合法的论证性对话，把针对风险的抗议运动转换成制度发展的助力。

鉴于风险社会的预防原则助长行政规制的趋势，有必要加快行政程序法制定的进度。概而论之，为了通过对话和沟通来甄别和管控风险，行政程序的设计须有三个重点：（1）当事人和利害关系者有接收通知、获得信息以及要求听证的权利；（2）坚持正当过程原则，强调程序的公开、透明、对等以及充分议论；（3）公民应该获得机会适当参与行政决定以及事后提出异议或者寻求救济。在各种相关的制度安排上，的确应该对具体行政行为的程序与抽象行政行为的程序加以区别。例如在行政处分、调查、指导、强制执行等针对个别行政相对方或利害关系者的具体行政行为方面，应该特别强调作出不利处分之际的程序公正性，而在行政计划和行政立法涉及普遍约束力的抽象行政行为方面，应该特别强调公民或居民的能动参与权，通过民主程序来决定公共事务。但是，即便承认这些区别，这两个方面也还是应该一并纳入行政诉讼以及司法审查的范围之内经过法律议论的检验，不能有所偏废。

“风险社会”的概念是1986年被提出来的，《中华人民共和国行政程序法》起草的动议也是那一年被提出来的，至今正好三十周年。以此为契机，在我国公众风险意识空前增强的形势下，改变片面依赖强制性行政手段维稳的治理方式、尽早出台一部用公正程序原则制约行政决定权和裁量权的法律是合乎时宜的。本章特此建议立法机关根据十八届四中全会决定的精神和决策风险防控的客观需要，加快起草和审议的进程，及时制定一部符合国情和21世纪世界大势的《行政程序法》，适当侧重风险甄别、风险沟通、法律议论以及民主参与程序的相关条件整备，争取在2020年之前建成以《行政处罚法》《行政强制法》《行政复议法》《行政许可法》《行政诉讼法》《行政程序法》为六大支柱的法治政府制度架构。

另外，目前国内对于风险社会相关的考察除了侵权法、经济法、保险法等领域的责任法理变化之外，主要围绕环境法（强调现代科技和产业发展所带来的愈来愈严重的生态影响和公害案件）、刑事法（侧重风险社会中的刑法范式转换和刑事责任追究机制）以及行政法（以比例原则、预防原则以及决策程序的风险评估和风险沟通为主）的具体问题展开。从整体上看，法学界对风险社会给国家秩序所带来的深远影响的研究还不够深入，尤其是围绕风险分配的法律沟通以及关于风险的法律政策科学，有待今后进一步探讨。

第九章
法律原则的民间法论辩
以离婚案件“感情确已破裂”切入*

陈肇新

当《婚姻法》第32条第2款给出离婚诉讼应当证实“感情确已破裂”的原则时，我们应作何理解？在法律未予明文、演绎推理遭遇局限的情况下，法官应当依据什么判断夫妻感情确已破裂，又如何在法律上评价这样的依据，以及这些依据将在法律推理中发挥何种功能？这些依据可能是其他法律原则，但更多的可能是传统婚姻家庭观念，道德良知，甚至是执政党的政策。这似乎是民间法所具体涉足的场域。

一、功能意义上的民间法：一个谱系性的回溯

如果我们需要对民间法在法律推理中的可能适用问题进行分析，将不得不首先直面“何为民间法”“为何是民间法”这样一些基本问题。简言之，我们应当对“民间法”一词作何种理解？如果从规范角度看，“民间法”似乎可以被认为是起源于民间的“法”，并因此与国

* 本章原发表于《民间法》2017年第2卷，收入本书时有改动。

家法相对立，但这种认识难以在规范上得到圆满论证，[1]也难以从规则效力的角度获得自洽的解释。[2]如果从事实角度看，民间法似乎是实存于民间的“法”，但我们却难以在法律实证主义场合中论证民间法与国家法在效力上存在对立的问题。[3]这两种进路似乎都有各自的根本缺陷，以致到目前为止，“国家法何以可能与民间法相对立”的问题并没有得到更为清晰而自洽的解释，反而被假定为某种大前提，在各类

---

1 尽管“国家法和民间法相对立”的命题源自梁治平先生的法律文化说，但我们不该忽略的是，这一命题本身就不是一个规范的界定，而是一个事实的立场，二者只有功能性差异而没有规范性差异。这是因为，梁治平先生同时指出，是“民间社会”而不是“市民社会”造就了民间法的形成土壤，因此民间规范的本质在于与国家规范和意识形态相接续和同质化。首先，民间法与国家法均源自“天道”等规范性理念；其次，民间法与国家法都是社会法律秩序的一部分，呈现出相互渗透、配合、逻辑上内在关联和司法上的互动关系；再次，在形式上，民间法也具备简易的、为特定行业、区域所熟悉的、甚至是全国通用的“法语”（概念）、“法谚”（规范）甚至是交易中规定的“套语”（形式要件）。参见梁治平：《清代习惯法》，广西师范大学出版社2015年版，第15—16、17—19、35页；梁治平：《“民间”“民间社会”和CIVIL SOCIETY——CIVIL SOCIETY概念再检讨》，《云南大学学报（社会科学版）》2003年第1期，第56—68页。

2 例如郑永流先生认为，民间法是与国家法相对的，由社会提供规范属性和强制力的行为规则，但此种说法也是将国家法与民间法相对立作为论证前提，但却也没有说明这种对立为何在规范上是可能的。郑永流：《法的有效性与有效的法——分析框架的建构和经验实证的描述》，《法制与社会发展》2002年第12期，第23—40页。

3 从法律实证主义的角度而言，法律规则源自因被证实而获得规范权威的社会事实，此种社会事实统一了事实与规范，并因此赋予法律以实效性，此时，法律即作为“制度事实”（参见周力：《法律实证主义的基本命题》，《华东政法大学学报》2008年第2期，第3—12页）。由此可见，法律规范是一种事实，该事实被社会长期实践所证实，并因此取得实效性；而这种规范被“官民所一致信奉”这样一个承认规则所鉴别出来后，即称为法律规则。易言之，“民间法”“国家法”都是为民间自发形成的社会实践所证实的社会事实，它们主要的区别在于能否符合“官民所一致信奉”这样一个承认规则，亦即是否具有“创制规则”“效力规则”“终止规则”三合一结构的“制度”属性。那么，民间法似乎是民众所一致信奉但未获官方信奉的规则，然而，民间法所呈现出的多元面向，以及缺乏形式性和普遍性的特征，又使得民间法难以在规范上符合“一致性”这样一个承认规则。但无论如何，如果这是一个自洽的思路，那么民间法和国家法在本质上都源于特定的社会实践，都具有特定语境下的实效性，因而就逻辑而言，我们只能说民间法与国家法在事实的“特殊性”和“普遍性”层面上存在效力的对立（亦即民间法是一种特殊的社会事实，国家法是一种普遍的社会事实或曰制度事实），而不能说二者在规范上存在对立，否则我们只能通过“法律是主权者的命令”这样一种已经被宣告为理论失败的规范性陈述才能加以验证。

的田野调查和个案分析中被搁置了。[4]然而，此种假定会导致两个问题。第一，拒斥国家法作为民间法影响因素的事实，隐去了民间法与国家法可能的接续和融合的面向。第二，回避了法律人类学和深描范式所需要的静态社会前提，在遭遇强大的国家权力和剧烈社会转型的背景下，纯粹依赖于文化人类学的研究方法所进行的田野调查和个案分析，将指向片段式的、静态的民间法存在样态，却未能对民间法的动态变迁机制以及民间法与国家法之间的关系作出描述。然而，不可否认的是，民间法的动态变迁机制必须考虑国家的影响，尤其在民族国家建构和社会转型时期，这种国家的典范更为明显。换言之，搁置追问国家法与民间法关系的做法并未解决问题，反而在逐步推陈的描述性分析中引起令人担忧的后果：尽管"民间法"是一个社会学法学和法律人类学语境下的概念，但国家法和民间法的关系问题却有明显的典范外溢性，继而影响对二者的操作分析和逻辑演绎；如果我们首先未在逻辑上理顺国家法与民间法的关系问题，那么所有建立在"国家法与民间法相对立"基础上的实证研究以及可能的制度实验和文化观察，要么难以逃脱成为空中楼阁的宿命，要么成为"法文化帝国主

4　这样的描述进路主要有：（1）立足于社会学法学和法律多元主义的立场，强调民族国家的立法不能取代原本存在于乡土民间的"另一种活法"，突出民间法的熟人社会属性，主张民间法存在于"十里不同风，百里不同俗"的乡土社会，具有地域性、自发性、内控性的特征，特别在现代国家改造社会过程中出现反复的多重经验，突出民间法在国家法之外的现实意义。参见田成有：《乡土社会中的民间法》，法律出版社2005年版。（2）强调普遍适用的民间法分析框架和多元结论的基本立场，例如依靠"参与观察"的方法研究社会中行动对社会的具体意义，并借鉴"深描"的文化人类学方法来理顺社会中行动的系统意义，以此发掘法律演进内在机理。参见《深描说：迈向文化的解释理论》，载［美］格尔茨主编：《文化的解释》，译林出版社1999年版。（3）直面社会转型的现状，关注现代性边缘地带的地域差异和民俗现状，通过外在描述的方法记载其民族习惯法，例如各类习惯法的田野调查和研究综述。参见高其才：《中国少数民族习惯法研究》，清华大学出版社2003年版。（4）用影视资料和个案分析去探索民间法在转型社会中的生存境遇。参见苏力：《法治及其本土资源》，中国政法大学出版社1996年版。

义”的注脚，[5]因为“民间法”无法阐明与道德、自治规则、习惯甚至“潜规则”[6]等社会实存的关系。例如，我们如何理解在各类村规民约中出现的“遵守国家法律法规”“促进和谐”等国家法的痕迹？[7]如何理解中华人民共和国成立以来民间在婚姻问题上所关注具体问题的转变？[8]简言之，如果我们认为民间法是完全自洽的存在，那么我们如何在现代性的叙事中追问民间法的变迁机制及其影响因素？在现代性话语不可避免地拷问着每一个意图保持独特法律文化的族群、在国家法全方位地渗入民间日常生活时，我们又如何直面这样的现实并在民间法上给出自身的答案？显然，这一问题必须建立在我们对民间法和国家法关系的界定上。

对此，我们应当如何去找出可能的突破？如果我们需要关注民间法与国家法之间的动态机制及其影响因素，就必须在借鉴文化人类学研究范式的同时，从规范法学的层面关注民间法的具体样态，尤其是关注国家法与民间法在法律程序中的具体关系，并以此窥探民间法的

5　例如有学者直接提出，民间法就是民间社会规范，就是民间习惯、风俗、道德、章制、礼仪。参见刘作翔：《具体的“民间法”——一个法律社会学视野的考察》，《浙江社会科学》2003年第4期，第19—26页。

6　例如有学者认为，“潜规则”区别于民间法的地方的特点之一即潜规则高度依附于国家法，是国家权力滥用的结果。参见贾焕银：《潜规则与中国法治发展》，《民间法》2013年卷，第128—140页；周世中、郭钰婷：《潜规则的法理思考》，《民间法》2014年第2期，第33—43页。

7　例如贵州省黎平县十洞十三寨所制定的《和谐公约》，其中第一条即规定“惩恶扬善，遵纪守法。相关村寨要以和为贵，与人为善，匡扶正义，见义勇为，遵守国家法律法规，恪守社会伦理道德”；又如湖南省通道县尾寨村《防火公约》第五条规定，“任何村民不得擅自搭建临时建筑物（构筑物）……”这里的“构筑物”就是典型的物权法上的概念。参见吴大华等：《侗族习惯法研究》，北京大学出版社2014年版，第228、232页。

8　例如20世纪50年代是包办婚姻、童养媳、妻妾、彩礼问题，80年代是彩礼和“非法”同居、事实婚姻和共同财产问题，而后是“包二奶”、家庭暴力、夫妻财产、离婚时保护子女和女方权益，以及无效婚姻等问题。参见2001年5月12日发布的《全国人大常委法工委就新〈婚姻法〉答记者问》。

变迁机制及其影响因素。简言之，即关注功能意义上的民间法在司法运用中的基本问题。[9]

然而，问题也随之产生。关于民间法在司法中适用研究的问题，目前主要依据"调整不能—事实替代"的研究范式，即当国家法律规则虽有规定，但因为"水土不服"或者"语义模糊"等原因而"调整不能"、且此时有功能上等同的事实性民间规范（即民间法）存在时，法官就会在双方辩论的基础上确定是否借助该民间法建构大前提，并在个案正义和价值衡量的背景下，依靠民间法进行法律论证或补充法律漏洞，使之成为证成法律决定或使国家法取得实效的根据。[10]可以说，此后多数讨论民间法司法适用的著作主要依循了这一研究范式，相关论述均在经验地假定国家法律规则存在外在缺陷（无法取得法律效果与社会效果统一）和内在缺陷（语义模糊或难以适用）下，就民间法在司法适用中的方法、民间法参与法律秩序的范围、内涵及其功能等问题进行了阐述，其基本结论是民间法在司法适用中发挥补充、补强法律规则说理的作用，至多是阐述民间法促成法律规则融贯性论证的过程。[11]然而，"调整不能—事实替代"范式的前提在于存在具

---

9 对此，已有学者在规范法学层面对此问题进行探索，指出将民间法认定为"事实性民间规范"的做法并不妨害民间法在司法上的具体适用。参见魏治勋：《民间法思维》，中国政法大学出版社2010年版，第175—176页。

10 参见谢晖：《法律哲学》，湖南人民出版社2009年版，第241页。

11 目前多数论文均未能突破"调整不能—事实替代"的框架。例如以下八个面向：（1）有学者直接指出该研究范式对于民间法司法适用问题的典范意义。参见魏治勋：《事实的规范力量——论事实性民间规范及其法律方法意义》，《山东大学学报（哲学社会科学版）》2009年第31期，第58—64页。（2）有学者从宏观角度观察民间法在司法场域中的具体运作模式，试图以构建民间法与法学方法论之间勾连为主要线索，分析民间法在法律方法上的法律解释、价值衡量、漏洞补充以及法律论证作用。参见谢晖：《初论民间规范对法律方法的可能贡献》，《现代法学》2006年第5期，第28—37页；贾焕银：《漏洞补充中的民间法——一个框架性的分析》，《民间法》2008年卷，第220—236页；韦志明、张斌峰：《法律推理之（转下页）

有形式规范属性的法律规则，亦即以演绎推理不存在大前提空缺和局限为前提。那么，在更具一般属性的原则和政策场合下，甚至在面对整个法律的演绎推理的局限时，这一研究范式就显得捉襟见肘。简言之，在法律原则的场合中，这一范式就存在失语之虞。此时，我们应当如何关注民间法在司法适用中所发挥的具体作用？显然，《婚姻法》第32条第2款所规定的“感情确已破裂”的内容，就是这一典型体

（接上页）大小前提的建构及习俗的作用》，《山东大学学报（哲学社会科学版）》2009 年第2期，第23—30页；贾焕银：《民间规范的性质及其司法适用逻辑分析》，《山东大学学报（哲学社会科学版）》2009 年第4期，第9—15页；张晓萍：《在司法中民间法与法律方法的勾连》，《山东大学学报（哲学社会科学版）》2010年第6期，第65—72页。（3）有学者试图在此基础上开启重构民间法研究范式的路径。参见李传良：《我国民间法重构途径探索》，《山东社会科学》2007年第9期，第96—98页；有学者进而试图获取民间法参与法律秩序的方式。参见张晓萍：《民间法司法运用的制度建设》，《甘肃政法学院学报》2011年第9期，第23—31页；谢晖：《论民间法结构于正式秩序的方式》，《政法论坛》2016年第1期，第11—29页。（4）有学者通过概念分析的方式，来限定民间法参与司法适用的具体范围并试图寻找其可能的限度。参见谢晖：《论民间法与纠纷解决》，《法律科学》2011年第6期，第35—45页；沈宏彬：《民间规则在司法裁判中的运用与限度》，《甘肃政法学院学报》2011年第6期，第44—50页；于语和、刘顺峰：《民间法与国家法的关系探究——一种基于法律渊源视角的考察》，《北京理工大学学报（社会科学版）》2013年第5期，第122—128页；贾焕银：《“民间规范司法运用”辨析》，《甘肃政法学院学报》2015 年第2期，第35—42页。（5）有学者试图从实证研究和西方理论两个维度来阐述民间法进入国家法律秩序的可能性及其形态。参见周赟：《民间法进入司法的可能性基础》，《山东大学学报（哲学社会科学版）》2009 年第2期，第16—22页；张斌：《法官如何思考民间法：基于泰安市基层法院实地调研的分析》，《山东大学学报（哲学社会科学版）》2012 年第5期，第44—49页。（6）有学者试图揭示民间法参与司法程序的具体进路，例如关注法官在司法裁判中对民间法适用的基本面向及其功能。参见谢晖：《民间法与裁判规范》，《法学研究》2011年第2期，第173—181页；张建：《民间法在司法过程中实际功能的类型化研究》，《甘肃政法学院学报》2013年第6期，第30—37页；贾焕银：《民间规范司法运用程序研究》，《西南民族大学学报（人文社会科学版）》2015年第3期，第101—106页；李义辉：《民间法与司法中的法律续造》，《甘肃政法学院学报》2016年第2期，第47—61页。（7）有学者关注以“公共秩序”和“善良风俗”作为民间法在司法中发挥实用、补充、转化功能的基本标准。参见田成有：《乡土社会中的民间法》，法律出版社2005年版，第34—36页。（8）有学者具体讨论民间法作为证据时的举证责任与法官自由裁量问题。参见王林敏：《论民间法的识别》，《山东大学学报（哲学社会科学版）》2008 年第5期，第16—23页。

现，反映了国家法授意民间法参与司法活动并进而形成二者动态机制的具体路径。

二、法律议论下的原则论辩：民间法与国家法的互动机制

如何在规范法学背景下证成“感情确已破裂”？换言之，我们如何开展法律推理，继而使民间法参与到法律推理中？在遭遇演绎推理的局限时，我们应当如何在实践理性的视野中回应离婚调解中民间法的具体运用问题？

这可能需要法律议论，尤其是当我们试图将法律论证视为修辞运作的场域时。简言之，议论就是具有对立面和对立的基本内容，就是为了反驳对方或者进行辩解，而摆事实、讲道理，同时注重发言的说服力以及听众的反应，这就需要关注修辞在议论中的基本作用。[12]而且，议论与严格的演绎还有所不同：尽管议论也包括诉因、主张、陈述、证据、证言、质询、辩护、法律解释、情节分析、特例处理的诉求、判决等构成因素，[13]但议论事实上并非严格注重遵循严谨的程序性要件，也不完全强调既定的规范条件，而发现程序性真实也并非议论的终极性价值；毋宁说，议论的核心在于，通过营造对立面及其抗辩，在说服对方的同时也说服普遍的听众，此时听众就会因其内心确信而在相互对立的立场中加以选择并据而形成特定的社会压力，从而最终取得一个议论结果。在这里我们可以看到，议论实际上是程序的

---

12 此处参考了佩雷尔曼新修辞学的观点，即法律论证具有修辞功能。Chaïm Perelman, “The New Rhetoric: A Theory of Practical Reasoning”, in his *The new rhetoric and the humanities: Essays on Rhetoric and its Applications*, Springer Netherlands, 1979, pp.1–42.

13 关于法律议论的法学理论研究综述，可参见季卫东：《法律解释的真谛（上）——探索实用法学的第三道路》，《中外法学》1998年第6期，第1—16页。

延伸，与程序所具有的严谨、规范和技术性相比，议论更关注论辩的修辞属性、结果的合意性以及议论的技艺性，关键在于通过修辞实现“合意”。这就为不同实体性规范的引入提供了契机。[14]也就是说，法律议论允许把国家法程序之外的、民间的个人互动关系和社会常识纳入法律推理的视野，而民间法恰好就在这一范畴之内。[15]

那么，当我们明确民间法可以纳入法律议论的视野后，如何在法律规范的层面评价民间法？这可以从民间法在法律议论中的功能入手。一般而言，在存在法律规则的场合，民间法可被认为是补强法律规则、增强演绎修辞效果的智识来源，其目的在于促成论辩的协调与一致性；同时，民间法能促使法官据此进行法律议论，充分发挥其目的和后果导向作用。[16]然而，当法律规则体现为原则和政策的形式时，情况将有所不同。作为更具一般性、合理的、有意义的规则，原则和政策是正当的、可欲的标准，它们包含着社会的价值取向。[17]如果一项原则被称为“法律的”原则，那么它所蕴藏的制度道德将使之具有

---

14 关于议论在法律论证中的基本作用，可参见季卫东：《法律议论的社会科学研究新范式》，《中国法学》2015年第6期，第25—41页。

15 这是麦考密克用以反对德沃金“唯一正确解”的观点。N. MacCormick, “Dworkin as Pre-Benthamite”, *The Philosophical Review*, Vol.87, No.4, 1978, pp.585-607. 当然，麦考密克的观点并非是说用法律之外的实在道德直接作为裁判依据，而是将其作为法律论辩中的导向因素，尤其是在后果主义论辩和结果论辩中，他多次强调在裁判面对演绎推理的局限时，必须考虑“公共政策”“正义”“效率”等因素，并在此过程中寻求融贯性法律解释。参见［英］麦考密克：《法律推理与法律理论》，姜峰译，法律出版社2005年版，第146页。

16 在这里需要区分民间法对法律演绎的规则补强功能和民间法为法律规则提供解释的功能。前者是实质意义的，是指民间法在某种程度上能够对法律演绎的可能路径产生影响，促使法官依照体现民间法意向的路径为法律发现；而后者是形式意义上的，是指民间法作为法律解释方法之一种，尤其是历史解释方法。由此可见，二者可以是前后相继的关系。参见苏亦工：《香港适用中国传统法律与习惯的个案研究》，《中国社会科学》1999年第3期，第154—168页。

17 此处参考了麦考密克的观点。参见［英］尼尔·麦考密克：《法律推理与法律理论》，姜峰译，法律出版社2005年版，第149页。

与承认规则类似的法律发现功能，通过原则论辩，[18]法官可以获得具体的法律论证。[19]

以此检视《婚姻法》第37条第2款"人民法院审理离婚案件，应当进行调解；感情确已破裂，调解无效，应准予离婚"的规定，不难发现，此处"应当进行调解"的程序性规定为"感情确已破裂"的原则论辩提供了民间法入口。首先，《婚姻法》规定离婚应当进行调解，其原因在于"正确实行"离婚自由原则，平衡男女婚姻自由与家庭和睦、社会秩序稳定之间的关系；其次，以规定程序性原则和政策的方式规定调解机制，暗示法官要实事求是地调查研究，找到夫妻矛盾的根源，并以此寻找可能的解决方案，尤其是劝和的方案，促使夫妻双方言归于好，以防止轻率离婚对社会关系带来不良影响。[20]就功能而

18 按照麦考密克的观点，"如果我们要问为什么类推论辩或者原则论辩在法律论证中有那样的效力，答案就是：存在一个极有价值的习惯规则，即赋予法官在现有的强制性规则未曾明文规定或者语焉不详的场合拓展法律适用范围的权力，当然这一权力的行使也要受到一些限制。看来我们可以说，那种关于法官是否能够（或者应当）'造法'或'立法'的争论，实质上是一个语言或者修辞问题，它们常常热火朝天，但也总是无功而返"。见［英］尼尔·麦考密克：《法律推理与法律理论》，姜峰译，法律出版社2005年版，第184页。简言之，一项原则之所以能被称为"法律"原则、一项更具普遍意义的法律规则，是因为其具有发现法律规则的功能；此时，原则论辩则是法官运用自由裁量权，通过法官的具体解释，将作为事实性规则的民间法纳入法律原则的射程范围并以此获取对法律的融贯论证，即典型的原则论辩。

19 泸州遗产案就是一种典型的原则论辩过程，只是当时法官直接适用原则的做法是否妥当还存有争议。参见葛洪义：《法律原则在法律推理中的地位和作用——一个比较的研究》，《法学研究》2002年第6期，第3—14页；尹志强：《民法基本原则适用的规则——由泸州遗赠纠纷案谈起》，《国家检察官学院学报》2004年第6期，第74—78页；陈坤：《疑难案件、司法判决与实质权衡》，《法律科学》2012年第1期，第3—12页；林来梵：《论法律原则的司法适用——从规范性法学方法论角度的一个分析》，《中国法学》2006年第2期，第122—132页。

20 有法律工作者曾就如何开展离婚调解进行过经验总结："婚姻基础、婚后感情、离婚原因等几个方面进行全面的分析，才能得出正确的结论。婚姻基础，就是看当事人双方的结合是自主自愿的，还是他人强迫包办的；是经过充分了解、认真考虑而结合的，还是由于某种原因草率结合的，是在正确的婚姻恋爱观点和共同的革命理想的基础上结合的，还是夹杂着不纯的思想动机、为了达到某种（转下页）

言，在面对证成“感情确已破裂”原则时，《婚姻法》给出了“应当”优先于裁判的、不包含任何形式要求的调解环节，并要求法官在获取离婚案件潜藏的实质要件时应当实质地调查研究，而非纯粹作形式判断。那么，强调形式规则和演绎推理的法律思维，就显然不如时刻影响民众日常行为的民间法。这相当于将整个调解环节交给了当事人以及当事人背后的广阔社会交互活动场域及其规则。[21]法官和当事人则在此中不断进行民间法论辩，以修辞促成情理法的交涉和议论，并融合民间法与法律原则；即便最终调解无效，在调解过程中围绕原则所进行的议论也足以使法官在原则和民间法之间往返观照，从而获取原则上的融贯性论证。[22]

（接上页）不正确的目的而结合的；等等。婚后感情，是指夫妻共同生活期间的感情状况。影响夫妻感情的原因是多方面的，诸如双方的政治观点、思想品质、工作表现、家庭经济状况、子女抚养教育、家庭成员间的关系、各自的性格爱好，等等，都会影响夫妻的感情。离婚原因，一件离婚纠纷的产生，可能有各种各样的原因。上面讲的双方的婚姻基础和婚后感情的那些情况，都可能是导致离婚纠纷的原因。但是，在诸多的离婚原因中，一定要分清主次。只有把双方矛盾的症结把握住了，才能正确地解决离婚纠纷。同时，还要估计到由于某种原因，有的当事人所申诉的离婚理由，可能不是产生离婚纠纷的真正原因，甚至是编造出来的虚假的理由，用以掩盖真实的离婚原因。这就要做到去伪存真，掌握住引起离婚纠纷的真正原因。”见《新婚姻法问答》，《人民司法》1981年第1期，第33页。

21 例如，在1953年2月1日《政务院关于贯彻婚姻法的指示》中指出，“一方面需要展开一个大张旗鼓的群众性的宣传婚姻法及检查婚姻法执行情况的运动，使广大人民群众和干部与封建思想划清界限，把几千年的封建婚姻制度根本摧毁，正确地实行新民主主义婚姻制度；但另一方面在运动中又必须坚持教育的方针。对于大量的既成的包办买卖婚姻及因婚姻不自由而造成的家庭不和睦现象，基本上应采取批评教育、提高觉悟、改善与巩固夫妇关系的办法；对极少数严重违反婚姻法，夫妇关系十分恶劣，确实无法继续维持的，应该准许离婚，但必须经过认真的调解说服工作，以取得广大群众的同情”，说明在长期的婚姻家庭观念中，“家庭和睦”与“劝和不劝离”是一个事实上存在且在某种程度上而言根深蒂固的民间规则。这也正是为什么，当时国家只对极个别的、影响较为剧烈的夫妻纠纷才准予离婚，而且还需要经过调解说服工作“以取得广大群众的同情”。

22 有学者综合法学诠释学和方法论诠释学的观点，将此种在法律原则与生活事实之间的往返观照概括为“法律条文只提供了一种供解释者在其中进行解释活动的结构，法律的含义最终取决于解释行动者与结构之间的互动以及解释者之间的交流与共识”。参见郑戈：《法律解释的社会构造》，载梁治平主编：（转下页）

由此可见，对“感情确已破裂”所进行的原则论辩，为民间法获得了在国家法中的运作空间，而“应当调解”这一国家法的授意则增强了民间法的参与程度。首先，国家法在价值层面上确认离婚诉讼必须首先以调解为先行程序，并以法律原则和政策的方式加以规定；其次，在法律刚性条件的范围内，国家法为民间法提供了一个论辩机制；最后，国家法依据民间法的论辩效果进行司法确认（原告撤诉、法院出具离婚调解协议书）或作出司法判决（判决准予或不准离婚）。在这里，如果调解达成协议，那么就其最终的结果而言，民间法事实上起到了一种事实证成的效果：如果调解和好，那么民间法则完全实现其证成效果；如果调解结果是双方合意离婚，那就意味着民间法作为一种事实性规则，与法律规范共同结合而实现其证成效果。但无论如何，这里的原则论辩说明，在某种程度上，民间法使自己成为完整的议论环节，这里的法律议论是围绕民间法展开的、寻求重叠共识的过程，进而民间法为国家法取得了实践理性下的融贯论证。

此时，我们可以发现民间法与国家法之间的动态机制：首先是民间法与国家法的接续机制，即经过国家法改造的民间法能用民间的话说出国家意志。从革命时期至今的民间法发展轨迹看，从政权合法性和稳定的角度出发，国家法具有一种“规划社会变迁”的功能，即在划分界限的基础上“积极引导”民间法，维持民间法中有利于体现政权合法性的东西，从而实现以现代国家改造前现代民间法的目的。此时，经过改造的民间法就会在某种层面上用民间语言表达国家法的内

（接上页）《法律解释问题》，法律出版社1998年版，第65—87页。

涵，[23]例如将执政党的政策和立场作为统合民间婚姻立场的手段，并使之内化为自身的婚姻价值取向。其次是民间法与国家法的博弈机制，亦即民间法中较为固定的、受原有社会秩序影响较为深刻的一些内容，它们与国家法之间存在张力，在司法适用中往往引发较为激烈的反响，例如婚姻中的彩礼索取与返还问题。最后是民间法与国家法的附合机制，即民间法的行为导向符合国家法的理念，民间法的应对方式和处理符合国家法的期待，例如在家庭和睦、夫妻美满、社会稳定等观念上，民间法的适用能够产生国家法所期待的效果。

由此可见，在国家法的授意下，民间法成为贯彻国家法的一种手段，获得了国家法之外的"剩余空间"，并以此参与国家法律秩序：就离婚案件的原则论辩而言，国家法通过规定"应当调解"的程序，在更大程度上赋予了民间法参与法律程序的动态机制。在这里，国家法有意识地为法律程序注入生活体验，充分调动国家法和民间法"两个积极性"，有利于发挥民间法在维持婚姻稳定、重申传统家庭和睦与婚姻美满观念等方面的作用，并有利于尽可能地延长夫妻感情"冷静期"，以稳定维系婚姻家庭秩序来维持社会秩序。那么，离婚案件的原则论辩过程是如何展开民间法的叙事？这一叙事体现了什么？

三、离婚案件原则论辩中的民间法叙事

如前文所述，"感情确已破裂"的原则在规范上意味着离婚程序

23 参见强世功：《法制与治理：国家转型中的法律》，中国政法大学2003年版，第67页。对此，有学者指出，诸如立法重视民间习惯和突出"马锡五"审判方式的做法，是为了"在制度理性化程度较低的历史背景之下，试图以人格型权威弥补制度内生型权威的不足，以尽可能消解'改造社会'的法律方案在强制推行过程中的暴力属性"。参见陈洪杰：《人民司法的历史面相——陕甘宁边区司法传统及其意义符号生产之"祛魅"》，《清华法学》2014年第1期，第110—125页。

中存在演绎推理的局限；而“应当进行调解”这一表述则说明整个调解环节都是国家法故意留下空缺的诉讼过程。那么，这样立法下的离婚案件如何进行原则论辩呢？我们不妨借用三个具体的案例，观察民间法叙事如何使法律原则的论辩得以展开。

（一）法律原则为民间法披上合法性外衣：吴爱华和王广伦离婚调解案

我们不妨以1959年《人民司法》刊载的这一起典型离婚案件为例：

主审法官首先以党的政策来劝说坚持离婚的吴爱华：“你们不是自由恋爱结婚的吗？现在小孩也这么大了，有什么不可解决的矛盾呢？夫妻间的争吵是难免的，轻率离婚是不好的……”但吴爱华认为丈夫怀疑自己不忠，并随意吵架，对其打骂，造成四邻不安，引发邻里议论，再也无法忍受与丈夫共同生活，坚决要求离婚。法官转而劝说：“王广伦打人骂人，法院也批评过他，他在法院也写了悔过保证书，再说为这事，他也受了处分。现在他既然已经悔改，你难道还不能原谅他吗？夫妻也要往好处想想，你过去生肺病，王广伦待你实在不错，现在你有病，他对你也很照顾，你们离婚对小孩也没有好处……”在这次调解中，法官感到吴爱华的离婚态度比较坚决，但夫妻本是自由恋爱结婚，婚后感情一直很好，只是双方的生活琐事诱发离婚争议。而此前法院的调查也说明，双方作风正派，男方对其行为也表达悔意，只要没有不可调和的矛盾，那劝导双方下定决心改进自己的态度，还是可以重归于好的。此时，法官主动到王广伦单位，动员他放低姿态，劝和妻子：“你们夫妻好不好不是决定于女方有没有办法，更不能单靠法院的一张判决来解决问题，你如真要夫妻和好的话，就应从感情上来恢复你们的夫妻关系，……经我们了解，吴爱华是个好同志，作风很正派，过去你毫无根据地怀疑她，你们夫妻吵得这样厉害，闹到派出所，左邻右舍都知道。这是你的不对，你应该主动转变对她的态度，可是你反而不理她，她不理你，你是知道她的脾气的，现在你在这样不睬她，你们夫妻怎么和好呢？”随后，法官又积极询问群众意见，邀请调处委员会协助自己展开调解工作，自己同时走访了吴爱华的母亲和单位，动员他们一起协助调解。在多方努力之下，合议庭最后举行了家庭调解会议。最后使夫妻言归于好。[24]

在这个故事中，法官是怎样进行调解的呢？首先，国家法本身提供了何种资源？或许立法本身能跟我们一些说法。1950年的《婚姻法》第8条规定了“互爱互敬、互相帮助、互相扶养、和睦团结、劳动生产、抚育子女、为家庭幸福和社会建设而共同奋斗”的夫妻义务，第17条第2款规定了“县或市人民法院对离婚案件，也应首先进行调解；如调解无效时，即行判决”，但没有规定离婚的实质要件。据1950年6月26日前中央人民政府法制委员会发布的《有关婚姻法施行的若干问题的解答》规定，“有正当原因不能继续夫妻关系的，应作准予离婚的判决”，换言之，即把判决离婚的实质要件交予法官自由裁量；而前中央人民政府法制委员会1953年3月19日发布的《有关婚姻问题的若干解答》指出，“如经调解虽然无效，但事实证明他们双方并非到确实不能继续同居的程度，也可以不批准离婚”。换言之，判决离婚的标准是“无法继续同居”。但在究竟如何判断能否“继续

24 参见甄忆蓉：《一场风波》，《人民司法》1959年第9期，第16—18页。

同居”即共同生活的问题上，国家法没有给出具体的形式要件，这就等于把相关的裁量权交给了法官。同时，立法资料说明，在审理离婚案件时应当重视调解，强调调解和好是法院在审理离婚案件时的主要任务，以便促使夫妻团结和防止草率离婚。[25]在国家法同时授意离婚案件“应当调解”且以“能否继续同居”作为判决离婚的原则时，法官自然会以“能否继续同居”的原则去判断具体的夫妻生活状态，并以此结合执政党所强调的实事求是、调查研究的工作方法去开展调解工作，并在确定夫妻婚姻基础之后，围绕“互爱互敬、互相帮助、互相扶养、和睦团结、劳动生产、抚育子女、为家庭幸福和社会建设而

25 如王明在《关于中华人民共和国婚姻法起草经过和起草理由的报告》中指出，人民政府“对男女婚姻问题，采取严肃郑重的态度，……一方面规定离婚自由，同时又规定实现这种离婚自由的严肃郑重的法律程序，以便合情合理地依法处理离婚案件的问题，使离婚及其有关子女与财产和生活问题，都得到恰当解决的途径；并防止和反对轻率离婚的现象”，因此在经过区政府调解无效而转介到法院的离婚案件，“更采取慎重的调解和判决的程序去解决”，并指出调解的三种结果即“经过调解而双方同意不离婚了，……这是人民法院调解工作的主要任务，但这不是无原则地劝和；另一种是经过调解而双方同意离婚了，……这不能是法院调解人员强制‘说服’的结果”，第三种则是调解无效后“势须根据调查研究所得的具体情况材料，加以审判和判决”。同时他指出，离婚时进行调解的实效在于，“根据上海市和济南市人民法院关于离婚案件的统计，其中因法院调解而夫妻言归于好的，也约占百分之二十左右。这可见有一部分离婚案件，或者是出于一方或双方一时感情冲动的结果，或者是双方夫妻感情关系并未达到确实不能再继续共同生活的地步，或者是产生一方要求离婚的原因经过法院调解而得到了合理的解决。由这些实际经验看来，关于离婚案件作调解程序的规定，是必要的”。此外，邓颖超在《关于中华人民共和国婚姻法的报告》中指出，“在婚姻案件的调解和判决工作上，要采取严肃慎重、调查研究、合情合理、解决问题的负责态度”；而许德珩在《正确执行婚姻法　消灭封建的婚姻制度》中认为，之所以需要强调调解工作，是因为在执行婚姻法时发生了诸如“仅仅是提出对方‘脸不好看’‘皮肤粗糙’‘个子太小’‘不认识字’等，作为离婚的借口了。也有的妇女仅因‘丈夫穷，生活不好’‘丈夫失业’来请求离婚了”，因此“人民的司法工作者，是应该从群众的和社会的利益出发，而善于去和那些借口‘婚姻自由’在男女关系上的杯水主义的行为，以及那些漠视子女利益的行为，作严肃的斗争，对那些可能和好的旧夫妻关系间的纠纷，也不是简单的拆散了事，而应该进行坚忍的教育改造工作，采取慎重的负责态度”。以上参见中央人民政府法制委员会编：《婚姻法及其有关文件》，人民出版社1952年版，第43—46、109、126页。

共同奋斗”这一原则展开调解工作。

换言之，原则论辩产生了。在本案中，法律原则为民间法的论辩披上合法性的外衣。首先，法官明确双方是“自由恋爱”，理应有一定感情基础，那么夫妻的矛盾就基本上不会不能调和；此时，法官调解的“主要任务”在于通过调解和说理来恢复夫妻关系。在案件中，法官先用党的政策说明反对草率离婚的做法，希望女方能够冷静而理性地认识，但女方又坚决要求离婚，纯粹依靠政策的方法失效；随后，法官开始主动走访丈夫的单位，动之以情，晓之以理，让他主动检讨自己的过错，以此为劝和女方提供条件；其次，法官通过阅卷、走访群众和双方单位，找到夫妻双方矛盾的根源，并充分发动群众和各自工作单位去做劝和工作；最后，在夫妻双方均认识到自己的不足，表示能够言归于好之后，法院再召开家庭调解会议进行确认结果。在这样的情况下，民间法被引入了离婚调解之中并展开自己的叙事：首先，就调解的角色而言，法官也并非是纯粹的司法工作人员，而更像是隐去了公职身份的普通群众，讲究同理心，也认为在婚姻问题上不能“单靠法院的一张判决来解决问题”，而是要从感情上恢复双方关系；其次，就调解的情境而言，法官的调解工作并非在法庭展开，而是移情于夫妻生活的场域，依靠走访群众和主动查证的方式确证夫妻双方矛盾根源，且就在他们的生活内因地制宜，联合其他社会主体开展调解工作；最后，就调解的依据而言，法官调解时所依赖的并非只是国家法，而更多是党的政策（如“反对草率离婚”的表述）以至相互扶持、家庭和睦、夫妻和谐、抚养子女等传统的伦理观念。因此，如果国家法仅有原则而无明确的规则，民间法就会成为法官进行原则论辩的基本素材，并最终使论辩结论披上合法性的外衣。

（二）法官以民间法证成法律原则：李淑芹与韩文臻离婚调解案

1980年《婚姻法》修订时，离婚调解的规定被修订为“男女一方要求离婚的，可由有关部门进行调解或直接向人民法院提出离婚诉讼。人民法院审理离婚案件，应当进行调解；如感情确已破裂，调解无效，应准予离婚”（第25条），即把“感情确已破裂”明确作为离婚的实质要件。而《关于〈中华人民共和国婚姻法（修订草案）〉的说明》指出：“在我们社会主义国家中，要提倡夫妻互相帮助，建立民主和睦的家庭，大力宣传共产主义道德，反对那种对婚姻关系采取轻率态度或喜新厌旧的资产阶级思想。但是，也不能用法律来强行维护已经破裂的婚姻关系，这对社会、对家庭、对当事人都没有好处。根据一些地方和部门的意见，草案改为‘如感情确已破裂，调解无效，应准予离婚’。这样规定，既坚持了婚姻自由的原则，又给了法院一定的灵活性，比较符合我国目前的实际情况。”[26]而最高人民法院在回答“人民法院审理离婚案件为什么要首先进行调解”时认为，“离婚纠纷一般地说是涉及夫妻之间的思想认识问题、是非问题或者某些实际问题。在法院审判人员的主持和帮助下，通过调解的方法让当事人摆事实、讲道理，学习和懂得有关的法律规定，以便提高认识、分清是非、互相协商、解决争议。这样做，使双方少伤或者不伤感情，容易做调解和好的工作”，亦即在审理离婚案件时首先考虑夫妻双方的感情问题即“思想认识问题、是非问题”，其次才是关于共同财产和子女抚养等“实际问题”，因此法院在离婚案件审理和调解时也应当在

---

26 武新宇：《关于〈中华人民共和国婚姻法（修改草案）〉的说明》，《人民司法》1980年第10期，第8—9页。

“感情确已破裂”原则之下，继续遵循“三看”（看婚姻基础、看婚后感情、看离婚原因）和“两考虑”（考虑子女利益、考虑社会影响）的路径来进行具体的调解工作。[27]

这意味着，尽管《婚姻法》在离婚要件上无实质性变化，但法律施行背景已有所差别，对法律原则的理性化判断成为司法裁判的主导。民间法因而介入此种理性化判断过程，证成了法律原则。对此，我们不妨以1983年吉林省梨树县人民法院所提供的一个案例为参考：

妻子李淑芹因丈夫韩文臻赌博未改，曾先后两次起诉离婚并调解和好。在第三次起诉离婚时，合议庭经过合议，拟判决双方离婚。在报经审判委员会讨论时，多数成员认为离婚起因和责任都在韩的身上，他又不接受教育，李坚持离婚，应予支持。后来院长对此案经过反复考虑，认为此案按原告诉讼请求，判离虽有一定理由，但是从案情来看，男女双方并不是因为感情彻底破裂而要求离婚的，主要由于女方恨男方不能决心改正错误，致使家中断炊、孩子失学，而对男方丧失了信心。现在如果判决他们离婚，一是不利于安抚丈夫情绪，可能会加剧其赌博陋习甚至诱发犯罪；二是担心丈夫会迁怒于妻子的亲属，不利于各方稳定；三是双方已婚18年，生育三个子女，贸然判离不利于子女成长；四是丈夫虽误入赌博歧途，但从不偷不摸，还不是不堪教育的人。如能教育好丈夫安心务农，改掉赌博陋习，妻子理应与之和好，有利于家庭团结和社会安定。随后，法官主动下乡联系村、乡干部，商定由乡政府给韩贷款买化肥、种籽，并联合村委会发动韩的家族亲友资助口粮、出工、出牛具，帮韩文臻把地种上。这期

27　参见《新婚姻法问答》,《人民司法》1981年第1期，第33页。

间，法官又到郭家店乡找到李淑芹做和好工作，经耐心说服教育，她表示撤诉，但还要“以观后效”。在确认丈夫已经改过后，便在法官陪同下回家。此后，法官还要定期走访并联系村干部密切了解言归于好的夫妻情况。[28]

这一案件与前面的不同，依据1980年《婚姻法》的规定，法官鉴于此前妻子业已两次诉请离婚且多次教育男方仍不改正的情况下，认为案情**并非违背**“感情确已破裂”的情况，可以判决离婚。但在审判委员会讨论时，法院院长试图明确是否**的确是**“感情确已破裂”而非其他原因导致夫妻关系恶化。考虑到女方虽然两次起诉离婚但均调解和好的案情，明确离婚纠纷的根源不在于夫妻感情而在于男方赌博的陋习，并结合子女抚育和可能的社会效果，决定积极开展调解工作，除主动联系村乡干部帮扶男方改过自新外，也多次做女方的思想工作，以此促使夫妻言归于好。

本案揭示，在法律已经有初步形式理性的规则指引下，民间法在法律原则的论辩中发挥了证成功能，将法律原则的面貌定为民间法的精神指向。首先，法官会把调解工作与“感情确已破裂”的判决离婚原则相互对照，遵循“三看”（看婚姻基础、看婚后感情、看离婚原因）和“两考虑”（考虑子女利益、考虑社会影响）的路径，在法律原则和政策指向上形成自己的判断；同时，通过阅卷、询问当事人、主动查证和走访群众的方法，把夫妻矛盾、社会效果、子女因素、家庭环境等因素纳入考量，以此判断夫妻有无言归于好的可能。如果有此可能，那么法官将发扬实事求是与调查研究的作风，并借助同理

28　参见梨树县人民法院：《他们走向新生活》，《人民司法》1986年第2期，第11—12页。

心，充分发掘背后的民间法（情理因素）来展开进一步调解说理工作，同时引入群众意见和普遍情理作为补强的情理依据。从而把民间法纳入这一原则判断中，以调解方式说明夫妻双方感情并未破裂，还能重归于好。

（三）法官以民间法补强法律原则：刘某森诉李某梅离婚纠纷案

随着法律体系的完善和司法改革的推动、法官职业化建设的深入发展，法官不再像过去强调“三看”“两考虑”，也不会因“宁拆十座庙，不破一门婚”等传统观念的影响而不轻易判决离婚，而是更新了坚持感情标准的认定。例如，最高院法［民］法［1989］38号《关于人民法院审理离婚案件如何认定夫妻感情确已破裂的若干具体意见》列举了“感情确已破裂”的14种事由，[29]法官在审理离婚案件时能够有的放矢地进行调解工作并以此判断是否符合“感情确已破裂”的情况，因此压缩了法官在离婚调解中的原则论辩空间；而且，由于司法理念的更新，法官职权主义的范围受到约束，把具体的考量建立在当事人的陈述和判断上，只要双方当事人就离婚问题不持异议的，不再一味地做和好工作，而是充分尊重当事人的意愿；只要不违背法律、不损害他人利益，对他们达成的协议一般认定有效。此外，法官也不再强调具体的调查走访，而是把法院主动查证转为当事人举证并承担举证责任，法院只负责为申请调查取证的当事人行使相应职权，这样既减轻了法院的诉讼成本，提高了诉讼效率，又强调了当事人的诉讼

29　当然也有学者认为，这14项理由并非全在讨论感情是否“确已破裂”。参见蒋月：《改革开放三十年中国离婚法研究回顾与展望》，《法学家》2009年第1期，第63—84页。

参与度，把法官与调解员的职能相应区分。[30]而此时，民间法又将如何体现在离婚案件的原则论辩之中？我们不妨以“刘某森诉李某梅离婚纠纷案”[31]的裁判说理为例：

原告与被告父亲原在一个单位工作，二人关系很好。1976年原、被告经人介绍相识，并于1980年登记结婚，于1981年12月生有一子（现已成年成家）。原、被告在30多年的共同生活期间，曾为家庭生活琐事吵架生气，因双方沟通不畅，处理矛盾不当，为此影响了原告对被告的感情，特别是被告对原告及原告父母的冷淡，促使矛盾更加激化，原告为此曾于2012年7月2日向法院提起离婚诉讼并于2013年8月8日判决不准原、被告离婚。2014年6月12日原告第二次向法院提起离婚诉讼。

在法官按照诉讼程序查明案件事实后，给出了他对于案情的看法：

在庭审中，原告认为结婚30多年，如今却陷入离婚纠纷的原因系双方性格问题，被告没有文化，双方说不到一起。然而，如果说被告的性格及文化等方面的问题在与原告认识之前就存在，那么原、被告从相识到结婚有四年时间，原告对被告的性格、文化知识等情况均应有较深入的了解，双方的结合也正是建立在这种深入了解基础之上的，如今再以此为由主张离婚理由欠妥；如果说被告的性格和文化等方面存在的问题系结婚后才出现的，那么二人相识之时，被告年仅19岁，原告已有24岁，从相识到结婚再到一路走来，原告是否对被告的

30 参见张明杰、郑洪清：《对百件中年人离婚案件的调查分析》，《人民司法》1995年第4期，第40—42页。

31 刘某森诉李某梅离婚纠纷案，河南省焦作市解放区人民法院（2014）解民二初字第567号民事判决书。

性格、文化等各方面的问题养成也存在一定的责任呢？这是原告应该考虑的一个问题。“少时夫妻老来伴”，在年轻的感情逐渐淡去之时，老年夫妻之间所谓的感情更多的是对一份承诺的信守和由此演变而来的符合公序良俗的家庭责任和社会担当。30余年相识、相守实属不易，双方感情基础良好，应珍惜多年来建立起来的感情和家庭，在今后的生活中，各自克服和改正自身存在的问题，互相体谅和关心对方，多做有利于夫妻和好的事，少说不利于家庭和睦的话。尤其是被告如能克服待人冷淡、不善沟通、脾气冲动的问题，在生活上对原告多些关心和照顾、多些体贴和理解，原告如能念及与被告多年的夫妻情分，念及对已故老人们的承诺，念及对子孙后代的影响，共同努力，克服当前婚姻家庭中出现的困难，双方还是具有重归于好的可能的。

由此可见，当法律的理性化程度大幅提升，对法律原则的论辩应当与法律规则的指向保持一致。民间法的功能则转变为补充法律规则漏洞，补强法律原则的论证效果。在这一起老年人离婚案件上，法官正是这样开展“感情是否确已破裂”的原则论辩：首先，原告没有证据证明案情符合2001年修订后的《婚姻法》第32条第3款的内容，[32] 因此在缺乏规则的情况下，法官必须展开回归到“感情确已破裂”的原则。此时，法官转而从日常经验出发，事实上依循了“三看”“两考虑”的方法去判断：从婚姻基础看，原告与被告父亲本是工友，关系很好，而且双方是在相识四年后结婚的，理应对双方各种情况有较为充分的了解，不属于草率结婚的情况；从婚后感情看，夫妻关系维

32 《婚姻法》第32条第3款规定：“有下列情形之一，调解无效的，应准予离婚：（一）重婚或有配偶者与他人同居的；（二）实施家庭暴力或虐待、遗弃家庭成员的；（三）有赌博、吸毒等恶习屡教不改的；（四）因感情不和分居满二年的；（五）其他导致夫妻感情破裂的情形。”

系长达30余年，难以证明不存在感情基础，因此从普通的法感和日常情感而言，其实难以确认他们感情破裂；而从离婚原因看，他们的矛盾激化以至于引发离婚纠纷，主要是日常生活琐碎小事尤其是被告对原告及其父母的冷淡态度，这需要双方积极沟通，也并非无法改正。而且，"少年夫妻老来伴"，就社会影响而言，老年人离婚也在一定程度上有悖于社会传统伦理观念，不利于社会稳定和谐：[33]老年夫妻数十年来相濡以沫，历经风浪，感情基础理应稳固，贸然谈及感情破裂，的确难以服众；而且，老年夫妻相敬如宾，不仅为子孙后代的婚姻家庭观念提供良好榜样，也能够体现家庭和睦融洽的道德观念，这种立场已经为社会所普遍期待和普遍承认，因此与普通离婚案件相比，老年人离婚将产生更大的社会影响，也不利于子女以及孙子女在婚姻家庭关系上的和睦融洽，可能引发不良反应，因此采取了慎重考虑老年人离婚的司法立场，并试图对老年当事人在婚姻上所承担的责任命题以及理应坚持的家族观念，促使他们积极沟通和联系，尽可能消除误解，努力言归于好。基于此种论辩，法官认为案件不符合"感情确已破裂"的原则，最终判决不准原被告离婚。这样，民间法就发挥了补强法律原则论证的功能。

（四）民间法在法律原则中的叙事之归纳

在以上几个案例中，法官进行的原则论辩揭示了民间法所发挥的

33 最高人民法院公布该案时，也指出该案的典型意义在于慎重处理老年人离婚案件的社会效果："老年婚姻关系的解除，不能简单等同于一般离婚案件，其产生的影响牵涉其子女、甚于孙子女在内的多个家庭，人民法院依法裁判，具有积极的导向意义，……更加慎重地审核老年夫妻离婚案件，如此才能更好地维护社会稳定、提高社会幸福指数。"

证成和补强功能，并建构起具体的叙事路径。首先，民间法与国家法的综合成为法官审理离婚案件时的前理解：法官的源自国家法和民间法的综合，法律和日常生活经验为法官提供了“法感”。其次，在法律“有原则而无规则”或“规则不能”的场合，司法裁判就必须进入原则论辩。此时，法官必须依据自己的“法感”，不断追问社会的日常经验、伦理观念、惯习规则甚至是执政党的政策，试图询问它们能为案件解决提供何种回答；而法官的职业道德立场、国家政策和民间法要素，又会不断地筛选出合适的答案。最终，在此一“诠释学循环”中，符合案件事实的民间法要素被不断发现和获取，进而证成或者补强法律原则，以调解或判决的方式形成融贯的论证。

此外，民间法在法律原则论辩中的叙事路径因法律规范的理性化程度提升而有所变异，但本质上还是相似的。如在1950年婚姻法和1980年婚姻法施行时，法律对“能否继续同居”或“感情确已破裂”的原则未作具体规定，民间法是建构法律原则论辩的基本素材；加上法官职权主义和司法政策等因素，又影响着民间法在原则论辩所给出的具体回答，从而影响论辩深度和广度。在吴爱华、王广伦离婚案与李淑芹、韩文臻离婚案中，法官以实事求是、走访研究、调解为主，主动调查夫妻双方离婚矛盾的情况，获取其矛盾根源，实际上是以民间法的立场去获取对法律原则的“法感”，以便判断其是否符合“无法继续同居”的因素或者“感情确已破裂”的内涵。与此同时，法官扩大与民间法对话的视域，通过“走群众路线”的方式加深对“法感”的确信。这样的背景下，法官积极动员群众参与调解工作，并引入党的政策、日常生活经验、夫妻家庭的伦理道德观念，促使夫妻双方认识到自己的缺点和不足，进而批评和团结他们，努力使之言归于好。而在刘某森诉李某梅离婚纠纷案中，尽管法律规范的理性化程度大幅提升，但由于原告的举证不足以证明本案事实切合法律规则，案件落入了原则论辩的场域。此时，法官同样是从民间法的立场去获取并加深自己对法律原则的认识，进而把维系婚姻关系对其子女的影响和对社会的意义纳入叙事范畴，从而获取为当事人和社会所认同的裁判结果。换言之，就法律论证而言，法官试图从民间法中获取国家法实效性的根基，并以民间法的口吻开展原则论辩。[34]

四、结语

法官必须在国家法的原则论辩上依赖民间法，而且像离婚案件般要求“应当进行调解”，这至少说明，在离婚案件的原则论辩展开了民间法剧场中的叙事。此时，司法的过程必须同时体现司法程序现代化与司法为民的平衡，在司法裁判中主动关照群众立场，必须以法言法语的形式说出群众的价值取向、观念认知和利益期待，必须重视社会呼声和民众诉求，体现民间话语并尊重民意。而且，当我们提及以“民间法”进行原则论辩的时候，说明此时将不再存在规范意义上的“司法”“合议庭”或者“法官”，也不是用一种高高在上的言辞说教和超出两造的司法姿态。毋宁说，此时，“民间法”以移情的方式呈现着其叙事：生活语言取代规范语言，家长里短取代法律论辩，平易近人取代高高在上，中立调解取代司法裁判，司法也暂时隐去了国家法的形式面向，而是有意识地凸显民间法的多种面孔，在调解的场

34 “制度道德”就是指类似于法律的制度事实品性，以某一行为方式获取特定后果的道德规范。参见［英］尼尔·麦考密克、［奥］奥塔·魏因贝格尔：《制度法论》，周叶谦译，中国政法大学出版社2004年版，第27页。

域下营造某种情境。此时法官搁置裁判者的身份，而是作为某个双方认可的纠纷缓和者与协调者，根据案情调查、法律规范以及他/她本人对生活事实的理解，设身处地地代入到纠纷双方的冲突中，用温润的人情劝导和火热的集体情怀取代冰冷的法律条文，促使当事人自我反思，从而实现调解的目的；如果调解无效，那么调解时进行的议论也能够为法官进行法律上发现提供足够资源，并在此基础上取得最终的结论。由此可见，以民间法进行国家法的原则论辩的基本叙事是，当事人依靠国家法维护其权益，而司法机关必须以国家法来回应其诉求，但其中的论证过程或议论结果，不是形成于抽象的法言法语和规范的司法程序中，而是形成于民间法与国家法的互动之中；民间法进入国家法场域，通过其意义术语扩展国家法的语域，以民间法的事实性证成代替国家法的规范性证成，用民间所能识别的语言为国家法增强说理能力，同时为司法过程的法律议论提供了事实性根基。

这一叙事如何可能？似乎可以得出几个观点。第一，在某种程度上，我们可能需要承认关于民间法的定义是多元的，“民间社会”的叙述范式与“市民社会”的研究框架可以多元共存，否则我们将无法自洽地回应在国家对前现代民间进行现代改造的背景下，民间法的动态变迁机制及其可能的多元走向，无法回应国家法的意志性因素及其背后对于制度道德的可欲与社会压力立场，也将无法融贯地解释民间法的乡土性何以可能与“潜规则”等具有现代面孔的社会规则并行不悖、和平共存的局面。[35]第二，就法律推理尤其是法律议论而言，民间法能够在原则论辩上补强国家法规则，在一致性和协调性论辩上促

35 参见贾焕银：《潜规则与中国法治发展》，《民间法》2013年卷，第128—140页。

成法律体系的自洽解释。此时，获取法律决定的规范原因尽管来自国家法对民间法的认可，但事实性原因则是民间法内部围绕杂糅情理法的论辩清单所开展的议论，因此可以说，民间法在国家法的授意下完整实现其事实性证成的功能。第三，民间法作为事实性民间规则的立场并不减损其规范意义上的功能，否则我们将无法准确描述为什么有的民间法能够具备证成而不是挑战国家法的功能，也将无法解释民间法既有体现国家法和执政党的意志的面向，[36]又有与国家法相背反的情况。[37]由此可见，如果我们确定要从实证描述的路径关注民间法，并试图给出一个符合“民间生活”的规范回应，那么民间法的法律原则论辩就是一个具体的入口。此时，民间法的“田野”就不只局限在真正的乡土田野和现代性的边缘地带，也不只局限在影视作品和历史章回小说的叙事中，而恰好就在我们的脚下。

36 例如，前述贵州省黎平县十洞十三寨在制定《和谐公约》时提到，“我们的政府行动起来了，我们的村干、我们的寨老们也行动起来了。2009年的‘六月六’，‘十洞十三寨’的村干、寨老，县里的文化专家，乡镇的党政领导，齐聚岩洞，效仿祖先，在现有的法律框架下制定了《十洞十三寨》共创和谐社会公约”。参见吴大华等著：《侗族习惯法研究》，北京大学出版社2014年版，第228页。

37 比如目前为民间法学界所重视的少数民族习惯法。参见高其才：《当代中国少数民族习惯法》，法律出版社2011年版。

第十章
通过公共领域的立法民主
商谈论视角下的立法过程模型

马剑银*

在沟通自由的迷阵中眩晕时，除了民主程序自身，不会再有其他支撑点；而这种民主程序的意义，早就蕴涵在权利体系之中了。

——哈贝马斯[1]

导论：中国语境、社会转型与民主口号

正如当年奥古斯丁所面临的关于时间定义的困惑——“时间究竟是什么？没人问我，我倒清楚，有人问我，我想证明，便茫然不解了”，[2]对于民主，类似困惑同样存在。在现代社会中，鲜有人会反对民

* 马剑银，清华大学法学院法学理论专业博士生，中南财经政法大学法律文化研究院兼任副研究员。本章是业师高鸿钧教授这几年带领门下弟子进行“社会理论之法”研究的阶段性成果之一。

1 J. Habermas, *Between Facts and Norms: Contributions to a Discourse Theory of Law and Democracy*, W. Rehg (trans.), Polity Press, 1996, p.186. 本章对哈贝马斯理论的理解与文本引用，主要依据此英文译本，同时也参考了童世骏中译本与德文原文，以下同。参见［德］尤尔根·哈贝马斯：《在事实与规范之间：关于法律与民主法治国的商谈理论》，童世骏译，生活·读书·新知三联书店2003年版；J. Habermas, *Faktizität und Geltung: Beiträge zur Diskurstheorie des Rechts und des demokratischen Rechtsstaats*, Suhrkamp Verlag, 1992.

2 ［古罗马］奥古斯丁：《忏悔录》，周士良译，商务印书馆1994年版，第242页。

主，似乎它是一个“放之四海而皆准”的真理；但是当被追问到这个普适性概念的具体内涵时，也鲜有人能够厘清。随着历史的发展，现代社会中的民主实践与人们“渐行渐近”，但各式各样民主理论的分歧却“渐行渐远”。[3]

在中国语境下，近代以降一百余年来，现代化的社会转型尚未最终完成，但是前现代性的、现代性的、后现代性的，以及重建现代性的各种物质成分、意识与思潮出现在同一时空下，形成“异质时间的同时性”（Glechzeitigkeit der Ungleichzeitigen；contemporaneity of noncontemporaneous），[4]或者“时间的丛集和时代的错位”；[5]全球化已然成为一个热门话题，但现代意义上的民族国家架构却尚未最终形成；两次现代性的建构[6]与应对两次正当性危机[7]的任务合二为一。统治者以“法律移植—立法”的方式来建构社会秩序，促进现代化与民族复兴，从而重建统治的正当性基础，自晚清以降，莫不如此。帝制被推翻之后，民主共和国成为新的国体，代议制（或人民代表大会制度）成为新的政体，虽然有采用自由主义、共和主义还是社会主义的意识形态之争。在名义上，民主成为新的意识形态，“不民主”成为

3 关于各种民主理论的介绍，中外文献汗牛充栋，普及性的文献可参见何包钢：《民主理论：困境和出路》，法律出版社2008年版；孙永芬：《西方民主理论史纲》，人民出版社2008年版。

4 R. Koselleck, *Futures Past: On the Semantics of Historical Time*, K. Tribe (trans.), MIT Press, 1985.

5 许章润：《法律：民族精神与现代性》，载高鸿钧主编：《清华法治论衡》第2辑，清华大学出版社2002年版。

6 两次现代性（化）的区分，是德国学者贝克的理论，请参见［德］乌尔里希·贝克、埃德加·格兰德：《世界主义的欧洲：第二次现代性的社会与政治》，章国锋译，华东师范大学出版社2008年版；［德］乌尔里希·贝克：《全球化时代的权力与反权力》，蒋仁祥、胡颐译，广西师范大学出版社2004年版。

7 两次正当性危机指的是宗教神学基础失落之后政治统治何以可能，现代社会中“诸神之争”的情境下政治共识何以可能。有关论述可参见周濂：《现代政治的正当性基础》，生活·读书·新知三联书店2008年版。

统治正当性危机的最大隐患，当局的批评者莫不以“不民主”来诟病当局，而当局也均知民主是现代政治最大的正当性基础来源，但如何运用民主、实现民主，却路分途殊。自从“德先生”这个词自“五四运动”期间引入，对其含义的理解和解释从来没有统一过。最晚近的一个文件——中共十七大报告中带有“民主是社会主义的生命”字眼，但是对于什么是民主，中国需要什么样的民主制度和民主实践，仍然是一个需要讨论的话题，于是“协商民主”“多元民主”“渐进民主”“增量民主”等概念风起云涌。

各种政治制度和政治实践的民主化话题中，“民主立法”或“立法民主”是学术界讨论比较多且比较深入的话题之一，也是近些年来中国政治的一项重要宣传口号。开门立法、公众参与和民意调查等成为“民主立法”和“立法民主”的政治动员手段，从而使得现代政治统治的正当性基础——人民主权原则在中国语境中发挥更大的作用，例如物权法立法，劳动合同法立法，烟花爆竹禁放还是限放，节假日调整方案与带薪休假制度的调整等过程中都有所体现。

以2007年通过的《中华人民共和国物权法》为例，这部法律的起草、修订直至最后的公布，是在立法民主的光环下进行的：草案的反复讨论与修订（草案在全国人大常委会历经七次审议，为共和国历史上审议次数最多的一部法律）；网上公布草案，全民征集意见与建议；甚至“巩献田旋风”[8]在某种意义上似乎也体现了“民主”的气氛；等等。

8 关于以巩献田为首的学者认为物权法及其基本原则“违宪”“违反社会主义原则”而引起的大争论背景和过程，可参见刘贻清、张勤德主编：《“巩献田旋风”实录：关于〈物权法（草案）〉的大讨论》，中国财政经济出版社2007年版。

然而，似乎从学术与理论的视角来看，这样的“民主”更多地停留在口号的修辞意义之上。“时间丛集”的现代性困境，公共领域的不发达，使得政治系统对于生活世界的宰制难以得到舒缓，即使是社会系统论意义上的“刺激”与“环境”噪音，对于强大的政治系统来说，也不足以有使政治系统持续产生“反应”的动力。笔者观察整个物权法的出台过程，在太多的民主口号所形成的光环之下，民主感（the sense of democracy）却未曾令人有真实的体悟，一万多条民众意见，似乎也如泥牛入海，只闻雷声不见雨滴，造成所谓的“民主过程的中断”，也就是说大众的政治意见的形成与表达，同正式的政治意见与意志（立法或国家意志）的形成之间出现了某种意义的断裂。因此，公共领域不发达的立法民主，最终是镜中之花，水中之月，需要进行重构。这种制度重构不仅是论证政治与法律正当性的重要前提，也是对“立法民主”甚至民主理念本身的一次重新理解与厘清。

本章主要介绍哈贝马斯通过公共领域的商谈论民主理论以及该理论视角中立法过程的模型建构，以此对照中国立法民主化的现状。（1）从政治哲学的视角来看，哈贝马斯尝试用其商谈论民主理论（程序主义民主理论）来平衡与超越自由主义民主理论与共和主义民主理论之间的张力，从而形成了民主的三种规范性模式；（2）哈贝马斯的商谈论民主理论实际上是一种通过公共领域的商谈论民主理论，这个理论最关键的地方就是政治公共领域与议会机构之间形成的沟通之流（the flow of communication），它是保证正当之法得以产生的基础；（3）政治意见与意志的形成过程最重要的是以法律的形式确定下来，所以哈贝马斯的理论也就是一种有关立法的民主理论，可以从中建构出一种立法过程的模型，通过这样的模型来说明人民民主原则如何在这个过程中得到重释。

一、民主的三种规范性模式

本章所提到的立法民主（democracy of legislation）是指立法过程中一系列民主程序的展开，既包括在立法机关内部的民主程序，也包括立法机关外部的民主过程；前者不仅牵涉立法机关的选举民主，也牵涉立法机关的议事民主；而后者广泛表现在对立法议题的酝酿、讨论、确定。立法民主是民主过程的重要组成部分，甚至可以说是核心部分，因为其涉及"关于在何种条件下法律的产生具有正当性效果这个问题"。[9]当然，本章所涉及的立法民主，是一个笼统概念，虽然主要涉及后者，但是也会间接提到前者。

讨论作为民主理论组成部分的立法民主，自然离不开对民主理论范式，也就是对于民主理论的政治哲学基础的讨论。如前文所述，古今中外对于民主理论的论述浩如烟海，不可能以短短一篇论文进行简单归纳，笔者在这里仅仅基于哈贝马斯的立场，对民主理论的规范模式（normative models）进行简单的理想类型分析，[10]从而介绍哈氏自身的程序主义民主（procedural model of democracy）或协商政治（deliberative politics）的理论。

哈贝马斯在批判自由主义民主模式和共和主义民主模式这两种相互对立的理论基础上提出自己的理论，试图超越其所批判对象之间的

9 J. Habermas, *Between Facts and Norms: Contributions to a Discourse Theory of Law and Democracy*, p.287.

10 之所以说这里的分析是理想类型，是因为就自由主义、共和主义自身而言，流派就有很多种，哈贝马斯自己也说，他是在简化（shorthand）的意义上使用这些概念的，例如自由主义就没有包括罗尔斯、德沃金等晚近的自由主义理论。参见同上注书，第268、549页（第7章注10）。

张力。这两种立场的政治理解与民主观的张力也存在于当代美国一场对待共同体主义者（communitarians）的争论中。[11]当然，哈贝马斯将两种批判对象对立化不仅是他自己的理论论述风格，也有同行的呼应。米歇尔曼（Frank I. Michelman）就采用“共和主义”和“自由主义”这样的术语表明它们典型内容的对立，这种对立的术语不仅用来区分宪法解释的不同传统，也用来刻画宪政现实中的对抗倾向。[12]米歇尔曼对两者的区分是以对政治理解的消极与积极面向作为起始点的，源于罗马法，而经由洛克等学者理论化的消极自由观是自由主义政治观，强调私人对自身生命、自由与财产的支配免受“那个政治权威的干预”，因为自己无法参与其中。[13]而共和主义的政治理解则源于亚里士多德，历经卢梭和哈林顿（James Harrington），进入美国宪法与政治领域，这种政治观不仅涉及“公民私人的生命、自由和财产要受国家保护”，而且突出涉及“取向于共同之善的、并将自己视为一个相互协作且独立自治的共同体中自由平等成员群体一部分的公民的自决实践”。[14]

基于这两种互相对立的政治观产生了自由主义的民主模式和共和

11 J. Habermas, “Three Normative Models of Democracy”, in *The Inclusion of the Other: Studies in Political Theory*, C. Cronin & P. de Greiff (eds.), the MIT Press, 1998, ch. 9, p. 239.

12 参见F. I. Michelman, “Conceptions of Democracy in American Constitution Argument: Voting Rights”, 41 *Florida Law Review*, 1989, pp.443–490; F.I. Michelman, “Conceptions of Democracy in American Constitution Argument: The Case of Pornography Regulation”, 56 *Tennessee Law Review*, 1989, pp.291–319。

13 J. Habermas, *Between Facts and Norms: Contributions to a Discourse Theory of Law and Democracy*, p.268.

14 J. Habermas, *Between Facts and Norms: Contributions to a Discourse Theory of Law and Democracy.*

主义的民主模式。而这两种模式的基本区别表现在以下几个方面：[15]

第一，民主过程或政治的功能不同。这是一种决定性的区别。自由主义认为民主过程所执行的任务是根据社会利益规划政府的活动，在此过程中，政府是公共管理机构，而社会则是一个按照市场经济结构而形成的人际之间互动及其劳动关系的系统；作为公民政治性意志形成过程的民主过程或者政治的功能，是聚合与贯彻私人利益来对抗为了集体目标而运用政治权力的政府，国家与社会之间泾渭分明。在共和主义的视角下，这种政治的功能不仅是这种中介性的，而且是整个社会化过程中的构成性因素，除了行政/权力和市场/货币之外，还出现了团结/共同福利这第三种社会整合形式，一种独立于公共行政关系与私性市场关系的、自主的公民社会的基础与这种社会整合形式同时出现，用以保护公民自决实践和政治沟通免受国家机构的压制和市场组织的同化；在共和主义的政治观中，政治性公共领域及其基础——公民社会获得了一种关键性的意义，民主过程是在国家与公民社会相结合的前提下进行的。因此，自由主义民主观基于国家与社会的二分法；而在共和主义中，国家与社会的分离是不可接受的。

第二，公民身份（citizenship）概念的不同。从第一个不同，产生了以下第二到第五个不同。根据自由主义观点，公民地位的定义主要是一种消极权利，这种权利针对的是国家与其他公民。国家保障公民或法权人的选择自由免受外部之强制，并授予公民选择议会和政府组成成员的投票权，以“公民=选民”的方式来监督政府是否按照私人的利益运作。而在共和主义视角下，公民权利并不是消极自由，而是

15 J. Habermas, *Between Facts and Norms: Contributions to a Discourse Theory of Law and Democracy*, pp.268–274。也见J. Habermas，“Three Normative Models of Democracy”。

作为积极自由的政治参与权和政治沟通权。国家保障公民或者法权人有参与共同体实践的可能性。在自由主义视角下，公民取向于各自的个人利益，而在共和主义视角下，公民需要、愿意就哪些目标和规范作为共同体共同的目标和规范达成理解。

第三，法律/权利概念的不同。这个不同类似于法哲学历史上自然法学派与法律实证主义的争论，也就是权利发生学的“天赋论”与“国赋论”的区别。[16]自由主义的法律/权利概念，是基于权利优先于法律这个基本点的，法律秩序是从主观权利出发而构成的，它的意义在于允许在具体情境下确定哪些人拥有哪些权利；而根据共和主义的观点，法律优先于权利，也就是说这些主观权利源于客观法律秩序，对于法权人之间平等的、自主的，基于相互尊重的共同生活来说，是法律秩序（而不是先验的权利）为之提供了可能性和保障。自由主义者眼中的权利总是以超政治的理性或神谕的“高级法”为基础的，而共和主义则认为权利只不过是由占统治地位的政治意志决定的。[17]

第四，政治过程的性质不同。根据自由主义，政治根本就是一场争夺人们可借以控制行政权力职位的斗争。决定政治公共领域与议会中政治意见与意志形成过程的，是为了维持或获得权力职位而进行策略性行动的群体之间的竞争；自由主义政治成功的标志是根据选票数量来确定的公民对候选人和纲领的赞同程度，投票与市场选择行为具有内在一致性，选票的投入与权力的产出构成了一个策略性行动的模

16 参见马剑银：《基本权利体系的重构——哈贝马斯基本权利观及其方法论意义》，未刊稿。

17 F. I. Michelman, “Conceptions of Democracy in American Constitution Argument: Voting Rights”, p.446.

式。[18]根据共和主义的观点，政治公共领域与议会中政治意见与意志的形成过程并不服从市场过程的结果，而服从取向于相互理解的公共沟通的独特结构。是对话而不是市场构成了作为公民自我立法实践的政治范式基础。共和主义视角下的投票并不是策略性行动的标志，而是象征"政治判断的聚合"。[19]

第五，对程序的正当性力量的认识不同。在自由主义民主观中，理性选择最优策略是权力角逐的决定因素，政治与实践理性之公共用途的规范性核心没有关系，程序的功能是被怀疑的，或者仅仅是形式性的功能，不会具有使某些实体正当化的功用。而在共和主义民主观中，那些程序条件下政治过程可以被假定能够产生合理结果，因此共和主义对政治商谈及其程序充满了信任。

对于哈贝马斯来说，比较自由主义与共和主义两种民主模式并不是目的，而是在比较的基础上提出批判，同时提出他的程序主义民主理论。共和主义与自由主义虽然有上述这么多不同，但是在哈贝马斯眼里，它们仍然有相同之处，虽然自由主义的初衷是个人中心主义，共和主义的初衷是社会中心主义，但是结果都陷入国家中心主义。共和主义将国家看作一种建制化的伦理共同体，而自由主义虽然强调要将国家尽量从社会中排除出去，但是小政府仍然是经济社会的"监护人"，[20]国家仍然凌驾于社会之上。不过在国家与社会的关系中，自由

18 F. I. Michelman, "Conceptions of Democracy in American Constitution Argument: The Case of Pornography Regulation", p.293.

19 关于以巩献田为首的学者认为物权法及其基本原则"违宪""违反社会主义原则"而引起的大争论背景和过程，可参见刘贻清、张勤德主编：《"巩献田旋风"实录：关于〈物权法（草案）〉的大讨论》，中国财政经济出版社2007年版。

20 J. Habermas, *Between Facts and Norms: Contributions to a Discourse Theory of Law and Democracy*, p.296.

主义采取国家与社会相分离的原则，[21]但共和主义则希望社会直接控制国家，社会直接成为一个政治共同体；如果说在自由主义视角下，民主过程是勾连国家与社会之间的中介，那么在共和主义的视角下，民主过程则等同于一个整体的社会的政治自组织。[22]而商谈论赋予民主过程的规范性含义，比自由主义模式要强，而比共和主义模式要弱。与共和主义一致，哈贝马斯的程序主义民主将政治性的意见与意志形成过程放在核心地位，但同时与自由主义一样，尊重国家与社会之间的区分，进而将这种两分法变为三分法：公共行政（国家）、经济行动系统（市场）与市民社会（作为自主公共领域的基础）。从规范的角度来看，商谈论民主要求对现代社会用来满足其整合与导向需要的三种资源——货币、行政权力与团结——的相对重要性进行重新排列。团结不仅来自沟通权力，而且来自多种多样的自主的政治公共领域，同时通过宪法框架中建制化的民主的意见与意志形成过程凝聚起来，并通过法律媒介与其他两种社会整合机制相抗衡。[23]

哈贝马斯认为，自由主义与共和主义对待私人自主和公共自主这对范畴的态度也有问题，自由主义过分强调私人自主，将公共自主推向工具性的范畴中；而共和主义则过分强调公共自主的内在价值，使得私人自主在强大的国家权力面前朝不保夕。[24]自由主义本意在于将国家“挡出去”，以捍卫私人自主。但是原子化个人的互相博弈和竞

21 J. Habermas, *Between Facts and Norms: Contributions to a Discourse Theory of Law and Democracy*, pp.174ff.

22 J. Habermas, *Between Facts and Norms: Contributions to a Discourse Theory of Law and Democracy*, p.298.

23 J. Habermas, *Between Facts and Norms: Contributions to a Discourse Theory of Law and Democracy*, p.299.

24 高鸿钧等：《商谈法哲学与民主法治国——〈在事实与规范之间〉阅读》，清华大学出版社2008年版，第218页。

争使合作与共识成为难题，结果韦伯意义的形式理性（客观）法成了私人主观权利的“铁笼”；共和主义的初衷在于将国家“圈进来”，以使得国家成为社会的朋友而不是敌人。但是社会与国家的亲密关系“抹杀差异”与“压制多元”，私人自主不复存在。[25]哈贝马斯则认为，私人自主与公共自主之间具有相互构成的意义。它们“互为前提”，[26]既有“同源性”，而且也可以“互相协调”。[27]商谈论民主就是要解决这对范畴长期存在的吊诡困境。在这种民主理论的视角下，“民主与法治国之间的内在联系在于：一方面，公民只有在他们的私人自主得到平等保护而充分独立的时候才能恰当地使用他们的公共自主；另一方面，他们只有在恰当使用作为公民的公共自主的时候才可能在享受他们私人自主的时候真实地感受到平等”。[28]

商谈论民主既不同于自由主义以利益妥协的形式而实现的民主过程，也不仅仅是采取伦理政治的自我理解形式的意志形成过程，而是将两者整合进理想性协商程序和决策程序的概念中，建立起实用性考虑（即实用性商谈）、妥协、自我理解性商谈（即伦理—政治性商谈）和正义性商谈（即道德商谈）之间的内在联系，[29]这也是本章第三部分要着重论述的。

商谈论视角中的民主不是以国家为中心，将其想象成一个目的取

25 高鸿钧：《走向交往理性的政治哲学和法学理论（下）——哈贝马斯的民主法治思想及对中国的借鉴意义》，《政法论坛》2008年第6期，第55页。

26 J. Habermas, “Remarks on Legitimation through Human Rights”, in *The Postnational Constellation: Political Essays*, M. Pensky (ed. & trans.), The MIT Press, 2001, pp.113–129, at 118.

27 J. Habermas, *Between Facts and Norms: Contributions to a Discourse Theory of Law and Democracy*, pp.84, 104.

28 J. Habermas, “Remarks on Legitimation through Human Rights”, p.118.

29 J. Habermas, *Between Facts and Norms: Contributions to a Discourse Theory of Law and Democracy*, p.296.

向之宏观主体的社会整体这样一个观念；也不把这个整体设想成一个根据市场模式无意识地调节权力平衡和利益平衡的宪法规范体系。商谈论民主基于沟通理性与主体间性，同一种非中心化的社会观联系在一起。商谈论放弃了主体性哲学，当然商谈论民主也就超越了基于主体性哲学的自由主义与共和主义的民主观念。因为主体性哲学视角，不是将公民的自决实践赋予一个全社会范围的主体，从而将全体公民看作一个反映全体并为了全体而行动的集体行动者（共和主义）；就是将匿名的法治加于彼此竞争的众多单个主体之上，而单个行动主体的作用只是权力过程的应变量，这个权力过程被视为盲目发生的，因为个人选择之外存在着的充其量只是自发聚合起来的而非自觉形成和执行的集体决定（自由主义）。而在主体间性哲学视角下，民主过程是一种通过议会和政治公共领域的沟通之流而发生的理解过程，一个无主体的沟通过程，这个过程将公共的意见形成过程、建制化的选举过程和立法的决定合三为一，通过它们之间的沟通之流，使得沟通权力转化为行政权力，[30]从而实现商谈论民主视角下的立法过程。

二、商谈论民主、沟通之流与公共领域

哈贝马斯在规范性的层面批判了自由主义与共和主义的民主观，从而推导出他认为能够超越这两者各自缺陷和彼此张力的商谈论民主理论，“民主的真正意蕴是人类主宰自己命运的渴望”，[31]而民主就是

---

30 J. Habermas, *Between Facts and Norms: Contributions to a Discourse Theory of Law and Democracy*, p.299.

31 高鸿钧等：《商谈法哲学与民主法治国——〈在事实与规范之间〉阅读》，第218页。

"自主"，[32]而且是"私人自主"与"公共自主"的交叠贯通。民主的命运本身也"主要掌握在其成员自己的手中"，因为"当政权最终取决于被治者的参与时，确定民主成败的是他们集体形成并表现出来的智慧"。[33]当然，仅仅在规范性层面去论证民主的理想是不够的，商谈论民主理论还必须接受高度复杂社会的现实追问，或者说民主的"规范性理论的理想主义内容"已然在社会科学的"日晒"之下逐渐"蒸发"。[34]那么，在大型复杂社会中，民主是否可能？以同意为基础的"共识"而非以竞争、妥协的"协议"[35]是否仍可能成为民主的理想内容？或者说协商民主是否可能？这是社会现实与社会学给商谈论民主提出的挑战。正如本章导论所提到的那些现象一样，民主是否只能存在于那些口号、修辞和意识形态之中？

就政治哲学的理想性而言，现代社会的法律与政治统治的正当性源泉最主要的表达是"人民主权"原则和"人权"原则，前者为法律与政治统治奠定了共同体成员自我立法的伦理—政治基础，后者为检验法律与政治统治的各种行动提供了一种道德视角的普适性观察。前者回答的是"我为何是我们的我"，而后者回答的是"我为何是人"。如果对现代民主过程进行现实考察，就会出现两种理论，即系统论和经济学民主理论，这两种理论使得"民主"本身的规范性受到了极大的挑战。

从阿伦特对权力（power/Macht）与暴力（violence/Gewalt）进行的区分开始，那种旨在达成理解之沟通的共识形成力量，与为了自己

---

32 ［美］科恩：《论民主》，聂崇信、朱秀贤译，商务印书馆1988年版，第273页以下。

33 ［美］科恩：《论民主》，聂崇信、朱秀贤译，"中文版序言"，第4—5页。

34 J. Habermas, *Between Facts and Norms: Contributions to a Discourse Theory of Law and Democracy*, p.329.

35 关于"共识"与"协议"的区别，请参见J. Habermas, *Between Facts and Norms: Contributions to a Discourse Theory of Law and Democracy*，第4章相关内容。

利益而对别人意志工具化的能力便对立起来。[36]“权力对应的不仅是人类行动的能力，更是人类共同行动的能力”，[37]哈贝马斯将这种权力称为沟通权力（communicative power），整个立法的过程是将沟通权力转化为行政权力的过程，而法律和沟通权力“又同源地产生于那种众多人们公开赞同的意见”，[38]也就是民主过程。当民主过程成为法律与沟通权力产生的源泉，法律又成为沟通权力向行政权力转化的媒介时，民主法治国的意象就变成“把由权力代码来导控的行政系统同具有立法作用的沟通权力联系起来，并使之摆脱社会权力的影响，也就是摆脱特权利益的事实性实施能力。行政权力不应该自我繁殖；它的再生产应该仅仅是沟通权力转化的结果”。[39]

然而，在现实中社会权力是不甘寂寞的，这些在规范上“不正当”的权力可能会侵入法治国的权力循环过程，不仅侵入作为过程输入口的立法与政治公共领域，而且还在作为过程输出口的行政机构运作中进行抵制。社会权力的运作显然是外在于民主法治国的权力循环过程的，但是这种入侵，一方面使得民主过程的输入口被扰乱，而且还助长了行政权力自成一体——成为系统论意义上的自创生系统——的趋势。[40]

系统论的出现是对大型复杂社会民主可能性的否定，切断了政治

36 J. Habermas, *Between Facts and Norms: Contributions to a Discourse Theory of Law and Democracy*, pp.147–148.

37 H. Arendt, On Violence, Harcourt, Brace & World, Inc., 1970, p.44.

38 J. Habermas, *Between Facts and Norms: Contributions to a Discourse Theory of Law and Democracy*, p.147.

39 J. Habermas, *Between Facts and Norms: Contributions to a Discourse Theory of Law and Democracy*, p.150.

40 参见N. Luhmann, *Social System*, J. Bednarz Jr. & D. Baecher (trans.), Stanford: Stanford University Press, 1995; N. Luhmann, *Law as a Social System*, trans. K. A. Ziegert, Oxford University Press, 2004 ;[德]托依布纳 :《法律：一个自创生系统》，张骐译，北京大学出版社2004年版。

与法律正当性或规范有效性追求最后的出路。这个理论将社会看作一个由各个自主的子系统构成的网络，每一个系统各自封闭在自己的语义边界之内，将所有其他系统都当作自己的环境。系统内部的二值代码的运作模式代替作为参与者的行动者的意向和利益，[41]成为系统之间互动的决定性因素。虽然与哈贝马斯的商谈论民主一样，系统论反对国家中心主义，即使是政治系统，与其他系统相比，也没有任何特殊性。所有的功能子系统的自主性都源于每个系统自身特有的代码和彼此之间无法转译的语义内容。所以系统之间是无法直接沟通的，只能互相观察，并互为环境对彼此进行激扰。孤独的政治系统显然无法成为规范性内容的组成部分，民主也是不可能的了。政治系统的循环不再是规范性权力循环，而形成了另一种逆循环，行政部门进行广泛的自我规划，通过政府提案的方式导控立法过程，通过与国家连成一体的政党而获得大众效忠，并且同它们的当事人建立直接的谅解。[42]

而经济学民主从另一个角度侵蚀着民主的规范性内涵，在三种规范性民主模式中，自由主义的规范性内涵是最小的，自由主义中的其中一脉对于权力的认识仍然是前阿伦特的，也就是行动者针对其他行动者的对抗意志的能力，即韦伯意义上一个人在社会关系中不顾抵制而坚持贯彻自己的意志的可能性。[43]按照这种理解，各种社会权力，包括政治权力在内，都是一种或多或少可以用理性的方式追求更大利

41 这是行动（社会行动）作为社会学研究出发点的社会学理论的基本观点，例如韦伯、帕森斯等，参见M. Weber, *Economy and Society: An Outline of Interpretive Sociology*, E. Fischoff *et al.* (trans.), University of California Press, 1978；[美] 帕森斯：《社会行动的结构》，张明德等译，译林出版社2003年版。

42 N. Luhmann, *Political Theory in the Welfare State*, J. Bednarz Jr., W. de Gruyter (trans.), 1990, p.49.

43 J. Habermas, *Between Facts and Norms: Contributions to a Discourse Theory of Law and Democracy*, pp.147, 330.

益的主导能力。[44]当然，与系统论不同，这种对规范性内容减肥的理论并不是忽视政治权力，将政治权力置于与其他社会权力平起平坐的地位，而是用市场的方式去看待权力的运作，各种社会权力凭借自己实力的强弱去直接影响政治权力的运作，从而使得自己的利益最大化。社会权力的兴起，导致了一种竞争性民主制度，在这种制度中，政治权力的分配是社会权力平衡的结果，民主过程也成为领导群体的精英之间相互的国民选举，[45]或者说在经过熊彼特转译过的经济学民主理论中，民主已然蜕变成一种赤裸裸的“选主”制度。[46]

经济学民主理论视野中的民主过程具有工具性的特质，只有竞争、博弈、妥协，而看不到合作、同意与共识，“选择领袖”的选择理性，使得民主不再是一个持续性过程，而是一次性或者间断的一次性买卖；而系统论视角下，民主过程干脆就缺场了，行政权力通过自成一体的系统内部运作，在脱离规范有效性的民主过程的情境之下对社会生活独立导控。虽然后来的学者对这些典型的缺失规范性的理论进行了修正，[47]但是其对于民主理念本身的伤害是很大的，后人对民主的敌视，或者对民主普适话语的怀疑，主要也是针对这两种现实主义

---

44 J. Habermas, *Between Facts and Norms: Contributions to a Discourse Theory of Law and Democracy*, p.289.

45 J. Habermas, *Between Facts and Norms: Contributions to a Discourse Theory of Law and Democracy*, p.332.

46 王绍光：《民主四讲》，生活·读书·新知三联书店2008年版，第138页以下。熊彼特的经济学民主理论也见［美］熊彼特：《资本主义、社会主义与民主》，吴良健译，商务印书馆1999年版。

47 例如韦尔克（Helmut Willke）和彼得斯（Bernard Peters）对经典系统论的修正，埃尔斯特（Jon Elster）对经济学民主理论的修正。参见J. Habermas, *Between Facts and Norms: Contributions to a Discourse Theory of Law and Democracy*, ch.7；也见H. Willke, *Ironie des Staates: Grundlinie einer Staatstheorie polyzentrischer Gesellschaft*, Suhrkamp, 1992; B. Peters, *Die Integration moderner Gesellschaften*, Suhrkamp, 1993; J. Elster, “Arguing and Bargaining in Two Constituent Assemblies”, 2/2 *University of Pennsylvania Journal of Constitutional Law*, 1999。

的民主理论与实践。

当然，不可否认的是，后来对这两种理论进行修正的学者对于哈贝马斯通过公共领域的民主理论或商谈论民主的贡献很大，例如埃尔斯特对经济学民主的修正，将社会伦理条件与道德理由加入，使得民主过程被描绘成一个通过公共讨论来改变行动者偏好的机制，同时区分了“谈判”与“论辩”，这与后文哈贝马斯对商谈与谈判的区分直接相关；[48]彼得斯对系统论的修正同样给哈贝马斯很大的启示，他的“闸门（sluices）模式”[49]认为，法治国中政治系统的沟通与决策过程呈现出这样的面向：沿着从中心到边缘的轴线排列，由一个“闸门”系统将它们进行组织安排，并蕴含着两种解决问题的模式。[50]政治系统的中心领域包括行政机构、法院与议会及其相关运作过程与制度，[51]这是一种复合的建制，多元而互相区别。政治系统的边缘分为内部边缘和外部边缘两部分，内部边缘主要集中于行政机构的外围，包括拥有自治权利或国家委托的监督和立法功能的各种建制，例如学校、行业协会、福利组织和基金会等；而外部边缘主要分为“接受者”和“供给者”，前者是一些谈判系统，而后者则是中心领域的议题供给者，它们在议会和行政机构面前（偶尔也通过法律）谈论社会问题、提出政治要求、表达利益和需要，并对立法和政策制定产生一定的

48 J. Elster, “Arguing and Bargaining in Two Constituent Assemblies”, 2/2 *University of Pennsylvania Journal of Constitutional Law*, 1999.

49 参见J. Habermas, *Between Facts and Norms: Contributions to a Discourse Theory of Law and Democracy*, pp.334ff。

50 J. Habermas, *Between Facts and Norms: Contributions to a Discourse Theory of Law and Democracy*, p.354.

51 原文是包括议会机构、政治选举和党派竞争等等在内的民主的意见和意志形成过程。参见J. Habermas, *Between Facts and Norms: Contributions to a Discourse Theory of Law and Democracy*, pp.354–355.

影响。[52]这样一来，哈贝马斯通过公共领域的商谈论民主就有了框架基础。

为了论述的方便，可以对哈贝马斯—商谈论民主进行一个不是很恰当的切割，也就是将正式的政治意见与意志形成过程和通过文化动员起来的公共领域中非正式的政治意见形成过程分开，当然实际上这两者是无法分开的。“政治公共领域、政治党团、议会机构和政府”之间的沟通过程，共同进行着商谈性意见和意志的形成。[53]本章第三部分会讨论前者，这里主要涉及后者，所以需要引入哈贝马斯公共领域的概念。

有学者将公共领域分为三种类型：第一种类型是阿伦特意义上的“论辩（agonistic）型公共领域”，这是具有共和主义传统或者公民美德传统的公共意见表达空间；第二种类型是自由主义传统下的“尊法（legalistic）型公共领域”，这是康德以降以讨论“一个公正而稳定的公共秩序”为核心问题的政治思考空间，晚近典型的例证是阿克曼（Bruce Ackerman）的“公共对话”（public dialogue）观念；第三种类型是哈贝马斯“商谈型公共领域”。[54]哈贝马斯早在20世纪60年代初就撰写了《公共领域的结构转型》，[55]30年后，这本著作的第二版出版，

52 J. Habermas, *Between Facts and Norms: Contributions to a Discourse Theory of Law and Democracy*, p.355.

53 J. Habermas, *Between Facts and Norms: Contributions to a Discourse Theory of Law and Democracy*, p.185.

54 S. Benhabib, “Models of Public Space: Hannah Arendt, the Liberal Tradition, and Jürgen Habermas”, in C. Calhoun (ed.), *Habermas and the Public Sphere*, The MIT Press, 1992, pp.73–98.

55 参见［德］尤尔根·哈贝马斯：《公共领域的结构转型》，曹卫东等译，学林出版社1999年版；J. Habermas, *The Structural Transformation of the Public Sphere: An Inquiry into a Category of Bourgeois Society*, T. Burger (trans.), The MIT Press, 1989。

他对公共领域的概念也作了相应的修正。[56]

哈贝马斯的沟通行动理论对"系统与生活世界"的划分，[57]对当代民主理论和公民社会理论影响很大，[58]这是对当代大型复杂社会的一个划分，公共领域、公民社会、社会等概念，是有一个历史流变过程的，[59]生活世界首先是私人领域，在私人领域中，逐渐生成了一个市民社会，从近代到现代，市民社会的概念逐渐被公民社会[60]所取代，也就是说，劳动市场、资本市场和商品市场的经济领域逐渐从市民社会中分离出来，因为经济逐渐成为系统论意义上的自创生系统。公民社会的核心机制变成"非国家和非经济组织在自愿基础上组成的领域"，[61]市民社会的组成成分主要是那些或多或少自发形成的社团（associations）、组织（organizations）和运

56 参见［德］尤尔根·哈贝马斯：《公共领域的结构转型》，"1990年版序言"，学林出版社1999年版，第1—39页。此外，《在事实与规范之间》一书中进一步对公共领域，尤其是政治公共领域的概念进行了厘清。参见J. Habermas, *Between Facts and Norms: Contributions to a Discourse Theory of Law and Democracy*, ch.8。

57 有关系统与生活世界的划分，请参见J. Habermas, *The Theory of Communicative Action*, vol.1-2, T. McCarthy (trans.), Beacon Press, 1984-1987；尤其是第2卷。

58 参见J. Cohen & A. Arato, *Civil Society and Social Theory*, The MIT Press, 1994 (paperback ed.); J. Cohen & A. Arato, "Politics and the Reconstruction of the Concept of Civil Society", in A. Honneth *et al.* (eds), *Zwischenbetrachiungen: Im Prozess der Aufklärung*, Suhrkamp, 1989, S.482-503。

59 哈贝马斯在《公共领域的结构转型》一书中详细讨论了这些概念的流变以及公共领域与私人领域之间的流变，参见［德］哈贝马斯：《公共领域的结构转型》和J. Habermas, *The Structural Transformation of the Public Sphere: An Inquiry into a Category of Bourgeois Society*。

60 在英文中，市民社会与公民社会都是civil society，但是在德语中，虽然也可以用相同的词Zivilgesellschaft来表示这两者之外，后者一般可以表示为Bürgergesellschaft，而前者还具有"资产阶级社会"的含义，就是bürgerlische Gesellschaft，即英文中的bourgeois society。

61 ［德］尤尔根·哈贝马斯：《公共领域的结构转型》，"1990年版序言"，学林出版社1999年版，第29页。也见J. Habermas, *Between Facts and Norms: Contributions to a Discourse Theory of Law and Democracy*, pp.366ff。

动（movements），[62]它们与国家、经济以及其他功能系统之间有清晰的分界线，但是与生活世界的私人核心领域又互相联系，具有多元性（plurality）、公开性（publicity）、私人性（privacy）和法定性（legality）的特征。[63]以市民社会为基础，公共领域出现了，公共领域能够扎根于生活世界，并成为链接国家（政治系统）与私人领域，以及其他功能行动系统之间的中介。

哈贝马斯的商谈型公共领域，尤其是政治公共领域，是一种共振板和传感器，它将那些迫切需要政治系统来解决的公共性问题集中起来，并且放大问题的压力，造成一定的声势，这样，作为建制化的意见和意志形成过程的议会才可能将问题接手加以处理。

公共领域不像公民社会有非常实体的所指，你可以说，一个社团、一间咖啡馆、一场示威游行都是公民社会的一部分，但是你却不能说，一个社团、一间咖啡屋和一场示威游行是公共领域的组成部分。德文Öffentlichkeit一词，含义非常之丰富，[64]但哈贝马斯用这个词主要是来表达，为了人与人之间的沟通能达成一定共识而进行的一系列理性论辩过程所组成的沟通网络，在这里，沟通之流以一定的方式加以酝酿，进行过滤与综合，从而成为根据特定议题集束而成的公共意见或公共舆论。因此有学者就用“公共论域”代替公共领域作为哈贝马斯Öffentlichkeit一词的中译，以回应这个词所包含的公共商谈

62 J. Habermas, *Between Facts and Norms: Contributions to a Discourse Theory of Law and Democracy*, p.367.

63 J. Cohen & A. Arato, *Civil Society and Political Theory*, p.346.

64 关于Öffentlichkeit这个德文词的含义丰富性，请参见J. Störig, *Das große Wörterbuch der deutschen Sprache*, Stuttgart: Parkland, 1990, S.712；转引自吴丰维：《“公共性”的考源、批判与重建——一个哈伯玛斯观点的探究》，台湾政治大学新闻研究所硕士论文，第6页注4，1999。

（public discourse）的内涵。[65]哈贝马斯同样考虑到这个词含义的丰富性和复杂性，“就如行动、行动者、社团或集体一样，公共领域也是一种社会现象，但是它无法用其他有关表达‘社会秩序’的社会学概念来把握”，[66]公共领域既不能视为建制（institution），也不能理解为组织（organization）；它既不是规范结构（framework of norms），也不表现为系统（system）。一间咖啡馆只有在人们讨论公共性问题的时候，才构成了一种公共领域，一个社团只有参与讨论公共性问题的时候，才进入公共领域，一场示威游行在进程中才是公共领域的一部分。因此，哈贝马斯语境中的公共领域并不是一种实体的空间，而是相反，由于讨论公共性问题，那些实体空间才被指称为公共领域。公共领域是一种看似有内部边界，但实际却是开放的、可渗透的、移动着的，同时也是多元的由语言构成的公共空间，同时，构成公共领域的主体是匿名的。

因此，公共领域就是这种通过市民社会而植根于生活世界的，仍然保留着生活世界本真的沟通结构。说它保留着生活世界本真，是因为在公共领域中讨论问题，并不像从生活世界分化出去的系统内部那样需要系统特殊的语言，而只需要日常交往的自然语言就可以了，这是一种适合日常沟通语言所具有的普遍可理解性的公共沟通结构。例如政治公共领域讨论公共性问题，只是将话题集中、放大

65 参见曾庆豹：《哈伯玛斯》，台北生智文化事业有限公司1998年版；刘小枫：《现代性社会理论绪论》，上海三联书店1998年版。笔者认为，在哈贝马斯的语境中，或许“公共论域”确实能够比“公共领域”（无论英文是public sphere还是public space）更抓住了问题的核心，但是鉴于这个词的词源和使用的广泛性，使用公共论域，并不能包含这个词丰富的含义，而且与别人沟通也不方便。所以笔者仍然使用公共领域这个中译。

66 J. Habermas, *Between Facts and Norms: Contributions to a Discourse Theory of Law and Democracy*, p.360.

和突出，而解决问题仍旧交给政治系统去进行。这是公共领域与政治系统的分工，但是这种分工并不是截然的，一种沟通之流将两者联结起来。也就是说，在人们日常生活的沟通中，会逐渐酝酿出一些大家都感兴趣的话题，或者对一些新近时事进行讨论而产生的一些话题，总之，这些话题逐渐被放大，突出，形成一个带有张力、矛盾、困惑的问题或问题域，而达到必须被解决的程度，于是，处于政治系统外部边缘的各种组织、社团和运动就继续酝酿，将这些非正式的政治意见经由“非正式的、多重分化和错综复杂的沟通之流”，[67]通过政治系统边缘的“闸门”（主要是议会机构的“闸门”）[68]而进入民主法治国的中心区域。在政治系统的核心区域，多数运作是常规化的例行公事：法院作出判决；科层化的行政机构起草法案、处理请求、执行法律；议会通过法律与预算，政党总部进行竞选。[69]一个当事人要进入这个系统，完全要按照既定而且严格的程序来办事，一切被程式化了，当事人也成了“原子化”的个体。这是系统的特征，也是韦伯意义上形式理性法和科层官僚制的特征，形成了一种“铁笼”。[70]但是，政治公共领域那种放大镜、传导器与共振板的功能，集中表现为由民主法治国“闸门”进入的沟通之流，这刺激了政治系统内部的神经，形成了与政治系统日常运

---

67 J. Habermas, *Between Facts and Norms: Contributions to a Discourse Theory of Law and Democracy*, pp.355–356.

68 哈贝马斯认为，这样的闸门在公共领域与政府，甚至法院之间也存在着，不过与议会之间的闸门是公共领域沟通之流的主要流动区域，参见J. Habermas, *Between Facts and Norms: Contributions to a Discourse Theory of Law and Democracy*, p.356。

69 J. Habermas, *Between Facts and Norms: Contributions to a Discourse Theory of Law and Democracy*, p.357.

70 参见马剑银：《现代法治、科层官僚制与理性“铁笼”——从韦伯社会理论之法出发》，《清华法学》2008年第2期。

作完全不同的模式，也就是“事件变成了冲突事件”或“事件问题化（problematization）”的模式，危机意识、高公众关注度和解决问题的急切度形成了对政治系统的压力，当这种压力放置在沟通结构的基础之上时，压力就不仅仅是压力了，更是一种动力，一种促进政治系统内部论证性商谈甚至运用性商谈持续进行的动力，也成为民主法治国政治与法律的正当性源泉连绵不绝，永不干涸的重要原因。

三、商谈论视角下的立法过程模型

在现代社会中，立法是国家意志的形成过程，实际是一种政治议题的提出、确立、讨论与决定的过程。根据学者对政治议题来源的研究，[71]立法议题的确定（agenda-building of legislation）有三种模式。第一种是外部动议型模式（outside initiative model），即立法议题由政府以外的机构和个人提出，在公共领域充分酝酿，形成公共议题，公共议题到正式立法草案要经历一个过程；第二种是动员型模式（mobilization model），即由政府内部提出立法草案，该草案经由领域进行讨论而补充，然后再提交立法机关；第三种是内部径入型模式（inside access model），立法草案不经过民众讨论直接由政府相关部门提交立法机关。

立法过程与民主化程度的关系，与议题来源模式密切相关。

对于内部径入型模式的立法来说，民主主要体现在两点：第一，政府架构原初的理念上，也就是整个政府体制所依据的宪法所体现

71 R. Cobb, J.-K. Ross & M. H. Ross, “Agenda Building as a Comparative Political Process”, 70/1 *The American Political Science Review*, 1976, pp.126–138.

的那种民主信念，或者用政治哲学的术语来说，是“立宪时刻”或者“缔约时刻”的那种民主理念的自然衍生；第二，立法机关对于立法议题讨论与通过的民主程序，而其议题的产生，基本和民主化无关，更多体现的是专业性和精英性。很多实用性和专业性很强的立法经常采用这种模式。

对于外部动议型和动员型模式的立法来说，民主体现得更为充分，可以说整个立法过程都体现着民主理念，动员型模式从议题递交民众讨论的一刻起，与外部动议型的民主程度基本一样了。

本章所要讨论的立法过程与民主过程，主要集中于后两种立法模式的民主问题，即具备立法机构外部民主过程，有大众参与讨论立法议题的形成、修改过程的立法模式的民主。但原初的民主理念和内部径入型的立法模式，仍可以在商谈论的民主理论中找寻正当性的源泉，而不会陷入竞争性民主或自由主义民主所谓的一次性买卖或者定期的“一次性买卖”的陷阱。

一次典型的立法过程（以外部动议型模式为例），可以分为如下几个阶段。

1. 问题的发现。包括处理一个社会生活事实过程中规则与规则、规则与事实、规则与参与者之间产生某个矛盾、张力、困惑或吊诡，需要解决。

2. 问题的普遍化。第一阶段问题的发现并不是一个特殊的、个别的现象，这样的问题在不同的空间、不同的时间持续或不持续地重复发生。

3. 问题的自发讨论。多次发生的问题，开始引起利益相关者的注意，他们开始在公共领域中讨论有关这个问题的方方面面，包括解决方式。

4. 问题的放大与意见的初步形成。处于政治系统外部边缘的市民社会的组织、社团与运动，在作为中介的大众媒体的倡导下，集中和放大这个问题，使之成为一些比较典型的议题意见，形成沟通之流，通过政治系统的闸门。

5. 立法议题的确定。当非正式的政治意见通过政治系统的闸门之后，就会刺激法治化的政治系统对政治责任的敏感性，从而提出一种非常态的（extraordinary），也就是不同于日常政治运作的问题解决方式，[72]于是立法议题就确定了。

6. 法案的起草。立法议题确定之后，议会、行政部门或者其他委托的机关就会进行立法草案的拟定，这是一个非常专业化的过程，开始用法律的语言代替一般的日常语言进行写作。

7. 草案的讨论。草案拟定之后，交由立法机构审议，立法机构直接开始讨论审议，就进入了第八个阶段，有时候也会再公布，交给社会征求意见，在公共领域中对草案进行充分的讨论，讨论的主体有可能是一般的公共领域，也有可能是专业相关人士和利益相关群体与机构。

8. 议会中的论辩。草案在议会中的审议，是一个论证性商谈的过程，这也是立法非常关键的一个阶段，在这个阶段中，议会要对这个草案的问题进行定性，然后再做出具体的反应。

9. 立法表决通过施行。经过论证性商谈以及作为商谈补充的谈判，经由同意之共识、谈判之妥协或者多数决，最终在议会中确定一

---

72 J. Habermas, *Between Facts and Norms: Contributions to a Discourse Theory of Law and Democracy*, p.357.

个立法，成为一个合法律性的法律。

10. 立法后评估。法律产生之后的一段时间，议会还要对此法律适用的情况进行考察和调查，同时还要结合公共领域的讨论，确定其是运作良好还是需要继续修改。

这十个阶段是一个完整的立法过程，当然，动员型模式的立法只有第五至十阶段的过程，而内部径入型立法模式，连第七个阶段也省略了。[73]

在这些立法过程的阶段中，第一至四阶段是在公共领域中完成的，第七个阶段、第十个阶段也会涉及公共领域，而其他几个阶段主要是在政治系统中完成的，当然，这里还要对公共领域概念作一个说明。在哈贝马斯的理论中，除了集中论述与政治系统相对的一般的（general）公共领域或非正式（informal）的公共领域之外，还提出了一个“建制化的公共领域”（institutionalized public sphere）的概念。[74]如果说，一般的公共领域中，公众是公共舆论或公共意见产生的载体，当公众进行言说而产生公共舆论或公共意见时，公共领域才以公共论域的形态成其为公共领域。而公众是流动的，无论其时间边界、社会边界和物质边界，都不是真正的边界，沟通之流通过这样的公众而流动，也是无限制的，因此一般公共领域具有开放性、可渗透性、多元性、匿名性和流动性。当然，这个公共领域唯一需要考虑的建制

73 现在中国流行的立法学理论或者法理学理论中，一般将立法的阶段分为立法准备、由法案到法、立法完善三个阶段，而第二个阶段就是协议的立法过程，包括法案的提出、审议、表决与通过、公布四个阶段。参见张文显主编：《法理学》，高等教育出版社、北京大学出版社1999年版；周旺生：《立法学》，法律出版社2004年版。

74 J. Habermas, *Between Facts and Norms: Contributions to a Discourse Theory of Law and Democracy*, pp.307–308；以及同上书书后索引，第623页。

化的因素，就是这个社会（法律共同体）的基本权利体系为核心的宪法框架，在此之内，一切都是自发而没有限制的。与建制化的公共领域相比，公共领域更容易受到社会权力的影响，但是对问题的捕捉也更敏感。[75]因此两者结合起来才构成了协商政治（deliberative politics）或商谈论民主这幅图景中的核心。这两者之间通过沟通之流进出闸门来进行信息的交流，从而保障合法/正当之法的产生与全社会的民主感。

建制化的公共领域主要集中于议会机构之内，它之所以带有公共领域的性质，是因为其运作具有一种商谈论的基础。这里要讨论的立法过程主要是第五阶段和第八阶段，也就是议题确定阶段与立法论辩阶段，但实际上，第七阶段与第八阶段是密不可分的，甚至有时候会同时进行，通过议会和公共领域之间的沟通之流进出闸门而互相渗透、互相影响。

议会或建制化的公共领域在进行立法的过程中，要达成一个确定的政治意志。在商谈论的语境下，这是一个沟通权力运用的过程，在议会民主程序合法/正当而制定的法律，才能成为行政权力运用的基础，也就是说，合法之法是保证沟通权力向行政权力转化的中介，而合法之法的产生是沟通权力运用的结果，运用沟通权力产生合法之法的过程，就被称为民主过程。这就是商谈论视角下的民主过程与立法过程的统一，在这种视角下，合法之法、沟通权力与民主过程三者之间具有构成性的关系。

75 J. Habermas, *Between Facts and N orms: Contributions to a Discourse Theory of Law and Democracy*, pp.307–308.

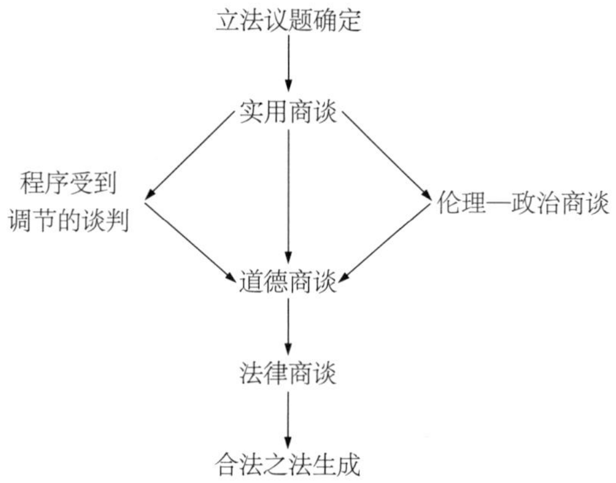

图10-1　商谈论的立法过程模型

立法过程是在一个"由各种理解（understanding）达成过程和谈判（bargaining）过程所构成的复杂网络中"完成的。[76]在现代社会中，议会的立法要处理一个法律共同体中或社会生活事实中各种类型的问题，哈贝马斯将这些问题分为三类，一类是与合目的性（expediency/Zweckmäβigen）相对应的实用问题，一类是与善/好（goodness）相对应的伦理—政治问题，最后一类是与正义（justice）相对应的道德问题。[77]当然，还有一类问题需要处理，只是这类问题产生的标准与前三类不同，这是由利益平衡的需要而引起的。立法程序（此处是指狭义的议会立法论辩过程）处理这些问题而进行的商谈和谈判过程可以用图10-1来表示。[78]

76　J. Habermas, *Between Facts and N orms: Contributions to a Discourse Theory of Law and Democracy*, p.180.

77　J. Habermas, *Between Facts and N orms: Contributions to a Discourse Theory of Law and Democracy*, pp.159ff.

78　本图根据哈贝马斯的合理的政治意志形成过程图修改而成，原图参见J. Habermas, *Between Facts and N orms: Contributions to a Discourse Theory of Law and Democracy*, p.168；J. Habermas, *Faktizität und Geltung: Beiträge zur Diskurstheorie des Rechts und des demokratischen Rechtsstaats*, S.207.

立法过程首先以实用的形式开始，对于这种以成功为取向的合目的性的问题的讨论，主要依靠专家的论证，而最后的法律商谈，也是专家——法律专家的事情，如何更好地使用法律语言来将立法议题和解决方式表现出来。哈贝马斯在处理这个过程的时候忽略了专家对这种信息的输入与加工整理是如何组织的这个问题，[79]他仅仅考虑在商谈论视角下，议会中的沟通权力是如何运作的，也就是说议会的合理协商的性质是如何在商谈与谈判这两种具体的主体间性的行动中得以表现的，虽然后者并不是典型的沟通行动。他认为当处理实用问题的实用性商谈无法解决立法议题时，就需要处理另外三种问题了，那就是伦理自我理解的澄清、规则的道德论证以及利益的公平权衡，[80]也就是要进行伦理—政治商谈、道德商谈与谈判。[81]

一个立法议题，一般是处理以下的问题：（1）单纯的实用问题；（2）单纯的伦理—政治问题；（3）单纯的道德问题；（4）既是实用问题，又是伦理—政治问题；（5）既是实用问题，又是道德问题；（6）既是伦理—政治问题，又是道德问题；（7）既是实用问题，又是伦理-政治问题，也是道德问题；（8）利益衡量问题。

如果是（1），那么仅仅进行实用商谈就可以直接进入法律商谈，当然，这种法律还必须与道德相容或不抵触，即经得起道德普适性的

---

79 J. Habermas, *Between Facts and Norms: Contributions to a Discourse Theory of Law and Democracy*, p.180.

80 J. Habermas, *Between Facts and N orms: Contributions to a Discourse Theory of Law and Democracy*, pp.159ff.

81 关于三种商谈与谈判的详细含义，参见J. Habermas, *Between Facts and N orms: Contributions to a Discourse Theory of Law and Democracy*, pp.159–162、163–168、180–184.

检验，其他所有的问题，都要经过这个过程，这是商谈论视角下法律与道德关系的新面向；[82]如果是（4），那么与（2）一样，先要进行伦理—政治商谈，然后进行实用商谈；如果是（5），那么与（3）一样，先要进行道德商谈，然后进行实用商谈；如果是（7），则依次进行道德商谈、伦理—政治商谈和实用商谈；（6）亦然；（8）这个问题是三种商谈都无法解决的问题，只能通过利益平衡的谈判来进行，在现实中，处理这种问题，也许还包括前7种问题在内，只是因为理想言谈情境与现实之间的差距，共识暂时无法达成，而不得不采取谈判的方式。

商谈与谈判是立法过程中两种不同的沟通形式或行动形式，前者是一种沟通行动，通过商谈式论辩，追求一种共识（consensus/Einverständnis）；而后者则主要是一种以成功为导向的策略性行动，以妥协的方式形成一种协议（agreement/Vereinbarung）。从技术或策略的建议我们分别讨论这两种沟通形式。

实用商谈要解决的是实用问题，这是一种寻求一个合适的手段以实现事先已经给定的目标与偏好的问题。[83]例如，立法要讨论在奶制品中添加多少量的三聚氰胺才不会影响人的健康，以此作为行政规制甚至刑法规制的依据。那么进行这种商谈，显然需要一定的专业知识，也就是专家之间进行的商谈。他们要论证以下一些主题：正确诠释情境、恰当描述所要解决的问题、真实或者相关的信息要畅通，以

82 参见马剑银：《基本权利体系的重构——哈贝马斯基本权利观及其方法论意义》；以及J. Habermas, *Between Facts and Norms: Contributions to a Discourse Theory of Law and Democracy*, ch.3。

83 J. Habermas, *Between Facts and Norms: Contributions to a Discourse Theory of Law and Democracy*, p.159.

及对这些信息进行高效的处理（有时候还要提供理论基础）。[84]如果专家之间就此问题的处理达成共识，则实用商谈结束，经过道德检验之后，直接进入法律商谈。

当然，在这种商谈中，结果是可错的，因为专家的论证随着时间的推移有可能被推翻。而且，专家在提供专业知识的时候，有可能带有价值取向和利益偏好，所以会带来多重解决方案。这就有必要转换商谈的层次，实用商谈仅仅是针对可能性方案的建构过程与方案结果的评估来进行的，而不涉及对方案的选择，也就是说，并不涉及最后的合理政治意志的形成，这种方案的争议，需要进行其他的沟通形式。

如果其涉及伦理—政治问题，例如生态环境问题，那么对于这种问题的讨论就必须满足实现集体角色的诠释性自我理解的沟通条件。伦理—政治商谈超越彼此冲突的利益偏好与价值取向，通过自我理解过程促使人们反思，使得人们在商谈过程中意识到彼此之间由于共同的生活方式而产生的那种根深蒂固的共鸣，达致从“你”与“我”的对立到“我们”这一认同确立的转变。我是谁？我想要成为谁？何种方式对我是“好”的，这种问题从单数的我到复数的我的转化，就是一种伦理—政治商谈，这个“我们”不是一个放大的主体，而是对个体自我认同的补充。[85]这一由于认同而达成的共识，不同于实用问题和道德问题的商谈而达成的同意性共识，[86]当然也不同于因谈判而

84 J. Habermas, *Between Facts and Norms: Contributions to a Discourse Theory of Law and Democracy*, p.164.

85 J. Habermas, *Between Facts and Norms: Contributions to a Discourse Theory of Law and Democracy*, p.160.

86 对于这两种共识（consensus），虽然中文与英文都是同一个词，但是哈贝马斯所用的德文原文是两个词，伦理—政治商谈的共识是Konsens，实用商谈和道德商谈的共识是Einverständnis。参见J. Habermas, *Faktizität und Geltung: Beiträge zur Diskurstheorie des Rechts und des demokratischen Rechtsstaats*, S.223。

达成的妥协式协议。伦理—政治商谈的结果主要是对自我的认识和对选择一种生活方式的决心。[87]自我理解性的伦理—政治商谈，要求人们对自己认同的文化传统与自身的关系上应该是“摆脱焦虑的、反思性的与自由学习的”。[88]在伦理—政治商谈中，是没有非参与者的，每个人原则上都必须拥有同样的机会对所有有关意见采取“是/否”的立场宣示。虽然在现实中可能无法做到，只能采取代表或者议员（representative）来进行，但这并不是一种代理（deputy or proxy）的模式。[89]

如果涉及的是道德问题，那就要考虑另外一个问题了，这个问题既不同于我们已然知道我们需要何种结果而对各种策略或手段进行检验，也不同于我们在还不知道我们实际需要什么的情况下重新确定一个价值组合，而是考虑一种立法或决策是否对所有人都是同等的好。这是一个完全的规范性问题，因为我们每个人都要从其他任何人的视角来考虑问题，一个规范，当且仅当所有人都可以在可比的情境中意欲它被每个人所遵守，才是正当的。对道德问题的商谈，同样在现实中只能采取代表或者议员的方式来进行，但是至少在以下几点上，道德商谈不同于伦理—政治商谈。第一，伦理—道德商谈是基于“我们”这样一个从“我”这个单数形式转化的复数形式的，认同对我/我们来说是好的生活；而道德商谈则是基于一种正确/对的（right）、正义的（justicial）、公正的（just）的立场，基于每个人采取

---

87 J. Habermas, *Between Facts and Norms: Contributions to a Discourse Theory of Law and Democracy*, pp.181-182.

88 J. Habermas, *Between Facts and Norms: Contributions to a Discourse Theory of Law and Democracy*, p.182.

89 J. Habermas, *Between Facts and Norms: Contributions to a Discourse Theory of Law and Democracy*, p.182.

其他任何人的立场都可以成立的理由。第二，在道德商谈中，商谈的主体可能不局限于本共同体的成员，也就是说，这个范围可以无限扩大，超越任何一个有具体疆域的法律共同体。第三，伦理—政治商谈是一种实在性的商谈，因为没有人可以代替任何一个参与者回答“是/否”的立场问题，而道德商谈则可以是一种虚拟商谈，因为每个人都可以站在其他任何人的立场来检验自己的立场以及检验一个规范的正当性。

但是在大型的复杂社会，即使是理想条件下，也无法仅仅用商谈来解决所有的立法问题。因为有可能要涉及彼此竞争的各种利益偏好与价值取向如何协调的问题。也就是说，所有被提出来的政治意见（正式的或非正式的）都以各种不同的方式涉及多重利益，而不存在一种可普遍化的利益或者某种优先性明确的价值可以为自身提供论证理由。这个时候如果行动者之间仍然想要“合作”，以促成立法的最后生成，就要采取谈判这种沟通形式。谈判的结果是一种妥协，这种妥协被不同的行动者出于各自不同的理由所接受。而且还得有以下三个理由才能使得谈判不会破裂：（1）这种妥协对所有行动者来说都比没有任何安排（也就是谈判破裂）更有利；（2）排除了从合作中退出想要搭便车的；（3）排除了在合作中贡献远大于回报的受剥削者。合作的诚意使得妥协能够成立。但是这与本章之前论述的哈贝马斯所批判的竞争性民主或自由主义民主有什么区别呢？这难道不是通过社会权力来影响立法吗？

按照哈贝马斯的商谈论，谈判及其形成的妥协式协议之所以纳入程序主义民主理论当中，是因为商谈原则被纳入了谈判过程之中。商谈原则“有效的只有所有可能的相关者作为理性商谈的参与者有可能同意的那些行动规范”[90]虽然没有直接发生影响，却以一种间接的影响参与到谈判过程之中。这也是商谈论民主之所以称为程序主义民主的理由之一。谈判显然不是商谈那样要给自己的论证提供理由的可接受性，而是直接以自己的实力（社会权力）迫使或者诱使他人接受自己的主张而参与沟通。对退出沟通可能负担的代价以及对不接受主张可能承担的后果的威胁以及对接受主张而获得的许诺，或许是会实际发生的。[91]劳动合同法的立法过程中，就有不少是谈判的妥协。但是商谈原则在程序上确保了一种公平：只要关于妥协的谈判是根据确保所有利益相关者都有平等参加谈判机会的程序进行的，只要这种谈判允许每个人有平等的机会对彼此施加影响，并同时为所有的利益创造大致平等的实施机会，那么妥协之协议就是公平的。[92]另外一个商谈原则影响谈判的理由是，同商谈一样，通过谈判达成的妥协式协议，这种协议所产生的规则，都需要进行道德性的检验。[93]所有的商谈与谈判获得的立法结果都需要与在道德上辩护的东西相容或不相抵触，才能保证商谈论民主的核心要素得以实现。

在现实的商谈与谈判过程中，共识与协议有时候并不一定能够如愿达成，所以多数决也成为一个现实选项。哈贝马斯在商谈论的视角

90 商谈原则，又叫D原则，即Discourse Principle，关于这个原则的具体论述，参见J. Habermas, *Between Facts and Norms: Contributions to a Discourse Theory of Law and Democracy*, p.107.；以及J. Habermas, *The Inclusion of the Other*, *Studies in Political Theory*, C. Cronin & P. De Greiff (eds. & trans.), The MIT Press, 1998, pp.41ff。但该书中的表达稍有不同。

91 参见J. Elster, “Arguing and Bargaining in Two Constituent Assemblies”。

92 参见J. Habermas, *Between Facts and Norms: Contributions to a Discourse Theory of Law and Democracy*, pp.166–167.

93 J. Habermas, *Between Facts and Norms: Contributions to a Discourse Theory of Law and Democracy*, p.167.

下对多数决进行了重释，认为既然商谈是可以无限进行的，那么多数决所达成的决定只是构成了一场持续性讨论的逗号，只是暂时的结果，不仅是可错的，而且也是可以恢复商谈的。[94]当然，多数决在商谈与谈判过程中的作用是不同的，在谈判中，表决结果是既定的社会权力的分布状况展示。[95]

因此，从图10-1和文章论述可知，立法过程是一个多重路线构成的网络，等到规范性文件从法律商谈中得到确认时，法律专家进行法律融贯性和统一性的检验。这种检验实际上是在以基本权利体系为基础的宪法秩序框架内进行的，在现实中，由于这种检验，商谈和谈判的过程得以大大简化了。立法公布之后进入第十个阶段，也就是法律施行与“立法后评估”阶段，继续接受公共领域的检验，当然在某些国家，这种法律还可能要接受议会之外政治系统的审查，即司法审查。

因此，在商谈论的视角下，立法过程是政治公共领域与议会机构之间沟通的过程，这种过程使得人民主权原则得到了很好的贯彻。人民主权就是一切政治权力都来源于公民的沟通权力，无论这种沟通权力是在公共领域中运作，还是在议会中运作。沟通权力在现实中阻止社会权力不加过滤的、不经过沟通权力的闸门而转变为行政权力，从而捍卫了人民主权原则。因此，商谈论的民主运作具有规范有效性与事实有效性的交叠。

---

94 J. Habermas, *Between Facts and Norms: Contributions to a Discourse Theory of Law and Democracy*, pp.179—180.

95 J. Habermas, *Between Facts and Norms: Contributions to a Discourse Theory of Law and Democracy*, p.180.

四、结语

行文至此，也许会有人认为，文章实际上并没有真正开始讨论笔者在导论里所提出的当下中国的现实问题，虽然本章的字里行间不断地隐含着某些问题的可能性答案。当然，这些问题，或者说这一个问题域，不是一篇文章或者一个人的文章就可以回答的。合法/正当之法何以产生？或者政治统治与法律的民主基础到底是什么面向？这既是普适性的问题，又是具有高度情境性的问题。所以，它将在各个社会情境下继续讨论下去。哈贝马斯的商谈论本身就是一个讨论普适主义与特殊主义之间张力的理论。

笔者在本章导论部分提出的当代中国政治实践中民主过程中断的现象，说到底是民主运作的规范有效性和事实有效性的双重缺失，从建制化的立法机构而言，缺少三种商谈能得以顺畅进行的健全的程序；从非建制化的公共领域而言，这种公共领域本身是弱小的，哈贝马斯在初写《公共领域的结构转型》时，是带有悲观情绪的，而这种悲观或许也可以用来形容当下的中国，虽然很多学者在讨论中国语境的公共领域如何培育，但这似乎缺乏时间的积累，而且缺少其他一些更为重要的东西。

公共领域的研究实际上也是公共性的一次考察，受文化传统的影响，中国语境中的“公”与“私”并不是二元对立的，而是相对可变的。家族，对于个人而言，是公，对于国而言，又是私。[96]所以在中国的文化传统里，从来没有一个哈贝马斯意义上的公共领域，公只

96 ［日］沟口雄三：《中国与日本“公私”观念之比较》，《二十一世纪》（香港）1994年第2期。

不过是私的延伸而已。当下中国，或许刚刚开始有“众声喧哗”[97]的雏形，尤其是网络媒体的兴起，使得国人的言论空间一下子扩大了很多。但是这种“众声喧哗”却带有太多的遗憾，例如网络空间中的“网络暴民”[98]现象。而“网络暴民”现象仅仅是因为文化传统的问题吗？是不是公共性本身也存在着矛盾？

公共性内在具有三种矛盾，一种是公共启蒙与多数暴政的矛盾；另一种是理论中的公众越来越重要，而现实中的公众越来越无力；[99]第三种矛盾是公共性与私人性之间的矛盾，只有更好地保障私人性，才能更好地发挥公共性的作用。这三种矛盾在当下中国的民主与立法实践中都有所体现，网络暴民的现象，是否也与这三种矛盾相关？这似乎已经超出了本章的范围，不过也仍然相关，但或许要转移到另一篇论文了。

97 胡泳：《众声喧哗：网络时代的个人表达与公共讨论》，广西师范大学出版社2008年版。

98 相关讨论请参见：例如陈昌凤：《做负责的网上公民——由“网络暴民”引发的思考》，《新闻与写作》2008年第4期。

99 吴丰维：《“公共性”的考源、批判与重建——一个哈伯玛斯观点的探究》，台湾政治大学新闻研究所硕士论文，1999，第123页。

第十一章
立法中的多元协商与风险分配
以我国台湾地区病人自主权利立法过程为例*

姚尚贤**

一、引言

保护个人意志自由及其自主权利的实现，是完善和发展中国特色社会主义制度、推进国家治理体系和治理能力现代化的重要目标之一，亦是世界各国的共识。随着现代科技进步和工业化加深，人类社会在获得巨大收益的同时亦面临风险的大幅增加，使得以财富分配为核心的工业社会逐渐转向以风险分配为核心的风险社会。[1]此变化在全球范围内不仅对个人意志和自主权利产生冲击，还对保护其传统法律制度提出了挑战，而作为法律制度运行基础的立法如何调整以适应此变化，决定了法律体制能否有效应对风险及回应社会各界的诉求。这种情况在与个人生命健康和自主权利直接相关、具有高度风险性的医疗领域中最为明显，而以专门立法保护医疗领域中的个人自主权利、应对相关风险已成为世界潮流。

---

* 本章原发表于《地方立法研究》2017年第2期，收入本书时略有改动。

** 姚尚贤，广州市人力资源和社会保障局主任科员，上海交通大学法学博士。

1 参见［德］乌尔里希·贝克：《风险社会》，何博闻译，译林出版社2004年版，第1—9页。

近年来，我国医患关系呈现矛盾激发态势，其根源在于现行法律制度没有明确界定相关方的权利义务及合理分配相关风险，导致无法有效应对风险所带来的不确定性等问题。因此，如何通过立法来合理分配风险以从根本上解决问题具有重大意义。为提升对病人自主权利的保护水平，我国台湾地区立法机构于2016年出台了“病人自主权利法”，谋求通过对医疗行为中风险的合理分配来实现对病患自主权利的体系化保护。由于该规定旨在解决病人拒绝医疗权利的法律资格和程序条件等高度风险性问题，因此备受我国台湾地区各界关注。而在该规定的制定过程中，就其中的第十四条内容如何设计和表达备受社会各界关注，并引发长时间法律议论和争议，典型地反映了该规定制定过程中所遇到的各类问题以及所受到的结构性制约。因此，本章主要围绕该条文的制定过程展开，以求对该规范的制定背景、争议焦点及制定过程中各方权利义务界定和风险分配等情况进行研究，一方面有助于深入了解该规定的制定过程和内容全貌，另一方面为大陆地区今后进行类似的高度风险性医事类立法活动提供可资参考借鉴的经验教训，以实现党的十八届三中全会提出的通过深化医药卫生体制改革来确保人民安居乐业、社会安定有序的目标。[2]

二、我国台湾地区病人自主权利立法保护的源起与实践

（一）“病人自主权利法”的源起

我国台湾地区出台“病人自主权利法”实现对病人在医疗中的自主权利进行专门立法保护，首先是受到了世界个人权利意识觉醒思潮

2 《中国共产党第十八届中央委员会第三次全体会议公报》，人民出版社2013年版。

的影响。在世界思潮影响下，20世纪80年代初我国台湾地区病人的个人自主权利意识亦开始觉醒，[3]而社会经济快速发展带来的医疗水平提高和医疗风险增加，共同导致医疗领域的个人自主权利诉求大幅增长，具体表现为社会各界对医疗服务情况信息的了解、对接受医疗服务自主决定权的关注和要求。这种情况使得我国台湾地区的医患关系从传统的父权模式主导状况，逐渐转变为当今的资讯提供模式、解释模式与商议模式方向融合的状况。[4]而随着我国台湾地区全民健保制度的建立以及世界各国病人自主权利专门立法的影响，通过专门法律规范以保护病人自主权利有效落实的立法诉求在我国台湾地区兴起。

除世界范围内个人自主权利意识觉醒潮流的影响外，“病人自主权利法”的出台亦是对当地医疗服务领域风险大幅增加引发的社会问题和“法律”缺位的一种回应。在该规定出台前，我国台湾地区对于病人自主权利的保护主要散见于我国台湾地区“医疗法”“医师法”“安宁缓和医疗条例”等规范中，呈现出非系统和不全面的特点，并存在一定法律缺陷（如“法律”规定模糊），如在直接涉及病人放弃医疗救治权利问题上，上述规范或是未规定或是在适用条件上非常严格，如“安宁缓和医疗条例”规定病人放弃医疗救治权利仅适用于“末期病人”，在适用的行为范围上仅限于拒绝“心肺复苏手术”或“维生手术”，而无法涵盖有需要但不被该法合法确认和调控的其他状况。[5]这些情况与现代医疗技术的高科技性，共同塑造了医疗领域的不

3 参见何建志：《医疗法律与医疗伦理》，元照出版社2012年版，第69—70页。

4 Ezekiel J. Emanuel and Linda L. Emanuel, “Four Models of the Physician-Patient Relationship”, *JAMA*, Vol.267, No.16, 1992, pp.2221-2226.

5 具体内容参见我国台湾地区“安宁缓和医疗条例”第一条、第三条和第四条的规定。

确定性和高风险性，而传统立法在面对此种风险性的无力和滞后，导致了新环境下相关方的法律关系模糊以及风险分配不均衡。基于此，为对医疗服务领域法律关系（尤其在涉及病人放弃医疗救治权利上）进行有效调整，实现对新增风险进行合理分配和对新医疗问题的有效回应，作为直接影响法律制度运行的立法行为成为必然选择。一般而言，法律体例结构对于展现立法价值取向，提供法律体系有效运行的基础和实现立法目的具有关键影响，而对于某类问题的法律调整适用系统体系化模式，在效果上较优于分散性立法保护模式，[6]因此，作为专门性立法的“病人自主权利法”成为我国台湾地区社会各界的必然诉求。

（二）病人自主权利的立法保护实践

由于旨在通过专门立法实现对新医疗问题的有效解决和新增风险的合理分配，“病人自主权利法”在制定中必须面对四个关键性议题：规范体例与调整范围的确定、专业知识的法律化方式、法律授权与社会适应关系、相关方的权利义务界定。

首先，在确定该规定的体例和调整范围这一问题上，为解决已有法律规定保护零散不系统的缺陷，以实现对病人自主权利最大限度保护，我国台湾地区的立法机构最后采取了协调式立法与扩张性立法的进路，通过协调与我国台湾地区“医疗法”“安宁缓和医疗条例”等规定在内容上的关系避免了重复规定，另外通过增加病人放弃医疗救治权利适用范围的构成要件等方式，将过去法律没有涵盖或调整的情

---

6 参见罗传贤：《立法程序与技术》，五南图书出版股份有限公司2012年版，第31—37页。

形纳入其中，使得该规定如其立法说明中所指出的那样在结构上更为系统化、体系化，在内容上不仅包含预立医疗决定的订立条件和实施程序，同时还涉及其他病人自主权利保护的内容。

其次，“病人自主权利法”作为专门性医事规定制定因为涉及医学领域中最前沿的技术性判断，因此，如何将预立医疗决定的主体适格条件、方式和操作程序等专门医学知识进行法律化表达，成为制定过程中不可回避的问题，而为了使该规定在具体实践中能够被顺利理解、解释与执行，在该规定中以专门条款（第三条）对存在争议性的专用术语进行了界定。[7]这种专门规定的方式，实际上将未来行政执法与司法审判过程中界定相关专业术语的基本内涵时所产生的风险转移到了立法上，降低了具体实施中的行为成本。

再次，医疗领域科技性、专业性、技术更新周期短等特点，使得医事法律受到医疗技术发展状况与产业政策的影响，呈现出政策性、时效性和变动性，反应在“病人自主权利法”的制定中则是很多内容无法完全细则化。因此，一方面，为解决法律与政策的协调问题，其以授权性规定的方式授权我国台湾地区主管机关通过“行政立法”的

7 “病人自主权利法”第3条：“本‘法’名词定义如下：一、维持生命治疗：指心肺复苏术、机械式维生系统、血液制品、为特定疾病而设之专门治疗、重度感染时所给予之抗生素等任何有可能延长病人生命之必要医疗措施。二、人工营养及流体喂养：指透过导管或其他侵入性措施喂养食物与水分。三、预立医疗决定：指事先立下之书面意思表示，指明处于特定临床条件时，希望接受或拒绝之维持生命治疗、人工营养及流体喂养或其他与医疗照护、善终等相关意愿之决定。四、意愿人：指以书面方式为预立医疗决定之人。五、医疗委任代理人：指接受意愿人书面委任，于意愿人意识昏迷或无法清楚表达意愿时，代理意愿人表达意愿之人。六、预立医疗照护咨商：指病人与医疗服务提供商、亲属或其他相关人士所进行之沟通过程，商讨当病人处于特定临床条件、意识昏迷或无法清楚表达意愿时，对病人应提供之适当照护方式以及病人得接受或拒绝之维持生命治疗与人工营养及流体喂养。七、缓和医疗：指为减轻或免除病人之生理、心理及灵性痛苦，施予缓解性、支持性之医疗照护，以增进其生活质量。”

方式制定施行细则，[8]以适应科技发展要求和社会的变动状况。另一方面，作为社会立法类型[9]的“病人自主权利法”借鉴了大量域外经验，加之涉及病人放弃医疗救治权利这种颇具争议性的问题，[10]因而在规定中以前置条件规定生效时间，为受该法律调整的主体（病患及其家属、医疗机构和医师、相关主管机关等）和社会大众适应新规定以及应对新风险提供时间。[11]而该规定的“附带决议”中授权主管机关负责相关医学术语具体判断标准的制定，[12]亦是对风险性和不确定性的一种应对。

最后，由于“病人自主权利法”在调整范围上的扩大，并且涉及直接规定病人放弃医疗救治权利的这种极具争议性的高度风险性

8 “病人自主权利法”第18条：“本‘法’施行细则，由‘中央’主管机构定之。”在为“病人自主权利法”草案修改而举行的四次党团协商会议上，均有对如何在该法通过后制定实施细则，以及何种内容应该在该法中规定而何种内容应该通过授权性规定交由主管行政机关通过行政命令（即行政法规等规范性文件）来制定进行过讨论。参见我国台湾地区“立法院”：《“立法院”第8届第8会期党团协商会议记录》（2015年11月12日、11月19日），《“立法院”公报·“立法院委员会”记录》第104卷第98期。

9 参见江亮演、林胜义、林振裕：《社会政策与社会立法》，洪叶文化事业有限公司2004年版，第15—17页。

10 如在2015年10月7日举行关于“病人自主权利法”的公听会中，我国台湾地区“医师公会全台联合会”的负责人陈梦熊就曾指出：“有不少的学会反映说，如果完全引用国外立法例及立法精神，适不适合台湾的地区情况、民情、传统家庭、习俗及风俗？这是在‘法规委员会’之后讨论时大家最担心的部分……”，由此可以发现对于该规定的制定并非没有反对意见。参见我国台湾地区“立法院”：《“立法院社会福利及卫生环境委员会”举行“病人自主权利法草案”公听会会议记录》，《“立法院”公报·“立法院委员会”记录》第104卷第65期。

11 基于社会大众适应的问题，在该规定三读版本的相关说明中明确指出：“本‘法’对医疗现况冲击至巨，需相当期间对医疗机构、医师及民众宣传熟悉，并审慎规划，以利推动，爰本‘法’明定自公布后三年施行。”参见我国台湾地区“立法院”：《四十七、本院“社会福利及卫生环境委员会”报告审查“委员”杨玉欣等31人拟具“病人自主权利法草案”案》，《“立法院”公报·“立法院委员会”记录》第104卷第98期，第47条。

12 我国台湾地区“立法院”：《四十七、本院“社会福利及卫生环境委员会”报告审查“委员”杨玉欣等31人拟具“病人自主权利法草案”案》，《“立法院”公报·“立法院委员会”记录》第104卷第98期，第47条。

问题，因此，如何在立法中设置相关方的权利义务，直接影响着立法目的能否有效实现。为平衡各方利益、合理分配责任，经过听证会和多次党团协商后，“病人自主权利法”的规范目的实际上从单一保护病人医疗自主权，转向对病人和医疗机构（包含医师）的双重保护。[13]这种转换促使各方达成妥协，为该法的通过与实施提供了基础。

通过对以上四个主要问题进行回应，“病人自主权利法”实际上完成了对该规定所涉及的风险问题的处理。而无论是对规定体例与调整范围进行确定，还是对专业知识进行法律化，抑或对规范授权与社会适应问题的解决和对相关方权利义务的界定，实质上都是在对该规定制定中面对的风险问题所作出的回应。这种对由医学技术和现代社会发展所带来的高风险和不确定性的应对，在该规定第十四条上表现最为明显，而该条文的制定过程则反映了各方在面对高风险和不稳定性时如何利用既有程序，通过法律议论的方式讨价还价，以最大限度地转移风险、实现利益最大化。

三、立法中的多元协商与风险分配

按照目前我国台湾地区的相关规定，“法律”出台一般要通过三

13　“病人自主权利法”提案人杨玉欣在主持听证会（2015年10月7日）时候指出：“本‘法’有两个重点，一个是病人自主意愿的表达与贯彻。且这个意愿不只在其意识清醒时能表达，甚至在其失去意识时，也能表达、尊重并贯彻。另一个是医师要受到百分之百的法律保障。”类似的表达还出现在后来就该规定的第二次、第三次党团协商的讨论中。具体可参见我国台湾地区“立法院”：《“立法院社会福利及卫生环境委员会”举行“病人自主权利法草案”公听会会议记录》，《“立法院”公报·“立法院委员会”记录》第104卷第65期；我国台湾地区“立法院”：《“立法院”第8届第8会期党团协商会议记录》（2015年11月4日、11月12日），《“立法院”公报·“立法院委员会”记录》第104卷第98期。

读程序，而实践中重大规定往往会经历多次党团协商直至达到对该案的共识凝聚和基本订定才通过。[14]“病人自主权利法”由于调整主体较多、专业知识性较强、涉及不确定性和高风险性等因素，在制定过程中争议分歧较多，从起草到三读通过的过程中经历了多次党团协商，其中第十四条（原草案中第十三条）则是被关注最多、被讨论最激烈的条文。

（一）多元协商过程中的法律议论

从条文内容上而言，第十四条是对病人放弃医疗救治权利的规定，包含了预立医疗决定被执行时病人所需要达到的临床条件、该条件的审核主体与程序、医疗机构与医师的权利义务、实施医疗决定时的免责条款及例外情形等内容。因为调整的内容涉及多方主体的权益，所以该条文制定过程中的参与方数量远远多于其他条款的参与方，呈现出真正的“多元”参与立法协商的状态。在参与立法协商的主体中，首先是与该条文直接相关的病人及家属代表、医疗机构和医师行业组织代表，其次包括推动该规定出台的我国台湾地区相关民意代表及其助理、台湾地区主管行政机关的代表（我国台湾地区卫生福利管理部门负责人及其代表），最后是在该规定通过后的具体施行过程中将牵涉的台湾地区法务部门和司法机构的代表人员。

---

14 按照我国台湾地区的相关规定，一般立“法”必须经过三次审议阶段，而在第一次审议到第二次审议过程中会就重要问题进行党团协商。按照规定和实践中的惯例，党团协商形成的共识具有较强的约束力，而往往协商达成共识后提出的法案修订版本基本上较少改动而就被三读通过。参见罗传贤：《立法程序与技术》，五南图书出版股份有限公司2012年版，第503—512页。

另外，由于该条款在内容上大量涉及医疗专业知识（临床条件的认定、审核主体对条件是否达致的裁量空间）及法律专业知识（免责的条件以及责任承担的条件状态）的表达和协调问题，因此从该规定进入起草阶段开始，第十四条（最初草案为第十三条）即成为各个立法环节（如“委员会审查会议”和公听会）讨论的焦点，尤其是在围绕该规定所进行的四次党团协商环节中，均有围绕该条的逐款、逐项的长时间争论。这种各方借助立法程序围绕条文内容而进行的辩论协商过程，以制度化的程序为媒介，让各方参与到立法的话语博弈场域中（如立论和议论等），通过话语博弈中不断的法律辩论、观点反驳、法律论证及话语技术的竞争，逐步减少选择的多样性，直到最后找出各方都承认或接受的合意或共识，[15]以有效的法律议论与沟通为立法过程中的法律制度设计、法律规范选择和确定化提供了基础。借助这种结构化的立法程序所进行的法律议论，各参与方以对条款中具体法律责任和风险分配规定的不断修改为实践，一方面实现了对各方权利义务的具体划分和界定，另一方面以规范化方式对条款内容中所涉及的因医学技术等现代性因素所产生的风险进行了分配和转移，在一定程度上构建了较为稳定的应对风险及回应社会诉求的规范秩序。

（二）通过法律议论的风险分配

由于各方均希望借助规范制定程序对第十四条具体内容的制定产生影响以实现自身利益最大化，因此，该条款从提案文本到出台文本

15　参见季卫东：《法律议论的社会科学研究新范式》，《中国法学》2015年第6期，第25—41页。

在具体内容上的变化反映了各方如何通过法律议论实现相关风险的分配和转移。

在最初提案文本（第十三条）中对医疗机构或医师执行预立医疗决定后产生的法律责任是没有直接规定的，而是在第十六条中以专门条款形式对医疗机构或者医师的责任进行反向列举，同时没有区分法律责任的种类。这种表达形式在后来举行的听证会上引发了各界（尤其是医界行业协会代表）质疑和争议，为此我国台湾地区立法机构的“社会福利及卫生环境委员会”在后来提交党团协商的草案文本中，将最初文本中的第十六条删除，并指出第十三条是“旨在赋予病人拒绝医疗的权利，揭示其行使权利的要件，而非课予医师执行的义务，为尊重医师专业裁量之权限，爰删除第一项之罚则”，以回避分歧所带来的质疑，并将该条立法本身存在的风险转移至党团协商中进行分配。[16]

在随后进行的多次党团协商中，医界代表和法界代表围绕该条文（在第二次党团协商前的草案版本为第十三条）最后一款的内容——关于医疗机构或者医师执行预立医疗规定后其法律责任的界定和承担问题——所展开的法律议论最为长久和激烈。在第一次党团协商中，医界代表借助规范制定程序作为媒介首先提出了医界对该款内容的诉求，指出医疗机构及其医师按照程序执行病人放弃医疗救治的医疗决定的行为完全遵循病人意志自由，因此只要符合程序执行，那么医疗

16　我国台湾地区“立法院”:《“立法院”第8届第8会期“社会福利及卫生环境委员会”第4次全体委员会议记录》,《“立法院”公报·“立法院委员会”记录》第104卷第67期;《院总第1155号，“委员”提案第17769号之一，“立法院社会福利及卫生环境委员会”函（审查报告）》,《“立法院”公报·“立法院”第8届第8会期第12次会议议案关系文书》。

机构及执行医师应该在法律责任上获得完全的免除，[17]而且从实践上看，这种完全免责的规定有助于解决目前医疗机构或者医师为病人提供有尊严的医疗协助、尊重病人自由意志时所可能陷入的非法窘况，使医界能够更好协助病人实现其自主权利。

但在法界代表看来，这种在法律上完全免除医疗机构和医师法律责任的要求将会引起严重不良后果。首先，如果按照医界意志要求来制定规范，将导致对一般立法、执法和司法中的法律责任分配原则的直接违反。其次，这种规定使得规定条文忽视了所面对的社会实际，司法机构的代表认为，这种大范围的刑事和民事责任免责规定具有高道德风险性，并忽视了实践中的具体情况（尤其是放弃了对相关方主观态度的规范性评价）。最后，如果按照医界意志进行全面免责化，相应的制度成本和不良后果将会由我国台湾地区执法和司法机构承担，使得后两者成为该规定实践中产生的问题和社会矛盾的直接承担者。因此，法界代表强烈反对这种要求，并认为一旦医界要求被纳入条文规定中，规范体系的统一结构、有效运行乃至规范秩序的稳定必遭破坏。[18]然而，由于第十四条（原第十三条）实际上是医界意见的

17　在第一次党团协商中医疗界代表苏清泉就指出："医界最关切的就是第十三条，其实我们的要求很简单，首先是所有行为都需注记在健保卡内，医界就凭卡办事，如果依照卡上的注记执行之后病人往生了，家属若有异议，医界不负民刑事之责任。"这实质上反映了医疗界希望利益最大化的诉求。参见我国台湾地区"立法院"：《"立法院"第 8 届第 8 会期党团协商会议记录》（2015年11月4日），《"立法院"公报·"立法院委员会"记录》第104卷第98期。

18　法界代表陈丽玲法官在回应医界要求时指出："'司法院'基本上不同意订定第十三条第四项免责条款，因为刑事责任的判断，除了阻却违法外，另外还有医师主观、故意过失的部分，这部分就涉及道德风险问题。也就是说，如果不去区分医师的主观意见，仅凭借着他是按照第十三条所定程序为之即一概免除其刑事责任的话，当遇到医师或病人出现一些比较不适当的行为时，比如实务上发生过的为了领取保险金而做一些比较不当的处置等，此时是否应免除其刑事责任，其实是有争议的。所以是否应依其外观行为的符合就免除刑事责任，似应再做斟酌。（转下页）

表达，亦是“病人自主权利法”要解决的最根本问题，[19]加之立法协商和议论的过程为具有医界背景的群体所主导，他们亦希望通过该规定对医疗界人士形成保护，使得本来对免责规定要求表示强烈反对的法界群体最后只能作出让步并接受医界的要求。[20]

围绕第十四条所产生的争论，表面上以不同专业群体对专业知识法律化的认知分歧呈现出来——基于不同知识背景及利益诉求，医界和法律界围绕是否全面免除法律责任，或在部分免除的情况下如何界定责任承担的前提和条件等问题上产生了分歧，而以法律理论视角进行审视——而此争议实际指向的是如何在此法律关系中确定实现各自利益的最大化并界定各自的权利义务。从实质上而言，由于第十四条是调整以病人放弃医疗救治的善终权利为中心的条文，因此必然因调整的内容充满争议和不确定、法律关系的复杂而呈现出高度风险性和不确定性。基于此，从根本上讲，参与制定程序中的各方围绕第十四条所展开的法律议论和争辩要解决的问题，是如何对条文所规定的执行预立医疗决定所带来的巨大风险进行分配。所以，在多次议论过程中，医界期望的是将执行预立医疗决定产生的法律后果和风险全部转

（接上页）至于民事责任，除了侵权行为外，还有契约责任，这部分可能不能单用符于法律规定就加以排除，如果这样规定，对法律体系的健全会造成很大的冲击。”参见我国台湾地区“立法院”：《“立法院”第8届第8会期党团协商会议记录》（2015年11月4日），《“立法院”公报·“立法院委员会”记录》第104卷第98期。

19 提案人杨玉欣指出：“其实，第十三条所规定的内容可能是本法最根本的问题，也就是医界的意见”，参见我国台湾地区“立法院”：《“立法院”第8届第8会期党团协商会议记录》（2015年11月12日），《“立法院”公报·“立法院委员会”记录》第104卷第98期。

20 具体而言，在行政责任上尊重主管机构的规定而免除行政责任；在刑事责任免除的问题上，则按照医界的强烈要求将本来可直接适用而进行免责的我国台湾地区“刑法”第二十一条条文的立法精神重复规定在“病人自主权利法”第十四条中；在民事责任的分配问题上，则在接受医界明确除外责任条件的情况下保留了一般的归责原则。

表11-1 "病人自主权利法"立"法"不同阶段第十四条法律责任部分对照表

"病人自主权利法"最初提案版本	"病人自主权利法"的"立法院社会福利及卫生环境委员会"审订版本	"病人自主权利法"第二次党团协商议定版本	"病人自主权利法"第四次党团协商议定版本	"病人自主权利法"三读通过公布版本
第十三条 前项各款应由两位具相关专科医师资格之医师确诊，前项第五款应再经缓和医疗团队半年以上至少二次照会确认。 **第十六条** 医疗机构或医师违反第十三条规定者，处新台币六万元以上、三十万元以下罚款，并得处一个月以上一年以下停业处分或废止其执业执照。 医疗机构或医师违反第五条、第六条规定者，处新台币六万元以上、三十万元以下罚款。	**第十三条** 前项各款应由两位具相关专科医师资格之医师确诊，前项第五款应再经缓和医疗团队至少二次照会确认。 （注：在提交第一次党团协商的草案版本中没有对医疗机构和医师的法律责任进行规定。）	**第十三条** 前项各款应由二位具相关专科医师资格之医师确诊，并经缓和医疗团队至少二次照会确认。 医疗机构或医师依其专业或意愿无法执行病人预立医疗决定时，以不责难为原则，得不施行之；但应告知病人医疗委任代理人或关系人相关理由。 医疗机构或医师依本条规定终止、撤除或不施行维持生命治疗之全部或一部，不负刑事与行政责任；因此所生之损害，除有故意、重大过失且违反病人预立医疗决定者外，不负赔偿之责。	**第十四条** 前项各款应由二位具相关专科医师资格之医师确诊，并经缓和医疗团队至少二次照会确认。 医疗机构或医师依其专业或意愿，无法执行病人预立医疗决定时，得不施行之。 前项情形，医疗机构或医师应告知病人、医疗委任代理人或关系人。 医疗机构或医师依本条规定终止、撤除或不施行维持生命治疗之全部或一部，不负刑事与行政责任；因此所生之损害，除有故意或重大过失，且违反病人预立医疗决定者外，不负赔偿责任。	**第十四条** 前项各款应由二位具相关专科医师资格之医师确诊，并经缓和医疗团队至少二次照会确认。 医疗机构或医师依其专业或意愿，无法执行病人预立医疗决定时，得不施行之。 前项情形，医疗机构或医师应告知病人或关系人。 医疗机构或医师依本条规定终止、撤除或不施行维持生命治疗之全部或一部，不负刑事与行政责任；因此所生之损害，除有故意或重大过失，且违反病人预立医疗决定者外，不负赔偿责任。

移到病人自身，并将此种状态进行法律规范化。相对应地，法界在此问题上则力求按照公平正义的原则对风险进行公平合理分配，避免风险全部集中于一方而显失公平，以实现对规范秩序的维持、对病人自主权利的保护以及对执行预立医疗决定行为者的合理监督。基于此，最后公布的第十四条的具体内容，实际上反应的是各方通过立法程序以法律议论和辩论交涉方式就风险分配问题所达成的妥协状态。

毫无疑问，在第十四条具体条文内容制定过程中，医界占据了主导地位并一定程度地实现了其最初的诉求，即在风险分配问题上，医疗机构和医师所承担的风险远小于订立医疗决定的病人的风险，亦小于与该条文具体实践密切相关的台湾地区行政机关和司法机关的风险。

四、我国台湾地区立法经验的反思

通过专门规范的方式，我国台湾地区有效地应对了风险社会对病人意志自由和自主权利所造成的冲击，并对病人自主权利更全面、深层次的体系化保护诉求进行了回应。与我国台湾地区实践相比，大陆虽然在多部法律中对病人自主权利进行了保护，但在保护范围、深度上均存在不足之处，更遑论保护的系统化和体系化。基于此，总结我国台湾地区的相关经验及教训，对大陆今后进行病人自主权利保护的法律体系建构具有参考价值。

（一）立法内容与技术的经验与反思

目前，大陆医疗领域矛盾剧增的重要原因在于医疗关系中的各方各自权利义务不明确，因而各方行为出现权利滥用或者义务缺失等状况，[21]而这种状况与医疗行为本身的高风险性和不确定性结合，共同引发了医疗领域的整体风险剧增，犹如置身于“文明的火山口”[22]上。因此，如何通过立法推动各方权益规范化以实现对由现代社会发展和医疗科技带来的高风险的合理分配，成为解决大陆目前医疗领域矛盾激化的关键。

而通过对“病人自主权立法”相关条文内容的研究可以发现，该规定虽以“病人自主权利法”命名，但主要围绕病人放弃医疗救治的善终权利实施过程中各方的权利义务界定而展开，本质上是对此过程中产生的风险进行法律规范化表达。虽然各方在风险分配问题上存在分歧，但是该规定在起草立法时已具有一定社会基础并形成了某种程度的共识。因此，在该规定制定过程中虽然会出现利益相关者因为权利义务界定、风险分配等问题而产生分歧乃至陷入僵局，却不会影响该规定的最终敲定和颁布。[23]因此，我国台湾地区的经验教训对于大

21 学界关于医患矛盾激化的原因的研究已经有较多成果，且不少研究成果均注意到了笔者所指出的这个问题在医患关系走向中的关键性影响。参见冯俊敏、李玉明、韩晨光、徐磊、段力萨：《418篇医疗纠纷文献回顾性分析》，《中国医院管理》2013年第9期，第77—79页；高晓飞、周维燕、孙忠河：《我国医疗纠纷原因的Meta分析》，《中国医药导报》2012年第6期，第160—163页。

22 ［德］乌尔里希·贝克：《风险社会》，何博闻译，译林出版社2004年版，第12—13页。

23 “病人自主权利法”第一提案人杨玉欣的办公室顾问孙效智在“立法听证会”（2015年10月7日）时候指出：“本杨玉欣‘委员’一开始放的照片，就是在台北中南举办的会议，这三场几乎都是快上千人参加，当赵可式老师解释完这个法的基本精神之后问大家意见，几乎是全场都认同，再加上天下杂志的调查，我们实在很难说我们的情况和‘国外’不同。”这实际上指出当时已存在社会共识。类似看法出现于当日参加会议的台湾医疗改革基金会董事杨秀仪等人的发言中。具体可参见我国台湾地区“立法院”：《“立法院社会福利及卫生环境委员会”举行“病人自主权利法草案”公听会会议记录》，《“立法院”公报·“立法院委员会”记录》第104卷第65期。

陆目前医疗领域矛盾激发、风险剧增的问题的解决具有借鉴意义。

由于目前大陆地区并无对病人自主权利的专门立法，少数涉及病人自主权利内容的法律保护主要分散于《执业医师法》等几部法律中[24]，在内容上仅限于病人知情同意权领域，而且大陆对于病人放弃医疗救治权利的问题在社会领域尚未达成一定共识，亦不具备“病人自主权利法”在我国台湾地区所具有的社会共识基础。基于此，在大陆欲通过立法实现对病人自主权利的专门保护，首先，可通过在分散的相关法律中制定相关条款作为基础，然后，再适时制定对病人自主权利的专门系统性法律文件。通过渐进立法的方式，可以一方面引导社会围绕病人自主权利（尤其是病人放弃医疗救治的善终权利）进行议论和争辩，通过法律议论逐步实现共识的增进，减少立法分歧而形成社会共识；另一方面，亦可借鉴我国台湾地区循序渐进和积累后再推进的经验教训，同时规避借鉴外国经验进行本土立法时可能产生的水土不服问题，避免立法的教条性以及因无法有效执行而成为“书面上的法”。

另外，由于对病人自主权利的立法保护过程涉及病人放弃医疗救治的善终权利等一系列极具争议性、高技术性和风险性议题，因此，对域外实践中积累的有益经验教训进行反思和借鉴很有必要，而在借鉴这些经验以服务于大陆病人自主权利法律保护发展推进过程中必须处理好本土调适的问题。由于该类立法以保护社会某类具有特殊需要的群体利益或以增进社会一般福利为目标，它属于社会性立法范畴，

24 参见《中华人民共和国执业医师法》第二十六条：“医师应当如实向患者或者其家属介绍病情，但应注意避免对患者产生不利后果。医师进行实验性临床医疗，应当经医院批准并征得患者本人或者其家属同意。”

所以该类立法必须与既存社会文化意识、法律原则和被社会大众普遍接受的发展模式相适应。[25]而我国台湾地区在“病人自主权利”制定过程中，也以技术化的方式对上述问题作出回应，比如通过设定三年生效预备期为相关方进行各项准备以及社会大众的了解适应提供时间，这些应对因本土适应问题所产生的可能风险的立法技术方式，均值得大陆今后进行反思性借鉴。

（二）构建公平立法程序，提供法律议论空间

伴随现代社会的发展与科学技术的进步，任何个人在获利的同时都不可能避免日益增加的风险的影响，因此，立法作为对风险进行整体应对的重要社会环节，亦必然与风险密切相关，而对风险性极高、相对于政治和公众具有垄断性优势的亚政治[26]特点明显的医疗领域进行立法调整，必然要直接面对风险应对和分配的课题。因此，在我国台湾地区“病人自主权利法”制定过程，无论是以条文明确界定各方权利义务、实现对执行预立医疗决定方的大幅度免责，抑或直接对与社会技术发展紧密相连的医学术语的规范化表达，还是以立法技术手段设置实施前置时间等具体操作，本质上都是通过法律机制的设计及法律规范的确定性，来实现对所涉及风险的合理分配以及谋求减少其中的不确定性。

由于现代社会的立法必然是在多方的参与及互动的法律关系网络

25 参见江亮演、林胜义、林振裕：《社会政策与社会立法》，洪叶文化事业有限公司2004年版，第6—13页。

26 参见［德］乌尔里希·贝克：《风险社会》，何博闻译，译林出版社2004年版，第251—262页。

中完成的，[27]因此，在立法过程中出现的各方在利益诉求和风险分配上的分歧和冲突难以避免，而对分歧和冲突的回应及解决情况将直接影响立法的最终结果。从我国台湾地区“病人自主权利法”的制定过程中可以发现，各方利益相关者基于自身利益诉求和风险偏好，通过制定程序对具体条文的内容制定进行了一系列的法律议论活动，以求在规定中贯彻自身意志和利益诉求，其中以第十四条内容的讨论和制定为典型代表。虽然从最终公布的条款内容上，我们可以发现医界的利益偏好和风险分配要求很大程度上被贯彻到该法中，使得病人面临更高风险的同时亦将医界本应该承担的风险转移分配到了其他政府机关乃至社会大众中，与公平正义原则所要求达到的标准有一定距离。但是该规定的制定过程也显示出，正是通过程序所提供的较为公平的协商平台，法界代表和其他相关方才能够对医界最初的完全免责诉求进行质疑和争辩，以法律议论的方式不断地论证反驳、话语竞争和风险分配博弈，并逐步减少医界要求的不合理性，直到最后找出一个大家都承认或者接受的解决办法，[28]形成妥协状态、推动条文内容的最后确定。然而，必须承认的是，参与该规定制定的各方虽然通过立法程序纠正了对任何一方明显不合理的风险分配的要求，但是最终出台的条文实际上仍然具有明显的偏向性和不合理性，即第十四条对医界的高度保护以及在法律责任和风险分配设计上，仍存在对一般法律原则的偏离。虽然这种偏差和不合理可能带来的不良后果由于该法尚未正式施行而难以确定，但是在现代社会的风险放大效应下，它可能将产生

27　参见周旺生：《立法论》，北京大学出版社1994年版，第279—282页。

28　参见季卫东：《法律议论的社会科学研究新范式》，《中国法学》2015年第6期，第25—41页。

难以预估的负面影响。这种风险实际上产生于该规定制定过程中各参与方在社会背景和力量资源上的差距（如提案和党团协商中占主导的是具有医界背景的人士），以及在制定程序中未能有效处理这种社会力量资源差距所造成的影响（如该规定的制定过程中仅有来自医界和病人联合群体的草案版本，而且社会舆论基本上被医界所主导），因此，最终出台条文中对医界利益具有偏向性，这也是我国台湾地区“立法”程序机制所必然导致的结果。

因此，在确保立法过程中的参与方公平参与法律议论和观点论证的同时，我们应努力构建实质意义上的公平公正立法程序，使得进入法律议论的立法相关参与方能够不被所处的社会力量资源地位的差距所完全限制，真正有效地形成各方承认接受而又更加中立客观的法律规范条文。这种目标不仅是我国台湾地区今后规范制定程序优化时可以考虑的方向，亦是祖国大陆今后应对风险社会下的医疗问题、进行立法设计时所应注意的问题，以通过未雨绸缪式的制度设计和风险分配机制的构建，来实现对病人意志自由和自主权利的更广、更深保护。

第十二章
法官审判裁量情境中的话语实践考察
“议论的法社会学”视角*

梁译如**

一、问题的提出

以审判为中心的司法改革要求“突出法官办案主体地位，明确法官办案的权力和责任”，强调在法院系统内部和诉讼活动中保障法官的主导地位，[1]但在认定事实、适用乃至解释法律的微观情境中，法官作为裁量主体的问题未被深究。

季卫东教授认为审判裁量是司法改革的关键问题。[2]古代中国对法官裁量权的限制基于“法无二解”理念，由专司法律解释的官员垄断性地给出权威答案，限制法官对法律的解释，使实体规则具体化、细致化，使审判人员无法利用法律的暧昧之处行使裁量权，把法律解释绝对化、统一化。现代西方的做法也是追求“唯一正确的解答”，法官以三段论的思维方式将法律适用到事实中去，强调严格的理性。这些做法可能导致法律的教条化和推理的机械化，因此，20世

* 本章原发表于《交大法学》2018年第2期，收入本书时略有改动。
** 梁译如，清华大学法学院博士研究生。
1 倪寿明：《落实法官主体地位的四个着力点》，《人民法院报》2014年7月1日。
2 参见季卫东：《大变局下的中国法治》，北京大学出版社2013年版。

纪后出现了法律自由化、弹性化运动，强调法官自由发现法律。法国出现了不受法律条款约束、扶持弱势群体、制裁强者的马尼奥法官，其审判方式一度受到推崇；在美国的现实主义运动中，霍姆斯提倡实用主义法学，强调法律的生命力在于经验，庞德也强调考察法律的功能及其适用过程中的利益权衡；中国的马锡五审判方式，强调调解、巡回审理、就地解决、听取群众意见、调查研究事实，以群众满意为标准，使群众意见压倒法律，也使法官裁量权过大，使我国法律解释呈现出流动化而无坚实制度基础的特征。哈特的审判裁量学说看到了规则的两重性，强调既不能完全怀疑规则、否定其客观性，也不能机械适用之，真理在两者之间。只有通过解释，才能在两者之间找到客观化的机制，该机制的重要构成部分乃法律解释的技术：法律是开放的，法官要行使裁量权，但要让自己的理由经得起各方面的质疑，通过法律解释的技艺使裁量的理由清晰，是限制审判裁量的重要方式。[3]

季卫东教授提出限制裁量权一方面需要责任制，另一方面要考察法官的说理过程——“不仅要有责任清单，还要有抗辩清单。当事人提出的主张和证据，法官要全部列出来，一一否定，最后留下的就是正确的东西，也是判决的基础。以审判为中心的司法改革非常重要的就是说理环节，而这很难反映到责任制这个指标化管理过程中，所以抗辩清单非常重要。”[4]对说理环节和抗辩清单的强调，也见于季卫东

3　参见季卫东“法与社会”公开课第七课、第八课。课程链接：https://open.163.com/newview/movie/courseintro?newurl=%2Fspecial%2Fcuvocw%2Ffayushehui.html（最后访问日期：2021-03-15）

4　李阳：《七家试点法院的司改答卷——来自司法体制改革研讨会的报道》，《人民法院报》2015年12月15日。

教授提出的“议论的法社会学”范式，该范式是一种兼顾“程序—沟通—权利共识”的理论体系，“立足点是结构—功能—含义三位一体的话语空间、抗辩和论证的正当化机制分析以及相应的公正性制度条件研究”，旨在“聚焦立法、执法以及审判的沟通行为和话语空间及其规范的含义”，通过“对实践中的法律意识和法律行为进行实证分析，进而在制度改革方面推动政策科学研究”。[5]本章正是这一宗旨下的经验研究。

法官对上诉案件的裁量主要发生在审理诉状与合议两个话语空间中，笔者试图通过参与观察和非正式访谈，经由对上诉审法官审判裁量的沟通行为和话语实践（主要表现为合议案件）的考察，反思裁量客观公正的可能性前提及其界限。本章的主要特点是运用移情[6]的方法，研究者切实参与审判裁量的过程尤其是说理环节，参与进司法工作的话语博弈空间并切身感受到“法律议论场域的矛盾、冲突与张力”，[7]对法律的议论和说理进行再思和再议论。这是一种把研究者带回研究场景的反思性方法，“研究者作为反思性的关键，既是反思性的承担者，也是反思性的对象”。[8]本章之所以能够实现反思性，契机在于笔者以挂职干部身份进入A市中级人民法院，由此

5 季卫东：《法律议论的社会科学研究新范式》，《中国法学》2015年第6期，第35页。

6 解释社会学的观点认为，由于观察者和被观察的对象之间有可能存在“移情作用”，因而研究者不仅可以记录他所观察的社会行为和态度，也能理解社会行为者的动机并弄懂该行为对行为者的意义。正是由于观察者和被观察对象之间的共通性，前者能合乎情理地在纯观察之外作进一步解释。能够或应该设法从他们的观点出发去理解社会现象。参见［英］罗杰·科特威尔：《法律社会学导论》，中国政法大学出版社2015年版。

7 季卫东：《法律议论的社会科学研究新范式》，《中国法学》2015年第6期，第38页。

8 林聚任：《从话语分析到反思性——科学知识社会学发展的一个新趋向》，《自然辩证法通讯》2007年第2期，第55—61页。

获得了观察者和参与者亦即法社会学研究者和司法工作者的双重身份。

需要说明的是，笔者力图遵循在法院里做研究而非研究法院的原则，[9]希望以移情和议论方式对个案进行解释，[10]最大限度地透视法官裁量的真相。而解释的对象，正是“议论的法社会学”视角下的审判沟通行为，话语空间，抗辩、论证与说理环节。本章的田野资料是审判裁量之话语实践的微观语料，即那些关于权利和囿于权力的议论纷纷及其嘈杂场景，因此，笔者尽量保留了议论中某些看似无关却内涵丰富的细节。在资料呈现上，本章将以讲故事的方式描述“我”参与其中的法律议论，包括当事人的、法官的以及“我”自己的叙事、修辞、主张、辩驳、论证、合议、异议、争论、共识、字斟句酌、心证过程和裁量判决等，及其发生的特定时空情境，最后分析和议论这些议论话语及其场域，突出“我”的参与感、在场感、主观性与能动性，突出研究者与被研究者之间的互为主体性。对法律议论的再次议论，需要研究者将自身的经验与理论判断带入其中，对建构的话语和知识进行反思，使最终的议论或叙事不仅能直观呈现隐藏着的权力关系，更使话语空间自身的错综复杂与变动不居其义自见。

9 针对个案研究能否从特殊到一般的问题，解释人类学家格尔兹强调：“人类学家是在村庄里做研究，而不是研究村庄。”参见［美］格尔兹：《文化的解释》，纳日碧力戈等译，上海人民出版社1999年版。

10 即先对行为、现象的意义进行解读，再对行为、现象之间的关系进行因果解释，陈柏峰称之为“机制分析”。参见陈柏峰：《法律经验研究的机制分析方法》，《法商研究》2016年第4期，第44—54页。

二、无名者[11]的诉请、抗辩与我的辗转、两难

2016年6月中旬，我到A市中院挂职第三周，庭长H前来询问我是否办过案，我说没有，他抱来一公分厚的卷宗："你试着跟一个案子，写一个审理报告，意见也多少说一些。"之后的一周，我不再勤快地替同屋的书记员跑腿送达文书或盖章，而是投入了"神圣"且极具挑战性的案件审理：

2014年10月，车辆I在A市界内高速路段行驶，过隧道时前方车辆II超宽占道行驶。I车司机欲刹车时发现制动失灵，于是与II车左侧相撞，两车货物均受损；相撞后I车仍无法刹车，驶出隧道后为避免更大事故，司机I决定将车尾挂在右侧山丘上，并嘱咐车上货主抓紧座位，此时二人均未系安全带。车辆撞击山体后得以制动，副驾驶座上的货主却被甩出窗外死亡。A市交警队认定司机I对事故负全责，II车司机无责。司机I对该事故责任认定书提起复核，但复核期间（2015年4月）司机II及其所在物流公司向A市B县法院起诉司机I及其挂靠公司，复核依法停止。

在该诉讼（称作A1）中，原告要求被告赔偿车辆II全部损

11　福柯《无名者的生活》肇始于他阅读一份拘留记录，"无名者"即是记录中的那些"被权力贬得一钱不值"的越轨者；我在卷宗里则邂逅了一些并非"一钱不值"但也毫不重要的无名之辈，与福柯"无名者"的相似之处是，他们也"玩弄了话语"并"遭遇了权力"。"或因自己向权力呈言，用这些文字来告发、申诉、恳请或哀求；或因权力想要干预，用寥寥数语来裁决或宣判。所有这些生命，本应注定活在话语不及的底层，甚至从未被提及就销声匿迹。它们只是在这次与权力稍纵即逝的接触中才得以留下自己的痕迹，短促、深刻，像谜一样。"我邂逅的无名者或许不那么边缘和底层，保险公司还略有权势，但在法官的裁量面前，无论怎样言说，他们都还是处于与权力对峙的弱势地位。参见［法］福柯：《无名者的生活》，李猛译，《社会理论论坛》1999年总第6期。

失，一审法院认为车辆II超宽占道也是事故主因之一，故于2015年5月作出判决，要求被告及其保险人赔偿该车50%财产损失，剩余由原告自行承担。原告不服判决，同年6月上诉，A市中院于2016年4月立案审理，遂成诉讼A2，其判决结果（7月结案）是维持。

事故死者即货主的家属于2015年6月向A市B县法院提起诉讼（称作诉讼B1），要求两车所属公司及其保险人赔偿人身损害、精神损失等费用80余万元。法院于同年12月判决由I车和II车各承担80%和20%的赔偿责任，并在审理报告中写道："由于原审被告不服A1的判决结果已上诉，故不考虑该判决中的责任认定（各承担50%的责任）。"二被告均不服判并上诉，遂成诉讼B2，于2016年6月立案（即我要审理的案件）。

就事故责任划分问题，我向A2的承办人、30多岁的法官X请教，她说当事人多次质疑B法院一审对案件A1和B1做出不一致的责任认定，但她还是在A2中维持了A1五五分责的判决，这就意味着挑战了B1的二八分责，她坦言这可能使将来B2的判决陷入困境：如果B2维持原判，就与同为二审的A2前后矛盾；如果B2改判，II车一方将更不服判，影响办案质量。X说A2的承办法官确实比B2的轻松，但B2也可以不受A2影响，维持原判，因为"两车对车上财物损失的责任是一样的，但对车上货主死亡应负的责任可以不一样"。

查找法律条文未果的情况下，我查阅了学术论文，有研究表明我国交通事故责任认定理论和方法的核心由"依据违法行为数量和情节认定"逐渐向"基于当事人行为与交通事故之间因果关系认定"转变，[12]这就支持了X的说法。我写下了“维持”字样，随即却发现“我国各省市交通事故责任认定规则存在差异，有的省市依据违规行为与交通事故之间的因果关系认定”，有的则不然，A市所在省份现行《道路交通事故当事人责任确定规则》的规定是“……根据当事人在道路交通事故中的过错行为，对照‘当事人过错行为分类’表，确定过错行为类别，确定当事人责任”。基于此，我对照“过错行为分类”表确定二人的违法数量和情节，把处理意见改为“依据本省《规则》，司机I和II对事故负同等责任”，并重新计算了两车及其保险公司的赔偿数额，却又发现保险公司是否需要赔偿还存在争议。

承保I车交强险和商业三者险的a、b两公司认为：搭乘该车被摔出车外、死于车右侧地上的货主不是“第三者”，且该车未按规定年检，保险人可以免赔。a的代理人在邮寄给审判长的代理词后附有《民事审判指导与参考》某章的影印版，[13]最高人民法院民一庭对处理车上人员能否转换为第三人的问题提供了两种意见：一种认为“如果受害人在意外发生时已置身保险车辆下，则不再属于车上人员而是第三者。交强险旨在避免因机动车所有人和驾驶员没有赔偿能力而无法获赔，其社会功能是减少和化解社会矛盾，实现公平正义”；另一种意见是“我国立法之所以将乘客排除在第三者之外，是因为强制责任险制度的设立需要在参加保险的普遍性、费率的高低及赔付的可能性等诸多因素间取得平衡，需考虑赔偿请求权的主体范围和赔偿限额。若不当扩大第三人范围，可能造成整个制度不堪重负，最后不利于多

12 参见马社强、薛菁菁：《我国道路交通事故责任认定理论和方法发展综述》，《中国人民公安大学学报（自然科学版）》2013年第3期，第27—30页。

13 笔者查其出处为奚晓明编：《民事审判指导与参考》，总第43集，法律出版社2011年版。

数受害人受偿。且乘客尚有其他方式保障，如车上人员险、运输合同等，两车相撞情况下本车人员尚受对方车辆强制责任险保障”；该庭最终的倾向性意见为“当本车人员在发生交通事故时脱离了被保险车辆，不能视其为机动车第三者责任强制险中的‘第三者’”。

读完这一意见交锋，我马上认可了有辩证精神和社会因素考量的倾向意见，但考虑到一旦免除两家保险公司的赔偿责任，数十万的赔偿款多半要出自司机I及其挂靠的物流公司，要求被挂靠公司对其挂靠人的侵权行为承担连带责任本身也有争议，而司机I还有一个4岁的女儿（据其在交警大队的笔录可知）——似乎是同情心阻止了下笔改判，我开始思考折中办法，第二天终于发现了一个漏洞：最高院指导意见针对的是机动车第三者责任强制险，但商业三者险与此不同，该险种无强制性和普遍性，保费远高于交强险，其赔偿范围无需过多考虑社会因素，此时依据受害人在事故发生的特定时间身处保险车辆之下来判断，就能把死者视为其“第三者”而获得b公司的赔偿。

但此时b公司的抗辩理由又令我陷入两难：I车在事故发生时年检已超有效期。保险条款规定在这种情况下保险人不负责赔偿，免责条款分为原因免责和损失免责两类，发生事故时未按规定检验属前者，即只有未按规定检验是造成保险标的损失的原因时保险人才能不承担责任。交警鉴定“I车肇事前行车制动安全技术状况不合格”，可见未年检确是事故原因，依据保险合同，保险公司可以免赔；但保险公司若没有告知被保险人免责条款，也不能免责，这是保险案件的普遍情况。因此，我开始寻找“已告知”的证据，打算以不履行告知义务为由驳斥保险公司的抗辩，却还是在投保单上发现了“投保人已经获知免责条款”一栏，I车挂靠的物流公司在该处盖了公章。此时心里的天平摇摆不定，查找类似案件后，我在审理报告里写下这段话：

b公司仅举证了一份未附格式条款的投保单，也未提供能够证明自己“已对免责条款内容向投保人作出了明确说明的书面或者口头证据”，仅在保单上列有一条“投保人已经获知免责条款”的说明。虽然投保人在上面盖了章，但《保险法》规定“保险人向投保人提供的投保单应当附格式条款，保险人应当向投保人说明合同的内容”。同时要做到在保单上作出引起注意的关于免责条款的提示，且对该条款内容向投保人作出说明。b的投保单上首先就未附免责条款，难以对其作出说明。

尽管这个说法有道理，但实际上我也大可以这样写（类似案件确实采用截然不同的判决理由作出不同的判决）：

b公司履行了告知义务，在投保单上明确标注了“投保人已获知免责条款”一栏，物流公司已在该处盖章，故应对这一行为承担后果。

——此时作为研究者也作为司法裁判者，我陷入反思：是非对错，难道全在言说之中？

这似乎便解释了“法律的本质就是话语实践”。[14]

14　季卫东：《法律议论的社会科学研究新范式》，《中国法学》2015年第6期，第25页。

但为了追求“唯一正确的解答”，我又仔细阅读保险合同：

下列情况下，不论任何原因造成的对第三者的损害赔偿责任，保险人均不负责赔偿（除另有约定外）……（二）未按规定检验或检验不合格。

“不论任何原因”排除了原因免责，似乎“显失公平”，于学理不通，于法律有据吗？随即查阅保险法：

采用保险人提供的格式条款订立的保险合同中的下列条款无效：（一）免除保险人依法应承担的义务或者加重投保人、被保险人责任的；（二）排除投保人、被保险人或者受益人依法享有的权利的……

可见b公司设立的免责条款本身有故意“免除保险人依法应承担的义务、加重投保人或被保险人责任”之嫌——我终于找到了让b赔偿的法条，但历经一系列追问与反思之后，此时的判断似乎不再是出于对司机I的4岁女儿的同情，而是基于相信存在最恰切的法律理由能够对抗不适当的利益索求，在这点上国家的立法果然没有令人失望。但有一个声音仍不时冒出来叩问我的底线：I车没有年检，车上的司机和货主都没有系安全带，难道他们不该对自己的行为后果负责，商业保险公司、政府或国家就该为其买单？一个成熟的合格公民能是这样吗？这样的父母能教育出对自己、对国家和社会负责的下一代吗？一个成熟的法治社会能是这样吗？

虽然对责任保险制度及其背后的家长主义心态心怀警惕，对该心态下的公民社会发育与成熟心怀忧虑，对保险公司心怀歉意，但我也自视在做一件好事，如果这样的处理意见被采纳而成判决，会不会使该保险公司甚至保险行业有所反省，进而修改免责条款并更好地履行告知义务？诚然，案件背后的价值问题是复杂的，我无力把握，但判决至少要实现法律的调整功能，我自视以上裁量过程与写下的判决至少是审慎的，也是完整的，是符合法律标准并接近程序正义的。由于期待判决意见被采纳，此后两周我都在预想该意见在合议中将面临的争议，并思索着应对之策。

写完审理报告后，我与法官X有过一次交谈：

X：觉得法官工作怎么样？

W[15]：我觉得做法官不如做律师。律师只要朝着一个目标找证据、找法律依据就行，法官却要在正反两个方向上同时思考，还要考虑社会效果，心太累。

X：你一个案子审了一周多，才有工夫左思右想，你想想我们差不多平均每天办一个案子，根本没时间想那么多。要迅速做决定，不能犹犹豫豫。

W：很难决定，毕竟关系到别人的利益甚至生活。

X：是啊，法官的权力其实真的很大。

15　W指代笔者。

起初我认为“没时间想那么多”“要迅速决定”只是意味着法官裁量过程的不求甚解，后来发现在某些情况下（尚不能确定这种情况发生的概率与频率），这可能意味着判决先于裁量、基于“经验”，法官在倾听诉讼请求和斟酌抗辩理由前，内心可能已经有了期待的结果，他要做的或许只是朝一个方向上去找证据和法条。

三、法官的经验[16]、先见[17]与决断[18]

7月下旬终于等来B2合议，时间已经是11点一刻，我心怀疑虑，担心这意味着无法进行充分的商谈议论，但事实却不尽然：

H：还是你们之前合议过的那个交通事故（指B1），II车超宽占道行驶，I车撞了II车……交警队当时认定有一个无责对吧？

X：对。

H：I车方申请复核，由于II车方上诉而终止了。终止后我们一审包括二审都认定了双方为同等责任……现在的这个呢，是因为I车刹车失灵，撞了II车又向前行驶，没办法就去撞山体，就造成了……不光是他车上的货受损，还有坐在车上的货主。

S：哦，挖机倒到前面把人压死？

H：嗯，人摔出去了，这是个问题哦，实际上现场认定，他不是在车上撞死的，不是死于车上，而是车下。

16 经验：为解决法律与社会现实乖离的问题，在美国的现实主义运动中，庞德强调考察法律的功能及其适用过程中的利益权衡，霍姆斯提倡实用主义法学，强调法律的生命力与其说在于逻辑，不如说在于经验。但是对规范的质疑和对经验的强调，也可能导致法官裁量权过大。

17 “先见”可能是先见之明，也可能是成见。

18 “决断”可能是“戴着枷锁跳舞的决断”，也可能是几乎不戴枷锁的。

X：嗯。

H：也就是说他的位置是关键问题，不能讲他是摔下去死的，也不能讲他是在车上撞死的。

X：大概情况是这样，我印象当中啊，先是他摔出去了，最倒霉的是他买的那个挖机呢从后头又摔出来把他压死了。

H：把他压死的？

X：嗯。

H：那么这个情节，这个事实（很重要），因为我看小梁拟的报告没仔细到，如果有这个细节呢，他就更是第三者。因为这个案子它有一个……针对是不是第三者的上诉，这个细节呢要更加把它（让我把它写进报告）。那么一审查明的事实就不讲哈，就看看判决……因为这个（换成普通话对我说）案情大家都很熟悉，还有一个（相关）案件嘛。

W：嗯。

H：一审法院认为I承担80%的责任，II承担20%，这个呢也是一个争议。上诉人就认为，原来（A1）判的是50%，这次怎么就主次了。而一审法院认为“……I车与山体碰撞则是司机I为避免更大事故发生……应承担80%”。

此处没有停下讨论，H继续念一审法院的“认为”：被告保险公司a、b主张免赔等抗辩理由，缺乏法律依据，依法不予支持；……依法认定货主某某摔下车受到再次伤害而亡，属交通事故中的第三者，（停顿）实际上我们认定的事实，应该就是摔下去以后又被挖机压死嘛？

X：摔下去以后是不说当场死亡就不清楚嘛哈……但是我印

象当中是听当事人还是听哪个人陈述这个事情，就说是挺倒霉，自己去买挖机却被挖机压死了。

H：我们那个案子（X审理的A2）认定的事实呢？

X：没认定，那个不涉及人员伤亡。

H：哦，没认定，如果有这个认定……哎小梁你要看一下，因为一审查明的事实是摔下去死亡的，但我们好像有一个意见是他摔下去以后又有挖机压在他身上，有没有这个？

W：没有证据证明。

H：没有啊？哦如果有这个证据，肯定更能证明、更是第三者。

S：你看他死亡的原因鉴定是“颅脑受伤损害”，如果有压的情况，看有没有照片能证实压的是哪个部位。

W：照片是复印的，不清楚，要拿过来吗庭长？卷宗？

H：噢没事，不用，因为……这一块事实上已经够（证明），它（一审法院）这个理由也是可以的；但是如果有这个事实，进一步核实一下，更好……还有关于死者的赔偿标准，就是按照城市标准，具体我不念了，保险公司该承担责任就承担，这个各自的金额呢我说一下……

（在具体数额计算上讨论了15分钟，过了下班时间）

H：最后呢，案子（争议）的责任划分，一审没问题，针对承担的比例，它这个判决结果应当可以。还有小梁你讲的理由（翻看报告对我说），主要是认为不属于第三者，还认为I车没年检，认为各项赔偿金过高；II车这边请求按交警部门划分的责任，还说我们同一个案子不同判法。主要就这些？

W：嗯（我迅速阐发自己的理由）——第三者的问题，最高院的指导案例说，车上有一个乘客看到车子发生危险主动跳车，但处于车下的他反而被翻倒的车子压死，针对这种情况最高法院认为不应当扩大第三者范围，其即便下车后又被压死也不属于第三者，那本案就更……

H：还有一种意见对吧？

W：对，但是最后的倾向性意见是……

H：它这个案子以及我们的案子，我都认为应该认定为车下人员，因为跳车并不导致他死亡，最多说他个人也有过错，嗯我个人是这样认为的。

X：刚刚我们讨论S的一个案件也雷同，一个人从他摩托车上摔下去被摩托车压死。

H：这个绝对是车下人员，还有一个案件是他摔出去的瞬间与山体相撞而死，也认定为车下人员。省高院有过这个判决，第三者的问题要讲保险事故的瞬间，死亡那一瞬间只要在车下，最高法院，哦不是，省院，省高院有过指导意见，就是（根据）保险事故发生瞬间所处的位置，他这个更是（第三者），摔下去之后被压死嘛。

W：嗯，但庭长，最高院根据社会影响，认为如果把车上人员转化为第三者，会造成这个制度的不堪重负。交强险的保额本身就不太高，保险公司的赔付压力会特别大，会对整个制度……

H：你这个是针对保险公司的利益在说话（看向我，此时仿佛形成了一种从道义上批评我替强者说话、没有支持弱者的话语氛围）。

W：嗯，不过……

H：假如站在受害人一边，国家设立这个保险制度干什么？

就是最大限度地救济受害人，它的初衷是这样的，所以我们应该站在受害人的角度。

X：这个问题，我们如果能达成一致就……

H：就按这个吧（换成普通话），其他的这个比例问题，同案不同判……

X：哎哎，最大的障碍就在这里。

H：这个我们要认真对待，因为毕竟是同一起事故，当然交警部门的认定书现在没有效力，不作为证据，但我个人还是同意一审的意见……当然有因果关系，但是不严重，划个20%（合适），如果划成40%我个人反倒认为高了。所以一审的结果还比较恰当……所以我个人还是认为，驳回上诉，维持原判。

W：庭长，关于责任认定我个人有一个比较实在的想法哈……

我期待更接地气地、站在法官和法院一边说话会获得他们的支持，但结果证明他们的立场在某种程度上是变动的，影响因素复杂，短时间内难以把握——

H：哎你说。

W：就是II车这边，一审法院在案件B1中给他们认定20%，他们拿出A1的50%说法院“同案不同判”“法律史上绝无仅有”“滑天下之大稽”。那现在还是判20%的话，他们也不会认同法院，还会质疑“同案不同判”，倒不如判成50%，保持前后判决一致……

H：不是，我们考虑的责任划分主要看事故原因。

W：嗯，但各省标准……

H：导致车上货主死亡的原因，你认为是什么？是两车相撞吗？

他这里似乎在强调事实认知优先于规范，当我提醒存在确定的下位法依据，H直接混淆了不同省市的规定，且语焉不详——

H：我们是按……不光是按“交强险”，不不，“交通事故责任认定书”，而主要是以原因为准。

W：哦，原因为准吗？我看学术讨论说发展趋势是由过失行为转为因果认定，但咱们省……

H：就应该是这样，他实际上是侵权嘛，嗯（改用当地话问两位法官），看你们有没有意见？（此时已12点，我的身份由讨论参与者转变为书记员，两位法官说话方式转变为逐字逐句地发表可被记录的意见）

X：我认为死者……所以本案一审的处理是正确的，可予以维持。

S: 本案……同意X法官的意见。

H：那就到这里，小梁，有些问题要是不明白，下午你来我办公室讨论。

与预想的不同，经过加班合议，我与法官之间及三位法官之间似乎都实现了一定意义上的商谈议论，由于在话语博弈中承担作为外来者、门外汉、下属、晚辈的多重压力，尽管作为挂职干部和报告撰写者在形式上被征询意见，但我也难以坚持某些立场，与法官之间理性商谈的空间非常有限；当我引入最高人民法院和学者的意见作为自己话语的正当性来源时，法官会绕过权威的指导而引入其他理由。法官与法官之间的法律商谈中，理性的实现程度似乎也不高，最终的审判结果在程序和实质上的客观公正性似乎都还差强人意。

该案合议结束后的午餐时间，S主动前来与我交谈：

S：审理报告是你写的？

W：嗯，写了挺久，反复斟酌来着。第三者的问题，最高院的审判意见确实是不应该不当扩大其范围。

S：《审判指导》只是指导，不能作为法律依据。

W：你觉得法官应该向弱者一方倾斜吗？

S：是啊，做法官是个良心活……一个案件能有很多种处理结果的。

W：所以我写审理报告时非常纠结，觉得正反都有道理，很难下决定。

S：你的审理报告太长了，尤其写判决书的时候不能那么多，只写一种观点。

W：嗯。我觉得做法官挺辛苦的。

S：干这行经验最重要。

反复玩味他最后这句话，我发现经验似乎可以在两种意义上起作用，一是帮助法官把案件分门别类，并对不同类别案件的判法形成某种直觉性的倾向，由此迅速预设相应的判决结果，减轻做决定的压力；二是规避风险，由于经验可以在一定范围内共享（共享的判决倾向可能比法律知识更简单易得，也更实用，当然后者是理性的，前者则是非理性的；后者遵循严格论证的法律标准，前者则遵循经验习惯或“案结事了”标准）。同样值得注意的是他们对于“法官应该偏向弱者”这一命题的不假思索的认同，但这一命题似乎有违形式理性和价值无涉的客观性伦理要求。

合议之后的当天下午，H庭长与我谈话：

H：小梁报告写得不错，总结了一共有，嗯，五个争议点，一是责任划分，然后是保险公司的理由……三是精神损失费是否合理，四是赔偿金按城市还是农村标准，哦后面两点你跟我们意见一致。

W：对，我是从社会效果的角度出发，因为涉及城市化过程中……

H：这个第三者的问题啊，你不能站在保险公司的角度……

W：我觉得站在整个保险制度的角度也有道理，不能……

H：这个免责条款，他们保险公司也得经过保监会，不能任意写的，一定要保障受害人的利益。

W：嗯，最高院那个指导意见……

H：最高院那些人和保险公司都是打交道的，我们这里还是要站在受害人的角度。你就按今天的意见，再写一个判决书好吧，不用写那么多分析理由，要简单。

S和H 都提醒“判决书要简单”，X后来也说，“你判决书里写得越详细，越容易被当事人挑毛病，不能给他解释那么多”。我还是一一驳斥了四个上诉人的理由，在其他争议点上都写得简单，但对保险公司提出的“I车未年检，根据免责条款可以免除赔偿”这项抗辩保留了详细的驳斥理由，希望判决书能对保险公司有所启发；但H删除了该内容，最终的判决理由全部与一审雷同。上诉人看到判决书后应当质疑法官是否看过上诉状。法官的判决在实质上是否公正很难议论，先见和决断本身不可能完全避免。但在本案中，先见是成见还是先见之明？决断是戴着枷锁跳舞的决断还是轻易的武断？经验助力了审判，还是助长了裁量的任意？如果主审法官阅览过卷宗，我就不能妄下任何结论，但事实是自分案至退卷，真正要签字负责的案件经办人始终未曾审阅卷宗。

四、总结与讨论

“法律的行为主体只有有限的资源，却对法律的执行拥有裁量权，而且在执行法律时会考虑他们自身的利益。绝对的‘客观公正’在法律实践中更多是一种目标和理想，并非现实状况。”[19]批判视角下的大量研究早已证明了司法现实与理想间的差距，即便是同时作为研究者和审判者的笔者，在完全利益无涉且无办案压力的情况下，有意识地实践书本上的法律文本、原则和法学理论，尽可能地审慎裁量，甚至实验式地在自己行使审判权的过程中时时内省，环环反思，对当事人的诉请一一辩驳，却还要考虑自己的意见能不能被法官接受，无法做

19 刘思达：《美国“法律与社会运动”的兴起与批判——兼议中国社科法学的未来走向》，《交大法学》2016年第1期，第24页。

到价值中立，做出的判断不可能绝对客观。何况就法官的日常而言，“关于法律和正义可以有多种多样的看法，但只能做出一个决定”，当事人双方的一系列不同的权利主张及其论证夹杂着大量的叙事和修辞，真相总在背面，在这样的话语博弈中抉择，“必须对复数的解答不断进行斟酌、权衡以及说服的作业”——不断斟酌权衡似乎已是法官裁量的较理想类型，至少能够达至程序正义；但由于议论由复数立论组成，辩驳必须通过反证检验而正当化，因此，判决必须尽量考虑各种不同主张及其理由，以便说服社会；这个说服社会的过程，使得实质的价值判断时时与法律的形式逻辑相伴相生，于是，出现法官的不成熟的社会福利观念逾越法条法理，道德说教替代法言法语。

正如季卫东教授所指出的，“论证性对话以及抗辩的活泼化势必不断凸显价值和立场的差异……法律关系在关于正义、道德及社会福利的层出不穷的辩驳中难以稳定”。[20]尽管作为职业司法者，本章研究的法官在处理案件时却更多地使用一套社会福利与道德话语；作为暂时的司法者，笔者自己则在法律、道德和社会福利的各种话语力量拉扯下倍感纠结。“法官必须不断面对各种各样的主张、论证及解释之间的竞争，也不断面对自反性悖论”，“为了跳出这个悖论的陷阱，法官有时不得不利用裁量权自己进行决断”，季卫东教授称之为“戴着枷锁跳舞的决断主义”。[21]

笔者发现，在实际审判权力运行中，“戴着枷锁跳舞的决断主义”似乎已经是法官审判裁量的较理想类型——现实中的法官（在笔者观察到的范围内）恰恰缺乏这样一种“戴着枷锁跳舞”的沉重

20　季卫东：《法律议论的社会科学研究新范式》，《中国法学》2015年第6期，第37页。
21　季卫东：《法律议论的社会科学研究新范式》，《中国法学》2015年第6期，第38页。

感、痛感与负担。他们的负担来自工资数额与案件数量，而很少来自案件本身。有经验的法官可以将法律议论场域中的矛盾、冲突与张力化解于漫不经心之中，甚至屏蔽了这个张力拉扯的场域。而支撑其经验与决断的，似乎就是法官直觉的道德感和不成体系的社会福利观。在本研究中，存在国家、社会和市场三者的博弈问题（体现在交强险的设立宗旨和实际运作中），但与其说国家和政府权力在场影响了法官的裁量，不如说法官主体在弥散的国家、地方、机构、资本以及文化等权力的形塑下，形成的国家观、市场观、社会观、道德观、传统观念和特定法律意识等，对法官审判裁量的影响之大，可能不亚于专业知识与职业伦理对其形成的影响。

虽然年轻法官受专业知识而非经验支配的可能性更大，但仍非常受制于各种观念，并且都倾向于为自己减轻决策负担并规避责任风险。责任制有时不一定直接保障公正，因为法官可能会出于责任压力，作出最讨巧而非最公道的判决。无怪乎季卫东教授指出，“以审判为中心的司法改革，不仅要有责任清单，还要有抗辩清单”。[22]法官在议论与裁量中，会策略性地选择某些论据而回避另外一些，以此来合理化自己的减负与免责倾向，相当于给自己的目的合理性补充一个价值合理性，[23]进而形成自身的乃至群体的合法性认同。这种集体认同及其所依靠的直觉的道德感和不成体系的社会福利观，笔者称之为

---

22 李阳：《七家试点法院的司改答卷——来自司法体制改革研讨会的报道》，《人民法院报》2015年12月15日，第2版。

23 参见［德］马克斯·韦伯：《新教伦理与资本主义精神》，于晓、陈维纲等译，陕西师范大学出版社1987年版。

“半洞察”[24]（partial penetration，也可以称之为“洞察的偏见”），这种半洞察往往禁不住进一步反思和推敲，往往囿于结构，与主体在结构或场域中的位置相关；但这样一种局限性，却又支配着法官的司法裁量，恰恰生产出裁量的任意性。

笔者起初发现合议庭对自由议论存有包容，不同年龄、资历、性别的审判员之间有自由争论的空间，年轻法官在庭长面前也能够发表自己的见解；但随后却又发现这个话语空间实际上张力不足，充满了既定的公认的成见与共同的法律意识盲点。可以说在笔者观察到的范围内，法律议论场域未经良性建构，更像是一个讨价还价的意见市场，缺乏被实践的程序公正和科学论证环节。在本章论述的交通事故责任纠纷案的合议中，表面的允许协商背后，是正统的法官群体用经验、先见和道德观排斥年轻学生对法条的死磕与深究；在笔者参与合议的一个撤销劳动仲裁案（本章未介绍，但作为笔者的田野资料，对本章的发现和观点的提出具有重要意义）中，一位法官言说策略精妙，成功扭转了同事的判断并改变了判决结果，然而，其说话技巧有余，专业素养不足，商谈议论看似民主充分，得到的却可能是有失公平是判决；在另一个土地纠纷案（同上）中，X法官维护正义的主张被打压，但她已然从心底里习惯了行政权力的压制，虽然合议中有所反驳，对体制却无反抗，对判决结果不抱希望，只求在合议笔录中记录自己的异议，似乎要保障自己在错案追责时能有所抗辩。

24　威利斯在研究“工人阶级子弟为什么还想当工人”时，发现了阶级再生产的一个主要原因，是工人子弟部分洞察了教育的弊端和阶级不平等，并形成了本阶级的文化认同；但当他们放弃学校教育和文凭这一上升途径，从事体力劳动后，才会发现这一选择不尽如人意，原先对世道的洞察只能算是“半洞察”。参见［英］保罗·威利斯：《学做工：工人阶级子弟为何继承父业》，秘舒、凌旻华译，译林出版社2013年版。

法官内部的合议尚且不平等，何况在法官与当事人及其律师权力地位明显不对等的庭审中进行的商谈。例如，笔者旁听了一次借款纠纷案的开庭审理，最直观的印象就是法官非常强势，一再使用“与本案无关”“不该你说话”等维持法庭秩序的话语打断当事人发言，一次次“与本案无关”的声明，在田野调查者或法律实证主义者的眼中大概都意味着对案件细节亦即事实真相的忽略。我们可以理解法庭资源有限、法官时间有限，但以法律和法庭严肃性的名义，就能轻视老百姓的日常表达吗？笔者发现，法官对喜欢说大白话和“大实话”但因此显得话太多、不守规矩的当事人尤其表现得不满，愈发限制其发言；而老练的律师似乎深谙此道，因此言语不多，非常守规矩，几乎只是念读已经写好的材料，未见其任何试图争辩的迹象。这样的场域中，哈贝马斯意义上的商谈对话和程序正义似乎根本就不存在，取而代之的是法官以程序的名义，划清了其自身与生活世界和寻常百姓之间的界限。笔者所观察到的审判权力就是在这样的语境中运行，商谈与议论（不论来自法官内心、法官群体间、法官之外的法律人如学者与法官之间，还是法律人共同体外部如媒体、社会舆论与法官之间）恐怕都难以触及核心，对促进司法裁量之客观公正所能发挥积极作用的空间难以生长，程序何以助益公正？

当前的司法改革强调“员额制”“案件终身责任制”“案件流程管理”等一系列制度性措施，旨在“突出法官办案主体地位，明确法官的权力和责任”，以期构建良性的审判权力运行机制。然而，前述制度措施能否真正实现法官的主体地位和责任承担？朱孝清将司法这一解决微观具体个案、在认定个案事实的基础上适用法律、以定纷止争或决定是否追究刑事责任的过程类比医生看病，“医生只有亲力亲为，深入病房、接触病人，查明病因，才能对症下药，司法工作也然”。[25]由于个案事实往往千差万别，一个细节，都有可能对整个案件产生影响。所以“司法人员只有深入到具体案件之中，亲力亲为，亲自审查各种证据，才能对事实作出正确的判断，并进而依法作出正确处理”。[26]虽然朱孝清指出法官亲历性主要适用于一审案件，主要强调开庭审理的直接言词原则，但针对以书面审理为主要职责的二审法官，从笔者自身经历的交通事故责任纠纷案中也能看出亲历性的必要性——不阅卷而下判决，只能助长法官用经验和成见来决断，使得审判裁量的决定性因素成了不成体系的社会福利观念和浅层的道德感，而非法律规范。

亲历性也意味着从审查材料到庭审到撰写审理报告和判决书的整体性，头痛医头、脚痛医脚断不能成为好医生，法官亦然；而亲历性与整体性也在保障法官的主体性。当今中国社会法官所面临的困境，表面上是收入低、工作量大、社会地位不高，但波斯纳指出，“如果大幅度提高法官薪水，不一定会引来更多能干并喜欢司法的人进入法院，而可能引来贪图高薪却未必喜欢司法的人进入法院；如果闲暇太多，就会引来更多看重闲暇的法律人加入法院”。[27]法官缺失的可能不主要是财富、地位、闲暇，更重要的是以亲历性为基础的对案件的整体把握及其在此基础上的成就感与责任感，以及与当事人的互动感，在笔者看来，恰恰是这些构成了法官的主体性。现代社会之主体性困境与人的异化，往往源自机械的制度对人生活世界的入侵与切割。许

25　朱孝清：《司法的亲历性》，《中外法学》2005年第4期，第920页。

26　朱孝清：《司法的亲历性》，《中外法学》2005年第4期，第920页。

27　苏力：《经验地理解法官的思维和行为——波斯纳〈法官如何思考〉译后》，《北方法学》2009年第1期，第112页。

多学者指出，员额制改革方案可能是一套未经充分论证便在全国范围内推广的并不成熟的改革方案，存在难以调和的矛盾。陈永生和白冰认为，我国本次司法改革将法官员额确定为不得超过中央政法专项编制的39%，这存在不少问题。首先，可能导致许多年富力强，但没有行政职务的法官被“降格”为法官助理，以致离职率大幅上升，人均办案数进一步上升，在立案登记制的双重夹击下，法官不堪重负；其次，重压之下，承办法官可能千方百计简化开庭审判程序，主要依靠法官助理、书记员庭外阅卷来裁决案件，以致“以审判为中心”的司法改革永远如水月镜花。[28]可见现今尝试的员额配置模式不能保障法官的办案时间和对案件的亲历，却可能分割审判裁量的整体性，切断庭审与书面审理的联系，切断辩驳说理过程与最终判决之间的联系，法官将可能缺乏对案件全貌的把握，也可能会缺失以亲历感和整体感为基础、以责任感和成就感为归属、以互动性与交往行动为外在表现的主体性。

审判权力运行机制改革的重点是“突出法官办案主体地位，明确法官办案的权力和责任”。法官作为主体的人，在审判裁量过程包括开庭、心证以及合议各个环节的商谈、论证中，真实感受到的或喜悦或纠结的心绪，或许才正是主体性的体现。换言之，法官对主体性最直接的体验可能就来自裁量权运行过程中进行的说理、议论、商谈和说服作业，而裁量的主要构成部分是书面审理和合议。“让审理者裁判，让裁判者负责”——审，理，裁，判——可以理解为：庭审，书面审理（梳理事实和法律依据，列出抗辩清单，将当事人的诉求和主

---

28 参见陈永生、白冰：《法官、检察官员额制改革的限度》，《比较法研究》2016年第2期，第21—48页。

张一一列出、一一驳斥，论证说理），裁量（辩驳、论证、心证与权衡、合议、说服），判决。审理、裁判这两个词、四个步骤，实际上是一个前后粘连、不可分割的整体过程。庭审后要亲自梳理事实和法律，开庭和书面审理后要在内心及共同体内部裁量与权衡，在此基础上做出判决，对充分发挥主体性后作出的判决终身负责。这应当是一个闭合的审判权力运行环，司法公正在此环内得以保障。

审理与裁判中的“理”与“裁”都强调说理、论证与思量，彼此界限模糊、相互重合，因而不可分割。员额制在划分法官和法官助理职责范围时，似乎试图在此做一切割，但由于内在的矛盾，形成的可能始终是一个界限不清的分工模式：法官负责庭审和合议庭评议，制作审理报告和裁判文书，共同签署并签发裁判文书；法官助理的主要职责是审查诉讼材料，整理诉讼争点，准备案件相关参考资料等。但撰写一份审理报告的完整流程包括：（1）根据证据查明事实;（2）根据上诉状和答辩状整理诉讼争点，此间可能与当事人沟通;（3）参考法律条文适用法律，在此基础上，（4）形成判决意见水到渠成。完成整个过程，才能实现书面审理的司法亲历性。员额制下，上述完整的审判过程却似乎被分割为两部分，前三项由法官助理完成，第四项判决权力则归于入额法官。表面的制度安排是“法官制作审理报告”，但试问法官助理“审查诉讼材料”时是否要记录下“对事实的认定”；“整理诉讼争点”时是否要判别“争议焦点”;“准备案件相关参考资料”时是否要筛选法条依据。至此，案件审理报告是否已经完成了四分之三以上，只剩几行判决呢？姑且不论法官助理与入额法官在工作量和工资水平上可能存在的不对等问题，笔者此处旨在讨论将审理作业与判决作业分割开来的内在矛盾与弊端，即其可能对司法亲历性原则的背离、对法官及法官助理主体性的分割以及对审判裁量公正性可能造成的负面影响。

回到本章的起点，审判裁量问题是司法改革的关键问题，对法官裁量权的约束一方面需要责任制，另一方面要考察法官说理过程——“不仅要有责任清单，还要有抗辩清单。当事人提出的主张和证据，法官要全部列出来，一一否定，最后留下的就是正确的东西，也是判决的基础。以审判为中心的司法改革非常重要的就是说理环节，而这很难反映到责任制这个指标化管理过程中，所以抗辩清单非常重要。”[29]但在员额制改革背景下，有一个问题凸显出来了：将来是谁在书写抗辩清单？似乎是未入额的法官助理而不是入额法官。换言之，限制法官裁量权或法官裁量公正性的问题，是否会转变成法官跳过具体的裁量过程，直接根据其助理的报告下判决的问题？

本章旨在探讨法官裁量之不确定性的根源和司法公正之可能性界限，并不深究员额制等制度性措施存在的问题。但是，即便本章不能提出更加切实有效的措施与方案，我们仍有必要在反思已有制度方案的基础上进一步发现法律商谈议论的核心与关键之所在。以季卫东教授提出的“议论的法社会学”理论范式为基础，立足于“法律的本质是话语实践”这一命题，本章考察了法官在审判裁量中的话语实践，尝试发现现有程序和制度设置的缺陷，也期待探寻法律议论场域何以达成良性建构。文章开篇和结尾相互呼应了一个本章隐含的核心概念，即法官的主体性。这与本章考察法官话语实践及探究司法裁量公正的可能性、法律议论场域何以良性建构之间有什么关系呢？主体性

29　李阳：《七家试点法院的司改答卷》，《人民法院报》2015年12月5日，第2版。

问题是支撑西方近代以来思维方式的主要问题，在近现代语境中表达为认知主体性，即理性。但当“人的理性能力也被无止境地推崇，最终成为主宰一切、唯我独尊的力量，个体的人最终降格为与物相同的、理性实现自身的一个工具或环节”，[30]便是人的异化。在高度分化的现代社会，作为手段的暴力（哈贝马斯所说的“事实”）与作为目的的规范是分离的，法律往往沦为暴力手段，不具备解释主体性而只能机械适用法律的法官，在科层体制下易于沦为审判机器，或说在流程化管理和表面的程序化控制下沦为生产线上的工人。法律的事实性和有效性变得难以统一，法官面对纷繁复杂的案件，内心形成确信的过程是艰难的，其判决所依托的资源是有限的，若非亲历性地把握案件整体、能动性地解释法律并列出“抗辩清单”、对当事人的主张一一辩驳否定、从而逐步推导出正义，恐怕就难以获得审判者应有的主体性，就面临着主体性异化的危机，当然也无法实现司法公正。“主体间性”问题就是在主体自由失落的现代语境下提出的，以哈贝马斯为代表的主体间性理论关注的就是主体之间话语沟通的伦理价值取向。

季卫东教授指明，哈贝马斯在价值与事实之间构建的商谈理论与“议论的法社会学”的宗旨非常接近，只是前者更侧重社会的理性—德性沟通过程，后者更强调法律的内部—外部沟通过程而已。哈贝马斯认为，为了矫正极端客观主义的社会科学的流弊，需要反过来发扬主观精神，但又不能放弃理性的立场，所以需要在合理性的语境里重构道德话语。[31]“为了防止法律体系的保守化、维护批判精神，哈

30　郭晶：《现当代主体性哲学的合理形态》，《社会科学辑刊》2012年第5期，第33页。

31　参见季卫东：《法律议论的社会科学研究新范式》，《中国法学》2015年第6期，第36页以下。

贝马斯引进了道德话语，并把导致讨价还价和妥协的交涉这一政治性契机也嵌入独立自洽的规则体系之中。然而，哈贝马斯还是坚持道德只有转译为法律代码才能具有超越邻近范围的效果，这意味着要把公民自主的沟通活动加以程序化。然而，在平面化的相互主观性沟通活动中，虽然程序规则和议论规则能够防止不确定性问题，但为达成共识而促进反复议论的理想条件却面临时间压力以及无法作出决定的压力，应该如何克服这类困难？”[32]季卫东教授认为这些问题正是“议论的法社会学”所必须面对和进一步寻求答案的。

“法律的本质是话语实践”这一命题本身就超越了某些固有的制度建设视域，将批判反思的触角深入法律中人的日常实践与话语言说之中。在这种法学研究的语用学转向中，自然蕴含着对主体性的关怀与反思理性的精神，这何尝不是解决当代具体法治问题的应有之义？因此，“议论的法社会学”研究作为季卫东教授提倡的一种新的“范式”，或许不能直接指导法律实务与实践，不能直接就司法改革中存在的诸多问题给出答案，但其期待迸发的应当是一种范式转换的力量。这一新的范式，既启发司法实务，也要求新的法学研究方法。本章借鉴的主要是突出反思性的拓展个案方法和定性定量相结合的实证研究方法。

五、对反思性研究方法的反思

季卫东教授提出：“研究方法的重点应该从结构和功能转移到含义上来，聚焦沟通行为，立足主观间性和话语博弈，建立一个兼顾程序、沟通以及权利共识指向的理论体系，并对实践中的法律意识和法

---

32 季卫东：《法律议论的社会科学研究新范式》，《中国法学》2015年第6期，第37页。

律行为进行实证分析，进而在制度改革方面推动政策科学研究。”[33]

本章是对法官审判裁量情境中的话语实践的考察，同时注重对研究方法的探索和反思。笔者尝试运用反思性方法以及叙事性、也是议论性的写作手法，尽可能使用原始语料以保留其深层结构与内在丰满，通过将解释穿插其中而令其丰富的意义世界得以呈现。但为了不囿于个案、得出偏见，笔者浏览了该法院2011年到2016年的当事人包含保险公司的机动车交通事故责任纠纷上诉案400多件，保险公司败诉300多件，胜诉不到100件，其中胜诉的70多件是保险公司被上诉，即判决结果是维持原判；换言之，共有50多次改判，300多次维持原判，其中保险公司上诉被驳回的有近300件。这在一定程度上佐证了本章的观点，即经验和价值判断很大程度地影响着法官裁量。此处对数据的使用虽然简易，但是有意将定量和定性的实证研究方法相结合，使研究发现从特殊到一般。

布洛维的拓展个案法[34]则是在定性研究内部，将反思性科学应用到田野调查当中，以实现从特殊中抽取一般、从微观移动到宏观，并将现在和过去连接起来预测未来。就本章对该方法的使用，第一，笔者参与到自己所研究的法官自由裁量情境中，在审理案件过程中扮演法官角色，移情至司法裁量场域并以法官身份进行议论，在卷宗里与当事人议论，倾听控辩双方的论辩与对抗；在合议庭倾听法官间的商谈，与法官进行议论；在法庭和质证中（由于篇幅限制，本章并未论

---

33 季卫东：《法律议论的社会科学研究新范式》，《中国法学》2015年第6期，第35页。

34 拓展个案法给出了具体的四个步骤：（1）从观察者拓展到参与者；（2）对时间和空间观察上的拓展；（3）从过程拓展到力量；（4）理论的拓展。参见［美］麦克·布洛维：《公共社会学》，沈原等译，社科文献出版社2007年版。

及庭审中的话语实践，该问题需在后续研究中进一步探讨；但笔者在田野调查中已经少量参与及观察了庭审和质证，对此获得了一定的认知），倾听法官与当事人的议论攻防和语言博弈；在法官的判决书中，发掘他与自身的议论及他与权力的对话；同时在写审理报告时，倾听自己在研究者与裁判者双重身份下与自我认同的撕扯、辩证，在此基础上反思这些矛盾重重与议论纷纷，并在反思中让自己也与权力遭遇、对话或对峙——这便是“我”自身从观察者到参与者的拓展。

第二，笔者尝试从时间和空间两个维度上将情境“拓展”出去，田野调查地点是A市中院，田野作业时间是2016年6月到11月，但经由查阅中国裁判文书网和本院判决书及其电子卷宗，本章的观察拓展到了基层法院和高院，拓展到地方和国家的联结地带。例如笔者查阅B镇法院对案件A1、A2的全部审理过程，包括较详细的合议庭笔录，也查阅了向高院请求再审的类似案件及其判决。本章的视野随泛黄的证据卷宗去到肇事司机在交警大队做笔录的现场，也随律师提交的材料去到最高院讨论“第三者”问题的场景。同时，笔者与合议庭三位法官私下的交流，与对B1案件的审理及合议共同形成了一个完整的叙事，成为整个组合事件发展的情境性因素。最终，通过对案件卷宗、证据材料、法律条文、诉状、判决和对法官日常话语实践的剪辑、拼接，笔者尝试将“各种共同在场的关系”放置在同一情景下，最终实现把参与者与观察者之间的对话嵌入到地方过程和外部力量之间的第二个对话内部，[35]即从过程向力量拓展。

布洛维追求的个案比较和理论拓展在本章短短万言间还不能体

35 参见［美］麦克·布洛维：《公共社会学》，沈原等译，社科文献出版社2007年版。

现，不过本章力求与“议论的法社会学”理论形成对话。从某种意义上讲，法官反思能力的欠缺是导致法律议论场域张力不足的重要根源，与此同时，法学领域何尝不欠缺社会科学视角下对个案的拓展性与反思性研究呢？季卫东教授提倡以“法律议论”为路径的“程序—沟通—权利共识”模式在实践（实务）中的实现还有很长的路要走，这需要更多关于“议论实效化程序条件”的研究，主要包括研究“参加议论的动力或诱因体系”“确保论证性对话”“议论与法律判断及制度改革之间的关系”。[36]本章尝试把“议论的法社会学”的关怀与中国本土经验结合，对该理论理解的不到位或使用不当之处，或有待进一步商榷；但个案之所以能被拓展，为规范主义的法学研究者所不易接受的日常对话甚至当地方言、真实的生活世界及其嘈杂之所以值得书写，就在于其背后的理论依托。本章的目的不是讲述一个法官审理和合议案件的故事，且附上事无巨细的对话，让不了解司法运作的读者猎奇，而是期待实现从特殊到一般、从微观到宏观、从事实到理论和规范的关照。

确立一个新的跨学科知识领域即“议论的法社会学”，是季卫东教授对当代中国法的社会科学研究范式转移的基本认识。他认为“法社会学的范式创新应该聚焦含义之网和沟通活动，进而对法律意识、法律知识及法律思考形态进行深入考察、分析及解释，在形成权利共识的同时加强规范的反思理性”。[37]反思性的态度，其本身助益于法官践行司法公正，同时也为研究者所必须，从反思性科学视角来

36 参见季卫东：《法律议论的社会科学研究新范式》，《中国法学》2015年第6期，第36页。

37 季卫东：《法律议论的社会科学研究新范式》，《中国法学》2015年第6期，第36页。

看，反思既不从一个外在于时间和空间的阿基米德点突然发力，也不创造像白板一样干净的知识和理论。它的出发点，一方面是学术理论的某一传统，另一方面则是既存的民间理论或本土叙事；而在真实世界当中，这两个方面一直互动不断。[38]法律似乎也是如此，一端是确定性的法律条款和法教义，另一端是不确定性的民间传统和文化、道德，二者如何互动平衡从而达至正义？季卫东教授提出“作为中介的法社会学定位”——中介“意味着个别之物通过政治的、实践的调解以及法律程序中的沟通行为等互动关系而实现不断变化的各种因素的动态均衡”。[39]法社会学的出发点与布洛维意义上的反思性科学似乎是一致的，是法教义学与法律实务及日常生活中的法律实践之间，即事实与规范之间的“互动不断”。反思性科学要求一种自觉的自我指涉，以研究者“对自身及其在社会世界中的位置的知识”为中心，将其主我作为反思对象。[40]法律议论的社会科学也离不开自我指涉和互为主体的认知方式。对于包含法官、检察官、律师和法学学者在内的法律职业共同体[41]以及诉讼双方和大众舆论而言，在司法场域内，似乎人人都需要这样一种反思性的立场，将自身参与立法、司法、解释法、言说法的过程均纳入反思，既解释和议论法律，也对自身的解释和议论进行反思，从而尽可能地减少对正义的半洞察甚至偏见。

38　参见［美］麦克·布洛维：《公共社会学》，沈原等译，社科文献出版社2007年版。
39　季卫东：《法律议论的社会科学研究新范式》，《中国法学》2015年第6期，第27页。
40　参见［美］麦克·布洛维：《公共社会学》，沈原等译，社科文献出版社2007年版。
41　参见吴玲：《我国法律职业共同体研究》，《中国律师》2016年第1期，第72—74页。

第十三章
法庭调解话语结构探析
法律语用学视角

程朝阳*

结构这个概念是指在某个较大的统一体中，各个部分的配置或相互之间的组合。

——A. R. 拉德克利夫-布朗（A. R. Radcliffe-Brown）[1]

从语用学的观点来思考，语言结构是一种行为系统。

——W. 莫里斯（W. Morris）[2]

行为主义语用学的创立者莫里斯认为："从语用学的观点来思考，语言结构是一种行为系统。"著名语言学家列文森（Levinson）也明确表示："语用结构的各个方面都是以运用中的会话为中心组织起来的"，他认为"研究会话结构的正确方法是经验的方法"。[3]根据经典语用学的话语观，说话（话语）即做事，是行为，是一种社会互动，因此谈话结构（话语结构）既是语用学研究的重要内容之一，更是会话分析

* 程朝阳，烟台大学法学院、烟台大学中欧人权研究院副教授，法学博士。

1 ［英］拉德克利夫-布朗：《社会人类学方法》，夏建中译，华夏出版社2002年版，第159页。

2 W. Morris, *Foundation of the Theory of Signs*, University of Chicago Press, 1938, pp.108–110.

3 见索振羽编著：《语用学教程》，北京大学出版社2000年版，第184—185页。

或话语分析的核心。谢格罗夫（Schegloff）就曾经指出，会话活动的组织如话轮转换，使得诸多社会活动成为可能。[4]循着这样的思路，我认为，一方面，会话互动的组织结构与社会学意义上的社会结构（如年龄、性别、民族、身份、地位、社会关系等）之间必定存在着紧密的联系，在某种程度上正是互动话语的结构机制使得社会中存在的各种社会结构得以形成和再生；另一方面，像谈话这样的现场即刻话语活动（situated activities）相对于社会结构而言，既是原因也是结果（effects），是各种社会结构的指示器或面相。因此，分析机构话语中参与者是怎样共同参与并利用这种互动机制以完成特定的活动任务、实现特定的行为目的的，便显得十分重要。

法庭调解话语作为一种机构话语类型，从总体上看，它首先是一个动态的过程，处于不断流动、变化和发展之中。但是，法庭调解话语不同于其他话语的一个主要方面，就是它的规范性、程序性，即它具有机构化、制度化特征。在法律规范和法律程序的制约之下，各种变化之间又存在着某种必然的联系，表现出一定的规律性和静态性，因而存在一定的结构。按照法庭调解动静辩证统一观，法庭调解话语的结构是一种相对的、动态的结构，是伴随着调解过程的向前推进而逐步形成的，是人们在法庭调解活动中对话语选择使用的结果，是在当时特定的语境下调解活动参与者的谈话角色与其机构角色之间互动的产物。

那么，法庭调解话语的结构到底是怎样的呢？我们又该如何分析

4 E. Schegloff, Between Micro and Macro Contexts and Other Connections, in J. Alexander et al. (eds), *The Micro-Macro Link*, University of California Press, 1987, p.208. 转引自 D. Boden and D. H. Zimmerman (ed.), *Talk and Social Structure: Studies in Ethnomethodology and Conversation Analysis*, Polity Press, 1993, p.4。

和描述它？按照奥斯汀的语言哲学观，说话就是做事，言语就是行为。说出一个话语同时执行了三个行为：以言表意行为、以言行事行为、以言取效行为。但是这种言语行为理论研究的是单个的、孤立的言语行为，一如托伊恩·A.梵·迪克（Teun A. van Dijk）所言，“言语行为的初始研究，沿袭了传统语言学和语言哲学通常的偏重句子的做法，将重心放在孤立的言语行为上”。[5]上述言语行为的三分法，也都是从单个的言语行为出发的，没有涉及言语行为与言语行为之间的关系问题。

然而，在实际生活中，像法庭调解等机构话语活动往往并非只由一个言语行为组成，而是一个由若干个相互联系的言语行为组成的整体，一个言语行为链。一个人在一次话语活动中即便是实施一个言语行为，这个言语行为也是（他人的）上一个言语行为和期待的（言语）行为反应之间的一个环节。显然，经典的言语行为理论没有涉及言语行为的层级性，没有也无法解决言语行为间的关系问题。

话语分析学派则不同，“话语分析方法感兴趣的无疑是言语行为的系列（sequences of speech acts）”。[6]为了在言语行为哲学观的基础上展开话语分析，一些话语分析学者（discourse analysis）提出了话语的宏观结构（macro-structure）和微观结构（micro-structure）问题。其中以托伊恩·A.梵·迪克为代表，他区分了话语分析的宏观层面（macro-level of analysis）和微观层面（micro-level of analysis），认为话语的宏观层面是指话语主题，话语的微观层面则是指话语和

5 Teun A. van Dijk, *Discourse as Structure and Process*, Sage Publications, 1997, p.99.
6 Teun A. van Dijk, *Discourse as Structure and Process*, Sage Publications, 1997, p.99.

话语之间的关系。在此基础上他还进一步提出了“宏观言语行为说”（macro speech acts）:“我们不妨进一步推断，言语行为系列可以在一个更抽象的层次上概括为一个宏观言语行为，或者叫做‘大言语行为’。”虽然托伊恩·A.梵·迪克的分析主要是针对书面话语的篇章结构而言的，但是这里可以在传统言语行为理论的基础上借鉴他的这一宏观话语观，即：（1）一次由多个言语行为（系列）组成的话语活动或者由多个话语活动组成的话语事件，可以从宏观和微观两个层面进行分析，分别被称作宏观话语和微观话语；（2）宏观话语包含一个或多个微观话语，微观话语在根本上则是经典言语行为理论所谓的单个言语行为（包括“以言表意行为”“以言行事行为”“以言取效行为”三个方面）的集合体；（3）互动话语中的单个言语行为不仅同时具有表意、行事和取效三个方面，还有互动意义上的行为功能，即在话语系列中的功能。以此为基础，本章将运用话语分析的方法，按照法庭调解的过程和阶段划分，分别从宏观和微观两个方面（角度）对我国的法庭调解话语的整体情况作出详细的考察和具体分析。

一、法庭调解话语的宏观结构

语言学上对于语言结构的系统分析，最早以韩礼德（M. A. K. Halliday）为代表。韩礼德的系统功能语法认为结构上的语言片段有大有小，这些大小不一的实体形式称为单位（unit）。[7]英语语法中的基本单位是：句子、子句、词组、词、词素。其中句子以下的每一个

7 M. A. K. Halliday, Categories of the theory of grammar, *Word*, 17(2), pp.241-292.

单位由下一级单位组成，并为上级单位提供组成部分。它们按大小顺序排列，构成一个级阶（rank scale）：

（1）句子；

（2）子句；

（3）词组；

（4）词；

（5）词素。

伯明翰话语分析学派借鉴韩礼德的这一等级划分，并将其用于对课堂话语的分析研究。

他们将课堂话语描述为如下五个部分：

（1）授课（lesson）；

（2）交往（transaction）；

（3）对答（exchange）；

（4）行动（move）；

（5）行为（act）。

在课堂话语的这五个等级中，最大的单位“授课”由交往构成，对答是交往的基本构成单位，行动构成对答，行动有时由一个或多个行为构成。正如系统功能语法的分析重点是小句一样，伯明翰学派话语分析的重点是对答。

安娜–布丽塔·斯滕斯托姆（Anna-Brita Strenstrom）后来对这一模式进行了改进，使之变为：

（1）交往（transaction）；

（2）系列（sequence）；

（3）对答（exchange）；

（4）行动（move）；

（5）行为（act）。

在这一模式之下，交往取代授课变成了话语的最大单位，在交往和对答之间增加了系列。

交往由系列构成，系列由对答构成。行动和行为不变。[8]

借鉴伯明翰学派的课堂话语分析模式，我们可以在宏观上将我国当前的法庭调解话语结构分析如下：

（1）调解（mediation）；

（2）交往（transaction）；

（3）系列（sequence）；

（4）对答（exchange）；

（5）行为（act）。

整个调解是法庭调解话语的最大单位，我们将其称作话语事件，它由四个交往，即调解的四个阶段组成，我们把它们称作话语活动。交往是该层级结构中最大的话语分析单位，是主体间交际最大的互动体，由在同一个主题之下展开的一个或多个系列组成，我将其称作话语系列。对答一般包含两个或两个以上的话语行为，每一个话语行为又由一个或多个言语行为构成。只包含一个言语行为的话语行为称作“小话语行为”，由多个言语行为构成的话语行为称作“大话语行为”。因此，从这一分析模式出发，法庭调解的宏观话语结构可以图示如下（分别从语言学的角度和调解过程的程序设计角度出发）：

8　参见廖美珍：《法庭问答及其互动研究》，法律出版社2003年版，第132—133页。

模式1：

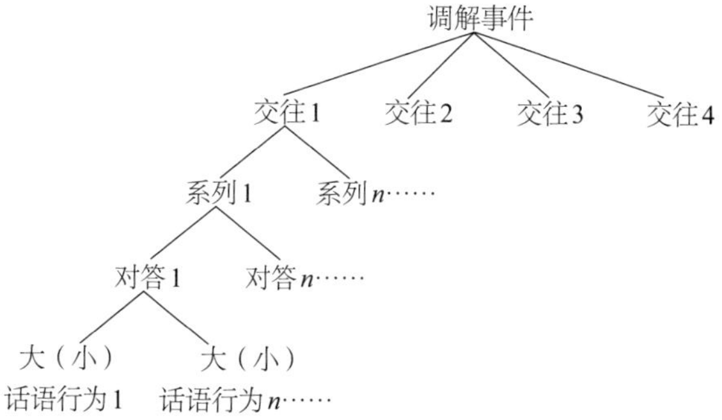

图13-1　语言学视角

模式2：

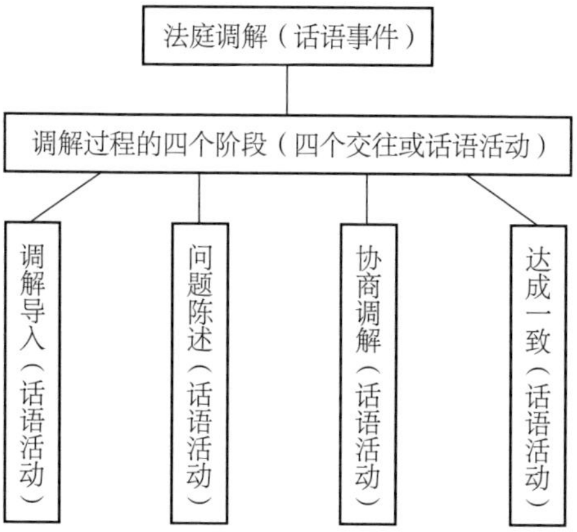

图13-2　调解过程视角

在调解话语中，主持调解的法官常常通过使用一些诸如“我们现在来说说……”“我们下面要做的事情是……”“这个问题就到此为止，下面呢，我们一起来看看……”“这会儿呢，请你说说……”这样的句子结构来提示调解过程中的不同主题转换，表明调解进行到了不同的阶段，或者开始进入另一种话语活动。正如斯塔布斯所言：“即使是在日常谈话情景中，会话者也经常意识到并不是所有的话都可以跟在所有的话的后面：有些话语在开始之前需要插入这类理由或关于关联性的说明。此类元话语（meta-text）的插入指向话语自身的组织结构，在某些话语风格如讲座中尤其普遍。它既可用在书面语，也可用在口头话语中。”[9]因此，在法庭调解这种目的明确、程序性强、结构清晰的机构话语活动中普遍使用这样一些指示性话语（即元话语行为），也就毫不奇怪。在此可以把这种元话语（meta-text）或元陈述（meta-statement）看作调解过程中“话题转换的关联位置”（topic-relevance transition place），把由这种元陈述组成的对答称作边界对答（boundary exchange），它是把握和分析调解话语宏观结构下各个话语活动的一个重要线索。

以一起女儿诉父亲抚养费案为例，通过对其中边界对答中的元话语行为的分析，可以清楚地了解到整个调解话语的宏观结构分布情况：

语篇一：

1 法官：今天咱们说一下，今天咱们要做的工作是开庭审理前的准备工作，呃，这项工作呢，两项内容，一项内容呢，首先是了解事实，然后是在法庭的主持之下，双方进行协商，看能不能议和，解决你们的这个抚养费用问题。这个问题，啊，如何抚养的问题。这是一项工作。另外一项工作呢，是在双方啊，协商，都能达成一致意见的情况下，那么，根据相关的法律，就你

9 M. Stubbs, *Discourse Analysis: Sociolinguistic Analysis of Natural Language*, The University of Chicago Press, 1983, p.16.

们双方争论的焦点，进行证据指导。看你们需要提供在哪些方面的证据。这块儿的工作呢，是由我来负责，我叫×××。本案的代理审判员。担任今天记录的是书记员×××，另外呢，咱们还邀请了人民调解员×××来参与我们今天的调解。对这些，你们双方有没有什么要求和意见？

2 原+被：没有。

3 法：法庭代理人？没有，是吗？你们这一方呢？

4 被：没有，我其实也着急。

5 法：稍微等一下，嗯，呃……（3秒）。首先咱们请问一下，这个，起诉书你收到了，是吗？

6 被：收到了。

这是一段完整的语言行为系列，法官话语的第一句“今天咱们说一下，今天咱们要做的工作是开庭审理前的准备工作，呃，这项工作呢，两项内容”是提示性的元话语行为，是整个话语事件（该抚养费案件的调解工作）之下一个具体的话语活动（导入调解）的开始，表明下面要进行的话语活动主题是进入调解程序，介绍此次调解的一些相关情况，如介绍参与调解的人的情况、核对当事人信息等。其中第五句中，“稍微等一下”“首先咱们请问一下”这两句话，通过阻止对方的说话和重申当前正在进行的话题，维持了既定的法庭调解程序，保证当前调解导入阶段的顺利进行。

语篇二：

1 法：那么这会儿呢，有几个问题来问一下，啊？首先问一下原告方的法庭代理人，那么现在这孩子是由谁来抚养？

2 代：现在，她跟我。

3 法：由谁来抚养？

4 代：应该是她父亲。

5 法：由她父亲来抚养。

6 代：监护权是在他那儿。

7 法：是吗？

8 代：对。

话语1中“那么这会儿呢，有几个问题来问一下”担当元言语行为的功能，即开启一项新的话语活动——调解过程中的问题陈述阶段。这标示着调解进入问题陈述阶段，接下来当事人对问题的陈述，一般有两种情形：一是当事人对问题的陈述是通过法官和当事人之间一系列的一问一答行为（问答话语系列）来实现的，这时当事人的答话一般都比较短，一般没有进一步展开叙述；另外一种情况则是，在法官启动之后，由当事人通过一段较长的个人独白（讲故事）的叙述方式单独完成。

语篇三：

1 法：嗯，这样吧。打断您一下，啊。呃，我们来单独给你们做一下工作，是不是好一点？可以吗？

2 被：可以。

3 法：可以吗？

4 原：嗯。

5 法：这样，你们二位先到休息室稍微坐一下，好吗？我先跟你父亲单独谈一谈。啊？

6 原：嗯。

7 法：把门给带一下。

上面这个语段是出现在正式实施调解阶段的一个话语系列，包含若干个具体的言语行为。但是，相对于整个调解事件而言，它则是一个元话语活动——提出单独协商（背靠背）要求。话语1中的“我们来单独给你们做一下工作”、话语5中的“我先跟你父亲单独谈一谈”起着元话语的功能，表明将进行进一步的单独协商、调解活动。

最后的达成协议阶段，在宏观上同样可以被看作是由若干个话语行为组成的一个大的话语活动，它同其他话语活动之间的界限同样可以借助一些相关的过渡性、提示性元话语行为完成。如在同一件案子中：

语篇四：

1 法：是吧？这个案子怎么处理？您是坚持打下去，坚持打下去，我们就，按照我们的规定，我们就要排期了，排期开庭，啊，那么到时候开庭的时候，你们再去谈。啊。

2 代：那就只能够先撤诉，然后再另行起诉。

3 法：嗯。那您的意思就是撤回这个起诉？是吧？

4 代：嗯。

上述抚养费案经过法院主持调解，最后以原告代理人为孩子考虑提出变更监护权这一新的诉讼请求而要求撤销当前诉讼告终。从上面的语段中虽然看不出双方当事人达成协议的情况，但是原告要求撤诉有利于被告，被告当然同意。所以原告提出请求，法官准予撤诉，也是原被告双方就当前的争端达成了一致意见。话语3中“那您的意思就是撤回这个起诉？是吧？”和话语4原告表示同意的“嗯”，共同表明这一阶段的完成和整个调解事件的结束。

从整个调解事件之下各个调解活动所包含的话语系列（言语行为）的数量上看，作为事件核心的问题陈述和协商调解两个阶段，明显多于开头的导入和结尾的达成协议这样两个部分，这表明查清事实和设计解决方案是调解的关键，其中协商调解又多于问题陈述，更是重中之重。当然，这只是一般情况，在具体案件调解中可能会有所变化。

二、法庭调解话语的微观结构

从法庭调解过程来看，法庭调解话语结构的微观部分，首先是指上述四个调解活动的内部结构。相对于单个的言语行为而言，调解事件的四个调解交往活动（阶段）又是一个更大的言语行为单位，被称作话语活动，它是由若干个言语行为系列组成的。言语行为系列包含一个或多个话语对答互动，对答互动由两个或两个以上的话语构成，每一个话语包含一个或多个言语行为。单个的言语行为是话语分析中最小的意义单位，只能分成不同的种类，但不能再作进一步的切分。这一点与对书面语的意义分析（它可以分析到字、词层次）不同。

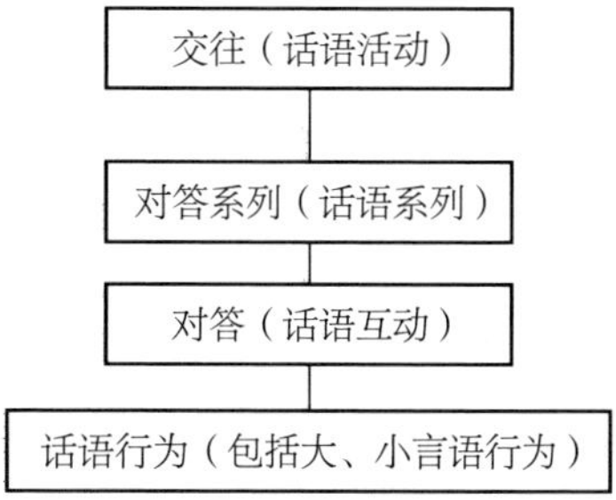

图13-3　调解话语的微观结构

如在前面举例的语篇一，作为调解导入阶段的一部分，从整体上看是一个话语活动的一部分，由六个话语组成一个话语系列，可分成三个互动行为（三个问答系列）。具体到每一个话语（连续说出的一句或一段话），它可能只有一个言语行为，“我”或“笔者”把它称为小言语行为，如话语2和6；也可能包含多个言语行为（言语行为组），“我”或“笔者”把它称作大言语行为，如话语1。

另一方面，从语言学的角度看，按照先前建立的调解话语分析模式，对答是分析主体间互动的最小话语单位，是话语互动分析的核心部分，它由两个或两个以上的对答话语构成，若干个对答则又构成一个系列。对调解话语结构的微观分析，实际上就是分析对答结构。要分析互动对答话语的构成形式，就不得不借鉴会话分析学者的理论，尤其是话轮、相邻对等概念。

由民族方法论者H.萨克斯（H. Sacks）、E. A.谢格洛夫（E. A. Schegloff）、G.杰斐逊（G. Jefferson）等人创立的会话分析理论认为，谈话参与者交替发言是谈话话语的显著特征，依次轮换是谈话结构的基本形式。所谓话轮是指给予一个说话人说话的权利与义务以及他实际所说的话语。话轮可以是一个词，也可以是一个或多个句子。

谈话的话轮转换系统包括放弃发言权（turn-yielding）、保持发言权（holding the turn）、要求发言权（turn-claiming）和反馈（feedback）四个部分。萨克斯（1967）根据人们在谈话中总是交替发言这一事实进一步提出了相邻对（adjacency pair）的概念。萨克斯认为，谈话的基本规则是，“在一个时间里至少而且只能有一个人说话”。[10]在两个人进行的谈话中，轮换在他们之间交替进行，其形式为AB AB AB AB……，AB即为一个相邻对。如果谈话在多人之间进行，则是由现时说话人用言语或非言语的方式选择其中一人作为下一轮说话人。当前说话人和下一个说话人的话轮组成一个相邻对。一篇谈话就是一个话轮转换系列（a sequence of turn-takings），由一系列相邻对组成。所以，在萨克斯看来，相邻对是日常谈话的重要结构形式，一个相邻对由谈话双方分别接连发出的两段话语组成；两段话语是相关的，前一段话语对后一段话语有制约作用，要求一个恰当的应答话语与其配对。也就是说，相邻对的第一部分不仅选择下一轮说话人，而且还预示相邻对的第二部分。在谈话中如果答话人没有作出恰当的应答，在当时的情况下通常会产生其他的含义，经常会引起对方的注意和评价。常见的相邻对有：问候—问候，召唤—应答，问题—回答，等等，其中以问题—回答相邻对最为常见。谢格洛夫还通过对日常会话中相邻对现象的研究，认为话语的系列结构并不总是线性的，除了正常的话语系列之外，还存在内嵌系列和旁支系列的情况。[11]

伯明翰话语分析学派将会话分析理论应用于对课堂对答话语的分

10 H. Sacks, E. A. Schegloff & G. Jefferson, A Simplest Systematics for the Organization of Turn-Taking for Conversation, *Language*, 50(4), pp.696–735.

11 E. A. Schegloff, Notes on a Conversational Practice: Formulating Place, in D. N. Sudnow (ed.), *Studies in Social Interaction*, The Free Press, 1972, pp.75–119.

析，[12]认为诱发对答在课堂话语中十分普遍，其话语结构一般由三个部分组成，即引发（initiation）、反应（response）和反馈（feedback）或后续行为（follow-up）。例如：

老师：Can you tell me why do you eat all that food? Yes.（引发）

学生：To keep you strong.（反应）

老师：To keep you strong. Yes. To keep you strong.[13]（后续行为）

因此，他们进而认为这种IRF（initiation + response + feedback/follow-up）的三步分析法是话语分析的基础，当时多数话语分析学者也都这样认为。但是笔者从收集到的语料中发现，法庭调解话语中的调解法官和当事人之间发生的对答结构与此不同，他们主要采用一种由启动（initiation/start-up）—应答（response）—后续行为（follow-up）—（对后续行为的）反应（response）四个部分组成的IRFR四步结构模式。当然这种结构模式并不是绝对的，在实际使用中也会有所变化，如在实际话语中也可能会出现对后续行为的反应的反应，因此形成五步结构的形式。也有可能只有启动和应答两步，不一定会出现后续行为和对后续行为的反应，从而变成典型的启动—应答（IR）两步结构形式。但是，从整体上看，启动—应答（IR）两步结构和启动—应答—后续行为—对后续行为的反应（IRFR）这样两种结构模式在整个法庭调解话语活动中最为普遍。

12　用话语分析的理论与方法研究课堂教学，具体可参见李悦娥、范宏雅编著：《话语分析》，上海外语教育出版社2002年版，第14—21页。

13　J. M. Sinclair & M. Coulthard, *Towards An Analysis of Discourse the English Used by Teachers and Pupils*, Oxford University Press, 1975, p.57.

例如：

语篇五：

1 法：稍微等一下，嗯，呃……（3秒）。首先咱们请问一下，这个，起诉书你收到了，是吗？（启动）

2 被：收到了。（应答）

3 法：那么对于起诉事实，您认为是否属实呢？（启动）

4 被：不属实。（应答）

5 法：哪一块不属实？（启动）

6 被：我没有轰她走。（应答）

这是一个十分典型的AB AB AB的对答系列，具有非常清晰的启动（问题）—应答（回答）的两步结构。其中话语1，是一个大话语行为，包含了至少三个小言语行为。“稍微等一下”制止了另外一个参与者的谈话，将话轮收回；“首先咱们请问一下，这个”既是一个元语言行为，表达问问题的意图，也是一个启动行为，开始一个新的话轮，指定下一个说话者，完成话轮的分配；“起诉书你收到了，是吗?”提出问题，构成第一个相邻对的第一部分。其他话语都是小话语，只包含一个言语行为。话语2对1作出应答，与2组成一个问答相邻对。3和4，5和6组成另外两个问答相邻对。六个话轮、三个问答相邻对组成一个话语对答系列—相邻对的线性系列，涉及三个话题：“是否受到起诉书”“是否同意起诉事实”和“不同意之处何在”。

廖美珍教授在对我国法庭话语的互动研究中发现，这种干净、利落的问答两步结构在庭审开始前的程序性导入阶段被典型用到。[14]由于我国法庭调解的“准诉讼”性质，笔者发现在法庭调解的开始阶段（导入阶段），这种两步问答结构也用得最多。例如：

语篇六：

1 书：法庭代表人，法庭代理人姓名？

2 代：张凤英。

3 书：张凤英，是吧？

4 代：嗯。

5 书：原告的母亲，是吗？

6 代：对。

7 书：年龄？

8 代：41。

9 书：民族？

10 代：汉。

11 书：文化程度？

12 代：中专。

13 书：工作单位？

14 代：无业。

这是调解开始前核对当事人身份和相关个人信息的一段。14个话轮，七个互动相邻对，每一个问答相邻对围绕一个具体的问题展开，

14 廖美珍：《法庭问答及其互动研究》，法律出版社2003年版，第141页。

由书记员启动，一直到原告代理人的应答结束，完全由一问一答的两步结构组成，形成一个由问答两步结构组成的对答系列。

IRFR（initiation启动+response应答+follow-up后续行为+response对后续行为的反应）四步结构的情形，可以上面提到的语篇四为例：

语篇四：

1 法：是吧？这个案子怎么处理？您是坚持打下去，坚持打下去，我们就，按照我们的规定，我们就要排期了，排期开庭，啊，那么到时候开庭的时候，你们再去谈。啊。（启动）

2 代：那就只能够先撤诉，然后再另行起诉。（应答）

3 法：嗯。那您的意思就是撤回这个起诉？是吧？（后续行为）

4 代：嗯。（对后续行为的反应）

话语1是一个大话语行为，包括不止一个言语行为类型，其中心议题是开始的一个问题“这个案子怎么处理”，它实际上是一个提问话轮。话语2是代理人作出的应答，与1组成一个相邻对。话语3是一个后续行为，是对话语2的一个回应，在该句中，法官通过问句的形式对代理人的回答作出重述（reformation），以作进一步的核实（confirmation），话语4中代理人以一个“嗯”字作答，是对法官的后续行为作出的反应。所以这个语段的结构就是一个完成的启动—应答—后续行为—对后续行为的反应四步结构。

法庭调解话语中也会出现会话分析学者所提到的内嵌系列和旁支系列的情况，但是由于法庭调解的程序性和规范性，这种在谈话中间突然插入话题或转移话题的情况并不多见，即使偶尔出现，也会受到主持法官的干涉，很快进入到正常的话语系列上来。

三、结语

通过以上对我国法庭调解结构的宏观和微观两个方面的具体分析，可以从中发现法庭调解话语不同于日常会话或其他机构会话（如法庭审判、商务谈判、课堂教学等话语）的一些结构特征：

1. 根据加西亚（Garcia）的观点，[15]两个结构特征是造成调解语言特殊性的关键因素。第一，调解过程通常只允许当事人一个一个地讲述他们的故事，此时要求另一方静待属于自己的说话轮次的到来。与此形成对比的是，在日常会话中——特别是在争吵中——话语重叠和争抢话轮是常见现象。第二，调解过程不像普通的一对一的交谈，它包括第三者——调解人，调解人被公开地赋予权力去维持谈话礼节，保证谈话的持续进行，并作出裁断。正是因为具有这些结构特征，加西亚认为，调解才可以通过如下几个相关方式抑制争论。首先，日常语境下快速、连续发生的控诉与否认或反诉在时间上被相互隔开。这种分离通过强行在反驳提出之前给出一点时间让说话人平静下来，打断了那种你来我往的争论节奏。这种间隔（decoupling）可以使反驳不再那么激烈。对控诉提出的反诉越少，待以解决的问题就越少。其次，争论双方之间的起诉、辩解和反驳都是朝调解人说的，而不是朝对方当事人说的。应答者不是用第一人称进行对抗，而是用更少威胁性的第三人称加以指称。这样的控诉更容易被忽略，同时不感觉丢面子。最后，调解的规范秩序促进了控诉和否定的缓解而不是加剧。这

15　参见 J. M. Conley and W. M. O’Barr, *Just Words: Law, Language and Power*, The University of Chicago Press, 2005, pp.42–43。

种轻描淡写的品格防止了许多在日常生活中经常见到的争吵升级的发生。本节对我国的法庭调解话语的实例分析验证了这一观点的正确。

2. 在整个调解过程中，法官明显占据着话语的控制权，法官不仅决定着调解过程的各个步骤及其展开，而且开启话轮，控制着对答互动中话轮分配和主题选择，表现出鲜明的强制性和不均衡性特征，但其强制性和不均衡性程度不及法庭审判。

3. 法庭调解话语结构由宏观和微观两个方面组成。宏观是就调解过程的程序性、阶段性而言的，微观是宏观之下的微观，是针对具体的调解对答话语系列等言语细节而言的，可以用话语分析（会话分析）的理论和方法得到分析。从这一点上看，法庭调解话语在整体结构上类似于法庭审判，但在具体的程序设计和互动细节上又与法庭审判不同，如它的话语活动边界（边界对答）并不像法庭审判那样地明显和突出。

4. 法庭调解话语在结构上主要由对答话语系列组成，话语活动的话题明确，目的性强。对答话语主要表现为启动—应答—后续行为—对后续行为的反应四步结构形式或启动—应答两步结构形式。因此，从微观上看，法庭调解话语结构主要由启动—应答—后续行为—对后续行为的反应四步结构和启动—应答两步结构组成。

第十四章
走向法律议论的美国法研究
以对法律确定性的寻求为线索*

曹勉之**

中国的美国法研究自劫后重生、黼户重开起算，已经走过了近40年历程。在先前那个曾经号召“砸烂公检法”、主张“反帝反修”的年代里，美国研究与法学教育的命运几经跌宕，相关学者的遭遇也冷暖自知。伴随着中美建交、改革开放等系列的历史转折，美国法研究的命运也为之一变。近30年里，美国法学者在全国各地开枝散叶，研究团队蔚为大观。随着研究者语言水平和学术能力的不断提高，译著、专著也层出不穷。观察当代的学术发表，“接轨西方”“洋为中用”指引下的引介和普及已经退居二线，“中美对话”“超越东西方”为指引的学术生产则跃居主流，甚至中国学者通过英文表达美国法领域的学术观点，和母国学者深入对话的情景也不再鲜见。当代的美国法研究者已经可以比较心平气和地在古今中西之间筹措斟酌，从而很大程度上免于意识形态歧异和意气之争的困扰。总之，在新一个独立日即将到来之际，中国的美国法研究已经走入了全球化时代，40年前

---

* 本章原发表于《人大法律评论》2016年卷第2辑（总第21辑），收入本书时略有改动。

** 曹勉之，上海交通大学凯原法学院博士研究生。

的逼仄处境如今来看真是恍如隔世了。

美中不足的是，尽管进步卓著，当代中国的美国法研究并未完全摆脱“前见”的困扰，还在负重前行。仍有研究受困于学科畛域、历史包袱和政治辞令，形成学者的情境带入和身份肯认，以致不能自拔，造成“直把杭州作汴州”的尴尬处境。余也鄙陋，不敢奢谈方法论的宏大命题，对于美国法研究和中国问题的关系，从一篇分析理论和现象关系的文章中得到灵感，“大量地学习理论，之后可以有所‘悬置’，再以深厚的理论所塑造的知识传统和支援意识去直面现象，这样才可以有所体悟”。[1]幸而中国的美国法研究者已经体现出了明显的学术自觉，他们开展了大量有内容、有成效的学术对话，为澄清美国法研究的问题意识与理论范式提供了大量的知识增量。[2]

本章正是借助美国法的理论“直面”法律不确定性现象的一次尝试。社会中的纷争与不义从未止歇，运送正义的机制也一直广泛地存在。司法中心主义的法律模式是美国法的特色之一，它是由美国独特的文化传统、政治制度和历史进程塑造的。随着现代性的展开，纷繁复杂的现代社会生活得以呈现，司法机制首当其冲受到挑战。司法一语本身存在内在张力，一方面，司法机构“决定什么是法”，无论载体是法律条文、普通法还是宪法判例等，法律都经由司法机构实现自身。这意味着法律和司法机关在功能上相互成就，在逻辑上彼此

1 汪丁丁：《启蒙死了，启蒙万岁！——评汪晖关于“中国问题”的叙说》，《战略与管理》1999年第1期。

2 仅以作者有幸参与并发言的几次学术活动为例：2014年11月29日到30日重庆大学高研院召开“美国宪法史研究的新视野：史学和法学的对话”会议邀请法学界和史学界的学者展开对话、共襄盛举。2015年6月25日《华东政法大学学报》百期座谈中的“美国宪法史的新视界”会议邀请美国法律史的研究者报告研究，分享感悟，并出版了同名的百期主题策划。此外，“美国公法史的新叙事：以‘林肯’为方法的探索”等学术沙龙也值得关注。

证成。另一方面，司法机构的判断又是个案的，具体的，关涉特定情由的。法律在呈现自身的过程中展现出了丰富多彩的样态。这使得法律所关涉的问题随着时间推移而不断扩充，司法过程与其说是适用法律，不如说是生产法律。可以说，美国法的生产模式造就了封闭和开放、普遍与特殊之间的司法悖论。对法律不确定性的焦虑通过种种悖论迸发出来：所谓抽象、普遍、确定的法律如何因应具象、个性、变动的社会生活？

面对法律确定性的问题，不同学术流派通过各自的研究成果提供了各异其趣的回答。从某个可以通约的前提预设出发，可以将各家学派、理论所形成的不断驳论、立论进而环环相扣的理论链条梳理出来。通过分析，可以看到学术演化过程中出现的，由科学史家托马斯·库恩率先命名的范式转移。[3]范式转移此处指的是法律理论在概念、预设方面的根本性变革。在内战之后一个半世纪的时间跨度中，可以看到两次颠覆性的范式转移，分别是肇始于19世纪末期，在世纪之交达到巅峰的法律现实主义运动，以及开始于第二次世界大战之后，在20世纪六七十年代达到高潮的批判法学运动。从关涉话题看，两场运动都可谓包罗万象、内容广泛，这使得研究者容易挂一漏万。从运作方式看，两场运动都结构松散，并无明显中心，这让研究者难以举轻明重。这使得本章有必要将两场运动关于法律不确定性及其克服的内容“隔离”出来，单独处理。这样，法律现实主义的重要贡献就被本章概括为澄清法律的开放性，而法与社会运动的贡献则被本章处理为解构法律的超然性。

---

3 参见［美］托马斯·库恩：《科学革命的结构》，金吾伦等译，北京大学出版社2012年版，第82—83页。

在接下来的篇幅里，我将首先展示出法律现实主义产生的土壤，即内战之后在美国快速发展起来的现代社会。现代性的展开加剧了法律科学的危机，提出了现实地理解法律的要求。以霍姆斯的法律史研究为例，我将指出法律现实主义的两个立场，即从社会效应来看待法律和以实用态度来把握法律。其次，我将指出批判法学运动产生的时代背景和理论基础，即第二次世界大战后在美国风起云涌的社会运动。现代性的加深打破了进步主义法学自我陶醉的氛围，为法律提出了回应现实社会的要求。通过批判法学运动对于当代美国法研究的影响，我将指出批判法学运动的理论立场，即复杂性、碎片化、断裂性。最后，我将批判性地对待这两次范式转移，思考二者带给当代美国法研究的影响。两次范式转移的解构性随着时间渐渐消弭，其建构意义则随着社会变动而逐渐凸显。作为科学、作为社会建制的法律虚构被戳穿，作为话语议论的法律形象得以建立。法律议论将为法律史、法社会学、法经济学等学科和部门法技术的研究提供对话的基础和平台，从而为画地为牢、自我设限的法律研究提供发展的空间。

一、澄清法律的开放性：法律现实主义的努力

内战前的美国公共哲学仍然以普遍真理、永恒价值和神圣力量为根基。[4]这个时代的公共生活主张理性和神圣并行不悖，法律和政治相辅相成。美国总统的权力来自合众国宪法，然而，在总统就职典礼

4 See Menand Louis, *The Metaphysical Club: A Story of Ideas in America*, MacMillian, 2001. Also see Wiener Philip, "Pierce's Metaphysical Club and the Genesis of Pragmatism", *Journal of the History of Ideas*, 1946, pp.218–233.

上，华盛顿却几乎不假思索地说出“请上帝帮助我”。[5]美元本质上是国库券的即期承兑票据，然而，直到1864年，硬币背后仍然赫然印着“我们相信上帝”。[6]“政治权力双峰对峙，政治资源二水分流，普通民众一仆二主”的二元秩序仍然具有支配地位，以致超验主义者爱默生仍然会因为“偏激”而受到排挤。[7]

19世纪60年代后的美国内战及重建决定性地将美国推进了现代社会。在南方邦联炮轰萨姆特要塞、战事一触即发的时候，公共议论对内战仍然怀抱绥靖态度。知识精英普遍把战争的发动和古典战争法中的正义理由联系起来，报章争论陷入了价值的八卦阵：战争冲突既然是政见之争的延伸，政见对错也就决定了战争正义与否。这样一来，战斗被归结于理想和信念的争战，不同政治实体之间的利益诉求并未获得足够重视。[8]然而，冲突程度的迅速升级摧毁了残存在公共哲学中的形而上残余，流血漂橹、惨烈至极的内战进程以及胜者改造败者、北方驻军南方的内战结果则进一步解构了正义理由的自然法底色。[9]内战之后的美国，理由之争的神圣光晕褪下了，“十字军东征”式的妆容被毁坏了，宗教玄思的最后阵地公共哲学也终告失守。充斥着利益纷争和派系诉求的现代社会要求更为务实、更为理智的智识和

---

5 Peter R. Henriques, *So Help Me God: A George Washington Myth that Should Be Discarded*, http://historynewsnetwork.org/article/595489，2015年12月12日最后访问。

6 U.S. Department of the Treasury, *History of "In God We Trust"* (2011), https://www.treasury.gov/about/education/Pages/in-god-we-trust，2015年12月19日最后访问。

7 参见丛日云：《在上帝与凯撒之间——基督教二元政治观与近代自由主义》，生活·读书·新知三联书店2003年版，第1—3页；钱满素：《爱默生与中国》，生活·读书·新知三联书店1996年版。

8 参见［美］迈克尔·舒德森：《好公民：美国公共生活史》，郑一卉译，北京大学出版社2014年版，第104—106页。Cf. Detzer David, *Allegiance: Fort Sumter, Charleston, and the Beginning of the Civil War*, New York: Harcourt, 2001.

9 参见［美］约翰·法比安·维特：《林肯守则：美国战争法史》，胡晓进译，中国政法大学出版社2015年版，第8章及以下。

理念。现实主义应运而生。

内战和重建对于法律理论提出了几项要求。首先，联邦政府通过战争保卫了合众国宪法，推进了对南部邦联各州的统合，完成了起始于独立战争，历经几代人，绵延近百年的现代国家建构。现代美国的宪法权威需要得到法律化的保障和限定。其次，战后通过的系列宪法修正案将合众国宪法和官僚制的支配装置结合起来，宪法权威得到巩固，国家能力得到提升，联邦政府在现实生活中扮演的角色也变得越发重要，复合共和国的政治理论要求公民对联邦和各州保持双重忠诚。联邦和各州、积极有为和消极有守之间的适度平衡有赖法律化的确认和保护。最后，铁路、电报等技术革新得到全国推广，大工业蓬勃发展，学校教育体系、博物馆等现代知识规训体制被建立。前现代的经典法律理论需要完成范式革新，职业的法律知识需要和专业的科学知识相匹配。

宗教玄思的解构和司法的祛魅近乎同时。有学者主张，司法和政党是内战之后美国资本主义发展的两大助推器。实际上，司法在战后扮演的角色确实更加重要。另一方面，这意味着司法系统更多暴露在公共的视野下。这样一来，司法受到的质疑和批判也就更多。既然司法关涉的内容在不断扩充，司法机制的构造又保持了某种稳定性，司法的确定性就势必得到重申。否则，当司法在认定事实、配置权利并科处制裁时，其要求的客观、中立和正义就成了空头支票。当时的《纽约时报》上，就开始有题为“喋喋不休的法官”的批评司法的文章。作者认为，联邦最高法官的九名大法官并未经过民主选举，甄选标准也不具有任何的公开性，却可以依据宪法作出个案判断。大法官们的法言法语喋喋不休，普通民众无法理解。“宛如九份德尔斐神谕，或者化身九位法袍绅士的斯芬克斯。”[10]这类批评并不鲜见，即法官的法律论证貌似纯自法律而出，但是细细想来又是无中生有。[11]现代社会的展开既把司法推到了争议解决的前台，又抽掉了宗教为司法铺设的理论基础。对司法的不确定性的追问和司法对确定性的追求形成了一对悖论，拷问着司法本身。

司法判决不确定性的凸显要求法学作出有说服力的回应于是首先出现了试图在法律内部为法律寻求新的确定性基础的法律科学。可以看到，玄思的解构并不等同于形而上学的彻底解体。宗教内部出现了教义与学说的自我调整，以唯一神教、超验主义为代表的现代自由宗派先后兴起，这些宗派把自身的边界严格限定在信仰领域，为政治留下地盘。传统禁欲宗派在精神向度的统治地位受到了这些宗派严峻挑战。[12]宗教的自我设限与科学主义的甚嚣尘上近乎同时。从功能等价的视角看，科学彼时成为宗教的拙劣替代品。甚至出现了这种推论：人类事务一旦合乎科学，就具有了不言而喻的合法性。[13]在这个大环境下，法律一面和宗教分离，另一面则与科学结合。在被视为美国法学教育元年的1870年，兰德尔教授开始在哈佛法学院教授合同法，他一方面主张对上诉法院的案例加以整理，即以系统化的方式重新编订这些案例；另一方面则主张对学生进行苏格拉底教学法式的不断追

---

10 “A Garrulous Judge”, *New York Times*, Aug.29,1877. Cf. David Brewer, *The Supreme Court Not a Sabbath-Breaking Body*, The Congregationalist, May 9, 1895.

11 “What the Supreme Court Can Do”, *New York Times*, May 24, 1890.

12 Dillard Daniel, “The American Transcendentalists: A Religious Historiography”, *49th Parallel*, Vol. 28, 2012, pp.1–36.

13 Sorell Thomas, *Scientism: Philosophy and the Infatuation with Science*, Routledge, 1994, p.1ff.

问，促使学生不断思考案例背后的规则和原理。[14]由此可以一窥美式法律科学的内在逻辑：案例背后的原理是可以通过对经验材料的理性分析而发现和习得的。法学不再是教师布道式地宣讲所集结的高头讲章，而是在学生自助地撰写案例摘要、不断深入思考中得到的实用性技艺。

如果说《合同法》教科书的编订和案例教学法的兴起体现了科学主义眼中的内部视角，那么为法律寻找更广阔的知识和实践背景的努力则可以被视为外部视角。在19世纪末，出现了一种认为把法律和其他事务联系起来看待的进路。法律有必要被放置到更大的背景里，法律现实主义正是在这样的背景下兴起的。它有两种不同外在形象。其一是社会学法学。社会学法学的立场在于区分书本上的法和行动中的法。如果说书本上的法被等同于作为科学的法学"画地为牢"的自我设限的结果，那么行动中的法则标识出法律所可能自我扩张的最大疆域。司法被安置在行动的领域中，这一领域和其他行动领域发生关系，进行互动。通过描述可以发现，不同领域有着共同的基础和根源，但是差异也非常明显。法律是一种行动方式和手段，它的合宜性和有效性紧密相连，这要求社会学法学的学者们采取经验化的研究方式，从而更清楚地认识行动诸领域的现实状况。社会学方法"掂量相互竞争的两种方法的主张，为它们的权利设定边界，对它们加以平衡和缓和协调"。[15]这种做法的用意在于赋予法律外在的环境，从而在更大的疆域中来诠释法律。其二则是实用主义。实用主义的立场在于

---

14 Bruce A. Kimball, "Young Christopher Langdell,1826–1854: The Formation of an Educational Reformer", *Journal of Legal Education*, Vol. 52, 2002, pp.189–237.

15 ［美］本杰明·卡多佐：《司法过程的性质》，苏力译，商务印书馆2000年版，第60页。

卸下法治的理想光环，强调法律的真实形象。如果说司法本身肩负着神圣的角色设定，那么实用主义就是将司法的运作安置到特定的时空里，通过赋予司法以时间维度，观察司法的运作过程，进而分析各个主体之间的关系，体现为法律过程的研究。它通过赋予司法以空间维度，观察司法的运作背景，并且分析民俗、文化对法律的塑造，从而实现法律史的叙事。

霍姆斯大法官的法律史研究是法律现实主义的代表之一，他综合运用了上述两种思路，且侧重于后者。霍姆斯的历史叙事是对兰戴尔的形式主义法学的扬弃。首先，他对形式主义的态度是批判的。他接受了科学对法学的影响，但是拒斥了科学主义的信仰。科学的法学观认为，复杂是腐败滋生的温床，简明清晰则是法学的第一美德，这提出了法典编纂和判例整理的要求。激进的启蒙论者边沁曾经主张，即使对于拥有普通法传统的国家，宪法、民法和刑法都要分开编纂，实体法和程序法也要明确区分。他的理由是，程序和实体是“形容词与名词”，权力被交托给了政府，政府也就对监督实体法所承诺的目标的实现负有义务，而程序法是履行该义务的保障。[16]他不无夸张地强调，盎格鲁–撒克逊的习惯法本来是明白如话的平民话语，平民大众可以晓畅理解、自如运用，而英国法律职业阶层所标榜的法律人黑话却让法律本身变得繁复难懂，最终使得法庭为法律阶层所掌控，成为专制的舞台。[17]霍姆斯发现，边沁貌似合理的主张容易导致吊诡的结果：除非取消法庭的裁判官，否则无论人民群

16 Jeremy Betham, *The Works of Jeremy Betham*, John Bowring (ed.), Vol. III, William Tait, pp.204–205.

17 Elie Halevy, *The Growth of Philosophic Radicalism*, Mary Morris trans., Faber Ltd., 1966, Part III, Chapter 2.

众对法律怎样熟悉，只要法官仍然垄断判断的权力，他就仍然是法庭的君主。边沁所反对的法律人阶层的专制固然消失了，而裁判官个人的专制却加深了。霍姆斯进而对法律科学化的弊病进行了深刻反思。

霍姆斯意识到了启蒙的激进化的结果，即宗教的王座被科学主义窃取，造成科学名义下的异端裁判。他转而主张让法学有限度地接纳科学，形成法律教义和学术分析并行不悖的态势。他的理由是，科学为重新思考法律学问提供了机会，但是这仅仅局限在法律学术内部，与法律实践无涉。他进而重申了自己对法律的判断，“法律的生命在于经验而非逻辑”[18]，用科学方法处理法律问题的思路无涉具体案件裁判，因为“这将让法律成为政府推荐的教科书，包含了当前关于某个科目的全部知识”，但是与司法毫无关系。[19]历史叙事正是他试图从科学主义的气氛中拯救法律的办法。在《普通法》中，他就多次将司法先例的根源追溯到日耳曼传统中或者诺曼征服时代的法律习惯。他将法律看作形式和实质的悖论，法律的形式侧面是它所许诺提供的公平、客观和正义的救济，而实质侧面则是具体的争端解决中当事人对法庭判决的认可。如前文所述，二者之间存在着张力，霍姆斯并不否认这一点，但霍姆斯认为，由于时间维度的存在，这种悖论反而成为法律演化的动力和法律发展的决定性因素。法律在不同的历史时空中融贯发展，不断进步，恰恰是一代代当事人和法律人为悖论而不断行

---

18 近人考证，霍姆斯的这句话最初出现在他为兰戴尔教科书撰写的书评中，后来被收入《普通法》的首页。See Anonymous [Holmes], “Book Notices”, *American Law Review*, Vol.14, 1880, p.233.

19 See Anonymous [Holmes], “Book Notices”, *American Law Review*, Vol.14, 1880, p.234.

动使然，在历史的时空中，法律的悖论被不断转移。[20]形式的法律和操作上的争议解决在互相证成。如果分析的对象有着悠久的历史传统，那么这个对象就是有权威的。历史研究成了补救分析实证的残缺的办法。

二、解构法律的超然性：批判法学运动的效应

从20世纪30年代到80年代，美国的内政和外交历经了半个世纪的变局。内政方面，行政国家的崛起带来了国内法制的新局面。联邦政府权力通过区分政治与行政、贯彻立法、行政的本位主义（departmentalism）的方式向各州全面扩张。[21]伴随着社会运动的发展和大众传媒的兴起，社会的网络化、碎片化程度加深。这种社会架构取消了杰克逊时代乡镇民主的共同体基础，原子化的个人如果想要避免直接暴露在权力之下，需要以自组织的方式实现联合。也就是说，托克维尔笔下的脉脉"民情"让位于拥挤、冷漠的陌生人世界。这一方面使得司法机构从分权制衡的审查机制转向政府和社会之间的中介机构，另一方面则让法制科学化、法治改革成为时代命题。[22]外交方面，战后秩序的恢复奠定了美国在国际事务中的话语权。从《联合国宪章》开始，包括WTO、"华盛顿共识"在内的国际组织的理论和实践都透出美式司法的影子。甚至出现了以"法律与发展"运动为

20 Parker和本章持类似观点。Kunal Parker, "Law 'In' and 'As' History: The Common Law in the American Polity (1790–1900)", *UC Irvine Law Review*, Vol.1, 2011, pp.587–610.

21 Gary Lawson, "The Rise and Rise of the Administrative State", 107 *Harvard Law Review*, Vol.107, No.6, 1994, pp.1231–1254.

22 参见季卫东：《从边缘到中心：20世纪的制度改革与法社会学研究运动》，载季卫东：《宪政新论》，北京大学出版社2005年版，第470页。

代表的有组织、有计划的美国法的域外移植。通过国际组织、跨国公司与私人雇佣军等机制，美式的司法治理深刻地影响了全球化进程，甚至可以说，法律全球化的主旋律正是美国法的全球化。[23]可以看到，这半个世纪里美国法的转型和社会变迁有着密切的联系。法律所标榜的超然于社会现实、“我自岿然不动”的形象自然无以为继。在这样的背景下，法律的不确定性不但没有被减弱，反而有增大的趋势。[24]

批判法学运动的对象是已经走入暮年、政治上行将破产的进步主义法学。进步主义法学的理论灵感源于19世纪末兴起的进步主义运动，该运动试图通过建立自由派政治家和左派知识精英的政治联盟，推动行政改革和“社会进步”。[25]进步主义法学继承了进步主义运动的“科学”“革新”遗产，将二者视为法律演进的动力。进步主义法学的实践溯源可以被追到著名的布兰代斯意见书，它的理论始祖则一般被确认为法律史学者詹姆斯·赫斯特，其学术研究以强调经验性资料，主张科学化方法为标志。法律过程论和最高法院史是这一学派的两大成果。在法律过程论方面，亨利·哈特和赛克斯的法律过程讲义是进步主义法学的成果结晶。进步主义法治的建设需要专业化、精英化的行政官员和民主制的大众政府的配合，这意味着面临“反多数难题”的司法体系应当保持审慎和克制，它应当重视司法过程中的权

23 参见高鸿钧：《美国法全球化：典型例证与法理反思》，载高鸿钧：《全球视野的比较法与法律文化》，清华大学出版社2015年版，第46页及以下。

24 Morton Horwitz, *The Transformation of American Law (1870–1960):The Crisis of Legal Orthodoxy*, Oxford University Press,1992,Chapter 1.

25 Lawrence Friedman & Mark McGarvie, *Charity, Philanthropy, and Civility in American History*, Cambridge University Press, 2003, p.231.

力运作和举证责任分配，借此严守自身的职分。[26]可以看出，法律过程论预设了法律制度和法律推理的中立性，从而将社会、政治和经济变动对法律的影响排除在外。在最高法院史方面，进步主义学者认为法律进步的反对派是大商业、大资本及其法律界的代言人，因为进步主义的司法判决将抑制资本的扩张带来的负面影响，从而蚕食反对派的利益。以"洛克纳诉纽约案"为标志的联邦最高法院的"洛克纳时代"被视为反动代表，在这个阶段，被法律反动派所占据的联邦最高法院连续判决各州的进步主义立法违宪，遏制了福利的增长和社会的进步。例如，进步主义宪法学者麦克罗斯基（Robert McCloskey）就曾把著名的"反动派"大法官的史蒂芬·菲尔德描述成大商业的工具，进而对洛克纳时代的联邦最高法院持整体性的批评态度。在他眼里，最高法院史的研究价值在于以史为鉴、面向未来，避免重蹈覆辙。[27]总而言之，进步主义法学一方面片面地以社会科学视角理解法律，自我设限，画地为牢；另一方面则通过简约的因果联系以理解法律，从而无视多重因果条件下的归因难题。

这样，当风起云涌的社会运动在20世纪50年代席卷全美时，进步主义法学仍然保持着鸵鸟的姿势，坚持机械化地照本宣科。然而，联邦最高法院却一次次地通过判决摧毁着进步主义法学的根基，法院在布朗案中推翻普莱西诉弗格森案的做法让进步主义法学惊愕，麦克

---

26 Donald A. Dripps, "Justice Harlan on Criminal Procedure: Two Cheers for the Legal Process School", *Ohio State Journal of Criminal Law*, Vol.3, 2005, pp.125–168. Also see Richard H. Fallon, Jr., "Reflections on the Hart and Wechsler Paradigm", *Vanderbilt Law Review*, Vol.47, 1994, pp.964–966;Michael Wells, "Behind the Parity Debate: The Decline of the Legal Process Tradition in the Law of Federal Courts", *Boston University Law Review*, Vol.71, 1991, pp.609–644.

27 See Robert McCloskey, *The American Supreme Court*, Chicago University Press, 1960.

罗斯基就认为，如果沃伦法院不选择推翻案件，而是从严把握“隔离且平等”标准，将更好地实现自身使命。[28]欧文·费斯曾经回忆，在1961年的哈佛法学院，他的侵权法老师曾经整节课地指责贝克诉卡尔案的判决，认为这是对法治的毁灭性打击。[29]可以看到，进步主义的法律研究导致法律对象化的结果：一方面，法律被降格为“目的—手段”式的策略性思考下的工具，法律判断完全脱开价值考量，法律论证无法纳入良善德性，法治建设无法提供正义规划；另一方面，法律人被贬低成缺乏政治理想和公共精神、窥一斑而不见全豹的社会工程师，最终被推入法律雇佣军团的窘境。[30]法律在结构演变方面的作用被过分强调，其在意义上的角色则被有意无意地忽视了。进步主义理论回应现实的无能，注定了它的历史命运，也召唤着新角色的出场。

批判法学运动正是对进步主义深刻反思的结果。如果把法律现实主义视为一种比较法律文本和法律运作，进而批判性地对待具有自治性话语、科学性结构和形式化逻辑的经典法学的态度，那么从精神气质上看，批判法学运动正是对法律现实主义运动的批判性继承。20世纪60年代，这种批判性态度已经将法律研究推出了法学院的领地，推入到更加广阔的背景中，这个背景正是法律借以运作、生效的现代社会。法律是发生在日常生活中与每个人相伴随的社会事务，因此，属于社会诸领域的构成部分之一，并且和其他社会事务相互影响，彼此

---

28 Hackney James, *Legal Intellectuals in Conversation: Reflections on the Construction of Contemporary American Legal Theory*, New York University Press, 2012, p.67.

29 Hackney James, *Legal Intellectuals in Conversation: Reflections on the Construction of Contemporary American Legal Theory*, New York University Press, 2012, p.68.

30 雇佣军团和政治家（statesman）相对，指出了当代法律人职业生涯的不同走向。语出自安东尼·克罗曼的经典法律职业研究。参见［美］安东尼·克罗曼：《迷失的律师》，田凤常译，法律出版社2010年版。

作用。[31]法律不再是对象意义上的科学研究的目标，而是自我创生、自我生产的社会系统。借助社会运动的刺激和影响，法律系统运作的环境更加丰赡，自我生产更加蓬勃。或许只有通过这个视角，我们才能理解公民权与沃伦法院判例的彼此影响，侵权法与实质恶意原则的相互作用，以及司法能动主义这个一度背负恶名、又一度被追捧和褒扬的法律观念的理论地位。

批判法学学者认为，从这个意义上看，法律现实主义所提出的法律的形式性与实质性的二元辩难，事实上已经由现实主义者自身的理论规划所消解。[32]例如，针对法律在文本和实践中的分野，霍姆斯借助法律史的研究指出，形式和实质的悖论是可以在时间的维度上通过行动加以超越的。在批判法学的研究中，这一“超越”正是点出了法律系统在与“社会环境不断互动和信息回馈的过程中自我修正、改进的特色”。[33]

批判法学运动是20世纪60年代兴起的“法与社会”运动的一个激进分支。[34]批判法学的理论不失过激之处，其研究难以为法制改革和社会发展提供直接的助益，其滑向后现代的立场更接近于知识分子参与公共议论时的角色，即对“社会中强势话语的批判”。[35]但其主要成员在师承关系和知识结构方面的优势，使他们得以保留良好的条

31 Christopher Tomlins, “How Autonomous is Law ?”, *Annual Review of Law and Social Science*, Vol.3, 2007, pp.59–62.

32 Kunal Parker, “Law ‘In’ and ‘As’ History: The Common Law in the American Polity (1790–1900)”, *UC Irvine Law Review*, Vol.1, 2011, pp.587–610.

33 季卫东：《论法律意识形态》，《中国社会科学》2015年第11期，第139页。用一个更加具有建设性的视角来看，这说明了法律本身在形式性和实质性之外，还具有反思性。See Gunther Teubner, “Substantive and Reflexive Elements in Modern Law”, *Law & Society Review*, Vol.17, No.2, 1983, p.257.

34 参见季卫东：《从边缘到中心：20世纪的制度改革与法社会学研究运动》，载季卫东：《宪政新论》，北京大学出版社2005年版，第486—488页。

35 季卫东：《法治中国的可能性》，载季卫东：《宪政新论》，北京大学出版社2005年版，第80—81页。

件总结“法与社会”运动的贡献并指出了其不足。[36]正如某些不无激进、但仍然值得认真对待的批判法学学者的批评，“社会中的法”恰恰反对“法与社会”这个表述本身。法与社会的表述暗示了这一运动试图揭示法律的内在特点或外在效应的野心：通过统治工具论、相对自主性论、法律制度建构论等等不同方式，法律和其他现象在时间维度上建立起了联系，法与社会变迁的分析范式才得以提出。[37]可以看到，法与社会运动的研究共享三个基本判断，法与社会具有相互构成关系，法律可被视为社会变迁的反应器和法影响下的社会变迁内在连续。[38]应对这三个判断，完全可以提出三个反命题，法律与社会都具有高度的复杂性，法律现象具有历史性和碎片化的特征，社会变迁并不具有连续性。这三个命题是非常具有批判色彩的，“片面且深刻”的命题并未因为批判法学的偃旗息鼓而失去研究价值，相反，在当今一些沉静深刻的学者的作品中，我们看到了对三个命题的深入探索。

---

36 多数批判法学运动的学者们在常春藤学校经历过1968年以降的社会运动，亲身接触了此后在美国流行的欧陆思想。这虽然导致了在现实政治中较为左倾的政治倾向，却也让他们在理论研究方面往往博采众长，兼收并蓄。他们的视野不会局限于英语世界，方法论也不局限在经典法学的工具箱中，为此，他们所勾画的理论图景虽然未必助益法律实践，却可以启迪思考。事实上，在多年以后，他们的理论“反叛”最终也堂而皇之地走入了主流法学著作。Cf. Hackney James, *Legal Intellectuals in Conversation: Reflections on the Construction of Contemporary American Legal Theory*, New York University Press, 2012. 这一代人的思想历程可参看马克·里拉的记叙，参见［美］马克·里拉：《政治哲学：在英语世界与欧陆之间》，林峰译，载王焱等主编：《公共论丛》，生活·读书·新知三联书店2012年版，第30页及以下。

37 Christopher Tomlins and John Comaroff, "'Law as...' : Theory and Practice in Legal History", *UC Irvine Law Review*, Vol.1, 2011, pp.1039–1079.

38 Blumenthal, S. *Of Mandarins*, *Legal Consciousness*, *and the Culture Turn in American Legal History: Robert Gordon. 1984. Critical Legal Histories*. Stanford Law Review, 36: 57–125. Law Soc. Inq. 37(1): 176–178.

比如，维特在著名的《事故共和国》一书中集中分析了20世纪早期劳工保护法律的起源和演变。20世纪早期，美国社会的法律人群体、工人、工厂技术专家和保险公司为劳工保护提出了不同的法律方案。这些方案中既包括体现出“劳工自由”观念影响下对劳动合同的自由缔约的保护，又蕴含公共福利观念影响下的无过失侵权和社会保险的设计，综合来看，由于立场、用意和知识结构的差异，各个方案呈现出各异其趣、多姿多彩的状况，难以用同一套理论和框架贯穿起来。走过这段“事故共和国”的年代，美国的劳工保护立法的样貌实际并未被“哪个个人或者组织所属意或预知”。[39]各个改革方案和现实的法律实践之间的因果性更无从寻得。只不过，在工人赔偿法制定之后，解决方案的多元性让位于法律解释的连续性。

再比如，戈鲁波夫对于民权运动的研究恰恰揭示出布朗案判例的另外面向。在进步主义充满意识形态味道的叙事中，布朗案往往被视为联邦最高法院与民权运动之间积极互动，正是因为这个里程碑的判决，民权运动在接下来才能达到新的高潮，进而推动20世纪60年代的系列立法和有色人种地位的提升。戈鲁波夫的研究反过来指出，将布朗案视为里程碑，将其判决奉为金科玉律的做法不啻为进步主义的一个策略。在进入联邦司法系统的民权案件中，布朗案的争点并不具有显著的代表性，法院对双方主张的回应也不够明确充分。随着布朗案里程碑地位的树立，其他更加具有建设性和操作性的改革措施更难

---

39 John Fabian Witt, *The Accidental Republic*, Harvard University Press, 2009. p.20. 参见本书中译者田雷的评论，田雷：《送法“下车间”》，《公共行政评论》2011年第3期，第172—178页。

进入法院得到承认。布朗案并未在有色人种权利保护上产生充分的法律效应，反而堵塞了某些更好的解决路径。[40]

可以看到，法律与社会生活的复杂性使得“相互构成”的理论建构可能流于空谈，法律现象的历史性和碎片化使得法律难以反映社会的变动，甚至社会变迁时空维度上的断裂性将威胁到法与社会这个表述本身。这无疑为“法与社会”运动中若隐若现的法律功能主义倾向敲响了警钟。

三、走向法律议论的道路：为事实和规范建立中介与联系

如果我们承认法律在社会中运作，我们只能通过区别运作中的法律和它的环境来认识法律，而非为法律和社会现象间建立联系，进而实现法律的“虚构”。这种通过建立联系而“虚构”法律的做法非但无益于法治建设，而且恰恰是扭曲了法律理论，进而以犬儒态度扼杀法律体系的设计和法治秩序的建构。早在1981年，吉尔兹（Clifford Geertz）在斯特林讲座上就已经指出了“解释学转向”的必要性：“范式转移始于功能主义——防止人吃人，增进统治阶级利益，保护弱者免于强者掠夺或在社会生活边缘地带增进可预期性（上述明显地在不同时间、不同地点里程度迥异）；这一转移则指向解释学——在特定地点赋予特定事务以特定含义（包括已然发生的、未能发生的、可能发生的事务），这些事务或者高尚、或者凶恶、或者仅仅是权宜之计，这里却有了特定的形式并产生了特定的影响。总而言之，此处是意义

40　Risa Lauren Goluboff, *The Lost Promise of Civil Rights*, Harvard University Press, 2007, p.253.

论，而非机械论。”[41]法律一旦缺失意义维度，法律运作的边界将无从寻求。如果将法律的意义侧面排除在外，法律必然是对社会现象的扭曲，否则就会出现小说家博尔赫斯笔下的情形——国王要求制图师为王国制作一幅足够精确的地图，当地图完成时，地图竟然和王国一样大。也就是说，如果法律能足够精确地“反映”社会现实，法律与社会将趋于同一。这导致功能等价的理论分析极易沦为“存在即合理”的诡辩，高屋建瓴的比较研究极易沦为盲人摸象的“语境论”。

至此，我们得以反思前文揭示的美国法演进的两次浪潮，从而试图从对法律的批判性理解中为法律研究的范式革新寻找契机。法律现实主义强调法律的现实性，将法律置于其发展的时空背景；法与社会运动强调制度演进的连续性，将法律置于其运作的社会环境。法律既然来自话语实践，也就自然从属于这一实践所发生的语境，甚至可以被视为特定语境的附属物。存在于不同的时空背景和社会环境中的法律自然要求着不同的意义，这样来看，法律的不确定性将在置身时空场景和社会环境中的法律研究里加以凸显，也就是说，如果不寻求其他流派的协助，法律现实主义运动和法与社会运动将无法完成为法律寻求确定性的使命。两场运动所孜孜以求乃是法律的时空定位和社会形象，它们正是本雅明笔下的星座（constellation）。当我们探究法律的定位和形象时，我们正在创设法律的星座。星座渺远，但又清晰可

41 Clifford Geertz, *Local knowledge: Fact and Law in Comparative Perspective*, *Local Knowledge: Further Essays in Interpretive Anthropology*, 1983, pp.232–233. 吉尔兹的表态并非空谷足音，在霍维茨、肯尼迪等学者那里，从功能主义到解释学的转向也不同程度地被提及。Cf. Morton J. Horwitz, “The Conservative Tradition in the Writing of American Legal History”, *The American Journal of Legal History*, Vol.17, 1973, pp.275–294. Also see Duncan Kennedy, *Rise and Fall of Classical Legal Thought*, Beard Books, 2006.

见。我们对星座的了解仅仅来自它发出光芒的时刻，当它的光芒传到我们眼前的时候，我们已经无法得知星座在传播的过程中发生了多少改变。星座为它和我们创设了联系。[42]对法律的定位和形象的研究能够在过去和现在、理念和现实之间创造某种关联，形成某种中介。通过这种关联和中介，我们可以借助作为技艺的法律技术，将历史叙事用来推动今天的改变。[43]

那么，该如何理解法律的关联和中介作用呢？正是法律的“精神结构、规范体系以及秩序原理”，在这里承担起了为法律秩序提供根本性意义、为纠纷解决提供议论式框架的使命。[44]桑托斯（Boaventura de Sousa Santos）提出了用以理解法律定位和形象的“地图”譬喻，他认为，法律规范和社会事实之间的张力是必要的，法律规范正像一张地图，为社会实践中的旅人提供标识和定向。足够清楚的标识可能将以牺牲定向为代价，旅人不知去向何方；而充分明白的定向则往往缺乏细节化的标识，旅人不知自己身在何处。法律和地图一样，同样具有三要素，即比例尺、投影法和象征符号。[45]法律的比例尺标示着自身所调整的社会关系的规模：这一规模小至自治社团、民间组织或

---

42 W.Benjamin, “Eduard Fuchs, Collector and Historian”, in Howard Eiland & Michael W. Jennings (eds.), *Walter Benjamin: Selected Writings* (*Volume 3, 1935–1938*), Harvard University Press, 2002, p.460.

43 实践辩证法是理解法律叙事的中介性的另外角度，由此可以得出一个大体类似的分析框架。季卫东教授就是通过缪勒的实践辩证法为法社会学寻找到自身的中介地位的。季卫东：《法律议论的社会科学研究新范式》，《中国法学》2015年第6期，第27页。

44 语出季卫东教授文章《法律意识形态的重构》，季卫东教授为论证实质性价值的三元结构，列举出了包括卡尔·波兰尼、戴维·米勒、尼克拉斯·卢曼、道格拉斯·诺斯、罗伯特·昂格尔、诺内特与塞尔兹尼克、贡塔·托依布纳直到田中成明在内的例子。参见季卫东：《论法律意识形态》，《中国社会科学》2015年第11期，第137页以下。

45 参见［葡］博温托·迪·苏萨·桑托斯：《法律：一张误读的地图》，朱景文、南溪译，载朱景文主编：《当代西方后现代法学》，法律出版社2002年版，第89页。

者企业法人，中到民族国家，大到区域组织和跨国公司，不一而足。法律的投影法则标识出法律所调整的社会关系的特征：国家法以属地管辖为核心，以分门别类、系统编纂的法典为表现形式，是为国家式投影；跨国法以所涉事务类型为核心，以条约、习惯和软法为表现形式，是为跨国式投影。法律的象征符号则深入到法律运作内部，指出法律如何调整其涉及的社会关系：荷马式的法律依赖抽象性、形式化的法律符号，作为法律工具而存在；圣经式的法律依赖具体性、实质性的法律符号，是为法律工具化的偏差而提供的纠偏手段。通过这个三要素的分析工具，我们可以看到法律在我们的日常生活中扮演的角色，进而通过公共空间的发达、社会议论的活跃构建桑托斯所谓的“新法律常识”。[46]

无独有偶，克里斯托夫·汤姆林斯（Christopher Tomlins）在继承了桑托斯的三分法的基础上，进一步提出了法律叙事的范围、比例和结构的三要素模型。“今天的新闻就是明天的历史”，而生效的法律必然是既往的法律，这样一来，法律被汤姆林斯处理为一种特殊性的历史叙事，他进而引入了历史理论的源头活水，点出了法律议论在法律运作中的重要地位。[47]法律的范围指的是定位和描述法律时所涉及的空间与环境。空间的规训是福柯处理现代政治史的一个角度，而空间规训又体现为空间的公开化与可视化，法律作为规训手段之一自然也有其所及的范围，它就在这个范围内实现自己的功用。法律的比例则沿用了桑托斯的比例尺理论，意指社会中的法律通

46 参见［葡］博温托·迪·苏萨·桑托斯：《迈向新法律常识》，刘坤轮、叶传星译，中国人民大学出版社2009年版。

47 Christopher Tomlins, “After Critical Legal History: Scope, Scale, Structure”, *Annual Review of Law and Social Science*, Vol.8, pp.31–68.

过开放认识、封闭运作所形成的自身规模，此处不加以赘述。汤姆林斯巧妙指出，作为范围和比例之间联系的结构为法律提供了辩证图像（dialectical image），法律的辩证图像乃是法律运作中的议论性实践（argumentative practice）。“过去和现在的关系或许是纯然时间性的，但是过去发生的（what has been）和现在的关系却是辩证的：本质上并不具备时间性，而是和人相关联。”[48]界定法律的范围正是为法律规范和现实创造联系，这个联系并非是法律规范生效的时间点和社会事实发生的时点之间的时间线，而是法律通过其范围、规模为社会事实赋予意义的过程中所创设的含义之网。通过辩证图像，法律为被定位和描述的社会事实赋予意义。历史进程可能是碎片化的、不连续的，生活世界可能是碎片化、“一地鸡毛”的，但通过法律议论对辩证图像的激活，法律概念对社会事实的敏感性被激发出来，事实真相既然可以通过批评而得到完整理解，法律也当然可以经过精致的权利分析、完整的法律论证而实现自身的严整性。[49]辩证图像的概念不但打通了存在于法律的外部视角和内部视角之间的百年间隔，更提供了沟通技术化的法律实务操作和抽象化的法律理论研究的渠道。可以看到，法律议论正是这个理论模型的重中之重。

四、结语

本章将法律的不确定性及其克服作为观察现代美国法学发展的视

---

48 W. Benjamin, *The Arcades Project*, Howard Eiland & Kevin McLaughlin (trans.), Harvard University Press, 1999, pp.461, 463.

49 在汤姆林斯的系列作品相继问世之后，美国的法学研究，尤其是法律史研究界产生了热烈的讨论。并且形成了“‘Law as...’: Theory and Practice in Legal History”的系列会议，盛况空前。

角。以超越法律的不确定性为线索，可以看到美国法学史的承前启后的不同代际，以及各个代际所创造的学术范式，它们包括法律科学、法律史学、法社会学、法经济学等。从范式革命的角度看，新生的范式来自对传统范式的批判和重构，范式之间不断更替、自新。本章提出了两个重要的颠覆性范式，分别是法律现实主义运动和批判法学运动，这两次运动通过颠覆既有的理论范式，提供了解决法律不确定性的不同思路，对美国法的理论和实践都产生了丰富的影响。通过追叙这两场运动的历史，我们可以看到美国法研究在批判和重构中所秉持的精神，即通过解释法律发展的时空背景和法律运作的社会环境来研究法律，进而克服法律的不确定性。尽管由于两场运动的激进底色，克服不确定性使命最终没有完成，但是它们的成果为寻求法律确定性提供了新的理论基础和对话平台。可以看到，经过百年的周折和辗转，两场运动最终在社会现象和法律技术之间建立了中介和联系，这个中介和联系，就是法律议论。